ज्ञान गरिमा के
72 वर्ष

भारतीय
ज्ञानपीठ

णाणं
पयासयं
वीर नि.सं. 2470
ई.सन् 1944
भारतीय ज्ञानपीठ

प्रमुख जैन ग्रन्थों का परिचय

प्रमुख जैन ग्रन्थों का परिचय

सम्पादक
वीरसागर जैन

भारतीय ज्ञानपीठ

मूर्तिदेवी ग्रन्थमाला : हिन्दी 62

ISBN 978-93-263-5590-2

प्रमुख जैन ग्रन्थों का परिचय

सम्पादक : प्रो. वीरसागर जैन

सहायक : सरिता जैन दोषी

प्रकाशक : **भारतीय ज्ञानपीठ**

18, इन्स्टीट्यूशनल एरिया, लोदी रोड, नयी दिल्ली-110 003

मुद्रक : विकास कम्प्यूटर ऐंड प्रिंटर्स, दिल्ली

आवरण-सज्जा : चन्द्रकान्त शर्मा

PRAMUKH JAIN GRANTHON KA PARICHAY

Edited by Pro. Veersagar Jain

Published by

Bharatiya Jnanpith

18, Institutional Area, Lodi Road, New Delhi-110 003

Ph. : 011-24698417, 24626467; 23241619 (Daryaganj)

Mob. : 9350536020; e-mail : bjnanpith@gmail.com

sales@jnanpith.net; website : www.jnanpith.net

First Edition : 2017

Price : Rs. 400

6.6.2017

मंगल आशीर्वाद

''एदम्हि रदो णिच्चं, संतुट्ठो होहि णिच्चमेदम्हि।
एदेण होहि तित्तो, होहिदि तुह उत्तमं सॉक्खं॥''

–(आचार्य कुन्दकुन्द, समयसार, गाथा 206)

अर्थ– हे भव्य ! तू इस ज्ञान में सदा प्रीति कर, इसी में तू सदा सन्तुष्ट रह, इससे ही तू तृप्त रह। ज्ञान में रति, सन्तुष्टि और तृप्ति से तुझे उत्तम सुख प्राप्त होगा।

जैन धर्म ज्ञानप्रधान है, अतः जैन धर्म के अनुयायियों को ज्ञानाराधना पर बल देना चाहिए। साधु और श्रावक– दोनों को ही स्वाध्याय आवश्यक बताया है। भारतीय ज्ञानपीठ से प्रकाशित होने वाली कृति **प्रमुख जैन ग्रन्थों का परिचय** देखकर बहुत अच्छा लगा। इसके माध्यम से सभी को सम्यक् ज्ञान का लाभ हो –यही मेरी मंगल भावना है।

—(आचार्य विद्यानन्द मुनि)

प्रतिष्ठा में,
श्रीमान् साहू अखिलेश जैन
भारतीय ज्ञानपीठ
लोदी रोड,
नई दिल्ली-110003

परमपूज्य आचार्य श्री प्रज्ञसागरजी मुनिराज का मंगल आशीर्वाद

'अज्झयणमेव झाणं'

''विज्जारहमारूढो मणोरहपहेसु भमदि जो चेदा।
सो जिणणाणपहावी सम्मादिट्ठी मुणेदव्वो॥''

अर्थ—जो आत्मा विद्या (ज्ञान) रूपी रथ में आरुढ़ होकर मनोरथ-मार्ग में भ्रमण करता है, उसे जिनेन्द्रदेव के ज्ञान की प्रभावना करने वाला सम्यग्दृष्टि (मननपूर्वक) जानना चाहिये।

जैन ग्रन्थ जैन संस्कृति के वाहक, उन्नायक और प्रचारक हैं। षट्खण्डागम एवं कषायपाहुड—ये ऐसे दो महान ग्रन्थ हैं, जिनका सम्बन्ध सीधे भगवान महावीर स्वामी की द्वादशांग वाणी से है। इसी के माध्यम से अनेकों आचार्यों ने जीव-मीमांसा एवं कर्म-मीमांसा कर अनेक रहस्यों का उद्घाटन किया है। आज भी वर्तमान में अनेक प्राचीन ग्रन्थ सुधीजनों को पढ़ने के लिए उपलब्ध हो रहे हैं, किन्तु किन प्रमुख आचार्यों ने जैन साहित्य जगत के लिए क्या योगदान दिया, इसके लिए भारतीय ज्ञानपीठ से **प्रमुख जैन ग्रन्थों का परिचय** नामक कृति का प्रकाशन हो रहा है, जोकि सराहनीय कार्य है। इसके पठन-पाठन से सभी जिज्ञासुओं को एक नई दिशा मिलेगी। सम्पादक एवं प्रकाशक को मेरा मंगल आशीर्वाद है। आप शतायु हों, इसी तरह जैन शासन की प्रभावना करते रहें।

आशीर्वाद

(आचार्य प्रज्ञसागर मुनि)

प्रतिष्ठा में,
श्रीमान साहू अखिलेश जैन
भारतीय ज्ञानपीठ
लोदी रोड, नई दिल्ली-110003

प्रस्तुति

जैन साहित्य परम्परा अपने आप में बहुत समृद्ध रही है। साक्षात् तीर्थंकर भगवान के दिव्यज्ञान (केवलज्ञान) के द्वारा दिखाए गये विश्व के स्वरूप को, तीर्थंकर और गौतम गणधर की वाणी को और उनके उपदेशों को हमारे आचार्यों ने जैन ग्रन्थों के रूप में सजाया और सँवारा है।

जैन साहित्य परम्परा में हमारे आचार्यों ने अथक परिश्रम से संस्कृत, प्राकृत और अपभ्रंश आदि अनेक भाषाओं में हजारों महत्त्वपूर्ण ग्रन्थों की रचना की है। इन ग्रन्थों में आचार्यों ने हमें ज्ञान, विज्ञान, अध्यात्म, भूगोल, खगोल, गणित, राजनीति, ज्योतिष, कला, वास्तु, दर्शन, ध्यान, योग, इतिहास, भेदविज्ञान और मनोविज्ञान आदि अनेक महत्त्वपूर्ण विषयों का सम्पूर्ण ज्ञान प्रदान किया है।

परन्तु वर्तमान समय में आम जनता इन महत्त्वपूर्ण ग्रन्थों द्वारा, इन विषयों से परिचित नहीं हो पा रही है। क्योंकि ग्रन्थों की भाषा कठिन होती है और आकार भी अधिक होता है। अल्पज्ञान और समय अभाव के कारण बहुत से श्रावक इन ग्रन्थों का अध्ययन नहीं कर पाते हैं।

अत: हमारी ऐसी भावना थी कि हम आम जनता के लिए सरल भाषा में एक ऐसी पुस्तक की रचना करें, जिसमें एक साथ कुछ प्रमुख महत्त्वपूर्ण ग्रन्थों का परिचय हो, ताकि आम जनता सरलता से कम समय में ही महत्त्वपूर्ण ग्रन्थों से परिचित हो सके।

इसी भावना को ध्यान में रखते हुए आम जनता के लिए समर्पित है यह पुस्तक 'प्रमुख जैन ग्रन्थों का परिचय'।

इस पुस्तक में प्रमुख जैन ग्रन्थों का परिचय, ग्रन्थों का महत्त्व उनकी विषयवस्तु एवं किस ग्रन्थ में क्या-क्या विषय दिया गया है, इसको हमने सरल भाषा में समझाने का प्रयास किया है।

इस पुस्तक को पढ़कर निश्चय ही पाठकगण जैन धर्म के साहित्य एवं महत्त्व से परिचित हो सकेंगे तथा पाठक मूलग्रन्थों के समीप भी जरूर पहुँचेंगे। उसे मूल ग्रन्थों को पढ़ने की प्रेरणा भी मिलेगी। ऐसा हमारा विश्वास है।

इस पुस्तक के सम्पादक प्रो. वीरसागर जैन का आभार व्यक्त करता हूँ। उन्होंने ग्रन्थों के विषय चयन से लेकर ग्रन्थों के सरलीकरण जैसे महत्त्वपूर्ण एवं श्रमसाध्य कार्य के लिए अपना अतुलनीय योगदान दिया। उनकी विद्वत्ता एवं अथक परिश्रम के कारण ही इस पुस्तक को मूर्त्तरूप प्रदान किया गया।

सभी ग्रन्थों का सरल एवं संक्षिप्त परिचय लिखने का कार्य डॉ. सरिता जैन दोशी ने सश्रम पूर्ण किया।

भारतीय ज्ञानपीठ के निदेशक लीलाधर मंडलोई एवं डॉ. संजय दुबे—इन दोनों को भी धन्यवाद देता हूँ कि इन्होंने इस पुस्तक के कार्य-सम्पादन में अपना पूरा सहयोग दिया।

—साहू अखिलेश जैन
प्रबन्ध न्यासी, भारतीय ज्ञानपीठ

सम्पादकीय

भारतीय ज्ञानपीठ के प्रबन्ध न्यासी साहू श्री अखिलेश जैन बड़े ही साहित्यानुरागी सत्पुरुष हैं। उनकी बड़ी तीव्र भावना थी कि जैन धर्म के प्रमुख ग्रन्थों से आज की आम जनता को परिचित कराया जाए। जैन ग्रन्थ ज्ञान-विज्ञान के अद्‌भुत भंडार हैं और उनकी बातें आज हजारों वर्षों बाद भी बड़ी वैज्ञानिक और जीवनोपयोगी सिद्ध हो रही हैं। परन्तु वे ग्रन्थ प्राकृत-संस्कृत भाषा में लिखे हुए हैं और जो उनके अनुवाद मिलते हैं वे भी पुरानी भाषा-शैली में होने से जटिल से ही हैं, जिससे आज की पीढ़ी उनकी ओर आकर्षित नहीं होती है, उन्हें ठीक से समझ भी नहीं पाती है, अत: उन जैन ग्रन्थों का परिचय ऐसी सरल-सुबोध भाषा-शैली में लिखा जाना चाहिए कि उसे आज का हर आदमी आसानी से समझ सके।

श्रीमान साहूजी ने अपनी भावना अनेक बार मेरे सामने रखी और मुझसे बहुत आग्रह किया कि इस कार्य को मैं करूँ, परन्तु व्यस्ततावश मैं यह कार्य नहीं कर पर रहा था। आखिरकार उन्होंने श्रीमती डॉ. सरिता जैन दोशी को इस कार्य के लिए भारतीय ज्ञानपीठ में नियुक्त किया। मुझे बहुत प्रसन्नता है कि सरिता जैन ने परिश्रम करके इस कार्य को सम्पन्न किया।

मैंने इस कार्य को प्रारम्भ से लेकर अन्त तक लगातार देखा है, इसकी पूरी योजना बनाई है और इसमें अनेक बार संशोधन-सम्पादन के कार्य किये हैं। सरिता जैन के साथ बैठकर इसमें यत्र-तत्र शब्दों और वाक्यों के परिवर्तन ही नहीं, पूरे के पूरे अध्याय के पुनर्लेखन तक के प्रयास किये हैं। हमने बहुत कोशिश की है कि यह कृति साहूजी के स्वप्नों के अनुरूप बनाई जाए जिससे पाठक सरल शब्दों को देखकर आसानी से इस कृति का अध्ययन कर सकें और आसानी से समझ सकें।

श्रीमान साहूजी ने भी अपना बहुमूल्य समय निकालकर इस पूरी कृति को पढ़ा और समझा है। जहाँ-कहीं कठिन शब्द आ रहे थे, उनको सरल अर्थ में

परिवर्तित कराया है। उनकी भावना को देखते हुए हमने इस कृति के अन्त में 'सरल-शब्दावली' भी दी है।

इस कृति में हमने अभी विस्तारभय के कारण मात्र 25 प्रमुख ग्रन्थों का ही परिचय लिखा है, किन्तु अभी अनेकानेक महत्त्वपूर्ण ग्रन्थ छूट गये हैं, जिनका परिचय हम अगले खंड में लिखने का प्रयास करेंगे। पाठक यहाँ ऐसा न समझें कि छूटे हुए ग्रन्थ महत्त्वपूर्ण नहीं हैं।

इस कृति में हमने चारों ही अनुयोगों से ग्रन्थों को चुना है और उन्हें इसी क्रम में यहाँ रखने का प्रयास किया है, परन्तु फिर भी इस विषय में भी बहुत सख्ती नहीं रखी है, क्योंकि सभी ग्रन्थ समान हैं, महान हैं।

एक बार सभी ग्रन्थों को कालक्रमानुसार रखने का भी भाव मन में आया था, परन्तु उसकी भी उपेक्षा करनी पड़ी, क्योंकि उसमें भी सबसे पहले कषायपाहुड और षट्खंडागम का क्रम आता, जो सामान्य पाठक को कठिनाई के कारण विरक्त कर सकता था।

सामान्य पाठकों को ध्यान में रखते हुए ही हमने यहाँ करणानुयोग के ग्रन्थों की विषय-वस्तु का परिचय विस्तार से नहीं दिया है, उसे बहुत ही संक्षिप्त कर दिया है। जिन्हें उनके विषय में विशेष जिज्ञासा होगी, उन्हें उन मूल ग्रन्थों का ही सहारा लेना होगा।

कुल मिलाकर इस कृति को हमने सरल से सरल रखने पर ही विशेष ध्यान दिया है। यही कारण है कि अनेक स्थानों पर जैन शास्त्रों की पारिभाषिक शब्दावली से भी बचने का प्रयास किया है और उसकी जगह आज के सरल-सुबोध शब्दों से ही काम चलाया है। यद्यपि शास्त्रीय शब्दों में जो भाव होता है वह दूसरे शब्दों में नहीं आ पाता है, पर सरलता के लिए ऐसा खतरा मोल ले लिया है। शास्त्रीय विद्वान क्षमा करें और मार्गदर्शन करने की कृपा करें, ताकि अगले संस्करण में गलती का सुधार किया जा सके।

इस प्रकार यह कृति सामान्य पाठकों को तो जैन तत्त्वज्ञान से लाभान्वित करेगी ही, जैन विद्या के नवोदित लेखकों को भी यह प्रेरणा देगी कि आज के समय में जैन तत्त्वज्ञान को अत्यन्त सरल-सुबोध शैली में प्रस्तुत करने की बड़ी आवश्यकता है, अन्यथा भविष्य में जैन तत्त्वज्ञान का संरक्षण करना बहुत मुश्किल हो जाएगा। जैन तत्त्वज्ञान सदा ही सरल-सुबोध भाषा-शैली में प्रस्तुत किया जाता रहा है, वह कभी भी एक ही भाषा-शैली की कट्टरता का पक्षधर नहीं रहा है। जब जैसी भाषा-शैली अधिकांश लोगों में प्रचलित रही, तब उसी भाषा-शैली में

जैन लेखकों ने अपनी बात कही है। उन्होंने भाषा को नहीं, भावों को अधिक महत्त्व दिया है।

अब यह कृति पाठकों के हाथों में सादर समर्पित की जा रही है। हम आशा करते हैं कि पाठक अवश्य ही इसका अध्ययन करेंगे ओर इसे पसन्द भी करेंगे। इस कृति के अध्ययन से उन्हें बड़ा लाभ होगा। वे जैन धर्म के 25 महान ग्रन्थों की सम्पूर्ण विषय-वस्तु से संक्षेप में सरलतापूर्वक परिचित हो जाएँगे। तथा इसके द्वारा उन्हें उन मूल ग्रन्थों में प्रवेश की क्षमता भी प्राप्त हो सकेगी।

आशा है सभी लोग हमारी भावना समझेंगे और इस सुन्दर कृति का लाभ आनन्दित होकर उठाएँगे। यदि अभी भी आपका कोई सुझाव हो तो हमें अवश्य बताएँ, ताकि भविष्य में सभी को उसका लाभ मिल सके।

– प्रो. वीरसागर जैन

अनुक्रम

महापुराण (आदिपुराण और उत्तरपुराण)

जैन साहित्य चार भागों में विभाजित है—

1. प्रथमानुयोग
2. करणानुयोग
3. चरणानुयोग
4. द्रव्यानुयोग

इनमें से यहाँ हम सर्वप्रथम प्रथमानुयोग के प्रमुख ग्रन्थों का परिचय लिख रहे हैं। प्रथमानुयोग में मुख्य रूप से पुराण, महापुराण प्राप्त होते हैं; इसलिए प्रथमानुयोग को जानने के लिए सर्वप्रथम हमने तीन प्रमुख पुराणों का परिचय दिया है। वे हैं—महापुराण, पद्मपुराण और हरिवंश पुराण।

पुराणों का महत्त्व

सबसे पहले पुराणों का क्या महत्त्व है, उनके अध्ययन से क्या लाभ है, इन पुराणों में क्या-क्या वर्णित है—इन सब प्रश्नों के उत्तर देते हुए महापुराण और पुराण के महत्त्व और आवश्यकता पर प्रकाश डालेंगे।

1. सबसे प्रमुख बात यह है कि पुराणों में धर्म, अर्थ, काम और मोक्ष चारों पुरुषार्थों का वर्णन होता है।
2. चक्रवर्ती, नारायण, प्रतिनारायण और तीर्थंकरों के चरित्र का वर्णन पुराणों में किया जाता है।
3. पुराण अपने काल के ज्ञानकोश होते हैं। इनमें इतिहास, भूगोल, संस्कृति, समाज, राजनीति और अर्थशास्त्र आदि विषयों का समावेश होता है।
4. समकालीन परिस्थितियों और सामाजिक समस्याओं का वर्णन होता है।
5. पुराण परवर्ती सैकड़ों ग्रन्थों के उपजीवी होते हैं अर्थात् कथाकोश और चरित्र आदि ग्रन्थों का आधार पुराण ही होते हैं। रस, छन्द, अलंकार,

गाथाएँ, मनोरंजन और रहस्य आदि विषयों का समावेश पुराणों में होता है।

6. जैन पुराणों की सबसे प्रमुख बात यह है कि जैन पुराणों में वंश-परम्परा का वर्णन मुख्य रूप से नहीं मिलता है, जैसा वैदिक पुराणों में मिलता है। जैन पुराणों में तो जन्म को नहीं कर्म को महान माना है, अत: उनमें वंश-परम्परा के स्थान पर भवों की परम्परा का वर्णन मिलता है। जैसे— आदिनाथ भगवान के पूर्व दश भव, चौबीस तीर्थंकरों, राम, सीता और हनुमान सभी मोक्षगामी जीवों के पूर्व भवों का वर्णन पुराणों में मिलता है। शरीर नहीं, आत्मा अजर-अमर है। यही विशेषता वैदिक पुराणों से जैन पुराणों को भिन्न और महत्त्वपूर्ण बनाती है।
7. एक विशेष बात यह है कि पुराणों में प्रथमानुयोग के साथ चरणानुयोग, करणानुयोग और द्रव्यानुयोग के विषय भी विद्यमान रहते हैं। जैसे— चरणानुयोग के ग्रन्थों में जिन आचार, सिद्धान्त और सल्लेखना आदि की शिक्षा दी जाती है, पुराणों में तीर्थंकर, चक्रवर्ती, राजा-महाराजा आदि उन्हीं आचरणों का पूर्ण पालन करते हुए मोक्ष प्राप्त करते हैं। इसी तरह करणानुयोग और द्रव्यानुयोग के विषय भी पुराणों में दिखाई देते हैं। अत: हम कह सकते हैं कि जो शिक्षा तीनों अनुयोगों में दी जाती है, उसका उदाहरण और उसका पालन प्रथमानुयोग में अर्थात् पुराणों में मिलता है।
8. पुराण हमें जीवन जीने की कला सिखाते हैं। बुरे परिणामों के फल को समझाते हैं और अच्छे परिणामों के फल को भी समझाते हैं। कोई बड़ा राजा, महाराजा और महातपस्वी साधु भी बुरे परिणामों से कैसे पतित और गरीब हो जाता है और दीन, हीन, गरीब और पापी से पापी चोर भी अपने परिणामों को सुधारकर कैसे ऊपर उठ जाता है—यह शिक्षा हमें पुराणों से मिलती है। जीवन के उत्थान और पतन का सटीक चित्रण पुराणों में मिलता है। पुराणों से हम उत्थान और पतन के कारण जानकर उत्थान की शिक्षा ग्रहण कर सकते हैं।
9. हमारा सौभाग्य है कि हम पुराणों द्वारा तीर्थंकरों, शलाका पुरुषों, राम, लक्ष्मण, हनुमान और कृष्ण आदि मोक्षगामी जीवों के जीवन-चरित्र को पढ़ सकते हैं, जान सकते हैं और चरित्र में धारण कर सकते हैं। वास्तव में हम पुराणों और महापुराणों के प्रति ऋणी हैं, जिनके द्वारा हम इतिहास, साहित्य और दर्शन आदि अनेक विषयों को जान सकते हैं।

अब हम सर्वप्रथम महापुराण का परिचय लिखते हैं। यह दो भागों में

विभक्त है—आदिपुराण और उत्तरपुराण। आदिपुराण में प्रथम तीर्थंकर आदिनाथ का वर्णन है और उत्तरपुराण में शेष 23 तीर्थंकरों का।

महापुराण का अध्ययन करने पर कुछ महत्त्वपूर्ण विषयों पर चिन्तन करना आवश्यक है। ये चिन्तन आपको वैदिक परम्परा से जैन परम्परा का अन्तर और महत्त्व बता सकता है।

1. सबसे पहली बात यह है कि लोक में ब्रह्मा नाम से प्रसिद्ध जो देव हैं, वह जैन परम्परानुसार भगवान वृषभदेव ही हैं, और कोई नहीं हैं। स्पष्टीकरण के लिए आदिपुराण ग्रन्थ की प्रस्तावना पृष्ठ 15 देखें।
2. राजा वृषभदेव ने ही अपने राज्य में वर्ण-व्यवस्था की थी। क्षत्रिय, वैश्य और शूद्र ये तीन वर्ण गुणों के अनुसार और आजीविका के आधार पर स्थापित किए थे, जन्म के आधार पर नहीं। यह राज्य-व्यवस्था थी, धर्म-व्यवस्था नहीं थी।
3. भरत चक्रवर्ती ने राज्य-व्यवस्था में संशोधन किया और जो धर्म और अणुव्रतधारी थे, उनका सम्मान करने के विचार से 'ब्राह्मण' वर्ण की स्थापना की थी।
4. भरत चक्रवर्ती ने भव्य और सन्मार्गी अजैन व्यक्ति को भी जैन दीक्षा देने का उपदेश दिया था। मिथ्यात्व से दूषित व्यक्तियों को सन्मार्ग पर लाने के लिए दीक्षान्वय क्रियाओं का उपदेश दिया था।
5. समाज व्यवस्था को दृढ़ बनाने के लिए गर्भ से लेकर सभी क्रियाओं का विस्तार से उपदेश दिया था। ये सारी व्यवस्था जाति और जन्म के आधार पर नहीं अपितु कर्म और सन्मार्ग के लिए की गयी थी। अतः सभी श्रावकों को एक बार आदिपुराण का अध्ययन अवश्य करना चाहिए।
6. भगवान वृषभदेव ने स्त्री-शिक्षा और स्त्री-सम्मान आदि विषयों पर विशेष जोर दिया था।

इन ग्रन्थों के अध्ययन से यह स्पष्ट हो जाता है कि भगवान वृषभदेव और भरत चक्रवर्ती ने अहिंसा आदि व्रतों और सदाचार की मुख्यता पर विशेष जोर दिया था। कोई भी व्यक्ति इन्हीं के कारण उच्च और श्रेष्ठ कहा जाता था।

जाति नामकर्म के उदय से मनुष्यजाति एक ही है, आजीविका के भेद से ही उसके ब्राह्मण आदि चार भेद प्राप्त होते हैं—भरत-चक्रवर्ती के ये विचार वर्तमान समय में चिन्तनीय और प्रासंगिक हैं। इन पर अवश्य ध्यान देना चाहिए।

ग्रन्थ के नाम का अर्थ

पुरानी बात को पुराण कहते हैं। जब यह बात महापुरुषों के विषय में कही जाती है, या महान आचार्यों द्वारा उपदेश के रूप में बताई जाती है तब वह महापुराण कहलाती है।

प्रस्तुत ग्रन्थ 'महापुराण' जैन पुराणशास्त्रों में मुकुटमणिरूप है। इसमें 24 तीर्थंकर, 12 चक्रवर्ती, 9 नारायण, 9 प्रतिनारायण, 9 बलभद्र—इन 63 शलाकापुरुषों का जीवन-चरित्र वर्णित है। इसका दूसरा नाम त्रिषष्टिलक्षण-महापुराणसंग्रह भी है। इसकी रचना आठवीं-नवीं शती में हुई थी।

ग्रन्थकार का परिचय

महापुराण के दो खंड हैं, प्रथम आदिपुराण और द्वितीय उत्तरपुराण। आदिपुराण 47 पर्वों में पूर्ण हुआ है, जिसके 42 पर्व पूर्ण तथा 43वें पर्व के 3 श्लोक भगवज्जिनसेनाचार्य के द्वारा लिखित हैं और शेष 5 पर्व तथा उत्तरपुराण श्री जिनसेनाचार्य के प्रमुख शिष्य श्री गुणभद्राचार्य के द्वारा लिखित हैं।

श्री जिनसेनाचार्य : आचार्य जिनसेन (द्वितीय) प्रतिभा और कल्पना के अद्वितीय धनी हैं। ये अपने युग के महान विद्वान और काव्यरचना में अत्यन्त विद्वान रहे हैं। यही कारण है कि इन्हें 'भगवत जिनसेनाचार्य' कहा जाता है। इनके गुरु का नाम वीरसेन था। इनका समय ई. 9वीं शती का माना जाता है।

आचार्य जिनसेन काव्य, व्याकरण, नाटक, दर्शन, अलंकार, आचार, कर्मसिद्धान्त आदि अनेकानेक विषयों के ज्ञाता थे। आपकी तीन रचनाएँ उपलब्ध होती हैं—पार्श्वाभ्युदय, आदिपुराण और जयधवला टीका। इसके अतिरिक्त एक 'वर्धमानचरित' की भी सूचना प्राप्त होती है, परन्तु वह कृति अभी तक उपलब्ध नहीं हुई है।

श्री गुणभद्राचार्य : गुणभद्राचार्य जिनसेन (द्वितीय) के शिष्य थे। इनका समय 820 ई. 9वीं शती का अन्तिम चरण माना जाता है। श्रीगुणभद्राचार्य संस्कृत भाषा के श्रेष्ठ कवि, उत्कृष्ट ज्ञानी और महान तपस्वी थे। आपका समस्त जीवन साहित्य-साधना में ही व्यतीत हुआ है।

आपकी तीन रचनाएँ उपलब्ध होती हैं—उत्तरपुराण, आत्मानुशासन और जिनदत्तचरितकाव्य। इसके अतिरिक्त आपने अपने गुरु की अपूर्ण कृति आदिपुराण

को भी पूर्ण करने का महान कार्य किया। सरसता और सरलता के साथ प्रसाद गुण भी आपकी रचनाओं में लबालब भरा है।

ग्रन्थ का महत्त्व

1. महापुराण साहित्य का एक अनुपम रत्न है। यह पुराण, महाकाव्य, धर्मकथा, धर्मशास्त्र, राजनीतिशास्त्र, आचारशास्त्र और युग की आद्यव्यवस्था को बतलानेवाला महान इतिहास ग्रन्थ है।
2. महापुराण सुभाषितों का भंडार है। जिस प्रकार समुद्र से महामूल्य रत्नों की उत्पत्ति होती है, उसी प्रकार इस पुराण से सुभाषित रूपी रत्नों की उत्पत्ति होती है।
3. यह एक आकर ग्रन्थ है। पुराण होते हुए भी इसमें इतिहास, भूगोल, संस्कृति, समाज, राजनीति और अर्थशास्त्र आदि विषयों का समावेश है।
4. आदिपुराण और उत्तरपुराण में पूरे 63 शलाकापुरुषों का चित्रण है। वास्तव में यह बड़ा महत्त्वपूर्ण ग्रन्थ है। इसके आधार पर ही अनेक ग्रन्थों की रचना हुई है।
5. इस महापुराण में भगवान आदिनाथ द्वारा असि, मसि और कृषि आदि की व्यवस्था, शिक्षा व्यवस्था और नारी शिक्षा, सम्मान एवं सोलह संस्कार आदि-आदि विषयों को विस्तार से समझाया है।
6. चक्रवर्ती भरत ने वर्ण व्यवस्था, ब्राह्मणोचित संस्कार तथा गर्भ से लेकर दीक्षा तक की सभी क्रियाओं का विस्तार से उपदेश दिया है। अजैन को भी दीक्षा ग्रहण करने के संस्कार का उपदेश दिया है।

वास्तव में इन सारी विशेषताओं के कारण ही महापुराण जैन संस्कृति का आधार है। यह बहुत महत्त्वपूर्ण महाग्रन्थ है।

ग्रन्थ की कथा

आदिपुराण

एक बार राजा श्रेणिक ने समवशरण सभा में खड़े होकर आदिनाथ भगवान का चरित्र सुनने की प्रार्थना की। तब गौतम गणधर ने आदिनाथ चरित्र कहना प्रारम्भ किया।

भगवान आदिनाथ के पूर्वभव का परिचय

जम्बूद्वीप में मेरूपर्वत के विदेह क्षेत्र में एक गन्धिला नामक देश है, इसके मध्यभाग में विजयार्ध पर्वत के उत्तर में एक अलका नाम की श्रेष्ठ पुरी (नगरी) है। उस अलकापुरी का राजा अतिबल नाम का विद्याधर शूरवीर और शत्रु-समूह को जीतनेवाला था। उसकी मनोहरा नाम की रानी थी। उन दोनों के अतिशय भाग्यशाली महाबल नाम का पुत्र था। एक दिन महाराज अतिबल ने विषयभोगों से विरक्त होकर अपने बलशाली पुत्र महाबल को राज्य देकर दीक्षा ग्रहण कर ली।

राजा महाबल दैव और पुरुषार्थ दोनों से सम्पन्न था। अनेक विद्याधरों का स्वामी राजा महाबल के चार मन्त्री महामति, सम्भिन्नमति, शतमति और स्वयंबुद्ध थे, जो महाबुद्धिमान, स्नेही और दीर्घदर्शी थे। उन चारों मन्त्रियों में स्वयंबुद्ध नामक मन्त्री शुद्ध सम्यग्दृष्टि था, बाकी तीन मन्त्री मिथ्यादृष्टि थे।

एक दिन महाबल ने अपनी आयु का क्षय निकट जानकर आष्टाह्निक पर्व पर विशेष महापूजा की और पुत्र को राज्य देकर विजयार्ध के सिद्धकूट पर्वत पर बाईस दिन की सल्लेखना धारण की।

सल्लेखना के प्रभाव से राजा महाबल का जीव ऐशान स्वर्ग में श्रीप्रभ नाम के अतिशय सुन्दर विमान में बड़ी ऋद्धि का धारक ललितांग नाम का देव हुआ। इस देव की चार हजार देवियाँ तथा चार महादेवियाँ—स्वयंप्रभा, कनकप्रभा, कनकलता और विद्युल्लता थीं। आयु के छह माह बाकी रहने पर ललितांग देव ने अच्युत स्वर्ग में जिनप्रतिमाओं की पूजा की और पंचनमस्कार मन्त्र का जाप करते हुए स्वर्ग की आयु पूर्ण की।

ललितांगदेव स्वर्ग से निकलकर जम्बूद्वीप के पूर्व विदेह क्षेत्र में पुष्कलावती देश के उत्पलखेट नामक नगर में राजा वज्रबाहु और रानी वसुन्धरा के 'वज्रजंघ' नाम का पुत्र हुआ। उसकी स्वयंप्रभा देवी का जीव पुंडरीकिणी नगरी के राजा वज्रदन्त और लक्ष्मीमती रानी के 'श्रीमती' नाम से प्रसिद्ध पुत्री हुई।

एक दिन यशोधरा गुरु के केवलज्ञान के महोत्सव के लिए जानेवाले देवों को देखकर श्रीमती को पूर्वभव का स्मरण हो गया और वह ललितांग देव का स्मरण कर दुखी हो गयी। पण्डिता धाय और राजा वज्रदन्त के प्रयासों द्वारा श्रीमती और वज्रजंघ का विवाह बड़े वैभव के साथ सम्पन्न हो गया। दोनों जिनालय में दर्शन करते हैं और धर्म, अर्थ और काम तीन वर्गों के अनुसार राज्य

संचालन तथा भोगोपभोग करते हुए अपना जीवन व्यतीत करते हैं।

एक दिन शयनागार में शयन करते हुए दोनों की आकस्मिक मृत्यु हो जाती है। पात्रदान के प्रभाव से दोनों ही जम्बूद्वीप के विदेह क्षेत्र में स्थित उत्तर कुरु में आर्य-आर्या हो जाते हैं।

आयु के अन्त समय में दो चारण ऋद्धिधारी मुनिराज के दर्शन और उपदेश से दोनों आर्य आर्या विदेह क्षेत्र से निकलकर ऐशान स्वर्ग में देव हुए। वज्रजंघ श्रीधर नाम का देव होता है।

श्रीधर देव आयु पूर्ण करके स्वर्ग से च्युत होकर जम्बूद्वीप के पूर्वविदेह क्षेत्र में महावत्स देश के सुसीमा नगर में सुदृष्टि राजा की सुन्दरनन्दा रानी से सुविधि नाम का पुत्र हुआ।

सुविधि ने पिता की आज्ञा से राज्य ग्रहण किया तथा अभयघोष चक्रवर्ती की पुत्री मनोरमा के साथ पाणिग्रहण किया। श्रीमती का जीव इन दोनों के केशव नाम का पुत्र हुआ। पुत्र प्रेम के कारण राजा सुविधि घर में ही श्रावक के व्रत पालन करते रहे, अन्त समय में दीक्षा लेकर समाधि के प्रभाव से सोलहवें स्वर्ग में इन्द्र हुए। केशव भी तपस्या के प्रभाव से उसी अच्युत स्वर्ग में प्रतीन्द्र हुआ।

वज्रजंघ का जीव अच्युतेन्द्र स्वर्ग से निकलकर पुंडरीक नगरी में राजा वज्रसेन और रानी श्रीकान्ता के वज्रनाभि पुत्र हुआ। केशव का जीव भी उसी नगर में वैश्य दम्पती के धनदेव नाम का पुत्र हुआ।

महाराज वज्रसेन के दीक्षित हो जाने पर महाराज वज्रनाभि ने कुशलतापूर्वक राज्य संचालन किया। वज्रनाभि के आयुधगृह (युद्धशाला) में चक्ररत्न प्रकट हुआ। जिससे उन्होंने समस्त पृथ्वी को जीत लिया। धनदेव का जीव चक्रवर्ती की निधियों और रत्नों में गृहपति नाम का तेजस्वी रत्न हुआ।

महाराज वज्रनाभि ने वज्रदन्त नामक पुत्र को राज्य सौंपकर अनेक राजाओं, पुत्रों, भाइयों और धनदेव के साथ दीक्षा ग्रहण की और दर्शनविशुद्धि आदि सोलह कारण भावनाओं का चिन्तवन कर तीर्थंकर प्रकृति का बन्ध किया और आयु के अन्त में संन्यास धारण किया। अन्त में सर्वार्थसिद्धि में अहमिन्द्र पद को प्राप्त हुआ।

भगवान वृषभदेव चरित

सन्धिकाल के समय इसी जम्बूद्वीप के भरत क्षेत्र में विजयार्ध पर्वत से दक्षिण की ओर मध्यम आर्य खंड में नाभिराज हुए। वे नाभिराज चौदह कुलकरों में अन्तिम

कुलकर थे। उनकी मरुदेवी नामकी रानी थी। भगवान 'वृषभदेव' जन्म लेनेवाले हैं, इन्द्र ने ऐसा जानकर अयोध्यापुरी की रचना की, नाभिराज और मरुदेवी को बहुत ही भक्तिभाव से उस नगरी में प्रवेश कराया और उनकी पूजा-स्तुति की।

गर्भ कल्याणक

एक दिन मरुदेवी ने सोते समय जिनेन्द्रदेव के जन्म की सूचना देनेवाले तथा शुभ फल देनेवाले सोलह स्वप्न देखे और प्रात:काल नाभिराज से स्वप्नों का फल जानकर परम हर्ष को प्राप्त हुई। उसी समय श्री, ह्री आदि देवियाँ माता मरुदेवी की सेवा शुश्रूषा करने लगी। इन्द्रादि देव भी गर्भ का उत्सव मनाते हैं और नगरी में रत्नवृष्टि करते हैं।

जन्म कल्याणक

चैत्र कृष्ण नवमी के शुभ मुहूर्त्त में माता मरुदेवी ने मति, श्रुत और अवधिज्ञान से युक्त और तीनों लोकों के एकमात्र स्वामी, दैदीप्यमान पुत्र को जन्म दिया। उसी समय इन्द्र अयोध्या नगरी में सभी देवों के साथ आते हैं और भगवान की स्तुति करते हुए भगवान को गोद में लेकर ऐरावत हाथी पर आरूढ़ होकर सुमेरू पर्वत पर ले गये। वहाँ पांडुकवन के सुसज्जित अभिषेक मंडप के मध्य में पांडुक शिला पर जिनबालक को विराजमान किया। सौधर्म और ऐशान इन्द्र ने क्षीरसागर के जल से भरे हुए 1008 कलशों द्वारा भगवान का अभिषेक किया। इन्द्राणी ने जिनबालक के शरीर में सुगन्धित द्रव्यों का लेप लगाकर भगवान की स्तुति करते हुए सम्पूर्ण वैभव के साथ अयोध्यानगरी में प्रवेश कराकर तांडवनृत्य किया और भगवान का 'वृषभ' नाम रखा और देव-बालकों को भगवान की सेवा में नियुक्त किया।

इस प्रकार वे जिनेन्द्ररूपी चन्द्रमा नक्षत्रों के समान देवकुमारों के साथ क्रीड़ा करते हुए बालचन्द्रमा के समान धीरे-धीरे वृद्धि को प्राप्त होने लगे।

पिता नाभिराज ने इन्द्र की सम्मति से कच्छ और महाकच्छ की बहनें यशस्वती और सुनन्दा से ऋषभदेव का विवाह किया। पिता की आज्ञा से राज्यपद ग्रहण कर ऋषभदेव ने प्रजा को अत्यन्त सन्तुष्ट किया।

भरत का जन्म

किसी दिन महादेवी यशस्वती ने सोते समय शुभ स्वप्न देखा। भगवान वृषभदेव से

स्वप्नों का फल 'चक्रवर्ती पुत्र होगा' ऐसा जानकर वह बहुत प्रसन्न हुई। उसी समय व्याघ्र का जीव जो कि सर्वार्थसिद्धि में अहमेन्द्र था, वहाँ से निकलकर यशस्वती के पुत्ररत्न के रूप में उत्पन्न हुआ। वह भुजाओं से पृथ्वी का आलिंगन करता हुआ उत्पन्न हुआ, इसलिए निमित्त ज्ञानियों ने 'यह पुत्र चक्रवर्ती होगा' ऐसी घोषणा की, और समस्त भरत क्षेत्र के अधिपति होनेवाले उस पुत्र को 'भरत' नाम से पुकारा।

यशस्वती महादेवी से भरत सहित निन्यानवे पुत्र और ब्राह्मी नाम की पुत्री उत्पन्न हुई।

बाहुबली का जन्म

आनन्द पुरोहित का जीव, जो पहले महाबाहु था और फिर सर्वाथसिद्धि में अहमिन्द्र हुआ था, वह वहाँ से च्युत होकर भगवान ऋषभदेव की द्वितीय पत्नी सुनन्दा के देव के समान परम पराक्रमी बाहुबली नाम का पुत्र और सुन्दरी नाम की पुत्री हुई। बलवान युवा बाहुबली चौबीस कामदेवों में पहले कामदेव हुए।

भरत ने क्रम से बालक और कुमार अवस्था के बाद नेत्रों को आनन्द देनेवाली युवावस्था प्राप्त की।

भगवान ने ब्राह्मी और सुन्दरी दोनों पुत्रियों को अंकविद्या और लिपिविद्या सिखाई, तथा सभी पुत्रों को अर्थशास्त्र, नृत्यशास्त्र और गन्धर्वशास्त्र आदि अनेक शास्त्राध्ययन कराया।

इस प्रकार अनेक प्रकार के भोगों का अनुभव करते हुए भगवान ने बीस लाख पूर्व वर्षों का कुमारकाल पूर्ण किया।

उस समय कल्पवृक्षों के नष्ट हो जाने के बाद, बिना बोये धान से लोगों की आजीविका होती थी, परन्तु कालक्रम से जब वह धान भी नष्ट हो गये, तब भगवान वृषभदेव ने अवधिज्ञान से विदेहक्षेत्र की व्यवस्था चालू कर दी। असि, मसि, कृषि, विद्या, शिल्प और वाणिज्य इन छह कार्यों से लोगों की आजीविका चलने लगी। कर्मभूमि प्रारम्भ हो गयी। उस समय की सारी व्यवस्था भगवान वृषभदेव ने अपने बुद्धिबल से की थी। इसलिए यही आदिपुरुष, ब्रह्मा, विधाता आदि नामों से सम्मानित हुए। भगवान ने हा, मा और धिक् इन तीनों दण्डों की व्यवस्था की।

इस प्रकार राज्य करते हुए भगवान के 83 लाख वर्ष व्यतीत हो गये।

एक दिन भगवान वृषभदेव को नीलांजना अप्सरा का नृत्य देखते-देखते

वैराग्य हो गया, वह संसार के स्वरूप का चिन्तन करने लगते हैं। उसी समय इन्द्र ने अवधिज्ञान से भगवान के वैराग्य भाव को जान लिया।

तप कल्याणक

भगवान के तप कल्याणक की पूजा करने के लिए लौकान्तिक देव ब्रह्मलोक से आए और अनेक स्तोत्रों से भगवान की स्तुति करने लगे। इन्द्रादिक देवों ने क्षीरसागर के जल से भगवान का महाभिषेक किया और आदरपूर्वक दिव्य आभूषण वस्त्र, मालाएँ और मलयागिरि चन्दन से भगवान का शृंगार किया।

उसके बाद भगवान देवनिर्मित पालकी पर आरूढ़ होकर (बैठकर) सिद्धार्थक वन में गये। वहाँ भगवान ने समस्त परिग्रह का त्याग कर पूर्वाभिमुख होकर सिद्ध भगवान को नमस्कार कर सिर के केश उखाड़कर फेंक दिए। इस प्रकार चैत्र कृष्ण नवमी के दिन भगवान ने दीक्षा ग्रहण की। इन्द्र ने भगवान के पवित्र केश रत्नमय पिटारे में रखकर क्षीर समुद्र में जाकर क्षेप दिए। भगवान के साथ चार हजार अन्य राजा भी दीक्षित हुए। परन्तु वे दीक्षा के रहस्य को नहीं समझते थे, अत: वे द्रव्यलिंग के ही धारक हुए।

भगवान ऋषभदेव छह माह का योग लेकर शिलापट पर आसीन हो गये, उन्हें दीक्षा लेते ही मन:पर्ययज्ञान प्राप्त हो गया। छह माह के बाद राजा श्रेयांस को पूर्वभव का स्मरण होने से आहारदान की विधि ज्ञात हो जाती है। जिससे शीघ्र ही राजा श्रेयांस ने राजा सोमप्रभ और रानी लक्ष्मीमती के साथ भगवान ऋषभदेव को आदरपूर्वक षड़गाहन कर ईख के प्रासुक रस का आहार दिया। उसी समय देवों ने पंचाश्चर्य किये।

ज्ञान कल्याणक

किसी दिन भगवान ऋषभदेव ने पुरिमताल नगर के समीप शकट नामक उद्यान में ध्यान की सिद्धि के लिए वटवृक्ष के नीचे विशाल शिला पर विराजमान होकर चित्त की एकाग्रता धारण की। लेश्याओं की उत्कृष्ट शुद्धि को धारण करते हुए भगवान ध्यान में लीन हो गये। फाल्गुन मास के कृष्ण पक्ष की एकादशी के दिन उत्तराषाढ़ नक्षत्र में भगवान को केवलज्ञान उत्पन्न हो गया। भगवान ऋषभदेव केवलज्ञानी होकर लोकालोक को देखनेवाले सर्वज्ञ हो गये।

भगवान ऋषभदेव को केवलज्ञान उत्पन्न होते ही देवों द्वारा विशाल समवशरण की रचना की गयी। तीन मेखलाओं से सुशोभित पीठ के ऊपर गन्धकुटी के मध्य

में सिंहासन पर चार अंगुल के अन्तर से भगवान आदिनाथ विराजमान हुए, इन्द्रादि देव उनकी उपासना करते हैं और आकाश से देव पुष्पवृष्टि करते हैं। देवेन्द्र आदि देव बड़े वैभव के साथ समवशरण भूमि की तीन प्रदक्षिणा देकर प्रवेश करते हैं और आद्यजिनेन्द्र की पूजन तथा स्तुति करते हैं। भरत एक सौ आठ नामों द्वारा भगवान का स्तवन करते हैं।

भगवान आदिनाथ की दिव्यध्वनि में जीवाजीवादि तत्त्वों का तथा षट्द्रव्य का विस्तृत विवेचन होता है। दिव्यध्वनि से भरतादि राजा तथा अनेक भव्यजीव यथायोग्य विशुद्धि को प्राप्त होते हैं। वृषभसेन मुख्य गणधर, राजा सोमप्रभ तथा राजा श्रेयांस भी दीक्षित होकर गणधर हुए। ब्राह्मी और सुन्दरी ने भी दीक्षा लेकर गणिनीपद को प्राप्त किया। मरीचि को छोड़कर प्रायः सभी भ्रष्ट मुनि भगवान के समीप प्रायश्चित्त लेकर सच्चे मुनि हो गये।

चक्रवर्ती भरत की दिग्विजय यात्रा

भगवान आदिनाथ के केवलज्ञान महोत्सव के उपरान्त भरत सम्पूर्ण वैभव के साथ अपनी राजधानी में आकर विधिपूर्वक चक्ररत्न की पूजा करते हैं, फिर पुत्रोत्पत्ति का उत्सव मनाते हैं।

सूर्यमंडल के समान दैदीप्यमान, चारों ओर से देवों द्वारा घिरा हुआ जाज्वल्यमान चक्ररत्न आकाश में भरतेश्वर के आगे-आगे चल रहा था।

महाराज भरत ने दिग्विजय के लिए सबसे पहले पूर्वदिशा की ओर बढ़ते हुए गंगानदी पार करते हुए मागध देव की सभा में अपने नाम से चिह्नित बाण छोड़ा। चक्रवर्ती का नाम देख गर्वरहित होकर मागधदेव हार, सिंहासन और कुंडल लेकर चक्रवर्ती के स्वागत के लिए आए।

अनन्तर चक्रवर्ती ने दक्षिण दिशा की ओर बढ़ते हुए दक्षिण समुद्र के अधिपति व्यन्तरदेव को जीता। फिर पश्चिम दिशा में प्रवेश कर पश्चिम समुद्र के व्यन्तराधिपति प्रभास देव को वश में किया।

अनन्तर अठारह करोड़ घोड़ों के अधिपति भरत चक्रधर उत्तर की ओर प्रस्थान करते हुए विजयार्ध पर्वत पहुँचे, वहाँ विजयार्धदेव को जीत लेने से इनकी दिग्विजय का अर्धभाग पूर्ण हो गया।

उत्तर भारत क्षेत्र के चिलात और आवर्त्त नाम के राजा से चक्रवर्ती का सात दिनों तक लगातार युद्ध चलता रहा। जयकुमार के आग्नेय बाण से युद्ध समाप्त हुआ, और दोनों राजा भरत की शरण में आए। साठ हजार वर्ष तक चली

दिग्विजय यात्रा में चक्रवर्ती ने समस्त दिशाएँ जीत लीं।

इस प्रकार भरत ने भारतवर्ष के समस्त म्लेच्छ खंडों पर विजय प्राप्त कर, कैलाश पर्वत पर ऋषभ जिनेन्द्र की पूजा कर वापस अयोध्या नगरी की ओर प्रस्थान किया।

अयोध्या नगरी में प्रवेश करते समय उनका चक्ररत्न गोपुरद्वार (मुख्य द्वार) में ही रुक गया, जिससे सबको आश्चर्य हुआ। चक्रवर्ती को निमित्तज्ञानी पुरोहित ने बताया कि अभी आपके भाइयों को वश में करना बाकी है। पुरोहित की सम्मति के अनुसार राजदूत भाइयों के पास जाते हैं, परन्तु सभी भाई भरत की आज्ञा में रहने की अपेक्षा ऋषभनाथ भगवान के पास जाकर दीक्षा ग्रहण कर लेते हैं।

बाहुबली ने भी चक्रवर्ती भरत की अधीनता स्वीकार नहीं की, फलतः युद्ध के लिए दोनों ओर से सेना आगे बढ़ी। परन्तु बुद्धिमान मन्त्रियों ने सेना-युद्ध के स्थान पर दोनों भाइयों का परस्पर नेत्रयुद्ध, जलयुद्ध और मल्लयुद्ध निश्चित किया, तीनों ही युद्धों में जब बाहुबली विजयी हुए तब भरत ने कुपित होकर चक्ररत्न चला दिया। बाहुबली भरत के सगे भाई थे, इसलिए भरत का चक्र बाहुबली पर सफल नहीं हुआ, परन्तु भरत के इस व्यवहार से बाहुबली ने विरक्त होकर जंगल में जाकर दीक्षा ले ली।

दीक्षा लेते समय बाहुबली ने एक वर्ष का उपवास किया, उपवास पूर्ण होने पर भरत ने आकर उनकी पूजा की, भरत के पूजा करते ही बाहुबली का हृदय निश्चिन्त हो गया और उसी समय उन्हें अविनाशी उत्कृष्ट केवलज्ञान प्राप्त हो गया। भरत ने केवलज्ञान की पूजा की, बाहुबली भी केवलज्ञान प्राप्त कर मोक्ष को प्राप्त हुए।

चक्रवर्ती भरत ने अयोध्या में प्रजा को जन्म से लेकर दीक्षा तक के समस्त संस्कार, षोडश संस्कार, हवन के योग्य मन्त्रों, राजनीति और वर्णाश्रम आदि का उपदेश दिया।

मोक्ष कल्याणक

माघ कृष्ण चतुर्दशी के दिन सूर्योदय के शुभ मुहूर्त्त और अभिजित नक्षत्र में भगवान वृषभदेव पूर्व दिशा की ओर मुँह कर अनेक मुनियों के साथ-साथ पर्यङ्कासन से विराजमान हुए और शरीर से मुक्त होकर सिद्ध पर्याय प्राप्त की।

उसी समय मोक्ष कल्याणक की पूजा करने की इच्छा से सभी देव आए,

'यह भगवान का शरीर पवित्र, उत्कृष्ट, मोक्ष का साधन, स्वच्छ तथा निर्मल है' ऐसा विचार कर उसे बहुमूल्य पालकी में विराजमान किया और अग्निकुमार देवों के द्वारा उत्पन्न अग्नि से जगत की अभूतपूर्व सुगन्धि प्रकट कर वर्तमान आकार नष्ट कर दिया। इन्द्रो ने वृषभदेव के शरीर की भस्म उठाकर मस्तक पर लगाई और आनन्द नाम का नाटक किया। इन्द्र ने इष्ट के वियोग से दुःखी भरत एवं इष्टजनों को धर्मोपदेश दिया।

भरत का वैराग्य

महाराज भरत को किसी समय उज्ज्वल दर्पण में अपने मुखकमल में सफेद बाल देखकर वैराग्य उत्पन्न हो गया, उन्होंने राज्य को जीर्णतृण के समान मानकर अपने पुत्र अर्ककीर्ति को अपनी सम्पत्ति देकर दीक्षा ग्रहण की। उसी समय उन्हें मनःपर्ययज्ञान उत्पन्न हो गया और उसके बाद शीघ्र ही भरत को केवलज्ञान प्रकट हो गया।

इस प्रकार इक्ष्वाकुवंश के प्रमुख श्री वृषभनाथ भगवान मोक्षरूपी आत्मा की उत्कृष्ट सिद्धि को प्राप्त हुए। भरत, बाहुबली भी निर्वाण को प्राप्त हुए।

भगवान आदिनाथ, भरत, बाहुबली का चरित्र सुधी श्रावकों को परमसुख और पूर्ण ज्ञान देनेवाला है, अतः ग्रन्थ का अध्ययन पूर्ण एकाग्रता के साथ करें।

उत्तरपुराण

महापुराण का दूसरा भाग है, उत्तरपुराण। महापुराण में लगभग 20 हजार श्लोक हैं, जिनमें से आचार्य गुणभद्र ने लगभग 7780 श्लोकों द्वारा उत्तरपुराण की रचना की है। 28वें पर्व से लेकर 76वें पर्वों (अध्यायों) में दूसरे तीर्थंकर अजितनाथ से लेकर चौबीसवें तीर्थंकर भगवान महावीर के चरित का वर्णन किया गया है।

ग्रन्थ के प्रारम्भ में भगवान आदिनाथ के गर्भ से लेकर मोक्ष कल्याणक तक तथा सोलह स्वप्न, सुमेरू पर्वत, देवों द्वारा वन्दना और पूर्व दश भव आदि-आदि विषयों का विस्तार से वर्णन किया गया है। अतः उत्तरपुराण में इन विषयों की विस्तृत चर्चा नहीं की है। इसलिए हमने भी महापुराण के प्रथम भाग आदिपुराण का विस्तृत सारांश इस पुस्तक में लिखा है। पाँचों कल्याणकों की प्रक्रिया, समय और स्थान आदि समान हैं, अतः हम 23 तीर्थंकरों के चरित का विस्तृत वर्णन नहीं कर रहे हैं। पाठक के लिए संक्षेप में इतना ही बता रहे हैं कि उत्तरपुराण की

विषयवस्तु क्या है। सुधी पाठक उत्तरपुराण का अध्ययन अवश्य करें।

उत्तरपुराण में निम्नलिखित तीर्थंकर, नारायण, प्रतिनारायण और बलभद्र आदि का वर्णन किया गया है। यथा—

तीर्थंकर : अजितनाथ, सम्भवनाथ, अभिनन्दननाथ, सुमतिनाथ, पद्मप्रभ, सुपार्श्वनाथ, चन्द्रप्रभ, पुष्पदन्त, शीतलनाथ, श्रेयांसनाथ, वासुपूज्य, विमलनाथ, अनन्तनाथ, धर्मनाथ, शान्तिनाथ, कुन्थुनाथ, अरनाथ, मल्लिनाथ, मुनिसुव्रतनाथ, नमिनाथ, नेमिनाथ, पार्श्वनाथ, महावीर।

बलभद्र : विजय, अचल,धर्म, सुप्रभ, अपराजित, नन्दिषेण, नन्दिमित्र, राम, पद्म।

नारायण : त्रिपृष्ठ, स्वयंभू, पुरुषोत्तम, पुण्डरीक, दत्त, लक्ष्मण।

प्रतिनारायण : अश्वग्रीव, तारक, मधु, मधुसूदन, अनन्तवीर्य, निशुम्भ, बलीन्द्र, रावण, जरासन्ध।

गणधर : संजयन्त, मेरू, मन्दर।

चक्रवर्ती : सगर, मधवा, सनत्कुमार, शांतिनाथ, कुन्थुनाथ, अरनाथ, सुभौम, पद्म, हरिषेण, जयसेन, ब्रह्मदत्त।

इस प्रकार पूरा का पूरा उत्तरपुराण महापुरुषों के चरित्र-चित्रण से भरा हुआ है। ऐसा कोई अन्य पुराण देखने को नहीं मिलता, जिसमें एक साथ इतने तीर्थंकर, बलभद्र, नारायण, प्रतिनारायण, गणधर और चक्रवर्ती का वर्णन एक साथ किया हो। वास्तव में यह पुराण बहुत महान, महत्त्वपूर्ण, श्रेष्ठ और परजीवी ग्रन्थों का आधार है।

महापुराण में समस्त 63 शलाका पुरुषों के चरित्र का वर्णन है; इसलिए इसे पुराणों का मुकुटमणि कहा जाता है। वास्तव में इतने अधिक (20,000) श्लोक प्रमाण लिखना और महापुरुषों का चरित्र-चित्रण सरल भाषा में करना आचार्यों द्वारा हमें अनमोल भेंट प्रदान की गयी है।

अतः सुधी पाठकों से मेरा निवेदन है कि इस ग्रन्थराज महापुराण का अध्ययन अवश्य करें।

चरित्र-चित्रण के साथ ही इस ग्रन्थ में सबसे अन्तिम अध्याय में बहुत महत्त्वपूर्ण विषय का वर्णन किया है। सर्वप्रथम अन्तिम केवली जम्बू स्वामी का वर्णन, उसके बाद उत्सर्पिणी (सुषमा-दुखमा आदि छह काल) और अवसर्पिणी काल का विशिष्ट वर्णन करते हुए कल्कियों का वर्णन किया है, जो बहुत महत्त्वपूर्ण और पढ़ने योग्य है। प्रलय काल का भी वर्णन किया है। जिन श्रावकों

के मन में भविष्यकाल जानने की इच्छा रहती हो, वे एक बार इस ग्रन्थ का स्वाध्याय जरूर करें। प्रलयकाल का वर्णन, उसकी स्थिति और अन्तिम मुनि, आर्यिका, श्रावक, श्राविका आदि का परिचय इस ग्रन्थ में मिलता है।

वर्तमाल काल के ही नहीं, भविष्य काल के 24 तीर्थंकरों और शलाकापुरुषों का परिचय भी इस ग्रन्थ में मिलता है।

वास्तव में यह ग्रन्थ, 'कुबेर का खजाना' है। इस कुबेर के खजाने में से अनमोल मोती श्रावकों को चुनना है।

पद्मपुराण

ग्रन्थ के नाम का अर्थ

'पद्म' का अर्थ यहाँ राम है। राम का एक नाम 'पद्म' भी था और जैन पुराणों में उनका यही नाम अधिक प्रचलित है। इस ग्रन्थ में राम का चरित्र-चित्रण होने से इसे पद्मपुराण कहते हैं।

जैन परम्परा में राम को त्रेसठ शलाका पुरुषों में वासुदेव के रूप में गिना जाता है। इनके जीवन-चरित्र से सम्बन्धित बड़े-बड़े पुराण भी रचे गये हैं।

ग्रन्थकार का परिचय

रामकथा सम्बन्धी सबसे प्राचीन जैन पुराण संस्कृत में रविषेण कृत पद्मपुराण, प्राकृत में विमलसूरि कृत पउमचरियं (पद्म-चरित) और अपभ्रंश में स्वयंभू कृत 'पउमचरिउ' हैं। यहाँ पर संस्कृत में रविषेण द्वारा रचित पद्मपुराण का परिचय दे रहे हैं। आचार्य रविषेण ने वि.सं. 734 में इस ग्रन्थ की रचना पूर्ण की थी। पौराणिक चरित-काव्य-रचयिता के रूप में रविषेणाचार्य का महत्त्वपूर्ण स्थान है। इनका समय वि.सं. 840 से पूर्व माना जाता है।

ग्रन्थ का महत्त्व

(1) 'रामकथा' भारतीय साहित्य में सबसे अधिक प्राचीन, व्यापक, आदरणीय और रोचक विषय रहा है। सभी लोग राम को 'आदर्श महापुरुष' मानते हैं। 'राम कथा' प्राय: सभी धर्मों में प्रचलित और सम्माननीय है।

(2) रामकथा के विषय में जैन परम्परा में 'पद्मपुराण' और 'पउमचरिय' सर्वप्रथम रचित ग्रन्थ माने जाते हैं। ये परवर्ती अनेक पुराणों, कथाओं, नाटकों और एकांकी आदि के आधारभूत ग्रन्थ रहे हैं।

(3) भूगोल, इतिहास, राजनीति, संस्कार और परम्परा आदि अनेक दृष्टियों से भी यह पद्मपुराण ग्रन्थ बहुत महत्त्वपूर्ण है। ग्रन्थ सम्बन्धी कुछ तथ्य/निष्कर्ष हैं, जिन्हें श्रावक सावधानी से पढ़ें। जैसे—

1. रविषेणाचार्य के मतानुसार वानर एक मानव जाति विशेष है। जिन विद्याधर राजाओं ने अपना ध्वज चिह्न वानर अपना लिया था, वे विद्याधर राजा वानरवंशी कहलाने लगे थे। वानर पशु नहीं हैं, मनुष्य हैं।

2. रविषेणाचार्य ने राक्षसद्वीप वासियों को राक्षसवंशी कहा है। विजयार्द्ध के पश्चिम में एक द्वीप में विद्याधर राजाओं का निवास था, उस द्वीप का नाम राक्षस द्वीप था। अतः वहाँ के निवासी राक्षस कहलाने लगे थे। वे वास्तव में राक्षस नहीं थे, मनुष्य थे, इसलिए रावण को वस्तुतः राक्षस मानना गलत है। वे कला विद्या में निपुण, शास्त्रों के पारंगत और धर्मप्रिय राजा थे। वे भविष्य में जैन धर्म के तीर्थंकर होंगे।

3. सीता के जन्म, अग्निपरीक्षा और समाधिमरण आदि के बारे में भी अलग विशेष मत हैं। सुधी पाठकगण स्वविवेक से इन मतों पर चिन्तन करें।

ग्रन्थ की कथा

राजा श्रेणिक भगवान महावीर के समवशरण में जाते हैं और गौतम स्वामी से रामकथा सुनने की इच्छा प्रकट करते हैं। गौतमस्वामी नाभिराय और भगवान आदिनाथ, भरत और बाहुबली का वर्णन करते हुए चार महावंशों (इक्ष्वाकुवंश, ऋषिवंश, विद्याधरों का वंश तथा हरिवंश) का वर्णन करते हैं। भगवान अजितनाथ का वर्णन, सगर चक्रवर्ती, पूर्णघन, सुलोचन, सहस्रनयन, मेघवाहन, राक्षसवंश और वानरवंश का विस्तार से वर्णन करते हैं। जिसका सार प्रस्तुत है—

राक्षस वंश के राजा रत्नश्रवा तथा केकसी के चार सन्तान थीं—1. रावण, 2. कुम्भकर्ण, 3. चन्द्रनखा 4. विभीषण। जब रत्नश्रवा ने पहले अपने पुत्र रावण को देखा था, तब शिशु जो हार पहने हुए था उसमें उसे रावण के दस सिर दिखे, इसीलिए उसका नाम दशानन रखा गया। रावण आदि भाई अनेक विद्याएँ सिद्ध करते हैं और रावण मन्दोदरी तथा 6000 अन्य कन्याओं के साथ विवाह करता है और दिग्विजय में बहुत से राजाओं को परास्त करता है।

किष्किन्धा नगर के राजा सूर्यरज और चन्द्रमालिनी रानी से बाली और सुग्रीव नाम के दो पुत्र और सूर्यरज के छोटे भाई ऋक्षरज और हरिकान्ता रानी से नल और नील दो पुत्र उत्पन्न होते हैं।

रावण विजययात्रा में अनन्तबल केवली का धर्मोपदेश सुनकर ''जो परस्त्री मुझे नहीं चाहेगी मैं उसे ग्रहण नहीं करूँगा'' यह दृढ़ नियम लेता है। उसके बाद रावण इन्द्र को पराजित करता है। बालि का अहंकार रावण के आक्रमण से वैराग्य रूप में परिणत हो जाता है, जिससे बालि विरक्त होकर दिगम्बरी दीक्षा धारण करता है, और सुग्रीव को राजा बनाता है।

आदित्यपुर के राजा प्रह्लाद और रानी केतुमती के पवनंजय नाम का पुत्र था। जिसका विवाह राजा महेन्द्र और रानी हृदयवेगा की पुत्री अंजना से होता है। मिश्रकेशी दूती के बकवाद के कारण पवनंजय अंजना को विवाहोपरान्त ही छोड़ देते हैं, 22 वर्षों तक अंजना पति के वियोग में कष्ट सहती है। एक दिन रावण और वरुण के युद्ध में पवनंजय जाते हैं, और मार्ग में मानसरोवर पर चकवी की विरहदशा को देखकर अंजना का स्मरण हो जाता है, जिससे वह प्रहसित मित्र की सहायता से गुप्तरूप से अंजना से मिल आते हैं।

कुछ समय बाद अंजना के गर्भ चिह्न प्रकट होने पर सास केतुमती उन्हें कलंकित कहकर घर से निकाल देती है। पिता के घर भी आश्रय नहीं मिलने के कारण अंजना अपनी सखी के साथ पर्वत की गुफा में रहती है। वहीं पर अंजना को पुत्र उत्पन्न होता है। तभी अंजना के मामा प्रतिसूर्य विद्याधर वहाँ आते हैं, और अंजना को पुत्र सहित विमान में बैठाकर अपने नगर की ओर चल देते हैं, परन्तु बालक विमान से नीचे गिर जाता है, और शिला चूर-चूर हो जाती है इसलिए बालक का नाम 'श्रीशैल' और हनुरूह नगर में संस्कार सम्पन्न होने के कारण 'हनुमान' नाम रखा जाता है। वरुण के युद्ध से लौटकर जब पवनंजय घर आते हैं तब अंजना को न देखकर दुखी हो जाते हैं। लम्बे समय तक खोज करने के बाद विद्याधर की मदद से अंजना और पवनंजय का मिलाप होता है।

रावण की बहन चन्द्रनखा की 'अनंगपुष्पा' नाम की कन्या से हनुमान का विवाह होता है। इसके साथ किष्कुपुर के राजा नल की हरिमालिनी पुत्री के साथ भी हनुमान का विवाह होता है। विद्याधरों की सौ कन्याओं से विवाह करने के बाद हनुमान की एक हजार से भी अधिक स्त्रियाँ हो जाती हैं, यह 'श्रीशैल' पर्वत पर ही निवास करते हैं।

पद्मपुराण के बीस और इक्कीस पर्व में चौबीस तीर्थंकरों का तथा उनके वंश का वर्णन, इक्ष्वाकु वंश के प्रारम्भ का वर्णन और राजा अनरण्य आदि का वर्णन किया गया है।

इक्ष्वाकु वंश में उत्पन्न राजा रघु के अयोध्या में अरण्य नाम का पुत्र और

पृथ्वीमती नाम की महादेवी से दो पुत्र उत्पन्न हुए। ज्येष्ठ पुत्र अनन्तरथ और छोटे पुत्र का नाम दशरथ था। राजा अरण्य एक माह के दशरथ पुत्र को ही राज्य सौंपकर अनन्तरथ पुत्र के साथ दीक्षा ले लेते हैं।

एक बार नारद राजा दशरथ और राजा जनक को सचेत करते हैं कि रावण अपनी मृत्यु का कारण आप दोनों के पुत्र-पुत्री को जानकर आपका वध करने का विचार कर रहा है। तब वह दोनों ही राजा घर से बाहर निकलकर समय काटते हैं, विभीषण इनके पुतलों को ही राजा समझकर मार देते हैं। अनन्तर राजा दशरथ को कैकया रानी स्वयंवर में वर लेती है और राजाओं के साथ युद्ध में कैकया के सहयोग से राजा दशरथ विजयी होते हैं। प्रसन्न होकर राजा दशरथ कैकया को दो वरदान देते हैं, जिसे वह भंडारगृह में सुरक्षित रखती है।

राजा दशरथ की चार रानियाँ थीं। रानी अपराजिता (कौशल्या) से 'पद्म (राम)', सुमित्रा से 'लक्ष्मण', रानी कैकया से 'भरत' और सुप्रभा रानी से 'शत्रुघ्न' पुत्र उत्पन्न होते हैं।

राजा दशरथ चारों पुत्रों को शिक्षा और गुण प्रदान करने के लिए योग्य अध्यापक के पास भेज देते हैं, जिससे वे सभी सर्वशास्त्रविषयक अतिशय पूर्णज्ञान और पांडित्य से युक्त हो जाते हैं।

राजा जनक की विदेहा रानी से एक पुत्र और एक पुत्री का जन्म होता है। पूर्वभव के बैर के कारण महाकाल असुर उनके पुत्र का अपहरण कर उसे आकाश से नीचे गिरा देता है। चन्द्रगति विद्याधर और पुष्पवती रानी उस पुत्र को अपना पुत्र मानकर बहुत उत्सव मनाते हैं और उसका नाम भामंडल रखते हैं।

राजा जनक अपनी पुत्री का नाम जानकी (सीता) रखते हैं, वह लक्ष्मी के समान अत्यन्त रूपवती दिखाई देती थी। राजा जनक सीता का विवाह राजा दशरथ के प्रथम पुत्र श्रीराम से निश्चित कर देते हैं।

एक बार नारद सीता के असत्कार से दुखी होकर उससे बदला लेने के भाव से उसका चित्रपट बनाकर रथनूपुर नगर के राज उद्यान में छोड़ देते हैं। उस चित्रपट को देखकर भामंडल सीता पर मोहित हो जाता है और राजा जनक को सीता के साथ विवाह कराने पर विवश करते हैं, तब राजा जनक "यदि राम वज्रावर्त धनुष चढ़ा देंगे तो सीता ले सकेंगे अन्यथा भामंडल लेगा" यह शर्त रखते हैं, तब राम धनुष चढ़ाकर सीता की रत्नमाला प्राप्त करते हैं। लक्ष्मण का विवाह भी अठारह हजार कन्याओं से, भरत का विवाह जनक के भाई कनक की पुत्री लोकसुन्दरी के साथ होता है।

इधर भामंडल को जब ज्ञात होता है कि सीता मेरी सगी बहन है, तो उसे अपने कुविचारों पर बहुत घृणा होती है, वह मिथिला जाकर सबसे क्षमा ग्रहण करता है, राजा जनक भी सपरिवार अपने पुत्र से मिलकर आनन्द अनुभव करते हैं। और अपने भाई को राज्य सौंपकर भामंडल के साथ विजयार्ध चले जाते हैं।

इधर राजा दशरथ सर्वभूतहित मुनिराज के द्वारा अपने पूर्व भवों का वर्णन सुनकर राज्य से विरक्त हो जाते हैं, और राम के राज्याभिषेक की घोषणा करते हैं।

परन्तु भरत की माँ कैकया अपना पूर्वस्वीकृत दो वर 'भरत के लिए राज्य' और 'राम के लिए वनवास' माँगती है। राजा दशरथ असमंजस में पड़ जाते हैं। परन्तु राम दृढ़ता के साथ कहते हैं कि आप भरत को राज्य देकर अपने सत्यवचन की रक्षा कीजिए। इसी बीच भरत संसार से विरक्त होकर दीक्षा के लिए जाने लगते हैं, तब राजा दशरथ और राम उसे समझाकर रोकते हैं और भरत का राज्याभिषेक करते हैं।

राम भी माता-पिता से आज्ञा लेकर वन जाने के लिए उद्यत होते हैं। सीता और लक्ष्मण भी उनके साथ हो जाते हैं। राम-लक्ष्मण के साथ प्रजा के अनेक लोग भी साथ होते हैं, लेकिन सबको सोता छोड़कर राम, लक्ष्मण और सीता तीनों ही दक्षिण दिशा की ओर चल पड़ते हैं। राजा दशरथ भी सर्वभूतहित मुनिराज के पास दीक्षा धारण कर लेते हैं। कौशल्या और सुमित्रा पति एवं पुत्र वियोग से बहुत दुखी होती हैं। भरत और कैकया राम और लक्ष्मण के पास जाकर उनसे वापिस चलने का बहुत आग्रह करते हैं, परन्तु सब व्यर्थ सिद्ध होता है। भरत निराश हो वापिस आकर राज्य का पालन करते हैं और द्युतिभट्टारक के समक्ष प्रतिज्ञा करते हैं, "मैं राम के आने पर उनके दर्शन मात्र से ही मुनिदीक्षा ग्रहण कर लूँगा।"

इधर राम-लक्ष्मण चित्रकूट वन को पारकर अवन्ती देश में पहुँचे। वहाँ पर राजा वज्रकर्ण और सिंहोदर राजा से मित्रता करते हैं और म्लेच्छ राजाओं को आज्ञाकारी बनाकर बालिखिल्य को बन्धन-मुक्त करते हैं। वन-विहार करते-करते जब सीता थक जाती है और तीव्र वर्षा के कारण तीनों ही असहाय हो जाते हैं, तब यक्षपति अपने अवधिज्ञान से उन्हें बलभद्र और नारायण जानकर एक सुन्दर नगरी की रचना करते हैं और उसमें सबको ठहराते हैं। वर्षाकाल बीतने के बाद राम वैजयन्तपुर जाते हैं। वहाँ पर राजा पृथिवीधर और रानी इन्द्राणी की पुत्री वनमाला के साथ लक्ष्मण का विवाह होता है। क्षेमाञ्जलिपुर के राजा शत्रुदमन की पुत्री जिनपद्मा के साथ भी लक्ष्मण का विवाह होता है।

इधर राजा अतिवीर्य भरत के प्रति अभिमान दिखा रहा था, ऐसा समाचार पाकर राम और लक्ष्मण उसके पास जाकर उसे समझाते और फटकारते हैं और बन्धन में लेते हैं। तब सीता के कहने पर उसे बन्धन मुक्त करते हैं, जिससे वह दीक्षा ले लेता है। इस तरह राम लक्ष्मण रात्रिमेघ की तरह अव्यक्त रूप से भरत की रक्षा कर आगे बढ़ते हैं।

वंशस्थद्युति नगर में राम-लक्ष्मण तथा सीता देशभूषण तथा कुलभूषण मुनिराज के दर्शन करते हैं। उनका उपसर्ग दूर करते हैं और जिनेन्द्र भगवान की हजारों प्रतिमाओं से सुशोभित अनेक जिनमन्दिरों का निर्माण कराते हैं। कर्णरवा नदी के पास दंडकवन में सुगुप्ति और गुप्ति नामक दो मुनिराजों को भी आहारदान देते हैं, जिससे दंडक वन में पंचाश्चर्य होते हैं। मुनिराज के दर्शन से ही गृद्ध पक्षी को पूर्वभव का ज्ञान होता है। राम उसे जटायु नाम देते हैं और अपने आश्रम में रखते हैं।

एक दिन लक्ष्मण वन में भ्रमण करते हैं, उनके द्वारा शम्बूक (रावण की बहिन चन्द्रनखा का पुत्र) मारा जाता है। जिससे चन्द्रनखा विलाप करती हुई राम-लक्ष्मण के पास जाती है, परन्तु कामेच्छा पूर्ण न होने पर चन्द्रनखा पुत्रशोक करती हुई अपने पति खरदूषण के पास जाती है। खरदूषण राम-लक्ष्मण के साथ युद्ध करने लगता है, रावण भी उसकी सहायता के लिए आता है, बीच में सीता को देख मोहित हो जाता है। और वह छल से सिंहनाद कर राम को लक्ष्मण के पास भेज देता है और सीता का हरण कर लेता है। जटायु अपनी शक्ति अनुसार प्रयत्न करता है, पर वह सफल नहीं होता है।

राम जब वापिस आते हैं, तो सीता को न देखकर विलाप करते हैं। लक्ष्मण भी बहुत दुखी होते हैं और विराधित विद्याधर को सेना सहित सीता की खोज में भेजते हैं, पर वह असफल हो जाते हैं। सीता के वियोग से दुखी राम सीता की खोज करते हैं।

रावण सीता को लेकर लंका जाता है। वहाँ पश्चिमोत्तर दिशा में स्थित देवारण्य नामक उद्यान में सीता को ठहराकर उससे प्रेम याचना करने लगता है। शीलवती सीता उसकी समस्त प्रार्थनाएँ ठुकरा देती है। रावण माया द्वारा सीता को भयभीत करने का प्रयत्न करता है पर वह रंचमात्र भी विचलित नहीं होती।

रावण की दुर्दशा देख मन्दोदरी उसे बहुत समझाती है, सीता मन्दोदरी को भी निःशब्द कर देती है।

किष्किन्धापुरी का स्वामी सुग्रीव, मायावती सुग्रीव (साहसगति विद्याधर)

के द्वारा सताए जाने पर दुखी होकर इधर-उधर घूमता हुआ विराधित की पाताल लंका में आता है। वहाँ राम के साथ उसका परिचय होता है। राम सुग्रीव की दुखद दशा जानकर मायावी सुग्रीव को निष्प्राण कर सुग्रीव की सहायता करते हैं।

सीता की खोज में सुग्रीव अपने सेवकों को भेजते हैं। रत्नजटी आकर बताता है, ''सीता को लंकाधिपति रावण हरकर ले गया है।'' राम-लक्ष्मण की शक्ति पर विश्वास कर समस्त वानर रावण के साथ युद्ध करने के लिए तैयार हो जाते हैं।

सुग्रीव हनुमान को राम की सहायता के लिए बुलाते हैं। राम की महिमा सुन हनुमान प्रसन्न होकर उनके पास आते हैं और विनीत भाव से उनकी स्तुति करते हैं। राम हनुमान को सीता के पास सन्देश देने के लिए लंका भेजते हैं।

लंका जाते समय हनुमान अपने मातामह महेन्द्र को पराजित कर अपनी माता से उनका मिलन कराते हैं। उसके बाद दधिमुख द्वीप में स्थित मुनियों के ऊपर दावानल (अग्नि) का उपसर्ग दूर करते हैं। अपनी सेना की अचानक गति रुक जाने के कारण मायामय कोट को ध्वस्त कर देते हैं। कोट के अधिकारी राजा वज्रायुध को भी प्राणरहित कर देते हैं और उसकी पुत्री लंकासुन्दरी के साथ हनुमान विवाह कर लेते हैं।

लंका में जाकर हनुमान सर्वप्रथम विभीषण से मिलते हैं। फिर अशोक वृक्ष के नीचे सीता को देखकर उनकी गोदी में रामप्रदत्त अँगूठी डाल देते हैं, जिसे देखकर सीता प्रसन्न हो जाती हैं। हनुमान सीता के समक्ष प्रकट होकर राम का सन्देश सुनाते हैं, ग्यारहवें दिन राम का सन्देश पाकर सीता आहार ग्रहण करती है। हनुमान लंका को नष्ट कर देते हैं।

वापिस आकर हनुमान राम को सीता की दयनीय दशा का वर्णन करते हैं। सीता के द्वारा प्रदत्त चूड़ामणि राम को देते हैं, जिसे देखकर राम अत्यन्त व्याकुल हो जाते हैं।

चन्द्रमरीचि विद्याधर की प्रेरणा से उत्तेजित हो सब विद्याधरों ने राम को साथ लेकर लंका की ओर प्रस्थान किया।

रावण को युद्ध के लिए तैयार देखकर विभीषण हाथ जोड़ प्रणाम कर शास्त्रानुकूल, अत्यन्त श्रेष्ठ, हितकारी एवं शान्तिपूर्ण वचन कहता है, ''हे प्रभु, आप श्रीराम का सम्मान कर सीता उन्हें सौंप दीजिए।''

परन्तु रावण और इन्द्रजीत, विभीषण से वाक्युद्ध करते हैं, जिससे विभीषण अपनी सेना सहित लंका छोड़कर राम के पास आ जाते हैं।

रावण अक्षौहिणी सेना के साथ लंका से बाहर निकलकर राम के साथ युद्ध प्रारम्भ कर देता है। सर्वप्रथम रावण के सामन्त हस्त, प्रहस्त, वानरवंशी नल और नील से युद्ध में मारे जाते हैं। अनेक राजा भी युद्ध में मारे जाते हैं। तभी राम-लक्ष्मण को दिव्यास्त्र तथा सिंहवाहिनी और गरुड़वाहिनी विद्याओं की प्राप्ति होती है, जिनके प्रभाव से वह सुग्रीव और भामंडल को नागपाश से मुक्त कर देते हैं। विभीषण और रावण का पुनः वाक्युद्ध होता है, जिससे क्रोधित होकर रावण भयानक शक्ति चलाता है, जिसके लगने से लक्ष्मण मूर्छित हो पृथ्वी पर गिर पड़ते हैं। लक्ष्मण की अवस्था देख राम विलाप करने लगते हैं। अपरिचित प्रतिचन्द्र विद्याधर लक्ष्मण की शक्ति निकालने का उपाय बताता है और विशल्या के पूर्वभवों का परिचय देता है। तब राम, हनुमान, भामंडल तथा अंगद को तत्काल अयोध्या भेजते हैं। भरत की माता स्वयं राजा द्रोणमेघ के पास जाकर उनकी पुत्री विशल्या को लंका भेजने की व्यवस्था करती है। विशल्या के लंका पहुँचते ही लक्ष्मण के वक्षःस्थल से शक्ति निकल जाती है, राम की सेना में खुशी छा जाती है और विशल्या का लक्ष्मण के साथ विवाह हो जाता है। लक्ष्मण की शक्ति निकल जाने के समाचार से रावण के मन्त्रिजन उसे सन्धि करने के लिए समझाते हैं, परन्तु रावण मद के कारण नहीं मानता और बहुरूपिणी विद्या सिद्ध करने के लिए शान्तिनाथ जिनालय में भक्ति से जिनेन्द्र भगवान की पूजा करता है। नन्दीश्वर पर्व आ जाने से युद्ध भी नहीं होता है, सभी लोग शान्ति से जिनालयों में पूजन करते हैं।

रावण को विद्या सिद्ध हो गयी तो वह अजेय हो जाएगा—ऐसा विचार कर पहले विद्याधर कुमार विघ्न डालने जाते हैं, परन्तु राम की स्वीकृति न होने से वापस आ जाते हैं। बाद में अंगद, स्कन्द, नील लंका जाकर उपद्रव करते हैं, परन्तु रावण को विद्या सिद्ध हो जाती है।

रावण विद्यासिद्धि उपरान्त पुनः सीता के पास जाकर उसे आकृष्ट करता है, परन्तु सीता के पतिव्रता धर्म के कारण स्वयं ही लज्जित होता है। मद में चूर रावण पुनः युद्ध करने का निश्चय करता है।

रावण बहुरूपिणी विद्या के द्वारा निर्मित हजार हाथियों से जुते ऐन्द्र नामक रथ पर सवार होकर सेनासहित आगे बढ़ता है। लक्ष्मण और रावण के बीच वीर-संवाद होता है। दस दिनों तक दोनों का भीषण युद्ध होता है। अन्त में क्रोधी रावण लक्ष्मण पर चक्ररत्न चलाता है, चक्र लक्ष्मण की तीन प्रदक्षिणाएँ देकर उसके हाथ में आ जाता है। समस्त राजागण लक्ष्मण के चक्ररत्न प्राप्त होते ही उन्हें

आठवाँ नारायण और राम को आठवाँ बलभद्र स्वीकारते हैं।

लक्ष्मण पुनः रावण को सन्धि कर सीता वापस करने को कहते हैं, परन्तु रावण के इनकार करने पर लक्ष्मण चक्ररत्न चलाकर रावण को मार देते हैं और अन्य राजा, प्रजा को अभयदान देते हैं।

समस्त लंका में शोक छा जाता है। राम-विभीषण, मन्दोदरी और कुम्भकर्ण आदि को सान्त्वना देते हैं और रावण का दाह-संस्कार करते हैं।

उसी दिन अनन्तवीर्य नामक मुनिराज को लंका में केवलज्ञान उत्पन्न हो जाता है। देवों द्वारा उनका केवलज्ञान महोत्सव किया जाता है। इन्द्रजीत, मेघवाहन, कुम्भकर्ण और मधु आदि निर्ग्रन्थ दीक्षा लेते हैं। मन्दोदरी और चन्द्रनखा आदि सभी आर्यिकाव्रत ग्रहण कर लेती हैं।

राम-लक्ष्मण महावैभव के साथ लंका में प्रवेश करते हैं। सर्वप्रथम सीता के पास जाते हैं। राम, लक्ष्मण और सीता का समागम होता है। देवगण आकाश से पुष्पांजलि तथा गन्धोदक की वर्षा करते हैं। तीनों महल में प्रवेश कर शान्तिनाथ जिनालय में भगवान की स्तुति वन्दन करते हैं।

विभीषण को लंका का राजा घोषित कर छह वर्ष तक राम, लक्ष्मण और सीता अनेक विवाहित स्त्रियों और अनेक राजाओं के साथ सुखपूर्वक रहते हैं।

अन्त में नारद द्वारा अपनी माताओं के दुख का समाचार सुन राम, लक्ष्मण और सीता आदि पुष्पक विमान में आरूढ़ हो अयोध्या के लिए प्रस्थान करते हैं। अयोध्या के समीप ही भरत आदि बड़े हर्ष के साथ उनका स्वागत करते हैं। राम-सुग्रीव, हनुमान, विभीषण और भामंडल आदि का सभी से परिचय कराते हैं। कौशल्या आदि चारों माताएँ राम-लक्ष्मण और सीता का आलिंगन कर प्रसन्न होती हैं। समस्त अयोध्यापुरी हर्षमय हो जाती है।

भोगोपभोग से परिपूर्ण भरत का वैराग्य प्रकृष्ट सीमा को प्राप्त होता है। राम-लक्ष्मणादि ने उन्हें बहुत रोकना चाहा, परन्तु वह सफल नहीं हुए।

उसी समय त्रिलोकमंडन हाथी बिगड़कर नगर में उपद्रव करता है। अन्त में भरत के दर्शन कर वह शान्त हो जाता है।

अयोध्या में देशभूषण केवली का आगमन होता है। उनके मुख से अपना और हाथी का पूर्वभव सुनकर भरत को पूर्ण वैराग्य होता है और वे उन्हीं के पास दीक्षा ले लेते हैं। भरत के साथ एक हजार राजा और कैकयादि तीन सौ स्त्रियाँ भी दीक्षा लेती हैं। त्रिलोकमंडन हाथी भी समाधि धारण कर स्वर्ग में देव होता है। भरत मुनि भी अष्टकर्मों का क्षय कर निर्वाण को प्राप्त होते हैं।

सभी राजा राम और लक्ष्मण का राज्याभिषेक करते हैं। शत्रुघ्न परम प्रिय राज्य मथुरा पर राज्य करते हैं।

अनन्तर विद्याधरों का राजा रत्नरथ की पुत्री श्रीदामा से राम का और मनोरमा से लक्ष्मण का विवाह होता है।

इस प्रकार पद्मपुराण में वर्णित है कि राजा राम की देवांगनाओं के समान आठ हजार स्त्रियाँ थीं, उनमें से प्रथम सीता सहित प्रभावती, रतिनिभा और श्रीदामा यह चारों महादेवियाँ प्रमुख थीं। लक्ष्मण की आठ प्रमुख स्त्रियाँ थीं, विशल्या, रूपवती, वनमाला, कल्याणमाला, रतिमाला, जितपद्मा, भगवती और मनोरमा। लक्ष्मण के ढाई सौ पुत्र थे।

एक दिन सीता ने दो स्वप्न देखे। प्रथम में शुभ, द्वितीय में अशुभ फल जानकर सीता जिनमन्दिरों की वन्दना करती है। इधर प्रजा के प्रमुख लोग श्रीरामचन्द्रजी से सीता विषयक लोकनिन्दा का वर्णन करते हैं, जिससे राम का हृदय खिन्न हो जाता है।

रामचन्द्रजी लक्ष्मण को बुलाकर सीता के अपवाद का समाचार बताते हैं। लक्ष्मण उन्हें सीता के शील की प्रशंसा करते हुए समझाते हैं, परन्तु राम लोकापवाद के भय से सीता का परित्याग करते हुए उन्हें गंगा नदी के पार अटवी में सेनापति के द्वारा भेज देते हैं। सेनापति वापस आकर राम को सीता का सन्देश देते हैं, ''जिस तरह लोकापवाद के भय से आपने मुझे छोड़ा, उस तरह जिनधर्म को नहीं छोड़ देना।''

वन की भीषणता और सीता की गर्भदशा का विचार कर राम बहुत दुखी होते हैं, लक्ष्मण उन्हें बहुत समझाते हैं।

इधर पुंडरीकपुर के राजा वज्रजंघ भयंकर अटवी में विलाप करती सीता को धर्मबहिन स्वीकृत कर अपने साथ पुंडरीकपुर ले जाते हैं। वहाँ नौ माह पूर्ण होने पर सीता के श्रावण मास की पूर्णिमा के दिन दो सुखदायक पुत्र उत्पन्न हुए। उनमें से एक अनंगलवण और दूसरा मदनांकुश नाम से सुशोभित हुआ। ये दोनों बालक क्रम-क्रम से वृद्धि को प्राप्त हुए। सिद्धार्थ नामक क्षुल्लक ने दोनों पुत्रों को विद्याएँ सिखाईं।

राजा वज्रजंघ और रानी लक्ष्मी से उत्पन्न शशिचूला आदि बत्तीस पुत्रियों का विवाह अनंगलवण से और पृथिवीपुर के राजा की पुत्री कनकमाला से मदनांकुश का विवाह हो जाता है। विवाह के बाद दोनों वीरकुमार दिग्विजय कर अनेक राजाओं को अपने आधीन कर लेते हैं। एक बार नारद मुनि से राम और

लक्ष्मण का परिचय सुनकर तथा अपनी माता सीता के परित्याग की बात जानकर दोनों वीरकुमार सेना सहित अयोध्या को घेर लेते हैं और राम-लक्ष्मण के साथ घोर युद्ध करते हैं।

राम-लक्ष्मण अमोघ शस्त्रों का प्रयोग कर भी दोनों राजकुमारों से नहीं जीत पाते, जब क्षुल्लक सिद्धार्थ राम-लक्ष्मण को वीरकुमारों का परिचय देते हैं। अपने पुत्रों से मिलकर राम-लक्ष्मण बहुत ही प्रसन्न होते हैं।

हनुमान और सुग्रीव आदि राजाओं के समझाने पर राम सीता को बुला लेते हैं और सीता की अग्निपरीक्षा लेते हैं। सीता पंच परमेष्ठी का ध्यान करती है, जिससे समस्त अग्नि जलरूप में परिवर्तित हो जाती है। समस्त प्रजा तथा राम सीता की निर्दोषिता से प्रभावित होकर क्षमा माँगते हैं और घर चलने की प्रार्थना करते हैं। परन्तु सीता संसार से विरक्त होकर पृथिवीमती आर्यिका से दीक्षा ग्रहण करती है। सीता बासठ वर्ष तप कर अन्त में तैंतीस दिन की सल्लेखना धारण कर अच्युत स्वर्ग में प्रतीन्द्र होती है।

इधर सर्वभूषण केवली राम, लक्ष्मण और सीता के भवान्तरों का वर्णन विभीषण आदि राजाओं को बताते हैं। राम का सेनापति कृतान्तवक्र, लक्ष्मण के आठ पुत्र और हनुमान सभी दीक्षा ग्रहण कर लेते हैं।

राम और लक्ष्मण के स्नेह-बन्धन की परख करने के लिए स्वर्ग से दो देव अयोध्या आते हैं और विक्रिया से लक्ष्मण को राम की मृत्यु का समाचार देते हैं, जिससे लक्ष्मण की मृत्यु हो जाती है।

इस घटना से लवण और अंकुश भी दीक्षित हो जाते हैं। लक्ष्मण के निष्प्राण शरीर को गोदी में लेकर विलाप करते हुए राम छह माह इधर-उधर भटकते हैं। सभी राम को समझाते हैं, परन्तु पूर्व जटायु का जीव देव स्वर्ग से आकर राम को समझाते हैं, तब छह माह बाद राम लक्ष्मण के शरीर का दाह संस्कार करते हैं।

राम संसार से विरक्त हो अनंगलवण के पुत्र को राज्य सौंप देते हैं। राम, शत्रुघ्न और विभीषण आदि राजा दीक्षा ग्रहण कर लेते हैं।

मुनिराज राम पाँच दिन का उपवास लेकर वन में रहते हैं, वहीं पर राजा प्रतिनन्दी और रानी प्रभवा वन में ही मुनिराज को आहारदान देते हैं।

राम तपश्चर्या में लीन रहते हैं। सीता का जीव अच्युत स्वर्ग का प्रतीन्द्र जब अवधिज्ञान से यह जानता है कि ये इसी भव से मोक्ष जानेवाले हैं, तब प्रीतिवश उन्हें विचलित करने का प्रयत्न करता है। परन्तु महामुनि राम क्षपक श्रेणी प्राप्त कर केवली हो जाते हैं।

सीता का जीव प्रतीन्द्र नरक में जाकर लक्ष्मण और रावण के जीव को सम्बोधित करता है। धर्मोपदेश देता है। उनके दुख से दुखी होकर उनको नरक से निकालने का प्रयत्न करता है। नरक से निकलकर वह केवली राम की शरण में जाता है और दशरथ, लक्ष्मण, रावण और भामंडल आदि के आगे के भवों के बारे में पूछता है।

तब राम केवली कहते हैं कि दशरथ आनत स्वर्ग में देव हुए हैं, सुमित्रा, कैकया, सुप्रभा, कौशल्या, जनक तथा कनक ये सभी सम्यग्दृष्टि आनत स्वर्ग में अतुल्य विभूति के धारक देव हैं। लवण और अंकुश अविनाशी पद प्राप्त करेंगे। भामंडल का जीव आहार दान के प्रभाव से देवकुरु में उत्तम आर्य हुआ है।

रावण का जीव सत्यव्रत के प्रभाव से मनुष्य भव पाकर दुर्लभ तीर्थंकर नामकर्म का बन्ध करेगा अर्थात् भविष्यकाल के तीर्थंकर होंगे। सीता का जीव उक्त तीर्थंकर का ऋद्धिधारी 'श्रीमान' नाम का प्रथम गणधर होगा। लक्ष्मण का जीव तीर्थंकर और चक्रवर्ती पद को प्राप्त कर निर्वाण प्राप्त करेगा।

इस प्रकार मनुष्य को पुण्य और पाप का अन्तर जानकर पाप को छोड़कर पुण्य का संचय करना चाहिए। जो श्रावक पद्मपुराण का शान्तभाव से अध्ययन करेगा, निश्चय ही उसे सातिशय पुण्य का संचय होगा।

हरिवंशपुराण

राष्ट्र के कुछ महापुरुषों के चरित्र व्यापक रूप से लोकप्रियता के विषय बन गये हैं। उनमें से राम और कृष्ण के चरित्र विशेष महत्त्वपूर्ण रहे हैं। जैन और जैनेतर साहित्य में गत दो-ढाई हजार वर्षों से अगणित पुराण, काव्य, नाटक और कथानक इनके आधार पर लिखे गये हैं।

जैसे—वैदिक परम्परा में रामायण और महाभारत प्रमुख ग्रन्थ रहे हैं, उसी प्रकार जैन साहित्य में पद्मपुराण और हरिवंशपुराण प्रमुख ग्रन्थ माने जाते हैं।

ग्रन्थ के नाम का अर्थ

हरिवंश कृष्ण व कौरव-पाण्डवों के वंश का नाम है। हरिवंशपुराण में इस वंश का विस्तृत वर्णन आया है, अतः इसका नाम हरिवंशपुराण है।

ग्रन्थकार का परिचय

हरिवंशपुराण आचार्य जिनसेन (प्रथम) की अप्रतिम संस्कृत काव्यकृति है। वे बहुश्रुत विद्वान थे। आचार्य जिनसेन का समय ई. सन् 748 से 818 तक का माना जाता है। इनके गुरु का नाम कीर्तिषेण और दादागुरु का नाम जिनसेन था। ये पुन्नाट संघ के थे। आचार्य जिनसेन द्वारा रचित हरिवंशपुराण जैन साहित्य में अपना प्रमुख स्थान रखता है। इस ग्रन्थ की रचना ई. सन् 783 में हुई थी।

ग्रन्थ का महत्त्व

1. हरिवंशपुराण के स्वाध्याय से पता चलता है कि यह मात्र पुराण ही नहीं है, अपितु पुराण के साथ-साथ जैन वाङ्मय के विविध विषयों का अच्छा निरूपण इसमें किया गया है। यह जैन साहित्य का एक अनुपम ग्रन्थ और उच्चकोटि का महाकाव्य है।

2. हरिवंशपुराण की महत्त्वपूर्ण विशेषता यह है कि इसमें यादवकुल और उसमें उत्पन्न हुए दो शलाकापुरुषों का चरित्र विशेष रूप से वर्णित है—एक बाईसवें तीर्थंकर नेमिनाथ और दूसरे नवें नारायण कृष्ण। ये दोनों चचेरे भाई थे।
3. भगवान नेमिनाथ का जीवन आदर्श और त्याग का जीवन है। वे हरिवंश-गगन के प्रकाशमान सूर्य थे। इनके जीवनचरित्र को पढ़कर हमें आदर्श जीवन जीने की प्रेरणा मिलती है।
4. हरिवंश पुराण के अन्त में भगवान महावीर के निर्वाण का प्रसंग दीपावली के प्रचलित होने का भी वर्णन है, जिसे पढ़कर दीपावली मनाने का वास्तविक कारण श्रावक जान सकते हैं।
5. इस ग्रन्थ में साहित्यिक सुषमा के साथ सृष्टिविद्या, धर्मशास्त्र, तत्त्वज्ञान, षट्द्रव्य और पंचास्तिकाय आदि का भी विस्तारपूर्वक वर्णन किया है।
6. आचार्य जिनसेन ने अपने समय की राजनीतिक परिस्थितियों का भी चित्रण किया है।

ग्रन्थ की कथा

ढाई हजार वर्ष पुरानी बात है। भगवान महावीर का समवसरण राजगृही नगर में आया। सारी प्रजा के साथ राजा श्रेणिक भी धर्मलाभार्थ समवसरण पहुँचे। वहाँ सभी ने भगवान महावीर की दिव्यध्वनि सुनी। इसी समय समवसरण में एक मुनिराज को केवलज्ञान हो गया। राजा श्रेणिक ने गौतम गणधर से उन मुनिराज के विषय में पूछा। गौतम गणधर ने बताया कि वह हरिवंश में उत्पन्न सुविख्यात राजा जितशत्रु है। राजा श्रेणिक ने गौतम गणधर से हरिवंश का सम्पूर्ण वृत्तान्त सुनाने का अनुरोध किया। गौतम गणधर ने इस प्रकार कहा—

यह विश्व षड्द्रव्यात्मक है। इसके दो विभाग हैं—लोकाकाश और अलोकाकाश। अलोकाकाश में मात्र आकाश द्रव्य है और लोकाकाश में जीवादि छह द्रव्य हैं। अलोकाकाश अनन्त है और लोकाकाश के तीन भाग हैं—उर्ध्वलोक, अधोलोक और मध्यलोक। ऊर्ध्वलोक में ज्योतिषलोक और स्वर्गादि आते हैं, अधोलोक में नरक आते हैं। मध्यलोक के अन्तर्गत असंख्यातद्वीपसमुद्रों में एक भरतक्षेत्र है। भरतक्षेत्र में जिस प्रकार एक माह में कृष्ण और शुक्ल पक्ष होते हैं, उसी प्रकार एक कल्प में उत्सर्पिणी और अवसर्पिणी दो काल होते हैं। दोनों कालों में छह विभाग होते हैं। अवसर्पिणी के छह विभाग ये हैं—सुखमा-सुखमा,

सुखमा, सुखमा–दुखमा, दुखमा–सुखमा, दुखमा, दुखमा–दुखमा। ये ही अपने विपरीत-क्रम से उत्सर्पिणी के नाम हैं। उत्सर्पिणी के बाद अवसर्पिणी और अवसर्पिणी के बाद उत्सर्पिणी—ऐसा कालक्रम यहाँ अनादि से चल रहा है और अनन्तकाल तक चलता रहेगा। इसका कोई कर्ता–धर्ता नहीं है।

इनमें से इसी अवसर्पिणी के चौथे काल की बात है। जब यहाँ दसवें तीर्थंकर भगवान शीतलनाथ सशरीर विराजमान थे, तब हरिवंश की उत्पत्ति हुई। नौवें तीर्थंकर भगवान पुष्पदन्त के समय तक तो यहाँ इक्ष्वाकुवंश ही चलता रहा, किन्तु दसवें तीर्थंकर के समय हरिवंश की उत्पत्ति हुई। वह इस प्रकार है—

वत्सदेश की कौशांबी नगरी में राजा सुमुख राज्य करता था। एक दिन वह वीरक सेठ की पत्नी वनमाला पर आसक्त हो गया। वनमाला भी राजा सुमुख पर आसक्त हो गयी। राजमन्त्री और राजदूतों के प्रयासों से वनमाला और सुमुख ने एक रात्रि में मिलकर विविध कामक्रीड़ाएँ कर लीं। प्रातःकाल होने पर भी वनमाला सेठ के घर नहीं पहुँची, अपितु राजा सुमुख की पटरानी बन गयी। इस प्रकार यद्यपि इन दोनों ने परस्त्री/परपुरुष के सेवन का घोर पाप किया, किन्तु एक बार एक महामुनिराज को नवधाभक्तिपूर्वक आहार दिया और अपने दुष्कृत्य का प्रायश्चित्त कर प्रबल-पुण्य उपार्जित किया। फलस्वरूप, दोनों मरकर विजयार्द्धगिरि पर विद्याधर-दम्पती बने। इधर वह वीरक सेठ वनमाला के वियोग से दुखी होकर मुनि बन गया और मरकर पहले स्वर्ग में देव हुआ। वहाँ उसने अपने अवधिज्ञान से पूर्वजन्म की सारी बातें जान लीं और अपने अपमान का बदला लेने के लिए वह विजयार्द्धगिरि पर आया। उसने विद्याधर-दम्पती की विद्या छीन ली और उन्हें दक्षिण-भारत की चम्पापुरी का राज्य दे दिया। चम्पापुरी इस समय अपने राजा अर्ककीर्ति के मर जाने से अनाथ थी। चम्पापुरी में इस विद्याधर-दम्पती के एक हरि नाम का पुत्र हुआ। पिता की मृत्यु के बाद चम्पापुरी का राजा हरि बना। हरि की सन्तान हरिवंशी कहलाई।

इस हरिवंश में स्वर्गमोक्षगामी अनेक महान राजा हुए। बीसवें तीर्थंकर भगवान मुनिसुव्रतनाथ भी इसी हरिवंश में उत्पन्न हुए थे। आगे चलकर इसी हरिवंश में एक अभिचन्द्र नाम का राजा हुआ। इसने वेदीपुर नाम का एक शहर बसाया। वेदीपुर में एक ब्राह्मण रहता था—क्षीरकदम्ब। उसके अनेक शिष्य थे, जिनमें तीन प्रमुख थे—राजा अभिचन्द्र का पुत्र वसु, उसका स्वयं का पुत्र पर्वत और एक अन्य ब्राह्मण नारद। कुछ समय बाद क्षीरकदम्ब ब्राह्मण और राजा अभिचन्द्र ने जिनदीक्षा धारण कर ली। वेदीपुर का राजा वसु बना। वसु स्फटिक

मणि के आसन पर विराजता था। आसन किसी को स्पष्ट नहीं दिखता था। सब लोग यही समझते थे कि राजा वसु धर्म के प्रभाव से अधर विराजते हैं। एक दिन नारद और पर्वत में 'अज' शब्द के अर्थ पर विवाद हो गया। वेद में आया था कि 'अज' से यज्ञ करना चाहिए। पर्वत ने इस वाक्य में आए हुए 'अज' शब्द का अर्थ 'अजा के पुत्र—पशु' किया। नारद ने इसे अनुचित सिद्ध किया। समुचित अर्थ के निर्णय के लिए दोनों राजा वसु की सभा में पहुँचे। राजा वसु ने सत्य अर्थ को जानते हुए भी, गुरुपत्नी को दिए वचन के निर्वाह करने के मोह में, भरी सभा में असत्य फैसला सुना दिया। इससे वह सिंहासन सहित धरती में धँस गया और मरकर सातवें नरक में पहुँचा। वसु के मरने के बाद उसका बड़ा पुत्र राजा बना, पर वह भी मर गया। इस प्रकार क्रम-क्रम से राजा वसु के आठ पुत्र राजा बनकर मर गये। नौवें-दसवें पुत्र सुवसु और वृहद्ध्वज मृत्यु से डरकर क्रमशः नागपुर और मथुरा चले गये। दोनों के वंश अच्छी तरह चलते रहे। नागपुरवासी सुवसु के वंश में निहतशत्रु नाम का महान शत्रुविजेता राजा हुआ। उसके पुत्र ने राजगृह का राज्य किया। फिर उसके नवाँ प्रतिनारायण जरासन्ध हुआ जो रावण के समान त्रिखंडी था। जरासन्ध के कालिन्दसेना नाम की पटरानी, कालयवनादि पुत्र और अपराजित आदि भाई थे।

मथुरा वृहद्ध्वज के वंश में यदु नाम का राजा हुआ, जिसके वंशज यादव कहलाए। इन यादवों के वंश में आगे चलकर शूर और सुवीर नाम के दो पुत्र हुए। मथुरा का राज्य सुवीर ने किया और शूर ने शौरीपुर नाम का पृथक् नगर बसा लिया। शौरीपुर के राजा शूर के अन्धकवृष्टि आदि पुत्र हुए और मथुरा के राजा सुवीर के भोजकवृष्टि आदि पुत्र हुए। अन्धकवृष्टि के दस पुत्र हुए—समुद्रविजय, अक्षोभ, स्तिमितसागर, हिमवान, विजय, अचल, धारण, पूरण, अभिचन्द्र और वसुदेव। दो पुत्रियाँ हुईं—कुन्ती और माद्री। भोजकवृष्टि के तीन पुत्र हुए—उग्रसेन, महासेन और देवसेन।

एक दिन अन्धकवृष्टि ने सुप्रतिष्ठित केवली से अपने और अपने दसों पुत्रों के पूर्वभव सुने और अपने ज्येष्ठ-पुत्र समुद्रविजय को राज्य सौंपकर निर्ग्रन्थ दिगम्बर-जिनदीक्षा धारण कर ली। एक दिन राजा समुद्रविजय से उसके सबसे छोटे भाई वसुदेव एक छोटी-सी बात पर नाराज हो गये और घर छोड़कर चले गये। यात्रा में उन्होंने अपने अद्भुत-पराक्रम और कला-कौशल से दुष्कृत्यों का निवारण किया, सुकृत्यों का सम्पादन किया और महासुन्दरी सैकड़ों कन्याएँ प्राप्त कीं। इसी दौरान एक बार वे घूमते-घूमते अरिष्टपुर पहुँचे। वहाँ राजा रुधिर की

पुत्री रोहिणी का स्वयंवर हो रहा था। स्वयंवर में जरासंध जैसे महापराक्रमी राजा और वसुदेव के बड़े भाई समुद्रविजयादि भी आए हुए थे। रोहिणी ने अपनी वरमाला वसुदेव के गले में डाली। इससे उपस्थित सभी राजा बहुत कुपित हुए और वसुदेव से युद्ध करने लगे। वसुदेव ने सबको हरा दिया। समुद्रविजय और वसुदेव में युद्ध प्रारम्भ हुआ। वसुदेव तो समुद्रविजय को पहचानते थे, किन्तु समुद्रविजय वसुदेव को नहीं पहचानते थे; अतः समुद्रविजय ने वसुदेव को विविध दिव्यास्त्रों से पराजित करने की पूरी कोशिश की, परन्तु वसुदेव ने उनके समस्त दिव्यास्त्रों को असफल कर दिया और अन्त में अपने नाम की पर्ची अपने बाण में बाँधकर समुद्रविजय के चरणों में पहुँचा दी। समुद्रविजयादि सभी भाई वसुदेव को पाकर गद्गद हो गये। शौरीपुर पहुँचकर वसुदेव का अद्भुत स्वागत किया गया। शौरीपुर में वसुदेव ने अनेक प्रबुद्ध राजकुमारों को शस्त्रविद्या सिखाई।

एक बार वसुदेव अपने कंसादिक शिष्यों के साथ जरासन्ध को देखने के लिए राजगृह नगरी में गये। वहाँ राजा जरासन्ध ने यह घोषणा कर रखी थी कि जो सिंहपुर के राजा सिंहस्थ को बन्दी बनाकर लाएगा, उसे मैं अपनी पुत्री जीवद्यशा और इच्छित देश का राज्य दूँगा। वसुदेव ने अपने कंसादिक शिष्यों सहित सिंहपुर पहुँचकर राजा सिंहस्थ को घेर लिया। कंस ने उसे बन्दी बना लिया। इससे वसुदेव ने प्रसन्न होकर कंस से वर माँगने के लिए कहा। कंस ने उस वर को यथेष्ट अवसर पर माँग सकने के लिए वसुदेव के ही भंडार में रख दिया। जब वसुदेव राजा सिंहस्थ को बन्दी बनाकर जरासन्ध के पास ले गये, तो जरासन्ध वसुदेव को अपनी पुत्री देने के लिए तैयार हुआ, पर वसुदेव ने बताया कि इसे बन्दी मैंने नहीं, कंस ने बनाया है, अतः पुत्री उसे दी जाए। जरासन्ध ने कंस से उसका कुल पूछा। कंस ने इतना ही बताया कि मेरी माँ कौशाम्बी नगरी की कलाली मंजोदरी है। राजा जरासन्ध को इसमें सन्देह हुआ। उसने मंजोदरी को बुलवाया। मंजोदरी ने बताया कि मुझे तो यह यमुना नदी में बहती हुई इस पिटारी में मिला है, जिसके साथ यह मुद्रिका भी थी, मैं इसकी माँ नहीं हूँ। राजा जरासन्ध ने मुद्रिका पढ़ी—"यह राजा उग्रसेन और रानी पद्मावती का पुत्र है, जो गर्भ में आते ही क्लेशकारी हुआ है और अशुभ नक्षत्र में उत्पन्न हुआ है। इसके कर्म इसकी रक्षा करें।" इस प्रकार जरासन्ध ने कंस को अपना भानजा जानकर अपनी पुत्री जीवद्यशा प्रदान कर दी।

मुद्रिका पर लिखे कथन से कंस को भी अपनी सत्य जीवनी अभी ही पता चली। उसे अपने पिता उग्रसेन पर बड़ा क्रोध आया। उसने राजा जरासन्ध से

मथुरा का राज्य माँगकर अपने पिता उग्रसेन को बन्दीगृह में डाल दिया। मथुरा का राजा बनकर कंस ने विचार किया कि मेरी इस सब समृद्धि का कारण वास्तव में वसुदेव हैं। मुझे उनका प्रत्युपकार करना चाहिए और उसने अपनी बहिन देवकी का विवाह वसुदेव के साथ कर दिया।

एक दिन की बात! अतिमुक्तक नामक मुनिराज (जो पहले कंस के भाई थे) आहार के लिए आए। उन्होंने जीवद्यशा से कहा कि "इसी देवकी के गर्भ से एक ऐसा पुत्र उत्पन्न होगा जो तेरे पति और पिता दोनों को मारेगा।" यह सुनकर जीवद्यशा बहुत रोई। कंस ने अतिशीघ्र वसुदेव के पास जाकर अपना वर माँगा कि देवकी के प्रसव मेरे ही घर में होने चाहिए। वसुदेव को अतिमुक्तक मुनिराज का वृत्तान्त मालूम नहीं था, अतः उन्होंने सहजभाव से कंस की बात स्वीकार कर ली। बाद में जब उन्हें इसका पता लगा तो बहुत दुख हुआ। वे वन में अतिमुक्तक मुनिराज के पास गये और उनसे विस्तारपूर्वक सारी बात साफ-साफ समझकर बहुत प्रसन्न हुए और मथुरा लौटकर निःशंक निवास करने लगे।

यथासमय देवकी ने गर्भ धारण किये। उसके छह पुत्रों को देवों ने अलका नाम की एक सेठानी के घर सुरक्षित पहुँचा दिया। फिर सातवें पुत्र (कृष्ण) का जन्म हुआ। वसुदेव उसे गुप्त रूप से ले जाकर गोकुल में नन्द और यशोदा को सौंप आये और उनके जो उसी समय पुत्री हुई थी उसे लाकर देवकी को सौंप दिया। कंस ने जब इस पुत्री को देखा तो सोचा, यह कन्या मुझे नहीं मार सकती है, हाँ, इसका कोई राजकुमार पति मेरा शत्रु हो सकता है, अतः कंस ने उस कन्या को मारा नहीं, मात्र उसकी नाक चपटी कर दी।

इधर गोकुल में कृष्ण बड़े होते रहे। एक बार किसी निमित्तज्ञानी ने कंस को बताया कि आपका शत्रु किसी नगरी में बड़ा हो रहा है, आप उसे खोजकर मार डालिए। कंस ने अपने पूर्वजन्म में सात देवियाँ सिद्ध की थीं। उसने यह कार्य उन देवियों को सौंपा। परन्तु सातों देवियाँ असफल हो गयीं।

एक बार मथुरा में तीन रत्न उत्पन्न हुए—नागशैय्या, पंचायन शंख और धनुष। इन्हें देखकर फिर एक निमित्तज्ञानी ने कंस को बताया कि जो इस नागशैय्या पर आरोहण करे, धनुष चढ़ावे और शंख बजावे, वही आपका शत्रु है। कंस ने सर्वत्र घोषणा करवा दी कि जो ऐसा करेगा उसे वह अपनी पुत्री अपराजिता प्रदान करेगा। देश-देश के पराक्रमी आये, पर ऐसा कोई न कर सका।

एक बार कंस ने गोकुल के ग्वालों को यह कठिन आज्ञा भेजी कि वे नागद्रह सरोवर में से सहस्रदलकमल लेकर आवें। सभी ग्वाले बड़े चिन्तित हुए,

क्योंकि इस सरोवर में एक विकराल नागकुमार देव रहता था। कृष्ण इस सरोवर में से नागकुमार का दमन कर सहज ही सहस्रदलकमल को लाने में सफल हो गये। इसके बाद अनेक ग्वाले भी ढेरों कमल ले आये और गाँठें बाँधकर कंस के पास भेज दीं। यह देखकर कंस बहुत क्रुद्ध हुआ। उसने गोकुल के सभी ग्वालों को मन में दुरभिप्राय रखकर मल्लयुद्ध हेतु बुलाया। वसुदेव ने ये सारे समाचार अपने भाइयों के पास भेज दिए। वे सभी शीघ्र मथुरा आ पहुँचे। सबके समक्ष घमासान मल्लयुद्ध हुआ। चाडूर व मुष्टि जैसे बलवान मल्ल और कंस लीलामात्र में ही कृष्ण के हाथों मारे गये।

कंस की मृत्यु के बाद उसकी पत्नी जीवद्यशा ने अपने पिता जरासन्ध को नाना प्रकार से यादवों के विरुद्ध भड़काया। जरासन्ध भड़क गया। उसने अपने पराक्रमी पुत्र कालयवन को यादवों को मारने के लिए भेजा, परन्तु वह डरकर भाग गया। इसके बाद जरासन्ध ने अपने भाई अपराजित को भेजा। वह कृष्ण के हाथों मारा गया। इससे जरासन्ध अत्यन्त क्रुद्ध होकर स्वयं ही यादवों से युद्ध करने आया। यादवों ने अभी युद्ध उचित नहीं समझा, अतः वे मथुरा छोड़कर पश्चिम दिशा की ओर चले गये थे। जरासन्ध को मथुरा जलती हुई मिली। आग के पास एक वृद्धा बैठी रो रही थी जो वस्तुतः एक देवी थी। जरासन्ध ने उससे आग का और उसके रोने का कारण पूछा। वृद्धारूपिणी देवी बोली—"राजगृह के पराक्रमी, उपकारी और सत्यवादी राजा जरासन्ध के भय से सभी यादव अग्निप्रवेश कर चले गये हैं और मैं उनकी बहुत पुरानी दासी हूँ, इसलिए रो रही हूँ।" जरासन्ध प्रसन्न होकर लौट गया।

सभी यादव देव निर्मित द्वारावती में निवास करने लगे। यहाँ बलदेव और वासुदेव का प्रभाव खूब जमा। एक दिन यादवों की सभा में नारदजी आए। वार्तालाप के बाद वे रनिवास में गये। वहाँ सत्यभामा शृंगार में व्यस्त होने से इनका आगमन न जान सकी, अतः प्रणाम न कर सकी। नारदजी नाराज हो गये। उन्होंने उसे दुखी करने के लिए उससे सुन्दर सौत लाने का निर्णय किया। बहुत खोजने के उपरान्त उन्हें कुन्दनपुर के राजा भीष्म की पुत्री रुक्मिणी पसन्द आई। उन्होंने कृष्ण के समक्ष रुक्मिणी के रूप-सौन्दर्य का वर्णन किया। रुक्मिणी भी अपनी बुआ के माध्यम से श्रीकृष्ण को चाहने लगी थी, यद्यपि उसकी सगाई चेदि नगर के राजा शिशुपाल से हो गयी थी, तथापि उसने स्वयं ही श्रीकृष्ण को पत्र लिखकर अपना मनोभाव व्यक्त किया। श्रीकृष्ण ने पत्र में निर्धारित कार्यक्रमानुसार रुक्मिणी का हरण कर लिया। शिशुपाल श्रीकृष्ण से युद्ध करके मारा गया। कृष्ण-

रुक्मिणी का गिरनार पर्वत पर विधिपूर्वक विवाह हो गया। रुक्मिणी पटरानी बन गयी। सत्यभामा उससे जलने लगी।

एक बार श्रीकृष्ण के पास दुर्योधन का दूत आया। उसने श्रीकृष्ण को निवेदन किया कि आपकी इन दो रानियों में जिसके पहले पुत्र हो, वह दुर्योधन की पुत्री स्वीकार करेगा। दोनों रानियों के पुत्र एक साथ हुए, किन्तु पहले सूचना रुक्मिणी के पुत्र की मिली, इसलिए वही पहला पुत्र माना गया; किन्तु उसे पूर्वजन्म का वैरी एक विद्याधर उठाकर ले गया और एक बड़ी भारी शिला के नीचे दबा कर चला गया। थोड़ी ही देर में एक कालसंवर नाम का अन्य विद्याधर आया। वह उस बालक को अपने घर ले गया।

इधर रुक्मिणी के पुत्रहरण के समाचार ने कोहराम मचा दिया। नारदजी पुत्र के समाचार जानने के लिए सीमन्धर भगवान के पास गये। वहाँ से कालसंवर के घर गये और विस्तृत समाचार लेकर लौटे। रुक्मिणी को बता दिया कि उसे सोलह वर्ष बाद उसका पुत्र मिल जावेगा। वह सीमन्धर भगवान के वचनों पर विश्वास कर धैर्य धारण करे।

समय बीतता रहा। एक बार समुद्रविजयादि दस भाइयों के भानजे पाँचों पांडव द्वारकापुरी आए। सभी ने इनका उत्साहपूर्वक स्वागत किया। सोलह वर्ष पूरे होने पर रुक्मिणी का पुत्र (प्रद्युम्न) भी द्वारका लौट आया। इस प्रकार अब द्वारका में साढ़े तीन करोड़ कुमार रहने लगे।

एक बार की बात है। कृष्ण की बहिन (यशोदा की पुत्री जो कृष्ण के बदले में लाई गयी थी) दर्पण में अपना रूप देख रही थी। यों तो वह अनुपम सुन्दरी थी, किन्तु अपनी नाक चपटी देखकर उसे संसार-शरीर-भोगों से वैराग्य हो गया। उसने जिनदीक्षा धारण कर ली। एक बार यह ध्यानस्थ थी कि डाकुओं ने इसे वनदेवी समझकर उससे वरदान माँगा कि आज उन्हें बहुत सारा धन मिलना चाहिए। संयोग से इनकी इच्छा पूरी हो गयी। वे लौटकर अपनी 'वनदेवी' के पास आए, परन्तु वह नहीं मिली। उसे सिंह खा गया था। 'वनदेवी' के स्थान पर बिखरा हुआ खून और मात्र तीन अँगुलियाँ मिलीं। डाकुओं ने वहाँ त्रिशूलधारिणी देवी-प्रतिमा बना दी और उसे भैंसे आदि मानकर खूब खून पिलाया (स्वयं ने पीया)। यह दुनिया उसे आज भी देवी/माता आदि के रूप में मानती चली आ रही है। अहा मूढ़ता!

शनैः-शनैः श्रीकृष्ण आदि यादवों के पराक्रम की गाथा जरासन्ध तक पहुँच गयी। वह सेना लेकर यादवों से लड़ने आ गया और अन्ततः अपने ही चक्र से

श्रीकृष्ण के हाथों मारा गया। श्रीकृष्ण जरासन्ध के शव को देख-देखकर बहुत रोए। उन्हें उसके मरण पर बहुत शोक हुआ। युद्धोपरान्त श्रीकृष्ण ने घायलों का उपचार और मृतकों का विधिपूर्वक दाहसंस्कार कराया। द्वारका पहुँचने पर बलभद्र और नारायण का राज्याभिषेक हुआ। राजगृही का राज्य जरासन्ध के पुत्र सिंहदेव को, मथुरा का राज्य उग्रसेन के पुत्र द्वार को, शौरीपुर का राज्य समुद्रविजय के पुत्र रथनेमि को, हस्तिनापुर का राज्य पांडवों को और कौशलदेश का राज्य हिरण्यनाभि के भाई रुक्मनाभ को दिया गया। सभी लोग प्रसन्न होकर अपने-अपने स्थान को गये और सभी यादव द्वारका में सुखपूर्वक काल व्यतीत करने लगे।

ज्ञात हो कि इससे पूर्व राजा समुद्रविजय और रानी शिवमती के श्री नेमिनाथ (बाईसवें तीर्थंकर) का जन्म हो चुका था और देवगण उनके गर्भ-जन्म कल्याणक मना चुके थे। अब वे दूल्हा बनकर भोजवंशियों की बेटी राजमति को ब्याहने जा रहे थे। वहाँ किसी ने मृगादि पशुओं को रोक रखा था। नेमिनाथ ने सारथी से उसके बारे में पूछा। सारथी ने बताया—"हे नाथ! यादव परजिनधर्मी हैं, वे तो शाकाहारी ही हैं, पर कुछ अन्य भील-राजा भी आपके विवाह में आए हैं, जो मांसाहारी हैं; ये पशु उन्हीं के लिए लाए हैं।" करुणानिधान नेमिनाथ का हृदय यह सुनकर रो पड़ा। उन्होंने अत्यन्त मार्मिक उद्बोधन से सभी को समझाया, पशुओं को बन्धनमुक्त कराया और फिर अपने आपको समझाने लगे। विषयभोगों की असारता का विचार करते-करते उन्हें वैराग्य हो गया। इतने में लौकान्तिक देव भी आ गये। नेमिनाथ का दीक्षाकल्याणक मनाया गया। उन्होंने गिरनार पर्वत पर जाकर जैनेश्वरी दीक्षा धारण कर ली। राजमति बहुत दुखी हुई, पर बाद में गुरुजनों के उपदेश से उसने धैर्य धारण किया और शान्त चित्त से संसार और शरीरभोगों से विरक्त होकर उसने भी जिनदीक्षा धारण कर ली।

एक दिन नेमिनाथ स्वामी को आत्मध्यान के बल से लोकालोक प्रकाशक केवलज्ञान प्रकट हो गया। देवों ने केवलज्ञानकल्याणक मनाया। इन्द्र की आज्ञा से अद्भुत समवसरण की रचना हुई। भगवान नेमिनाथ ने समवसरण सहित अनेक देशों में विहार कर वस्तुस्वरूप का प्रतिपादन किया, जिसे सुनकर अनेक जीवों ने मोक्षमार्ग की प्राप्ति की।

एक बार बलभद्र ने भगवान नेमिनाथ से द्वारका की स्थिति, अपने संयम और वासुदेव के मरण के विषय में पूछा। भगवान नेमिनाथ ने कहा—द्वारका बारह वर्ष बाद द्वीपायन के निमित्त से जल जाएगी, जरत्कुमार के बाण से जंगल

में वासुदेव की मृत्यु हो जाएगी।

यह सुनकर बलदेव ने मुनिदीक्षा धारण कर ली। पाँचों पांडव और द्रौपदी ने भी कालान्तर में जिनदीक्षा धारण कर ली। भगवान नेमिनाथ ने सर्व कर्मों का क्षय कर मोक्ष प्राप्त किया।

जो भव्य प्राणी इस पुराण को पढ़े या सुने, उसे सर्वसुखों की प्राप्ति होती है। यह पुराण कथाप्रेमियों के लिए जितना उपयोगी है, उससे कहीं अधिक इसकी उपयोगिता भारतीय संस्कृति और इतिहास के अनुसन्धान-प्रेमियों के लिए है।

गोम्मटसार

गोम्मटसार ग्रन्थ के दो भाग हैं—1. गोम्मटसार जीवकाण्ड, 2. गोम्मटसार कर्मकाण्ड।

गोम्मटसार के कई संस्करण प्राप्त होते हैं। जिनमें से प्रमुख संस्करण भारतीय ज्ञानपीठ से सन् 1978 से 1981 में पहली बार चार वृहत् जिल्दों में (गोम्मटसार जीवकाण्ड भाग 1 और भाग 2, और गोम्मटसार कर्मकाण्ड भाग 1 और भाग 2) में प्रकाशित हुआ है। दूसरा संस्करण रायचन्द्र शास्त्रमाला बम्बई का है। तीसरा संस्करण देवकरण शास्त्रमाला का है।

ग्रन्थ के नाम का अर्थ

नेमिचन्द्राचार्य ने अपने इस ग्रन्थ की रचना राजा चामुण्डराय के लिए की थी। राजा चामुण्डराय का दूसरा नाम गोम्मट था, इसलिए इस ग्रन्थ को गोम्मटसार की संज्ञा दी गयी है।

इसके पहले भाग में जीवस्थान का और दूसरे भाग में कर्मकाण्ड का वर्णन है, अत: दोनों भागों के नाम गोम्मटसार जीवकाण्ड और गोम्मटसार कर्मकाण्ड हैं।

ग्रन्थकार का परिचय

गोम्मटसार ग्रन्थ की रचना आचार्य नेमिचन्द्र सिद्धान्तचक्रवर्ती ने की है। इनका समय ई. सन् की दशम शताब्दी का उत्तरार्द्ध माना जाता है।

सिद्धान्तचक्रवर्ती इनकी उपाधि है। सिद्धान्तग्रन्थों के अभ्यासी को सिद्धान्त चक्रवर्ती का पद प्राचीन समय से ही दिया जाता रहा है। निश्चयत: आचार्य नेमिचन्द्र सिद्धान्तग्रन्थों के अधिकारी विद्वान थे। यही कारण है कि उन्होंने धवला टीका का मन्थन कर गोम्मटसार और जयधवला टीका का मन्थन कर लब्धिसार ग्रन्थ की रचना की है।

रचनाएँ : आचार्य नेमिचन्द्र आगमशास्त्र के विशेषज्ञ हैं। इनकी निम्नलिखित रचनाएँ प्रसिद्ध हैं—(1) गोम्मटसार (2) त्रिलोकसार (3) लब्धिसार (4) क्षपणासार।

ग्रन्थ का महत्त्व

1. जैन धर्म के जीवतत्त्व और कर्मसिद्धान्त की विस्तार से व्याख्या करनेवाला महान ग्रन्थ है—गोम्मटसार।
2. यह ग्रन्थ सिद्धान्तशास्त्र एवं आगम शास्त्र के रूप में मान्य है।
3. यह षट्खण्डागम के समान महत्त्वपूर्ण ग्रन्थ है।
4. धवला और जयधवला की रचना के पश्चात् गोम्मटसार ग्रन्थ को सिद्धान्तविषयक विद्वत्ता का मापदण्ड मान लिया गया और इसके पठन-पाठन का प्रचार सर्वत्र किया गया।
5. ग्रन्थ की रचना षट्खण्डागम और पञ्चसंग्रह के आधार पर ही हुई है।
6. इस ग्रन्थ पर अनेक कन्नड़, संस्कृत और हिन्दी आदि भाषाओं में टीकाएँ भी लिखी गयी हैं। यथा—
   - जीवतत्त्वप्रदीपिका : नेमिचन्द्र जी
   - मन्दप्रबोधिका : अभयचन्द्र सिद्धान्तचक्रवर्ती
   - कन्नड़कृति : केशव वर्णी
   - सम्यग्ज्ञानचन्द्रिका (वचनिका) : पण्डितप्रवर टोडरमलजी

ग्रन्थ का मुख्य विषय

यह ग्रन्थ दो भागों में विभक्त है—

जीवकाण्ड : इस भाग में 434 गाथाएँ हैं।

कर्मकाण्ड : इस भाग में 962 गाथाएँ हैं।

गोम्मटसार जीवकाण्ड

गोम्मटसार षट्खण्डागम की परम्परा का ग्रन्थ है। यह एक संग्रह ग्रन्थ है। उसके प्रथम भाग जीवकाण्ड का संकलन मुख्य रूप से पंचसंग्रह के जीवसमास अधिकार तथा षट्खण्डागम के प्रथम खण्ड जीवट्ठाण के सत्प्ररूपणा और द्रव्य प्रमाणानुगम अधिकारों की धवला टीका के आधार पर किया गया है। जीवसमास

और जीवकाण्ड दोनों विषय एक ही हैं।

मंगलाचरण : ग्रन्थ के मंगलाचरण में आचार्य ने तीन लोक के पदार्थों को जाननेवाले, इन्द्रों के समूह, चक्रवर्ती तथा गणधरों के द्वारा वन्दनीय वर्धमान जिनेन्द्र को नमस्कार किया है। उसके बाद चौबीस तीर्थंकरों को नमस्कार किया है।

जीवकाण्ड का मुख्य विषय गुणस्थान और मार्गणास्थान है।

गुणस्थान

गुणस्थान का एक नाम जीवसमास भी है। जिसमें जीव भले प्रकार रहते हैं, उसे जीवसमास कहते हैं। जीव गुणों में रहते हैं, इसलिए उन्हें गुणस्थान कहते हैं।

परिभाषा

1. मिथ्यात्व से लेकर अयोग केवली पर्यन्त जीव के जो परिणाम विशेष हैं, वे ही गुणस्थान हैं।
2. मोह और मन-वचन-काय की प्रवृत्ति के निमित्त से उत्पन्न जीव के अन्तरंग परिणामों को गुणस्थान कहते हैं।
3. आत्मिक गुणों के विकास की कृत्रिम अवस्थाओं का नाम गुणस्थान है।

1. गुणस्थान अधिकार

गुणस्थान धवला या सिद्धान्त-ग्रन्थों की देन है। सिद्धान्त-ग्रन्थों की दो शैलियाँ हैं—ओघ (संक्षेप) और आदेश (विस्तार)। गुणस्थान के कथन को ओघ (संक्षेप) कहते हैं, मार्गणाओं के कथन को आदेश (विस्तार) कहते हैं। गुणस्थान 14 होते हैं—

1. मिथ्यादृष्टि	2. सासादन सम्यग्दृष्टि
3. सम्यग्मिथ्यादृष्टि	4. असंयत सम्यग्दृष्टि
5. संयतासंयत	6. प्रमत्तसंयत
7. अप्रमत्तसंयत	8. अपूर्वकरण
9. अनिवृत्तिकरण	10. सूक्ष्मसाम्पराय
11. उपशान्तमोह	11. क्षीणमोह
13. सयोगकेवली	14. अयोगकेवली

इस अधिकार में प्रत्येक गुणस्थान के स्वरूप का वर्णन विस्तार से किया है।

2. जीवसमास अधिकार

जीवसमास : जिनके द्वारा जीव संग्रहीत (इकट्ठे) किए जाते हैं, वे जीवसमास हैं अर्थात् समस्त संसारी जीवों के संग्रह को जानना जीवसमास है।

इस अधिकार में जीवसमास का लक्षण, जीवसमास की उत्पत्ति के हेतु, जीवसमास के संक्षेप और विस्तार से भेद और जीवसमास के चार अधिकार समझाए हैं।

सम्मूर्छन जीव, समस्त संसारी जीव, नारकी जीव आदि के जन्मभेद, योनि भेद शरीर एवं पर्याप्ति आदि का वर्णन इस अधिकार में है।

3. पर्याप्ति अधिकार

पर्याप्ति : शक्ति की निष्पत्ति (स्थिति) को पर्याप्ति कहते हैं।

जैसे—लोक में घर, घट, वस्त्र आदि द्रव्य कुछ पूर्ण होते हैं, कुछ अपूर्ण होते हैं, वैसे ही जो जीव अपने-अपने योग्य पर्याप्तियों (शक्तियों) से पूर्ण होते हैं, वे पर्याप्तक जीव कहलाते हैं और जो जीव सर्व पर्याप्तियों से रहित होते हैं, वे अपर्याप्तक जीव माने जाते हैं।

इस अधिकार में छह पर्याप्तियों (आहार, शरीर, इन्द्रिय, श्वासोच्छवास, भाषा और मन) के भेद और उनके स्वामियों का वर्णन विस्तार से किया है।

4. प्राण अधिकार

जीव के जो भाव होते हैं, वे ही भावप्राण हैं। द्रव्यप्राण श्वास आदि हैं। द्रव्यप्राण बाहरी होते हैं और भावप्राण आन्तरिक होते हैं।

प्राण का अर्थ समझाने के बाद इस अधिकार में प्राण और पर्याप्ति में भेद बताया है। उसके बाद प्राणों के भेद, उनके स्वामी और एकेन्द्रिय आदि जीवों में प्राणों की संख्या बताई हैं।

5. संज्ञा अधिकार

संज्ञा अर्थात् वांछा या इच्छा करना है। आहार, भय, मैथुन और परिग्रह—इन चार की इच्छा को संज्ञा कहते हैं।

इस अधिकार में इन चारों इच्छाओं की उत्पत्ति के कारण बताए हैं और उनके स्वामी कौन हैं, ये भी बताया है।

मार्गणा का स्वरूप

मार्गणा का अर्थ है—खोजना। जिसमें या जिनके द्वारा जीव खोजे जाते हैं, उन्हें मार्गणा कहते हैं। परमागम में जीव जिस प्रकार देखे जाते हैं, खोजे जाते हैं वे चौदह मार्गणाएँ हैं—

1. गति	2. इन्द्रिय
3. काय	4. योग
5. वेद	6. कषाय
7. ज्ञान	8. संयम
9. दर्शन	10. लेश्या
11. भव्यत्व	12. सम्यक्त्व
13. संज्ञी	14. आहार

इन चौदह मार्गणाओं के द्वारा जीवों को खोजा जाता है और जाना जाता है।

6. गति मार्गणा अधिकार

गति नाम कर्म के उदय से जीव की जो चेष्टा होती है, उसे गति कहते हैं अथवा जिसके निमित्त से जीव चतुर्गति में जाते हैं, उसे गति कहते हैं। गतियाँ चार हैं—नरक गति, तिर्यंच गति, मनुष्य गति, देव गति।

7. इन्द्रिय मार्गणा अधिकार

आत्मा के चिह्नविशेष को इन्द्रिय कहते हैं। वे पाँच हैं—स्पर्शन, रसना, घ्राण, चक्षु और श्रोत्र। ये इन्द्रियाँ क्रम से एक-एक बढ़ती हुई होती हैं। इसी से जीव एकेन्द्रिय, दो इन्द्रिय, तीन इन्द्रिय, चौइन्द्रिय और पंचेन्द्रिय होते हैं। पृथ्वीकायिक, जलकायिक, अग्निकायिक, वायुकायिक और वनस्पति कायिक जीव एकेन्द्रिय होते हैं, उन्हें ही स्थावर कहते हैं। तिर्यंच एकेन्द्रिय से लेकर पंचेन्द्रिय तक होते हैं। किन्तु नारकी मनुष्य और देव पंचेन्द्रिय ही होते हैं। पंचेन्द्रिय मनरहित और मनसहित भी होते हैं, उन्हें क्रम से असंज्ञी और संज्ञी कहते हैं। एकेन्द्रिय से चौइन्द्रिय तक सब जीव मनरहित असंज्ञी होते हैं।

8. काय मार्गणा अधिकार

काय शरीर को कहते हैं। काय के दो भेद हैं—स्थावर और त्रस।

स्थावर : एकेन्द्रिय जीवों को स्थावर कहते हैं, उनके पृथिवी आदि पाँच भेद हैं।

त्रस : दोइन्द्रिय से पंचेन्द्रिय तक के जीवों को त्रस कहते हैं।

9. योग मार्गणा अधिकार

मन-वचन-काय के निमित्त से होनेवाली क्रिया से आत्मा में जो विशेष शक्ति उत्पन्न होती है और जो कर्मों के ग्रहण में कारण है, उसे योग कहते हैं। योग के तीन भेद हैं—मनोयोग, वचनयोग और कर्मयोग।

10. वेद मार्गणा अधिकार

वेद तीन हैं—स्त्रीवेद, पुरुषवेद और नपुंसक वेद। मूल वेद के दो भेद हैं—द्रव्यवेद और भाववेद।

• **द्रव्यवेद :** शरीर में स्त्री या पुरुष का चिह्न होता है—लिंग, योनि आदि वह द्रव्यवेद है। द्रव्यवेद तो शरीर के साथ रहता है।

• **भाववेद :** रमण की भावना का नाम भाववेद है।

सब नारकी नपुंसक वेदी होते हैं। एकेन्द्रिय से लेकर चौइन्द्रिय पर्यन्त सब तिर्यंच भी नपुंसक वेदी होते हैं। असंज्ञी पंचेन्द्रिय से लेकर सब तिर्यंचों में तीनों वेद होते हैं। मनुष्यों में भी तीनों वेद होते हैं। देवों में स्त्री-पुरुष दो ही वेद होते हैं।

11. कषाय मार्गणा अधिकार

क्रोध, मान, माया और लोभ को कषाय कहते हैं। प्रत्येक के चार-चार भेद दृष्टान्त द्वारा जीवकाण्ड में कहे हैं।

1. क्रोध के चार भेद हैं—पत्थर की रेखा, पृथ्वी की रेखा, धूलि की रेखा और जल की रेखा के समान। अर्थात् जैसे ये रेखाएँ होती हैं, जो मिटती नहीं है या देर-सबेर मिटती हैं, उसी तरह क्रोध कषाय है।
2. मान के चार भेद हैं—पर्वत के समान, हड्डी के समान, काष्ठ के समान और बेंत के समान। विनम्र न होने का नाम मान है। पर्वत कभी नमता नहीं है और बेंत झट नम जाता है। इसी तरह मान कषाय के चार प्रकार हैं। मानी व्यक्ति भी नमता नहीं है।
3. माया के चार प्रकार हैं—बाँस की जड़, मेढ़े के सींग, बैल का मूतना और खुरपा के समान। जैसे—इनमें टेढ़ापन कभी अधिक कभी कम होता है;

वही स्थिति माया की है। माया भी कभी कम कभी अधिक होती है।

4. लोभ के चार प्रकार हैं—कृमिराग के समान, गाड़ी के चक्के के मल के समान, शरीर के मल के समान और हल्दी के रंग के समान। जैसे-जैसे इनका रंग गाढ़ा-हलका होता है, वैसे ही लोभ भी घटता-बढ़ता रहता है। इन चारों कषायों के कारण ही मनुष्य चारों गतियों में भटकता रहता है।

12. ज्ञान मार्गणा अधिकार

जो जानता है, उसे ज्ञान कहते हैं। ज्ञान के आठ भेद हैं और वह ज्ञान दो प्रकार का है—प्रत्यक्ष और परोक्ष। परोक्ष के दो भेद हैं—मतिज्ञान और श्रुतज्ञान। प्रत्यक्ष ज्ञान के तीन भेद हैं—अवधिज्ञान, मन:पर्ययज्ञान, केवलज्ञान। प्रारम्भ के तीन ज्ञान मिथ्या ज्ञान (कुज्ञान) भी होते हैं।

1. मति-अज्ञान : इन्द्रियों से होनेवाले मिथ्यात्व सहित ज्ञान को मति-अज्ञान कहते हैं।

2. श्रुत-अज्ञान : मति-अज्ञान के साथ होनेवाले विशेष ज्ञान को श्रुत-अज्ञान कहते हैं।

3. विभंगज्ञान : मिथ्यात्व सहित अवधिज्ञान को विभंग ज्ञान कहते हैं।

4. मतिज्ञान : इन्द्रियों और मन से जो पदार्थ का ग्रहण होता है, उसे मतिज्ञान कहते हैं।

5. श्रुतज्ञान : मतिज्ञानपर्वूक जो विशेष ज्ञान होता है, वह श्रुतज्ञान है। जीवकाण्ड में श्रुतज्ञान के भेदों का विस्तार से कथन ज्ञानमार्गणाधिकार में है।

6. अवधिज्ञान : मूर्त पदार्थों को इन्द्रियादि की सहायता के बिना साक्षात् जाननेवाले ज्ञान को अवधिज्ञान कहते हैं।

7. मन:पर्ययज्ञान : मन में स्थित पदार्थ को जो जानता है, वह मन:पर्ययज्ञान है।

8. केवलज्ञान : त्रिकालवर्ती समस्त पदार्थों को साक्षात् जाननेवाले ज्ञान को केवलज्ञान कहते हैं।

13. संयम मार्गणा अधिकार

व्रतों को धारण करना, समितियों का पालन करना, कषायों को रोकना, दण्डों का त्याग करना और इन्द्रियों को जीतने का नाम संयम है। 'सं' अर्थात् सम्यक् रूप से यम को संयम कहते हैं। संयम के सात भेद हैं। यथा—

1. सामायिक संयम : मैं सभी प्रकार के सावद्ययोग का त्याग करता हूँ—इस प्रकार सर्वसावद्ययोग के त्याग को सामायिक संयम कहते हैं।

2. छेदोपस्थापना संयम : व्रत को छेद करके अर्थात् दो-तीन आदि भेद करके व्रतों के धारण करने को छेदोपस्थापना संयम कहते हैं।

3. परिहारविशुद्धि संयम : तीस वर्ष तक इच्छानुसार भोग-भोगकर सामायिक संयम और छेदोपस्थापना संयम को धारण करके जिसने तप विशेष के द्वारा ऋद्धि को प्राप्त कर लिया है, ऐसा जीव परिहारविशुद्धि संयम को धारण करता है। इस प्रकार संयम को धारण करके जो उठना-बैठना एवं भोजन करना आदि सब क्रियाओं में प्राणियों की हिंसा से दूर होता है, उसके परिहार-विशुद्धि संयम होता है।

4. सूक्ष्म साम्पराय संयम : जिसकी कषाय सूक्ष्म होती है, उसे सूक्ष्मसाम्पराय कहते हैं। सामायिक और छेदोपस्थापना संयम को धारण करनेवाले साधु जब अत्यन्त सूक्ष्म कषायवाले हो जाते हैं, तब उनके सूक्ष्म साम्पराय संयम होता है।

5. यथाख्यात संयम : सम्पूर्ण कषायों का अभाव होने पर यथाख्यात संयम होता है।

6. संयतासंयत संयम : जो संयत (संयमी) और असंयत (असंयमी) दोनों होते हैं, वे संयतासंयत होते हैं।

7. असंयत संयम : संयम से रहित जीव को असंयत संयम कहते हैं।

14. दर्शन मार्गणा अधिकार

जो देखता है, जिसके द्वारा देखा जाता है या देखना मात्र दर्शन है। इसके चार भेद हैं—

- **चक्षु दर्शन :** चक्षु के द्वारा पदार्थों के सामान्य ग्रहण को चक्षुदर्शन कहते हैं।
- **अचक्षु दर्शन :** शेष इन्द्रियों और मन से जो प्रतिभास होता है, उसे अचक्षु दर्शन कहते हैं।
- **अवधि दर्शन :** परमाणु से लेकर अन्तिम स्कन्ध पर्यन्त मूर्त पदार्थों के प्रत्यक्ष आभास को अवधिदर्शन कहते हैं।
- **केवलदर्शन :** लोक-अलोक को प्रकाशित करनेवाला केवलदर्शन है, जो केवलज्ञान के साथ होता है। शेष दर्शन ज्ञान के पूर्व होते हैं।

15. लेश्या मार्गणा अधिकार

कषायों से लिप्त स्वभाव को लेश्या कहते हैं। कषाय के उदय के छह प्रकार हैं—तीव्रतम, तीव्रतर, तीव्र, मन्द, मन्दतर, मन्दतम; अतः लेश्या भी छह हो जाती हैं—कृष्ण लेश्या, नील लेश्या, कापोत लेश्या, पीत लेश्या, पद्म लेश्या और शुक्ल लेश्या। इनकी पहचान इस प्रकार कर सकते हैं—

- **कृष्ण लेश्या :** तीव्र क्रोध का होना, वैर को न छोड़ना, धर्म और दया से रहित होना, मन्द होना, विवेकहीन होना, पाँच इन्द्रियों के विषयों का लम्पटी होना और मानी और मायावी होना कृष्ण लेश्यावाले के लक्षण हैं।
- **नील लेश्या :** अतिनिद्रालु होना, दूसरों को ठगने में दक्ष होना और धनधान्य में तीव्र लालसा का होना, नील लेश्यावाले के लक्षण हैं।
- **कापोत लेश्या :** दूसरों पर क्रोध करना, निन्दा करना, उन्हें दुख देना, उन पर दोष लगाना, उनका विश्वास नहीं करना, अपनी स्तुति सुनकर सन्तुष्ट होना और कार्य-अकार्य को न देखना कापोत लेश्यावाले के लक्षण हैं।
- **पीत लेश्या :** जो कार्य-अकार्य को जानता है, समदर्शी है, दया-दान में तत्पर है और कोमल परिणामी है वह पीत लेश्यावाला है।
- **पद्म लेश्या :** त्यागी, भद्रपरिणामी, निर्मल, कार्य करने में उद्यत होना और गुरुजनों की पूजा में रत होना पद्म लेश्यावाले के लक्षण हैं।

6. **शुक्ल लेश्या :** पक्षपात नहीं करना और निदान नहीं बाँधना, सबके साथ समान व्यवहार करना, इष्ट-अनिष्ट पदार्थों में राग-द्वेष नहीं करना शुक्ल लेश्यावाले के लक्षण हैं।

16. भव्य मार्गणा अधिकार

जिन्हें आगे मुक्ति प्राप्त होगी, उन्हें भव्य कहते हैं। भव्यत्व और अभव्यत्व भाव कर्म के अनुसार नहीं हैं, स्वाभाविक हैं।

17. सम्यक्त्व मार्गणा अधिकार

जिनेन्द्रदेव के द्वारा कहे गये छह द्रव्यों, पाँच अस्तिकायों और नौ पदार्थों के श्रद्धान करने को सम्यक्त्व कहते हैं। उनके तीन भेद हैं—

- **क्षायिक सम्यक्त्व :** दर्शनमोहनीय के सर्वथा क्षय हो जाने पर जो निर्मल श्रद्धान होता है, वह क्षायिक सम्यक्त्व है।

• **वेदक सम्यक्त्व :** पदार्थों का जो चल, मलिन और अगाढ़ दोष से युक्त श्रद्धान होता है, वह वेदक सम्यक्त्व है।

• **उपशम सम्यक्त्व :** दर्शनमोह के उपशम से कीचड़ के नीचे बैठ जाने से निर्मल जल के समान जो निर्मल श्रद्धान होता है, वह उपशम सम्यक्त्व है।

18. संज्ञी मार्गणा अधिकार

इसके दो भेद हैं—संज्ञी और असंज्ञी।

• **संज्ञी :** मन-सहित जीवों को संज्ञी कहते हैं।

• **असंज्ञी :** मन-रहित जीवों को असंज्ञी कहते हैं।

इस अधिकार में आगे इन दोनों जीवों की संख्या बताई है।

19. आहार मार्गणा अधिकार

तीन शरीर और छह पर्याप्तियों के योग्य पुद्गलों के ग्रहण करने का नाम आहार है। एकेन्द्रिय से लेकर सयोगकेवली पर्यन्त जीव आहारक होते हैं। आहारक और अनाहारक का काल एवं संख्या भी इस अधिकार में बताई है।

20. उपयोगाधिकार

आत्मा के चैतन्य परिणाम को उपयोग कहते हैं। वह दो प्रकार का है—

• **साकार उपयोग :** साकार उपयोग के 8 भेद हैं।

• **निराकार उपयोग :** निराकार उपयोग के 4 भेद हैं।

इनका स्वरूप संक्षिप्त रूप से इस अध्याय में वर्णित है।

21. ओघादेश अधिकार

इस अधिकार में बताया है कि चौदह मार्गणाओं में कौन-कौन से गुणस्थान होते हैं। अर्थात् जीव की भिन्न-भिन्न स्थिति में क्या परिणाम (भाव) रहते हैं।

22. आलापाधिकार

आलाप का अर्थ है—कथन-पद्धति या कथन-शैली।

इस अधिकार में आलाप (कथन-शैली) के तीन भेद बताए हैं— 1. सामान्य 2. पर्याप्त 3. अपर्याप्त। उसके बाद चौदह मार्गणाओं और चौदह

गुणस्थानों में आलाप को समझाया है।

इस प्रकार गोम्मटसार जीवकाण्ड में बाईस अधिकारों में सरल रूप से 14 गुणस्थानों और 14 मार्गणाओं का विस्तृत वर्णन किया है।

2. गोम्मटसार कर्मकाण्ड

इस ग्रन्थ की प्रस्तावना में कर्म का आशय, जैन दर्शन में कर्म का स्वरूप, जीव और कर्म का सम्बन्ध, जीव और कर्म का निमित्त-नैमित्तिक सम्बन्ध, कर्म का कर्ता-भोक्ता कौन है, कर्म के भेद और कर्मशास्त्र ही अध्यात्म शास्त्र है, आदि अनेक विषयों पर चर्चा की गई है।

कर्म के प्रकार

कर्म दो प्रकार के होते हैं—द्रव्यकर्म और भावकर्म।

1. जैन धर्म में केवल जीव के द्वारा किये गये अच्छे-बुरे कर्मों का ही नाम कर्म नहीं है, किन्तु जीव के कर्मों के निमित्त से आकृष्ट होकर जो पुद्गल परमाणु अन्य दूसरे जीव से बन्ध को प्राप्त होते हैं वे भी कर्म कहे जाते हैं। इन्हें द्रव्यकर्म कहते हैं।
2. किसी कर्म के निमित्त से जीव को जो काम, क्रोध, मान, माया और लोभ आदि भाव होते हैं, वे भी कर्म कहे जाते हैं। इन्हें भावकर्म कहते हैं।

कर्म का आशय

हम प्रतिदिन देखते हैं कि जो जीवित हैं, एक क्षण में ही वे मरण को प्राप्त हो जाते हैं और उनका स्थान नये प्राणी ले लेते हैं। जीवन और मरण की यह प्रक्रिया अनादि से चली आ रही है। साथ ही देखने में आता है कि संसार में कितनी विषमता है। कोई अमीर है, कोई गरीब है। कोई रोगी है, कोई कुरूप है। कोई दुखी है, कोई सुखी है। कोई बुद्धिमान है, कोई मूर्ख है। एक ही माँ के बच्चों में भी यह भिन्नता पाई जाती है। इसका क्या कारण है? यही कर्मवाद है।

जैनदर्शन कर्म के सिद्धान्त पर बहुत बल देता है और उसके अस्तित्व, भेद, अवस्थाएँ, बन्ध, मुक्ति एवं उसके कारण आदि सभी पक्षों पर विस्तार से प्रकाश डालता है।

1. प्रकृति समुत्कीर्तन अधिकार :
(प्रकृतियों के स्वरूप का निरूपण)

प्रकृति समुत्कीर्तन का अर्थ है —कर्म प्रकृतियों का कथन।

इसके दो भेद हैं—मूल प्रकृति समुत्कीर्तन और उत्तर प्रकृति समुत्कीर्तन। अर्थात् मूल प्रकृतियों के स्वभाव का निरूपण (वर्णन) और उत्तर प्रकृतियों के स्वभाव का निरूपण। प्रकृति समुत्कीर्तन को जाने बिना स्थान-समुत्कीर्तन आदि को नहीं जाना जा सकता। प्रकृति का अर्थ है—स्वभाव, कर्म का स्वभाव।

इस कर्मकाण्ड में कर्मों और उनकी विविध अवस्थाओं का कथन किया है।

इसमें जीव और कर्मों के अनादि सम्बन्ध का वर्णन कर कर्मों के आठ भेदों के नाम, उनके कार्य, उनका क्रम और उनकी उत्तर प्रकृतियों में से कुछ विशेष प्रकृतियों का स्वरूप 86 गाथाओं में किया है।

ज्ञानावरण, दर्शनावरण, वेदनीय, मोहनीय, आयु, नाम, गोत्र और अन्तराय— ये आठ मूल प्रकृतियाँ हैं। इनकी उत्तर प्रकृतियाँ 148 हैं।

इन प्रकृतियों का विस्तार से वर्णन इस अधिकार में किया है।

2. बन्धोदयसत्त्व अधिकार

इस अधिकार में कर्मों के बन्ध, उदय और सत्त्व (सत्ता) का गुणस्थान एवं मार्गणाओं के अनुसार वर्णन है।

बन्ध (कर्मों का बाँधना), उदय (कर्मों का उदय में आना), सत्त्व (जब कर्म न उदय में आते हैं, न ही नष्ट होते हैं, तब सत्त्व होता है अर्थात् जैसे धूल मिट्टी पड़ी रहती है, उसी तरह कर्मों का पड़े रहना सत्त्व है।

3. सत्त्वस्थान भंग अधिकार

भंग का अर्थ है—प्रकृतियों का परिवर्तन। इस अधिकार में भंग के साथ सत्त्व का कथन किया है। एक समय में एक जीव के संख्याभेद को लिये हुए जो प्रकृति-समूह का सत्त्व पाया जाता है उसे स्थान कहते हैं और समान संख्यावाली प्रकृतियों में जो प्रकृतियों का परिवर्तन होता है उसे भंग कहते हैं।

देवगति में और नरकगति में मनुष्य और तिर्यंच दो ही आयु का बन्ध होता है। किन्तु सम्यग्दृष्टि मनुष्य और तिर्यंच, देव आयु का ही बन्ध करते हैं तथा सम्यग्दृष्टि देव और नारकी, मनुष्यायु का ही बन्ध करते हैं।

4. त्रिचूलिका अधिकार

इस अधिकार में तीन चूलिकाएँ हैं—

1. **नवप्रश्नचूलिका :** इस चूलिका में नौ प्रश्नों का समाधान किया गया है।
2. **पंचभागहारचूलिका :** पाँच भागहार का वर्णन इस चूलिका में है। इन भागहारों के द्वारा शुभाशुभ कर्म जीव के परिणामों का निमित्त पाकर अन्य परिवर्तन करते हैं। जैसे—कर्म शुभ हैं और जीव के परिणाम अशुभ हैं तो अशुभ परिणाम हो जाता है और शुभ परिणामों के निमित्त से पूर्व के बँधे हुए असातावेदनीय कर्म (कष्ट देनेवाले कर्म) सातावेदनीय (सुख देनेवाले कर्म) कर्म के रूप में परिवर्तित हो जाते हैं।
3. **दशकरण चूलिका :** इस चूलिका में दश करणों का कथन किया है। करण क्रिया का नाम है। कर्मों में ये दश क्रियाएँ होती हैं। इन करणों का वर्णन इस अधिकार में किया है।

5. बन्धोदयसत्त्वयुक्त स्थान-समुत्कीर्तन अधिकार

एक जीव के एक ही समय में जितनी प्रकृतियों का बन्ध, उदय, सत्त्व सम्भव है उनके समूह का नाम स्थान है। इस अधिकार में पहले आठों मूलकर्मों को लेकर और फिर प्रत्येक कर्म की उत्तर प्रकृतियों को लेकर बन्ध-स्थानों, उदय-स्थानों और सत्त्व-स्थानों का कथन है। यह अधिकार गुणस्थान क्रम से विचार करने के कारण अधिक विस्तृत अधिकार है।

6. प्रत्यय अधिकार

इस अधिकार में कर्मबन्ध के कारणों का कथन है। मूल कारण चार हैं—मिथ्यात्व, अविरति, कषाय और योग। इन चार कारणों के 57 (सत्तावन) भेद हैं।

मिथ्यात्व के 5 भेद, अविरति के 12 भेद, कषाय के 25 भेद, योग के 15 भेद कुल 57 भेद हैं।

गुणस्थानों में इन्हीं मूल और उत्तर प्रत्ययों का कथन इस अधिकार में किया गया है। किस गुणस्थान में बन्ध के कितने प्रत्यय होते हैं, यह भी बताया है।

7. भावचूलिका अधिकार

इस अधिकार में औपशमिक, क्षायिक, मिश्र, औदयिक और परिणामिक—इन

पाँच भावों का वर्णन है तथा इनके भेदों का वर्णन करते हुए उनके स्वसंयोगी (अपने आप मिलना) और परसंयोगी (दूसरों द्वारा मिलाना) भंगों का गुणस्थानों में वर्णन किया है। इसके पश्चात् इस अधिकार में 363 मिथ्यावादियों के मतों का भी निर्देश किया है।

8. त्रिकरणचूलिका अधिकार

इस अधिकार में अधःकरण, अपूर्वकरण, और अनिवृत्तिकरण—इन तीन करणों का स्वरूप कहा गया है। षट्खण्डागम के जीवकाण्ड के प्रारम्भ में भी इन तीनों का स्वरूप गुणस्थानों के प्रसंग से कहा है। इन तीनों का स्वरूप बतलानेवाली गाथाएँ भी जीवकाण्ड की ही हैं। किन्तु यहाँ ग्रन्थकार ने अपने तरीके से इन करणों को समझाया है।

9. कर्मस्थिति बन्ध अधिकार

कर्म की क्या स्थिति होती है, इसकी रचना कैसे होती है, यह समझाते हुए ग्रन्थकार कहते हैं कि—

हम प्रतिदिन प्रतिसमय जो कर्म करते हैं, वे बँधते समय आठ कर्मों में विभाजित हो जाते हैं और उदयकाल आने पर क्रमशः निर्जीर्ण होकर खिरने लगते हैं। कर्मनिषेकों की रचना उसकी स्थिति के अनुसार आबाधाकाल को छोड़कर हो जाती है। आबाधाकाल का अर्थ है—बँधने के पश्चात् कर्म तत्काल फल नहीं देता। कुछ समय बाद फल देता है उस समय को आबाध काल कहते हैं। यह आबाधा काल कर्म की स्थिति के अनुसार होता है। जैसे—एक कोटा-कोटि सागर की स्थिति में एक सौ वर्ष आबाधा काल होता है। सरल रूप में देखें तो—यदि किसी कर्म की स्थिति एक कोटा-कोटि सागर बँधी हो तो वह कर्म सौ वर्ष के बाद अपना फल देना प्रारम्भ करता है और सौ वर्ष कम एक कोटा-कोटि सागर काल तक वह अपना फल देता रहता है।

इस अधिकार में कर्मस्थिति और बन्ध का विस्तारपूर्वक वर्णन किया है।

अधिकार के अन्त में ग्रन्थकार ने केवल चामुण्डराय के क्रिया-कलापों का ही वर्णन किया है, क्योंकि यह ग्रन्थ उनके लिए ही लिखा गया था। ग्रन्थकार ने अपने सम्बन्ध में कुछ नहीं लिखा है।

वास्तव में यह ग्रन्थ कर्मसिद्धान्त का सिरमौर जैसा है। इसमें पूर्वरचित कर्मसिद्धान्त विषयक ग्रन्थों का सार आया है। इसके स्वाध्याय द्वारा कर्म साहित्य का ज्ञान सम्यक् प्रकार से प्राप्त किया जा सकता है।

धवला, महाधवला और जयधवला

भगवान महावीर की साक्षात् वाणी समझे जानेवाले प्रमुख दो ग्रन्थ हैं। भगवान महावीर के निर्वाण के पश्चात् जब श्रुत ज्ञान का ह्रास होने लगा था; तब उसे लिपिबद्ध करने का प्रयास प्रारम्भ हुआ। तब सर्वप्रथम दिगम्बर जैन-श्रुत-परम्परा में दो शिरोमणि आगम-ग्रन्थ लिखे गये—

1. **षट्खण्डागम :** (पुष्पदन्त और भूतबलि आचार्य कृत)
2. **कषायपाहुड :** (आचार्य गुणधर कृत)

इन दोनों ग्रन्थों पर विक्रम की नौवीं शताब्दी में आचार्य वीरसेन स्वामी ने जो विशाल एवं गूढ़ गम्भीर टीकाएँ लिखी हैं, उन्हीं के नाम धवला, महाधवला और जयधवला हैं। इनका पृथक्-पृथक् विवरण इस प्रकार है—

1. धवला का परिचय

यह षट्खण्डागम के प्रारम्भ के पाँच खण्डों पर लिखी गयी टीका है। यह 72 हजार श्लोक-प्रमाण टीका है।

2. महाधवला का परिचय

षट्खण्डागम के अन्तिम छठे खण्ड का नाम महाबन्ध है। यह 30 हजार श्लोक-प्रमाण है। इसे धवला, जयधवला के अनुकरण पर महाधवला के नाम से जाना जाता है।

3. जयधवला

यह 'कसायपाहुड' पर लिखी गयी 60 हजार श्लोकप्रमाण टीका है। इसमें आचार्य वीरसेन स्वामी लगभग 20 हजार श्लोक-प्रमाण टीका ही लिख पाए थे,

शेष लगभग 40 हजार श्लोकप्रमाण टीका उनके शिष्य आचार्य जिनसेन स्वामी ने लिखी है।

धवला, महाधवला और जयधवला—ये तीनों ग्रन्थ बहुत कठिन सिद्धान्त ग्रन्थ माने जाते हैं। साधारण व्यक्ति को इन्हें समझना कठिन है। इन्हें वही ठीक से समझ सकता है जिसमें उचित ज्ञान-वैराग्य हो। हम यहाँ संक्षेप में इन तीनों ग्रन्थों का परिचय लिख रहे हैं, क्योंकि ये जैन साहित्य की अनमोल धरोहर हैं।

कषायपाहुड (जयधवला)

ग्रन्थ के नाम का अर्थ

इस ग्रन्थ के दो नाम हैं—1. कषायपाहुड, 2. पेज्जदोसपाहुड

पाहुड शब्द के तीन अर्थ होते हैं : पहला है, अधिकार, दूसरा है, उपहार देना और तीसरा है जो परम्परा से चला आ रहा है। यहाँ कसायपाहुड का अर्थ 'कषायों को जीतने का अधिकार' भी कर सकते हैं। या कषायों को जीतने का जो ज्ञान परम्परा से चला आ रहा है उसे भी पाहुड कह सकते हैं।

इसी प्रकार 'पेज्जदोसपाहुड' का अर्थ है—'पेज्ज' शब्द का अर्थ राग है, दोस अर्थात् द्वेष। अर्थात् यह ग्रन्थ राग और द्वेष का निरूपण करता है। सरल भाषा में हम कह सकते हैं कि यह राग और द्वेष को जीतनेवाला ग्रन्थ है।

जयधवला : कषायपाहुड की टीका 'जयधवला' है। इसका नाम जयधवला इसलिए रखा गया, क्योंकि यह ग्रन्थ कषायों पर विजय प्राप्त करने की विधि सिखाता है। कषायों को जीतकर आत्मा शुद्ध एवं धवल बन जाती है, अत: इसका नाम जयधवला है।

जयधवला का प्रकाशन : जयधवला का प्रकाशन भारतीय दिगम्बर जैन संघ, चौरासी मथुरा से हुआ है। सन् 1942 से 1988 के बीच सोलह भागों में इसका प्रकाशन हुआ है। पंडित फूलचन्द्रजी शास्त्री, पंडित कैलाशचन्द्रजी शास्त्री, पंडित महेन्द्रकुमारजी न्यायाचार्य जैसे उच्चकोटि के विद्वानों ने इस ग्रन्थ का सम्पादन किया है।

ग्रन्थकारों का परिचय

आचार्य गुणधर स्वामी : कसायपाहुड की रचना आचार्य गुणधर स्वामी ने की है। आचार्य गुणधर स्वामी का समय विक्रम पूर्व प्रथम शताब्दी माना जाता है। वे

सिद्धान्त ग्रन्थों के विशेष ज्ञाता थे और अपने उसी ज्ञान के आधार पर उन्होंने 'कसायपाहुड' नामक ग्रन्थ की रचना की थी।

जयधवला के कर्त्ता दो आचार्य हैं—

1. आचार्य वीरसेन स्वामी
2. आचार्य जिनसेन स्वामी

आचार्य वीरसेन स्वामी का जयधवला के लगभग बीस हजार (20,000) श्लोक-प्रमाण लिखने के बाद समाधिमरण हो गया था, अतः जयधवला को उनके सुयोग्य शिष्य आचार्य जिनसेन स्वामी ने पूरा किया था।

जयधवला का कुल परिमाण 60,000 श्लोक प्रमाण है। इसमें से लगभग 20,000 श्लोकप्रमाण टीका आचार्य वीरसेन स्वामी ने लिखी है और शेष लगभग 40,000 श्लोकप्रमाण टीका आचार्य जिनसेन स्वामी ने लिखी है।

1. आचार्य वीरसेन स्वामी : आचार्य वीरसेन स्वामी विक्रम की नौवीं शताब्दी में हुए अपने समय के एक अद्भुत विद्वान आचार्य थे। आपको 'प्रथम सिद्धान्तचक्रवर्ती' के नाम से जाना जाता था। उनके आगम-विषयक ज्ञान और बुद्धि चातुरी को देखकर विद्वान उन्हें श्रुतकेवली और विद्वानों में श्रेष्ठ कहते थे।

2. आचार्य जिनसेन स्वामी : आचार्य जिनसेन स्वामी आचार्य वीरसेन स्वामी के अन्तेवासी परम शिष्य थे। जैन-साहित्य में जिनसेन नाम के अनेक आचार्य हो चुके हैं, अतः इनको 'आचार्य जिनसेन द्वितीय' के नाम से पहचाना जाता है। आचार्य जिनसेन स्वामी विक्रम की नौवीं शताब्दी में हुए हैं। आचार्य जिनसेन स्वामी अखण्ड ब्रह्मचारी, परिपूर्ण संयमी और अनुपम विद्वान थे। ये प्रतिभा और कल्पना के अद्वितीय धनी हैं। यही कारण है कि इन्हें 'भगवत् जिनसेनाचार्य' कहा जाता है।

ग्रन्थ का महत्त्व

1. कषायपाहुड एक अत्यधिक प्राचीन और लोकप्रिय ग्रन्थ है।
2. साक्षात तीर्थंकर महावीर की वाणी के समान पूज्य प्रामाणिक और आगमग्रन्थ माना जाता है। इसीलिए इसके रचनाकाल से ही इसका पठन-पाठन अत्यधिक प्रचलित था।
3. 'कसायपाहुड' की रचना-शैली बड़ी ही सारगर्भित है। इसमें सोलह हजार श्लोकप्रमाण 'पेज्जदोसपाहुड' को केवल 233 गाथाओं में समेट लिया है।
4. यह आचार्य गुणधर स्वामी की अनुपम रचना है।

5. 'कसायपाहुड' की अनेक गाथाएँ तो इतनी गूढ़ हैं कि यदि आचार्य यतिवृषभ ने उन पर चूर्णिसूत्र न लिखे होते तो उन गाथा-सूत्रों का अर्थ शायद कोई भी नहीं समझ पाता।
6. यह ग्रन्थ करणानुयोग का विशेष ग्रन्थ है।
7. इसमें कर्मसिद्धान्त का विशेष वर्णन है।
8. वास्तव में यह ग्रन्थ सर्वश्रेष्ठ है। आगम और तीर्थंकर की वाणी समझा जानेवाला यह ग्रन्थ अपना विशेष महत्त्वपूर्ण स्थान रखता है।
9. यह ग्रन्थ ज्ञान-विज्ञान का ग्रन्थ है। मनोविज्ञान की दृष्टि से भी यह महान ग्रन्थ है।
10. इस ग्रन्थ पर अनेक टीकाएँ, वृत्तियाँ तथा चूर्णिसूत्र लिखे गये हैं। उदाहरण—
    - यतिवृषभ स्वामी कृत चूर्णिसूत्र
    - उच्चारणाचार्य कृत उच्चारणासूत्र
    - शामकुण्डाचार्य कृत पद्धति
    - तुम्बलूराचार्य कृत चूड़ामणि
    - बप्पदेव गुरु कृत व्याख्याप्रज्ञप्ति

इन सभी के अतिरिक्त आचार्य वीरसेन एवं आचार्य जिनसेन स्वामी की 'जयधवला' टीका प्रमुख है।

ग्रन्थ का मुख्य विषय

जयधवला 60,000 श्लोक प्रमाण टीका है। एक श्लोक में 32 अक्षर होते हैं। इस तरह 60,000 × 32 = 19,20,000 शब्दों में यह विशालकाय टीका है। जब गुजरात में राजा अमोघवर्ष का शासनकाल था, उस समय फाल्गुन शुक्ल दशमी शक सं. 759 आष्टाह्निक महापर्व में कसायपाहुड ग्रन्थ को पूरा किया गया था। जयधवला का रचनाकाल इसकी प्रशस्ति में दिया गया है कि गुजरात के बड़ौदा गाँव में चन्द्रप्रभु भगवान के मन्दिर में यह ग्रन्थ लिखा गया था। इस ग्रन्थ की भाषा प्राकृत एवं संस्कृत दोनों मिली-जुली भाषाएँ हैं। इसे इन्होंने मणिप्रवाल शैली कहा है।

प्रत्येक अधिकार में ग्रन्थ की विषय-वस्तु को उसी प्रकार क्रमिक ढंग से आगे बढ़ाया है, जिस प्रकार अनादिकालीन मिथ्यादृष्टि जीव शनैः-शनैः आगे बढ़ता हुआ मोक्ष प्राप्ति करता है। ग्रन्थ की विषय-वस्तु इस प्रकार है—

मंगलाचरण : ग्रन्थ में सबसे पहले 8 गाथाओं में मंगलाचरण किया गया

है। मंगलाचरण में चन्द्रप्रभ भगवान को प्रणाम किया है। कहा है कि *हे चन्द्रप्रभु भगवान, आप चन्द्रमा के समान* धवल शरीर के धारी हो और अन्तस से भी आप केवलज्ञानशरीरी हो। आप समस्त कर्मकलंक से रहित धवल शुद्ध आत्मा बन गये, इसलिए मैं भक्तिपूर्वक मैं आपको नमस्कार करता हूँ। यहाँ धवल शब्द का अर्थ चन्द्रप्रभ भगवान के शुद्ध धवल स्वरूप से निकाला है।

इसके बाद दूसरे श्लोक में चौबीस तीर्थंकरों को नमस्कार किया है। तीसरे श्लोक में महावीर भगवान को नमस्कार किया गया है। चौथे श्लोक में माँ श्रुतदेवी को नमस्कार किया गया है। पाँचवें श्लोक में गणधर देव रूप समुद्र को नमस्कार किया गया है।

छठे श्लोक में वीरसेन आचार्य को नमस्कार किया गया है। सातवें श्लोक में आचार्य नागहस्ती और आर्यमक्षु को नमस्कार किया गया है। और फिर आठवें श्लोक में आचार्य यतिवृषभ को नमस्कार किया गया है।

मंगलाचरण के बाद पूरा ग्रन्थ तीन भागों में बाँटा गया है—1. मोह, 2. राग 3. द्वेष।

जयधवला ग्रन्थ में मोह का वर्णन किया है, क्योंकि मोह ही एक ऐसी चीज है जो आत्मा को मलिन करता है। यदि मोह को कोई जीत लेता है तो उसकी आत्मा धवल बन जाता है। यही इसका मूल सन्देश है। यह मोह ही है, जिसने हमारी आत्मा को काला कर रखा है। इतना विशालकाय ग्रन्थ एक ही बात समझने के लिए लिखा गया है कि मोह का त्याग करो। मोह वास्तव में आत्मा को मलिन करता है, काला करता है। मोह को यदि छोड़ दिया जाए तो आत्मा साफ हो जाता है। जिस तरह कोई कपड़ा गन्दा हो जाए फिर धो दिया जाए तो वह साफ हो जाता है। ठीक इसी तरह हमारी आत्मा मोहरूपी मैल से काली हो रही है। और उसे शुद्ध करना हो तो हमें इस मोह को जीतना चाहिए, नष्ट करना चाहिए। तब आत्मा धवल बनेगी, उज्ज्वल बनेगी। इस ग्रन्थ में यही बात विस्तार से समझा रहे हैं।

सर्वप्रथम हम लोगों को समझना चाहिए कि मोह का अर्थ क्या है। मोह यानी माँ को पुत्र से जो मोह होता है वह मोह नहीं है। धन, दौलत एवं शरीर का राग ही मोह नहीं है। अपितु यहाँ पर 'मोह' शब्द में आत्मा के सारे विकारों को लिया है।

मोह दो तरह का है—एक दर्शनमोह, दूसरा चारित्रमोह।

हमारी आत्मा में अनन्त गुण हैं। लेकिन उनमें सबसे ज्यादा दोष दो ही गुणों

का है। श्रद्धा के दोष को दर्शनमोह कहते हैं और चारित्र के दोष को चारित्रमोह कहते हैं। चारित्रमोह अनेक प्रकार का है। उनमें मुख्य हैं—क्रोध, मान, माया, लोभ, हास्य, रति, अरति, शोक, भय, जुगुप्सा, स्त्रीवेद, पुरुषवेद और नपुंसकवेद। ये मुख्य रूप से चारित्रमोह के भेद हैं। चारित्रमोह दो तरह का है—एक है राग, दूसरा है द्वेष। चारित्रमोह या राग-द्वेष का अर्थ है—किसी को इष्ट या अनिष्ट, अच्छा या बुरा, प्रिय या अप्रिय समझना। दुनिया में वास्तव में कुछ भी अच्छा या बुरा नहीं है। इष्ट या अनिष्ट नहीं है। प्रिय या अप्रिय नहीं है। लेकिन यह जीव चारित्रमोह के कारण पदार्थों को अच्छा-बुरा समझता रहता है। राग-द्वेष करता रहता है। चारित्र में मोह करना छोड़ दे तो इसकी आत्मा शुद्ध हो जाए, धवल हो जाए।

राग और द्वेष में भी मुख्य चार कषाय आती हैं—क्रोध, मान, माया और लोभ।

क्रोध और मान ये दोनों द्वेष हैं और माया और लोभ ये दोनों राग हैं। पहले द्वेष जाता है, फिर राग जाता है।

किसी चीज से नफरत करना, उसे बुरा समझना, अप्रिय समझना, ये द्वेष है। किसी को अच्छा समझना, प्रिय समझना ये राग है। इन राग-द्वेष को यदि हम जीत सके, तो हम चारित्रमोह को भी जीत सकते हैं।

मोह एक प्रकार का नशा है। मोह को आचार्यों ने मदिरा की उपमा दी है। जैसे—कोई व्यक्ति शराब पी लेता है, तो वह स्वयं को भूल जाता है कि मैं कौन हूँ और फिर दूसरे को भी नहीं जान पाता है। यह है दर्शनमोह।

इस प्रकार से मोह दो तरह का है। एक मोह श्रद्धा सम्बन्धी है। दूसरा मोह चारित्र सम्बन्धी है। इस ग्रन्थ में इस मोह को दूर करने की विस्तारपूर्वक शिक्षा दी गयी है। विस्तार से समझाया है कि मोह होता क्या है, इसके उदय से क्या-क्या होता है। क्रोध क्या है, मान क्या है, इनका बहुत विस्तार से वर्णन है।

यदि कोई इस ग्रन्थ को पढ़े, तो वह आश्चर्यचकित हो जाएगा कि अभी तक विज्ञान भी इतनी सूक्ष्मता से मन के विकारों को नहीं समझ पाया है, जैसा इस ग्रन्थ में समझाया है। इसमें मन के अन्दर तक पहुँचकर गहराई से कहाँ-कहाँ मोह बैठा रहता है, बताया है। कई बार जीव मुनि बन जाता है, फिर भी उसका मोह छूटता नहीं है। उसका मोह काम करता रहता है, यह सब बातें बहुत विस्तार से समझाई हैं। इसलिए यह ग्रन्थ बहुत ही जरूरी और प्रयोजनभूत है। इसको समझने के बाद जीव का मोह नष्ट हो जाता है। जो जीव इस ग्रन्थ का स्वाध्याय अच्छे से

कर लेते हैं, वे मोह को अच्छी तरह पहचान जाते हैं। और मोह को जानने के बाद मोह उनके जीवन से नष्ट हो जाता है।

इस ग्रन्थ में कुल 15 अधिकार हैं—

1. पेज्जदोस-विभक्ति अधिकार

इस अधिकार में यह समझाया है कि मोह दो तरह का है—राग और द्वेष। फिर समझाया है कि इनके कितने प्रभेद हैं।

2. स्थिति-विभक्ति अधिकार

दूसरे अध्याय में यह सब (राग और द्वेष) कितनी देर तक आत्मा में रहते हैं, कैसे काम करते हैं—इसका वर्णन है।

3. अनुभाग-विभक्ति अधिकार

तीसरे अधिकार में बताया है कि जब हम इन कषायों को करते हैं तो कैसे कर्म बँधते हैं, कितनी देर कर्म बँधते हैं, उनमें फल देने की कैसी शक्ति होती है, वह कैसे फल देते हैं।

4. स्थिति-विभक्ति अधिकार

चौथे अधिकार में समझाया गया है कि मोह और कषाय करने से हम किन कर्मों को बाँधते हैं। क्या वे कर्म स्थिर हो जाते हैं या उनमें कमी या बढ़ोतरी भी हो सकती है?

5. बन्धक अधिकार

पाँचवें अधिकार में फिर इनके बन्धन की प्रक्रिया और इनके परिवर्तन की प्रक्रिया को समझाया गया है।

6. वेदक अधिकार

छठे अधिकार में यह कर्म उदय में कैसे आते हैं। उदय आए बिना कभी-कभी खिर कैसे जाते हैं, आने के बाद वापस कैसे जाते हैं—यह समझाया गया है।

7. उपयोग अधिकार

सातवें अधिकार में यह समझाया गया है कि हमारे अन्दर जो मोह है, जो कषायें हैं, उनका और ज्ञान का आपस में क्या तालमेल रहता है। यह बात अच्छी तरह स्पष्ट की गयी है।

8. चतुःस्थान अधिकार

आठवें अधिकार में इन चारों कषायों को चार-चार स्थानों में बाँटा गया है। उनको हलके और मन्दे स्थानों में बाँटा गया है। बताया है कि क्रोध चार प्रकार का होता है। एक क्रोध ऐसा होता है कि जो पानी की रेखा के समान होता है, तुरन्त खत्म हो जाता है। दूसरा बालू की रेत के समान होता है, हवा चले तो खत्म हो जाए। तीसरा कठोर पृथ्वी की रेखा के समान है। चौथा लोहे की रेखा के समान स्थिर है, जो कभी नहीं मिटता। इस तरह से बहुत अच्छे से चारों कषायों को समझाया गया है। बहुत ही रोचक और सरल प्रकरण है।

9. व्यंजन अधिकार

नौवें अधिकार में कषायों के बहुत सारे पर्यायवाची होते हैं, बहुत सारे रूप होते हैं, रूपों को विस्तार से समझाया है। कषायों को आसानी से समझना हो तो इस ग्रन्थ का यह अधिकार बहुत ही उपयोगी है।

10. दर्शनमोहोपशमनाधिकार

दसवें अधिकार में दर्शनमोह का दोष कैसे दूर होता है, दबता है, उपशम होता है। इस क्रिया को समझाया गया है।

11. दर्शनमोहक्षपणाधिकार

ग्यारहवें अधिकार में उसी श्रद्धा सम्बन्धी कर्म के नष्ट होने की विधि समझाई गयी है।

12. देशविरत अधिकार

बारहवें अधिकार में यह समझाया गया है कि जब हमारा श्रद्धा सम्बन्धी दोष चला जाता है, तब कैसे हमारा जीवन ऊपर-ऊपर उठने लगता है। हमारे जीवन में कैसे

धीरे-धीरे व्रत आना शुरू हो जाते हैं और हम कैसे पाँचवें गुणस्थान वाले अच्छे श्रावक बन जाते हैं।

13. संयमलब्धि अधिकार

तेरहवें अधिकार में समझाया गया है कि यह जीव पाँचवें गुणस्थान से धीरे-धीरे अधिक ऊपर उठता है और मुनि बन जाता है।

14. चारित्रमोहोपशमनाधिकार

चौदहवें अधिकार में समझाया है कि फिर यह और ऊपर उठता है। ध्यान करता है। ध्यान में मग्न होने लगता है। बार-बार ऊपर उठता है। नीचे गिरता है। बार-बार ध्यान करता है। ध्यान भंग होता है। फिर ध्यान करता है। इस सारे उत्थान-पतन का वर्णन इस अधिकार में है। वह ध्यान में बार-बार उठता भी है और बार-बार गिरता भी है।

15. चारित्रमोहक्षपणाधिकार

पन्द्रहवें अधिकार में इस बात का वर्णन है कि कैसे हमारा सारा मोह क्षय हो गया, कैसे वह नष्ट हो गया। कैसे आत्मा पूर्ण वीतरागी सर्वज्ञ बन गया। पूर्ण शुद्ध बन गया। सिद्ध बन गया। मुक्त अवस्था में पहुँच गया। यह बात इस अधिकार में बताई है।

इस तरह इन पन्द्रह अधिकारों में बताया है कि मोह कैसे आत्मा में था, कैसे धीरे-धीरे नष्ट होना शुरू हुआ, कैसे धीरे-धीरे नष्ट हुआ, कैसे धीरे-धीरे साफ होना शुरू हुआ और कैसे यह आत्मा पूरी तरह धवल होकर, शुद्ध होकर मुक्त बन गया। बहुत ही व्यवस्थित एवं क्रमबद्ध वर्णन इस ग्रन्थ में किया गया है।

यह ग्रन्थ बहुत ही महत्त्वपूर्ण है। हमारा भाग्य है कि हमको यह महान ग्रन्थ मिला है। प्राचीन काल में यह ग्रन्थ मिलता ही नहीं था। पाण्डुलिपि के रूप में छुपा हुआ था। लेकिन अभी विद्वानों की मेहनत से यह ग्रन्थ प्रकाशित हुआ है।

इस ग्रन्थ का स्वाध्याय करके हमको अपने मोह पर विजय प्राप्त करने का पुरुषार्थ करना चाहिए। यही इस ग्रन्थ का मूल सन्देश है।

षट्खण्डागम

ग्रन्थ के नाम का अर्थ

छक्खण्डागम या षट्खडागम ग्रन्थ छह खंडों में विभक्त है, अतः इसका नाम षट्खण्डागम है। यह ग्रन्थ आगम के ग्रन्थों में विशेष महत्त्वपूर्ण एवं अद्‌भुत ग्रन्थ है।

षट्खण्डागम का प्रकाशन

षट्खण्डागम का प्रकाशन 16 भागों में भारतीय दिगम्बर जैन संघ, चौरासी मथुरा से हुआ है।

ग्रन्थकारों का परिचय

1. आचार्य धरसेन : आचार्य धरसेन सिद्धान्तशास्त्र के ज्ञाता थे। आचार्य धरसेन का समय ई. सन् की प्रथम शताब्दी है। उन्होंने दक्षिणापथ के आचार्यों को पत्र लिखकर इच्छा व्यक्त की थी कि दो योग्य शिष्य उनके पास भेज दें, क्योंकि अब श्रुत को लिपिबद्ध करना आवश्यक है। उसके बाद आचार्य धरसेन ने मुनि पुष्पदन्त और भूतबलि इन दो शिष्यों की परीक्षा लेकर उन्हें सिद्धान्त की शिक्षा दी थी। आचार्य ने अपनी मृत्यु निकट जानकर पूर्ण शिक्षा हो जाने पर शिष्यों को श्रुत के संरक्षण के लिए वापस भेज दिया था।

पुष्पदन्त भूतबलि आचार्य ने षट्खण्डागम की रचना कर उसे ग्रन्थरूप में निबद्ध किया और ज्येष्ठ शुक्ला पंचमी को उसकी पूजा की और इसी कारण यह पंचमी श्रुतपंचमी के नाम से विख्यात हुई। तत्पश्चात् भूतबलि आचार्य ने उस षट्खण्डागम ग्रन्थ को जिनपालित के साथ पुष्पदन्त गुरु के पास भेजा। षट्खण्डागम ग्रन्थ को देखकर पुष्पदन्त गुरु ने भी श्रुतभक्ति के अनुराग से पुलकित होकर

श्रुत-पंचमी के दिन इस ग्रन्थ की पूजा की। उस दिन से आज तक श्रुतपंचमी पर्व को मनाने की परम्परा सतत चली आ रही है।

आचार्य धरसेन के चरणों में बैठकर ही दोनों शिष्यों ने कर्म सिद्धान्त का अध्ययन किया था। वे सफल शिक्षक और आचार्य थे। उनकी निम्नलिखित विशेषताएँ हैं—

- धरसेन सभी अंगों और पूर्वों के एकदेश ज्ञाता थे।
- अष्टांग महानिमित्त के पारगामी थे।
- मन्त्र-तन्त्र आदि शास्त्रों के वेत्ता थे।
- महाकम्मपयडिपाहुड के वेत्ता थे।
- प्रवचन और शिक्षण कला में पंडित थे।
- प्रश्नोत्तर शैली में शंका-समाधानपूर्वक शिक्षा देने में कुशल थे।
- महनीय विषय को संक्षेप में प्रस्तुत कर देते थे।

2. पुष्पदन्त : पुष्पदन्त और भूतबलि का नाम साथ-साथ प्राप्त होता है, पर पुष्पदन्त भूतबलि से आयु में ज्येष्ठ थे। धरसेन के पश्चात् पुष्पदन्त का कार्यकाल 30 वर्ष बताया जाता है।

भूतबलि और पुष्पदन्त आचार्य का समय प्रथम शताब्दी का अन्तिम चरण माना जाता है।

आचार्य पुष्पदन्त के कृतित्व के सम्बन्ध में निम्नलिखित तथ्य या निष्कर्ष प्राप्त होते हैं—

- षट्खण्डागम का आरम्भ आचार्य पुष्पदन्त ने किया है।
- सत्प्ररूपणा के सूत्रों के साथ उन्होंने षट्खण्डागम की रूपरेखा भी बनाई थी।
- पुष्पदन्त ने आयु को अल्प जानकर अपनी रचना को जिनपालित के द्वारा भूतबलि को अवशिष्ट कार्य को पूर्ण करने के लिए भेजा था।
- सत्प्ररूपणा के सूत्रों के रचयिता पुष्पदन्त ही हैं।
- पुष्पदन्त ने अनुयोगद्वार और प्ररूपणाओं के विस्तार को अनुभव कर ही सूत्रों की रचना की थी।

3. भूतबलि : पुष्पदन्त के नाम के साथ भूतबलि का भी नाम आता है। दोनों ने एक साथ धरसेनाचार्य से सिद्धान्त विषय का अध्ययन किया था। भूतबलि ने द्रविड़ देश में श्रुत का निर्माण अर्थात् ग्रन्थ-रचना की थी।

भूतबलि सिद्धान्त ग्रन्थों के पूर्ण ज्ञाता थे, इसलिए इनके द्वारा रचित

सिद्धान्तग्रन्थ सर्वथा निर्दोष और अर्थपूर्ण हैं।

श्रुतावतार नामक ग्रन्थ से ज्ञात होता है कि भूतबलि ने पुष्पदन्त विरचित सूत्रों को मिलाकर पाँच खंडों के छः हजार सूत्र रचे और तत्पश्चात् महाबन्ध नामक छठे खंड की तीस हजार सूत्र ग्रन्थों के रूप में रचना की।

प्रमाणों के आधार पर हम कह सकते हैं कि पुष्पदन्ताचार्य ने षट्खण्डागम की रूपरेखा निर्धारित कर सत्प्ररूपणा के सूत्रों की रचना की थी और शेष भाग को आचार्य भूतबलि ने समाप्त किया था।

ग्रन्थ का महत्त्व

- षट्खण्डागम अत्यन्त प्राचीन होने से एक महत्त्वपूर्ण ग्रन्थ है।
- श्रुतरक्षा के भाव (महावीर की दिव्य देशना को जिनवाणी में सुरक्षित रखने के भाव) से इस ग्रन्थ की रचना की गयी है।
- द्वादशांग-वाणी (जिनवाणी) के साथ षट्खण्डागम का साक्षात् सम्बन्ध है।
- जैन शास्त्रों में सबसे महान एवं सबसे प्राचीन (कषायपाहुड के बाद का) ग्रन्थ है।
- ग्रन्थ में वर्णित विषय बहुत ही गूढ़, गम्भीर एवं महत्त्वपूर्ण है।
- कर्मसिद्धान्त, जीव के भाव आदि विषयों का बहुत सूक्ष्म वर्णन है।

ग्रन्थ का मुख्य विषय

मंगलाचरण : ग्रन्थ के प्रारम्भ में पञ्चनमस्कार मन्त्र द्वारा पंचपरमेष्ठी को नमस्कार किया गया है। आचार्य ने तीन खंड के बाद पुनः मंगलाचरण किया है।

पहला खंड जीवस्थान

षट्खण्डागम में पहला खंड जीवस्थान (जीवट्ठाण) है। इसमें जीव के गुण-धर्म और नाना अवस्थाओं का वर्णन आठ प्ररूपणाओं (अधिकारों) से किया है। इसमें जीव के गुण-धर्म और अवस्थाओं को भी द्रव्य के सामान्य और विशेष प्रकार से बाँटा है।

किसी भी वस्तु को चार प्रकार से देखते हैं—

द्रव्य, क्षेत्र, काल और भाव।

इन सबके सामान्य और विशेष दो-दो प्रकार हैं।

द्रव्य की आठ प्ररूपणाएँ : सत्, संख्या, क्षेत्र, स्पर्शन, काल, अन्तर,

भाव और अल्पबहुत्व।

इन आठ प्ररूपणाओं को विस्तार से इस पहले खंड में समझाया है। इसके अनन्तर नौ चूलिकाएँ (उपविभाग) भी हैं।

द्रव्य

सामान्य	**विशेष**
सत् (अस्तित्व)	संख्या (गिनती)
क्षेत्र (स्थान)	स्पर्शन (निश्चित स्थान)
काल (समय)	अन्तर (अन्तराल)
भाव (विचार)	अल्पबहुत्व (कम-ज्यादा)

1. सत्प्ररूपणा

इस प्ररूपणा (अध्याय) का विषय-निरूपण (वर्णन) ओघ (संक्षेप) और आदेश (विस्तार) क्रम में किया गया है। ओघ में 14 गुणस्थानों और आदेश में 14 मार्गणाओं का वर्णन किया गया है। इसमें 177 सूत्र हैं। 14 गुणस्थानों और 14 मार्गणाओं के नाम गोम्मटसार ग्रन्थ में हम लिख चुके हैं। (देखें पृष्ठ 56 और 58)

गुणस्थान : तीन लोक में, संसार में जितने भी जीव हैं, उन सब जीवों के जितने भी भाव (विचार) हैं, उन भावों को 14 भागों में बाँटा है, यही गुणस्थान कहलाता है। जीव के भावों का वर्गीकरण गुणस्थान कहलाता है।

जैसे—बच्चा एक क्लास से दूसरी क्लास में जाता है, उसी प्रकार जीव भी एक स्थान से (गुणस्थान) से दूसरे (गुणस्थान) स्थान में जाता है।

जीव कैसे गुणस्थान में प्रवेश करता है, कैसे आगे बढ़ता है, कौन सा जीव किस गुणस्थान में रहता है, इसका वर्णन इस खंड में वर्णित किया है।

मार्गणा : जीव के जितने भी भेद हैं, जितने भी स्थान हैं, वे मार्गणाएँ हैं।

इस अध्याय में 14 मार्गणाओं (जीव के 14 स्थानों) का वर्णन है।

2. संख्या प्ररूपणा

जीवस्थान खंड की दूसरी प्ररूपणा है। संख्या प्ररूपणा। इसमें 192 सूत्रों द्वारा गुणस्थान और मार्गणा क्रम से जीवों की संख्या का निर्देश किया है।

इसमें शतसहस्रकोटि (करोड़), कोडाकोडी, संख्यात, असंख्यात, अनन्त

और अनन्तानन्त संख्याओं का भी कथन उपलब्ध है। इसके अतिरिक्त गणित की मौलिक प्रक्रियाओं (वर्ग, वर्गमूल, घन आदि) का भी वर्णन है।

3. क्षेत्रप्ररूपणा

इसमें 92 सूत्रों द्वारा गुणस्थान और मार्गणा क्रम से जीवों के क्षेत्र का कथन आया है। इसमें सूत्रकर्त्ता आचार्य ने विषय को बहुत ही मनोहर ढंग से प्रस्तुत किया है। उन्होंने प्रश्नोत्तर के रूप में इस गम्भीर विषय को प्रस्तुत किया है। जैसे—

• सासादन सम्यक्दृष्टि गुणस्थान से लेकर अयोगकेवली गुणस्थान तक प्रत्येक गुणस्थानवर्ती जीव कितने क्षेत्र में रहते हैं?

उत्तर : लोक के असंख्यात भाग प्रमाण क्षेत्र में रहते हैं।

• सयोगकेवली जीव कितने क्षेत्रों में रहते हैं?

उत्तर : सर्वलोक में रहते हैं।

• तिर्यंचगति में तिर्यंचों में मिथ्यादृष्टि जीव कितने क्षेत्र में रहते हैं?

उत्तर : सर्वलोक में रहते हैं।

स्पष्ट है कि एक ही सूत्र में प्रश्न और उत्तर इन दोनों की योजना की गयी है। वास्तव में यह आचार्य की प्रतिभा है कि उन्होंने आगम के गम्भीर विषय को संक्षेप में प्रश्नोत्तर रूप में उपस्थित किया है।

4. स्पर्शन-प्ररूपणा

इसमें 185 सूत्र हैं। इनमें नाना गुणस्थान और मार्गणावाले जीव स्वस्थान, समुद्घात एवं उपपात सम्बन्धी अनेक अवस्थाओं द्वारा कितने क्षेत्र का स्पर्श करते हैं, इस बात का विवेचन किया है।

स्वस्थान : जीव जिस स्थान पर उत्पन्न होता है या रहता है वह उसका स्वस्थान कहलाता है और उस शरीर के द्वारा जहाँ तक वह आता-जाता है वह विहारवत्-स्वस्थान कहलाता है।

समुद्घात : वेदना, कषाय आदि किसी निमित्त विशेष से जीव के प्रदेशों का मूल शरीर के साथ सम्बन्ध रहते हुए भी बाहर फैलना समुद्घात कहलाता है। इसके सात भेद हैं।

उपपाद : अपनी पूर्वपर्याय को छोड़कर अन्य पर्याय में जन्म ग्रहण करना उपपाद है।

5. कालप्ररूपणा

इस प्ररूपणा में 342 सूत्र हैं। इसमें एक जीव और नाना जीवों के एक गुणस्थान और मार्गणा में रहने की जघन्य उत्कृष्ट मर्यादा की कालावधि का निर्देश किया है।

6. अन्तर-प्ररूपणा

इसमें 397 सूत्र हैं। अन्तर का अर्थ है—विरह, व्युच्छेद या अभाव। किसी गुणस्थानवाले जीव का उस गुणस्थान को छोड़कर अन्य गुणस्थान में चले जाने पर पुनः उसी गुणस्थान की प्राप्ति हो जाने के पूर्व तक का काल अन्तरकाल या विरहकाल कहलाता है। सबसे कम विरह-काल को जघन्य अन्तर और सबसे बड़े विरहकाल को उत्कृष्ट अन्तर कहा है। इस प्रकार के अन्तरकाल का वर्णन करनेवाली यह अन्तर-प्ररूपणा है।

7. भाव-प्ररूपणा

इसमें 93 सूत्र हैं। इसमें विभिन्न गुणस्थानों और मार्गणा स्थानों में होनेवाले भावों का निरूपण किया गया है। कर्मों के उदय, उपशम (दब जाना), क्षय (नष्ट हो जाना) और क्षयोपशम (नष्ट होकर फिर उदय होना) आदि निमित्त से जीव के उत्पन्न होनेवाले परिणाम-विशेष को भाव कहते हैं।

8. अल्पबहुत्व प्ररूपणा

इसमें 382 सूत्र हैं। नाना गुणस्थान और मार्गणास्थानवर्ती जीवों की संख्या के हीनाधिकत्व (कम-ज्यादा होना) का वर्णन इस प्ररूपणा में है। अर्थात् गुणस्थान और मार्गणा में जीवों की संख्या कम या ज्यादा होती है, यहाँ इसका वर्णन किया है।

उपर्युक्त आठ प्ररूपणाओं के अतिरिक्त जीवस्थान की नौ चूलिकाएँ हैं। इस प्रथम खंड में कुल 2375 सूत्र हैं और यह खंड आठ प्ररूपणाओं (प्रकारों) और नौ चूलिकाओं में विभक्त है।

इन चूलिकाओं में कुछ बहुत सुन्दर और विशेष बातों का वर्णन है। जैसे—

1. चारों गति (देव, मनुष्य, तिर्यंच और नारकी) के जीव मरकर किस-किस गति में जा सकते हैं और किस-किस गति से किस गति में आ-जा सकते

हैं—इसका विस्तारपूर्वक वर्णन किया है।

2. देव मरकर पुनः देवगति प्राप्त नहीं कर सकता। वह नारकी भी नहीं हो सकता। नारकी जीव मरकर पुनः नरक में नहीं जाता है, न देव गति में जाता है। इन दोनों गतियों के जीव मनुष्य या तिर्यंच गति ही प्राप्त करते हैं।
3. मनुष्य और तिर्यंच गति के जीव चारों ही गतियों में जन्म ग्रहण कर सकते हैं।
4. नरक और देवगति से आये हुए जीव तीर्थंकर हो सकते हैं। मनुष्य और तिर्यंच गति के जीव तीर्थंकर नहीं हो सकते।
5. चक्रवर्ती, नारायण-प्रतिनारायण और बलभद्र केवल देव गति से आये हुए जीव होते हैं। शेष गतियों से आये हुए जीव चक्रवर्ती आदि नहीं हो सकते।
6. चक्रवर्ती मरकर स्वर्ग और नरक दोनों में जा सकते हैं। वह कर्म नष्ट कर मोक्ष भी जा सकते हैं।
7. नारायण और प्रतिनारायण मरकर नियम से नरक जाते हैं।
8. सातवें नरक का निकला जीव तिर्यंच ही हो सकता है, मनुष्य नहीं हो सकता।

इस प्रकार इस अधिकार में सातों नरक से निकले हुए जीव की गति, स्थिति विस्तार से बताई है। मनुष्य गति, देवगति और तिर्यंचगति के जीवों की स्थिति का वर्णन बहुत विस्तार से बताया गया है।

वास्तव में यह ग्रन्थ और इसका प्रथम खंड (जीवस्थान) वर्तमान समय के लिए बहुत उपयोगी और महत्त्वपूर्ण है।

दूसरा खंड : खुद्दाबन्ध (क्षुद्रकबन्ध)

क्षुद्रक अर्थात् छोटा बन्ध अर्थात् खण्ड या भाग। खुद्दाबन्ध या क्षुद्रकबन्ध कहने का कारण यह है कि महाबन्ध की अपेक्षा यह बन्ध प्रकरण छोटा है। इसमें बताया है कि मार्गणा स्थानों के अनुसार कौन जीव बन्धक है और कौन अबन्धक है।

कर्मसिद्धान्त की दृष्टि से यह द्वितीय खंड बहुत उपयोगी और महत्त्वपूर्ण है। इसका वर्णन ग्यारह अनुयोगों (अंगों या भाग) द्वारा किया गया है। इन ग्यारह अनुयोगों में पूर्व प्रास्ताविक रूप में बन्धकों के सत्त्व (स्थिति) का वर्णन किया गया है और अन्त में ग्यारह अनुयोगद्वारों की चूलिका के रूप में दो अधिकार दिए गये हैं। इस प्रकार इस खंड में 13 अधिकार हैं और 582 सूत्र हैं। इनमें कुछ विशेष बातों पर चर्चा की गयी है।

बन्धक अर्थात् कर्मों से बँधा हुआ जीव। किस जीव को कौन-सा कर्म बाँधता है, कब बाँधता है, क्यों बाँधता है, इसका वर्णन इस अधिकार में है।

1. गतिमार्गणा के अनुसार नारकी और तिर्यंच जीव बन्धक हैं।

2. मनुष्य बन्धक भी है और अबन्धक भी।

3. सिद्ध अबन्धक हैं। अयोगकेवली भी अबन्धक हैं।

4. जब तक मन, वचन, काय एवं योग की क्रिया विद्यमान रहती है तब तक जीव बन्धक रहता है।

तीसरा खंड : बन्धसामित्त विचय (बन्धस्वामित्व विचय)

विचय शब्द का अर्थ है—विचार, मीमांसा या परीक्षा करना। इस खंड में कुल 324 सूत्र हैं। इनमें कर्मों की विभिन्न प्रकृतियों के बन्ध करनेवाले स्वामियों का विचार किया गया है। इसमें बताया है कि कर्मबन्ध के स्वामी कौन से गुणस्थानवर्ती और मार्गणास्थानवर्ती जीव हैं।

प्रारम्भ के 42 सूत्रों में गुणस्थान के क्रम से बन्धक जीवों का वर्णन किया है। कर्मसिद्धान्त की अपेक्षा किस गुणस्थान में भेद और अभेद की तुलना से कितनी प्रकृतियों का स्वामी कौन जीव होता है। इसका विशद विवेचन यहाँ किया गया है। कर्मबन्ध की प्रक्रिया का इसमें सूक्ष्म वर्णन है।

चौथा खंड : वेदना खंड

यहाँ पर वेदना का अर्थ दुख नहीं है। वेदना अर्थात् ज्ञान है।

इस चतुर्थ खंड में प्रारम्भ में मंगलाचरण किया है। इसमें मंगलसूत्र मिलते हैं। अत: यह अनुमान लगाया जा सकता है कि प्रथम मंगलाचरण प्रारम्भ के तीन खंडों का है और द्वितीय मंगलारण शेष तीन खंडों का। आगम में ग्रन्थ के प्रारम्भ में और मध्य में मंगलाचरण करने का जो सिद्धान्त प्रतिपादित है, उसका समर्थन इस ग्रन्थ से हो जाता है।

वेदनाखंड में कुल 1,499 सूत्र हैं। यह खंड दो भागों में विभक्त है—कृति और वेदना खंड।

कृति अनुयोगद्वार : इसमें 75 सूत्र हैं, जिनमें 44 सूत्रों में मंगलाचरण किया गया है और शेष सूत्रों में कृति के नाना भेद बतलाकर उनका स्वरूप बतलाया है।

वेदना अनुयोगद्वार : इस प्रकरण को निम्न 16 अधिकारों में बाँटा गया

है—नय, निक्षेप, नाम, द्रव्य, क्षेत्र, काल, भाव, प्रत्यय, स्वामित्व, वेदनाविधान, गति, अनन्तर, सन्निकर्ष, परिमाण, भागाभाग और अल्पबहुत्व।

इन 16 अधिकरों में नयों का विशद विवेचन किया गया है।

यह वेदना अनुयोगद्वार बहुत ही महत्त्वपूर्ण है। निक्षेप अधिकार में नाम, स्थापना, द्रव्य और भाव—इन चार निक्षेपों द्वारा वेदना के स्वरूप का स्पष्टीकरण किया गया है। इसी प्रकार अन्य अधिकारों में भी जैसा नाम, वैसा विषय है।

पाँचवाँ खंड : वर्गणाखण्ड

इस खंड में स्पर्श, कर्म और प्रकृति नामक तीन अनुयोगद्वारों का प्रतिपादन किया गया है। इन तीनों अनुयोगद्वारों में क्रमशः 63, 31 और 142 सूत्र हैं।

स्पर्श अनुयोगद्वार में स्पर्श का विचार 16 अधिकारों में किया है।

कर्म अनुयोगद्वार में 10 अधिकारों में कर्म का वर्णन है।

प्रकृति अनुयोगद्वार में 16 अधिकारों में प्रकृतिनिक्षेप आदि का वर्णन है।

छठा खंड : महाबन्ध खण्ड

बन्धनीय अधिकार की समाप्ति के पश्चात् प्रकृति बन्ध, प्रदेश बन्ध, स्थिति बन्ध और अनुभाग बन्ध का विवेचन छठे खंड में अनेक अनुयोगद्वारों में विस्तारपूर्वक किया गया है।

प्रकृति बन्ध : 'प्रकृति' का शब्दार्थ 'स्वभाव' है। यथा—चीनी की प्रकृति मधुर और नीम की प्रकृति कटुक होती है। इसी प्रकार आत्मा के साथ सम्बद्ध हुए कर्मपरमाणुओं में आत्मा के ज्ञान-दर्शनादि गुणों के आवरण को प्रकृतिबन्ध कहते हैं।

स्थिति बन्ध : वे आए हुए कर्मपरमाणु जितने समय तक आत्मा के साथ बँधे रहते हैं उतने काल की मर्यादा को स्थितिबन्ध कहते हैं।

अनुभाग बन्ध : उन कर्मपरमाणुओं में फलप्रदान करने का जो सामर्थ्य होता है, उसे अनुभाग बन्ध कहते हैं।

प्रदेश बन्ध : आत्मा के साथ बँधनेवाले कर्मपरमाणुओं के ज्ञानावरणादि आठ कर्म और उनकी उत्तरप्रकृतियों के रूप से जो बन्धन होता है, उसे प्रदेशबन्ध कहते हैं।

इस छठे खंड में इन चारों बन्धों का 24 अनुयोगद्वारों (अधिकारों) द्वारा वर्णन किया गया है।

इस प्रकार यह षट्खण्डागम ग्रन्थ बहुत ही महान, आगम की वाणी और सर्वश्रेष्ठ ग्रन्थ है।

यह विद्वानों के स्तर का ग्रन्थ है। सबको इसे समझना कुछ मुश्किल है, अतः विषयवस्तु थोड़ी कठिन हो गयी है। पाठकगण भयभीत न हों। इस महान ग्रन्थ को पढ़ने के लिए योग्य ज्ञान एवं अत्यधिक लगन, निष्ठा और श्रम की आवश्यकता है। हमारा उद्देश्य पाठकों को इतने महान ग्रन्थ की विषयवस्तु से परिचित कराना था।

तिलोयपण्णत्ती

ग्रन्थ के नाम का अर्थ

इस ग्रन्थ का नाम 'तिलोयपण्णत्ती' प्राकृत भाषा में है। इसे संस्कृत भाषा में 'त्रिलोकप्रज्ञप्ति' कहते हैं।

चूँकि यह ग्रन्थ तीनों लोकों का स्वरूप प्रकाशित करने में दीपक के समान है, इसलिए इसे त्रिलोकप्रज्ञप्ति कहते हैं।

प्रज्ञप्ति का अर्थ है—अधिकार। इस ग्रन्थ में तीनों लोकों का ज्ञान करानेवाले अधिकार हैं, अतः इसे तिलोयपण्णती कहा जाता है।

ग्रन्थकार का परिचय

तिलोयपण्णत्ती जैसे महाग्रन्थ के रचनाकार प्रकांड विद्वान आचार्य यतिवृषभ हैं। आप अपने युग के यशस्वी आगमज्ञाता विद्वान थे। आपका समय सन् 176 के आसपास सिद्ध होता है। यतिवृषभ ने कषायपाहुड के चूर्णिसूत्रों की रचना संक्षिप्त शब्दावली में प्रस्तुत कर महान अर्थ को निबद्ध किया है। यदि आचार्य यतिवृषभ चूर्णिसूत्रों की रचना न करते तो सम्भव है कि 'कषायपाहुड' का अर्थ स्पष्ट नहीं हो पाता।

रचनाएँ : इनकी दो ही रचनाएँ उपलब्ध हैं—

- कषायपाहुड के चूर्णिसूत्र
- तिलोयपण्णत्ती।

चूर्णिसूत्रों के प्रथम रचयिता होने के कारण और तिलोयपण्णत्ती जैसे विशाल और महान ग्रन्थ की रचना करने के कारण यतिवृषभ का अत्यधिक महत्त्व है।

ग्रन्थ का महत्त्व

1. तिलोयपण्णत्ती करणानुयोग का महत्त्वपूर्ण ग्रन्थ है। यह प्राकृत भाषा में है।
2. इस ग्रन्थ में तीन लोक का और 63 शलाका महापुरुषों का परिचयात्मक वर्णन किया गया है।
3. यह ग्रन्थ त्रिलोकवर्ती विश्व-रचना का सार रूप में दर्शन करानेवाला अत्यन्त महत्त्वपूर्ण ग्रन्थ है।
4. तिलोयपण्णत्ती ग्रन्थ सम्पूर्ण गणित का ज्ञान देनेवाला अनमोल ग्रन्थ है। सरल रूप में हम कह सकते हैं कि गणित विषय का सम्पूर्ण ज्ञान तिलोयपण्णत्ती ग्रन्थ से प्राप्त हो सकता है।
5. इस ग्रन्थ में जो परिणाम और गणितीय सूत्र दिये गये हैं, उनका ऐतिहासिक दृष्टि से अत्यधिक महत्त्व है। आगम-परम्परा-प्रवाह में आया हुआ यह गणितीय विषय अनेक वर्ष पूर्व का है। इसमें क्रियात्मक, रैखिकीय, अंकगणित एवं बीजगणितीय प्रतीक आदि विषय उपलब्ध हैं।
6. इस ग्रन्थ में वर्णित जो गणित का विषय है वह सामान्य लोकप्रचलित गणित न होकर लोकोत्तर विषय है, जो विशिष्ट सिद्धान्तों को आधार लेकर प्रतिपादित किया गया है। जैसे—संख्याओं के लिए संख्यात, असंख्यात एवं अनन्त का प्रयोग है। अत: इस ग्रन्थ का सम्पूर्ण गणित तीन लोक की रचना के ज्ञान हेतु अनुकूल है।
7. कर्मसिद्धान्त एवं अध्यात्म-सिद्धान्त विषयक ग्रन्थों में प्रवेश करने हेतु इस ग्रन्थ का अध्ययन आवश्यक है। यह ग्रन्थ अनेक ग्रन्थों को अच्छी तरह समझने हेतु सुदृढ़ आधार बनाता है।
8. इस ग्रन्थ में गणित, भूगोल एवं खगोल विषय का विस्तृत वर्णन है।

ग्रन्थ का मुख्य विषय

तिलोयपण्णत्ती में तीन लोक के स्वरूप, आकार, प्रकार, विस्तार, क्षेत्रफल और युगपरिवर्तन आदि विषयों का निरूपण किया गया है। प्रसंगवश जैन सिद्धान्त, पुराण और भारतीय इतिहास विषयक सामग्री भी निरूपित है।

मंगलाचरण : सबसे पहले मंगलाचरण में पाँचों परमेष्ठियों को नमस्कार किया है। उसके बाद मंगल शब्द के भेद, मंगलाचरण की सार्थकता, मंगलाचरण का प्रयोजन आदि अनेक विषय चालीस सूत्रों द्वारा समझाये गये हैं।

उसके बाद राजा, अधिराज, महाराज, अर्धमण्डलीक, मण्डलीक और

महामण्डलीक का लक्षण बताया है। साथ ही अर्धचक्री, चक्रवर्ती और तीर्थंकर का भी लक्षण सरल शब्दों में समझाया है।

इसके बाद प्रमाण-नय-निक्षेप आदि का स्वरूप बताया है। सम्पूर्ण विषय 132 गाथाओं में वर्णित है। इस ग्रन्थ में 9 अधिकार हैं, अधिकारों के अन्दर भी अनेक उपाधिकार हैं। इन नौ अधिकारों के अतिरिक्त उपाधिकारों की संख्या 180 हैं। इस ग्रन्थ का विषय विस्तार अत्यधिक है।

1. सामान्य लोकस्वरूप अधिकार (गाथा 153)

इस अधिकार में प्रारम्भ में लोक का स्वरूप बतलाया है। यह लोक अकृत्रिम है, अनादिनिधन है, नित्य है और जीवाजीवों से सहित है। इस लोक में धर्म, अधर्म, आकाश, जीव और पुद्‌गल द्रव्य जहाँ तक पाए जाते हैं, वहाँ तक लोक माना जाता है, उसके पश्चात् अलोकाकाश है और यह अनन्त है। लोक के कई आकार बतलाये हैं।

अधोलोक की आकृति स्वभाव से वेंत के समान, मध्यलोक की आकृति खड़े किये हुए अर्धमृदंग के ऊपरवाले भाग के समान और उर्ध्वलोक की आकृति खड़े किये हुए मृदंग के समान है।

इस अधिकार में तीन लोक की आकृति, प्रकार, विस्तार, ऊँचाई, चौड़ाई और मोटाई आदि का वर्णन किया है। तीन लोकों में स्थित पृथिवियों के नाम, भूमि, क्षेत्रफल, धनफल, मेरु और स्थान आदि का वर्णन विस्तार से दिया गया है। इस प्रकार लोक के स्वरूप को समझने के लिए यह अधिकार महत्त्वपूर्ण है।

2. नरकलोक अधिकार (गाथा 371)

इस अधिकार में कुल 371 गाथाएँ हैं। मंगलाचरण में अजितनाथ भगवान को नमस्कार किया है।

इस अधिकार में विस्तार से नरकलोक का वर्णन है। नारकियों के निवास स्थान के वर्णन में रत्नप्रभा, चित्रा आदि पृथिवियों, उनके भाग और उनका स्वरूप आदि का वर्णन है। नरक में बिलों की संख्या, बिलों के भेद, सातों पृथिवियों के विस्तार और स्वरूप आदि का वर्णन है।

उसके बाद नारकियों की संख्या, नारकियों की आयु का प्रमाण, शरीर का वर्णन और नारकियों की अवस्था (गुणस्थान अनुसार) आदि का वर्णन है। नारकी जीव नरक से निकलने के बाद कौन सी गति प्राप्त कर सकता है, उनके परिणाम

कैसे होते हैं, नरकों के दुखों का वर्णन और जन्मभूमियों का वर्णन इत्यादि विषय इस अधिकार में समाहित हैं।

अन्तिम गाथाओं में बताया है कि जो जीव मद्य-मांस का सेवन करते हैं, शिकार करते हैं, असत्य वचन बोलते हैं, चोरी करते हैं, रात-दिन विषयसेवन करते हैं और दूसरों को ठगते हैं, वे तीव्र दुख को उत्पन्न करनेवाले नरकों में जाते हैं। उन्हें वहाँ अनेक भयानक कष्ट सहन करने पड़ते हैं।

3. भवनवासी लोक अधिकार (गाथा 254)

रत्नप्रभा पृथिवी के एक लाख योजन प्रमाण मोटाईवाले क्षेत्रों में उत्कृष्ट रत्नों से शोभायमान भवनवासी देवों के भवन हैं।

जो देव इन भवनों में रहते हैं, उन्हें भवनवासी देव कहते हैं। ये दस प्रकार के होते हैं—असुरकुमार, नागकुमार, सुपर्णकुमार, द्वीपकुमार, उदधिकुमार, स्तनितकुमार, विद्युत्कुमार, दिक्कुमार, अग्निकुमार और वायुकुमार।

इन देवों के मुकुटों में क्रमशः चूड़ामणि, सर्प, गरुड़, हाथी, मगर, स्वस्तिक, वज्र, सिंह, कलश और तुरंग—ये चिह्न होते हैं।

इस अधिकार में भवनवासियों के निवासक्षेत्र, देवों के भेद, चिह्न, भवनों की संख्या, इन्द्रों का प्रमाण, इन्द्रों के नाम, भवनों का विस्तार, भवनों में वेदी, कूट, जिनमन्दिर-प्रासाद, इन्द्रों की विभूति, देवों की संख्या, उनकी आयु और शरीर का प्रमाण, अवधिज्ञान के क्षेत्र का प्रमाण और गुणस्थान आदि का वर्णन है। एक समय में उत्पन्न होनेवालों और मरनेवालों का प्रमाण, उनका आगमन एवं भवनवासी देवों की आयु के बन्ध योग्य जो भाव हैं, उन भावों के भेद और सम्यक्त्व ग्रहण करने के कारणों का वर्णन है।

अन्त में कहा है कि जो भव्य जीव विशुद्ध परिणामों के द्वारा देवायु प्राप्त करते हैं परन्तु क्रोधादि कषायों के कारण मोक्षलक्ष्मी को प्राप्त नहीं कर पाते हैं, वे जीव भवनवासियों में उत्पन्न होते हैं।

इस प्रकार इस अधिकार में विस्तार से सम्पूर्ण भवनवासी देवों का वर्णन है।

अन्त में सुमतिनाथ भगवान को नमस्कार किया है।

4. मनुष्यलोक अधिकार (गाथा 3600)

यह अधिकार इस ग्रन्थ का सबसे बड़ा अधिकार है। इसमें 16 अन्तराधिकार हैं जिनमें मनुष्य लोक का विस्तृत वर्णन है।

अधिकार के प्रारम्भ में पद्मप्रभ भगवान को नमस्कार किया है और अन्त में सुपार्श्वनाथ भगवान को नमस्कार किया है।

इस अधिकार में सबसे पहले मनुष्यलोक की स्थिति एवं प्रमाण का, मनुष्यलोक का क्षेत्रफल एवं घनफल निकालने की विधि का वर्णन है।

जम्बूद्वीप, लवणसमुद्र, घातकीखण्ड, कालोदक समुद्र, पुष्करार्ध द्वीप, भरतक्षेत्र, भरतक्षेत्र का विस्तार, गंगा आदि नदियों का वर्णन, भरतक्षेत्र के छह खंड का वर्णन, सुषमा–दुखमा आदि कालों का वर्णन, कल्पवृक्ष, भोगभूमि, चौदह कुलकर, चौबीस तीर्थंकरों के अवतरण, जन्मस्थान, माता–पिता आदि का वर्णन और तीर्थंकरों के वंश और पाँचों कल्याणकों का वर्णन, समवसरण की रचना का वर्णन और समवसरण में गणधर, ऋद्धिधारी देवों आदि का वर्णन किया है। चक्रवर्तियों के स्वरूप का भी वर्णन है। कामदेव, नारायण और प्रतिनारायण, महापुरुषों आदि सभी का वर्णन इस अधिकार में है।

उसके बाद भरतक्षेत्र के पर्वत, मेरू, शैल, नदी, वृक्ष और जंगज आदि का वर्णन है। उसके बाद विदेहक्षेत्र का, लवणसमुद्र का, घातकी खण्डद्वीप का, कालोद समुद्र और पुष्करवर द्वीप आदि का विस्तार से वर्णन है।

मनुष्यों के भेद, उनकी संख्या, मनुष्य में सुख–दुख का निरूपण, सम्यक्त्व प्राप्ति के उपाय और मुक्त जीवों के प्रमाण का भी वर्णन है।

इस प्रकार यह अधिकार बहुत ही महत्त्वपूर्ण एवं विस्तृत है। मात्र इस अधिकार पर ही अनेक ग्रन्थ, शोधपत्र एवं आलेख लिखे जा सकते हैं।

5. तिर्यग्लोक अधिकार (गाथा 323)

इस अधिकार में कुल 323 गाथाएँ हैं। 16 अन्तराधिकारों के माध्यम से तिर्यग्लोक का विस्तृत वर्णन किया गया है। अधिकार के प्रारम्भ में चन्द्रप्रभ जिनेन्द्र को नमस्कार किया गया है। उसके बाद स्थावरलोक का प्रमाण बताते हुए कहा गया है कि जहाँ तक आकाश में धर्म एवं अधर्म द्रव्य के निमित्त से होनेवाली जीव और पुद्गल की गति–स्थिति सम्भव है, उतना सब स्थावर लोक है। उसके मध्य में सुमेरू पर्वत के मूल से एक लाख योजन ऊँचा और एक राजू लम्बा–चौड़ा तिर्यक् त्रसलोक है; जहाँ तिर्यंच त्रस जीव भी पाये जाते हैं।

तिर्यग्लोक में असंख्यात द्वीप समुद्र हैं। उन सबके मध्य में एक लाख योजन विस्तारवाला जम्बूद्वीप नामक प्रथम द्वीप है। उसके चारों ओर दो लाख योजन विस्तार से संयुक्त लवण समुद्र है। उसके आगे दूसरा द्वीप और फिर दूसरा

समुद्र है। यही क्रम अन्त तक है। इन द्वीप समुद्रों का विस्तार उत्तरोत्तर पूर्व की अपेक्षा दुगना-दुगना होता गया है। यहाँ ग्रन्थकार ने आदि और अन्त के सोलह-सोलह द्वीप-समुद्रों के नाम भी दिए हैं।

इस अधिकार में आठवें, ग्यारहवें और तेरहवें द्वीप का कुछ विशेष वर्णन किया गया है, अन्य द्वीपों में कोई विशेषता न होने से उनका वर्णन नहीं किया गया है। आठवें नन्दीश्वर द्वीप के वर्णन के बाद बताया गया है कि प्रतिवर्ष आषाढ़, कार्तिक और फाल्गुन मास में इस द्वीप के बावन जिनालयों की पूजा के लिए भवनवासी आदि चारों प्रकार के देव शुक्लपक्ष की अष्टमी से पूर्णिमा तक रहकर बड़ी भक्ति करते हैं। कल्पवासी देव पूर्व दिशा में, भवनवासी देव दक्षिण दिशा में, व्यन्तर देव पश्चिम दिशा में और ज्योतिषी देव उत्तर दिशा में अभिषेकपूर्वक जल चन्दनादिक आठ द्रव्यों से पूजन-स्तुति करते हैं। इस पूजन महोत्सव के निमित्त सौधर्मादि इन्द्र अपने-अपने वाहनों पर आरूढ़ होकर हाथ में कुछ फूल-पुष्पादि लेकर वहाँ जाते हैं।

जम्बूद्वीप से आगे संख्यात द्वीप समूहों के पश्चात् एक दूसरा भी जम्बूद्वीप है। इसमें जो विजयादिक देवों की नगरियाँ स्थित हैं, उनका वहाँ विशेष वर्णन किया गया है।

उसके बाद द्वीप-समुद्रों के विस्तार, क्षेत्रफल सूचीप्रमाण और आयाम में जो उत्तरोत्तर वृद्धि हुई है उसका गणित-प्रक्रिया के द्वारा बहुत विस्तृत विवेचन किया गया है। पश्चात् तिर्यंच जीवों की संख्या, आयु, आयुबन्धक भाव, उनकी उत्पत्ति योग्य योनियाँ, सुख-दुख, गुणस्थान, सम्यक्त्व ग्रहण के कारण और गति-आगति आदि का कथन किया गया है। अन्त में पुष्पदन्त जिनेन्द्र को नमस्कार कर इस अधिकार को समाप्त किया गया है।

6. व्यन्तरलोक अधिकार (गाथा 103)

कुल 103 गाथाओं के इस अधिकार में व्यन्तर देवों का निवास क्षेत्र, उनके भेद, चिह्न, कुलभेद, नाम, दक्षिण-उत्तर के इन्द्र, आयु, आहार, उच्छ्वास, अवधिज्ञान, शक्ति, संख्या, जन्म-मरण, आयुबन्धकभाव, सम्यक्त्वग्रहण विधि और गुणस्थानादि विकल्पों का वर्णन किया गया है। इसमें कतिपय विशेष बातें ही उल्लिखित हुई हैं, शेष वर्णन तृतीय अधिकार में वर्णित भवनवासी देवों के समान है। प्रारम्भिक मंगलाचरण में शीतलनाथ जिनेन्द्र को और अन्त में श्रेयांस जिनेन्द्र को नमस्कार किया गया है।

7. ज्योतिर्लोक अधिकार (गाथा 624)

इस अधिकार में कुल 624 गाथाएँ हैं। ज्योतिषी देवों का निवास क्षेत्र, उनके भेद, संख्या, विन्यास, परिमाण, संचार-चर ज्योतिषियों की गति, अचर ज्योतिषियों का स्वरूप, आयु, आहार, उच्छ्वास, अवधिज्ञान, शक्ति, एक समय में जीवों की उत्पत्ति व मरण, आयुबन्धक भाव, सम्यग्दर्शन ग्रहण के कारण और गुणस्थानादि का अधिकारों के माध्यम से विस्तृत वर्णन किया गया है। प्रारम्भ में श्री वासुपूज्य जिनेन्द्र को और अन्त में विमलनाथ भगवान को नमस्कार किया है ।

निवास-क्षेत्र के अन्तर्गत बतलाया गया है कि एक राजू लम्बे चौड़े और 110 योजन मोटे क्षेत्र में ज्योतिषी देवों का निवास है। चित्रा पृथिवी 710 योजन ऊपर आकाश में तारागण, इनसे 10 योजन ऊपर सूर्य, उससे 80 योजन ऊपर चन्द्र, उससे 4 योजन ऊपर नक्षत्र, उनसे 4 योजन ऊपर बुध, उससे तीन योजन ऊपर शुक्र, उससे 3 योजन ऊपर गुरु, उससे 3 योजन ऊपर मंगल और उससे 3 योजन ऊपर जाकर शनि के विमान हैं। ये विमान ऊर्ध्वमुख एवं अर्धगोलक आकार के हैं। ये सब देव इनमें सपरिवार आनन्द से रहते हैं।

इन देवों में से चन्द्र को इन्द्र और सूर्य को प्रतीन्द्र माना गया है। इसकी गति दिनराहु और पर्वराहु के भेद के दो प्रकार की है। जिस मार्ग में चन्द्र परिपूर्ण दिखता है, वह दिन पूर्णिमा नाम से प्रसिद्ध है। राहु के द्वारा चन्द्रमंडल की कलाओं को आच्छादित कर लेने पर जिस मार्ग में चन्द्र की एक कला ही अवशिष्ट रहती है, वह दिन अमावस्या कहा जाता है।

जम्बूद्वीप में सूर्य भी दो हैं। सूर्य के प्रथमादि पक्षों में स्थित रहने पर दिन और रात्रि का प्रमाण दर्शाया गया है। इसके आगे कितनी धूप और कितना अँधेरा रहता है—यह विस्तार से बतलाया है। इसी प्रकार भरत एवं ऐरावत क्षेत्र में सूर्य के उदयकाल में कहाँ कितना दिन और रात्रि होती है, यह भी वर्णन किया गया है।

अनन्तर 88 ग्रहों की संचारभूमि व वीथियों का निर्देश मात्र किया गया है। इसके बाद 28 नक्षत्रों का वर्णन है। फिर ज्योतिषी देवों की संख्या, आहार और उच्छ्वास आदि बताए हैं।

8. सुरलोक अधिकार (गाथा 726)

इस अधिकार में 726 गाथाएँ हैं। वैमानिक देवों का निवास क्षेत्र, विन्यास, भेद, नाम, सीमा, विमान संख्या, इन्द्रविभूति, आयु, जन्म-मरण अन्तर, आहार, उच्छ्वास,

आयुबन्धकभाव, लोकान्तिक देवों का स्वरूप, गुणस्थानादिक, सम्यक्त्वग्रहण के कारण, आगमन, अवधिज्ञान, देवों की संख्या, शक्ति और योनि आदि का वर्णन इक्कीस अन्तराधिकारों के द्वारा किया गया है। इस अधिकार में वैमानिक देवों का विस्तार से वर्णन किया है।

अधिकार के आरम्भ में भगवान अनन्तनाथ को और अन्त में भगवान धर्मनाथ को नमस्कार किया गया है।

9. सिद्धलोक अधिकार (गाथा 82)

इस अधिकार में कुल 82 गाथाएँ हैं। सिद्धों का क्षेत्र, उनकी संख्या और सिद्धत्व के हेतु आदि बताए हैं। इस अधिकार की बहुत-सी गाथाएँ समयसार, प्रवचनसार और पंचास्तिकाय में दिखाई देती हैं। अधिकार के प्रारम्भ में शान्तिनाथ भगवान को नमस्कार किया गया है और अन्त में श्री कुन्थुनाथ भगवान से महावीर भगवान तक सभी तीर्थंकरों को नमस्कार किया गया है। फिर एक गाथा में सिद्ध और साधुसंघ के जयवन्त रहने की कामना की गयी है। पुनः एक गाथा में भरत क्षेत्र के वर्तमान चौबीस तीर्थंकरों को नमस्कार किया गया है। फिर पंचपरमेष्ठी को नमन किया है। अन्त में तिलोयपण्णत्ती ग्रन्थ का प्रमाण आठ हजार श्लोक बताया गया है। अनन्तर ग्रन्थकर्त्ता ने अपनी विनम्रता व्यक्त करते हुए कहा है कि ''प्रवचनभक्ति से प्रेरित होकर मैंने मार्गप्रभावना के लिए इस श्रेष्ठ ग्रन्थ को लिखा है।''

इस प्रकार तीन लोक की रचना का विस्तृत वर्णन इस महाग्रन्थ तिलोयपण्णत्ती में है। वास्तव में तीन लोक की रचना का इतना सूक्ष्म और विस्तृत वर्णन सरल भाषा में करना आचार्य यतिवृषभ के अद्‌भुत ज्ञान एवं बुद्धिकौशल का ही प्रभाव है। हम आचार्य के प्रति आभारी हैं, जिन्होंने इतने महान और महत्त्वपूर्ण ग्रन्थ की रचना की, जिससे सम्पूर्ण विश्व के तीन लोकों का ज्ञान हमें प्राप्त हो सके।

भक्तामरस्तोत्र

जैन दर्शन में प्रारम्भ से स्तोत्र-रचना की परम्परा रही है। वर्तमान में लगभग 1000 जैन स्तोत्र उपलब्ध हैं, जिनमें से लगभग 15-20 स्तोत्र तो बहुत ही प्रसिद्ध एवं महत्त्वपूर्ण हैं। जैसे—भक्तामर स्तोत्र, विषापहार स्तोत्र, सिद्धिप्रिय स्तोत्र, कल्याणमन्दिर स्तोत्र, मंगलाष्टक स्तोत्र, स्वयंभू स्तोत्र, पार्श्वनाथ स्तोत्र, महावीराष्टक स्तोत्र, जिनस्तुति शतक, एकीभाव स्तोत्र आदि। सभी स्तोत्रों का अपना-अपना विशेष महत्त्व है। परन्तु भक्तामरस्तोत्र भी इनमें सबसे महत्त्वपूर्ण एवं प्रतिदिन पठनीय स्तोत्र है। इसका अपना एक विशेष स्थान एवं महत्त्व है। श्रावक इसका पाठन प्रतिदिन करते हैं। अत: श्रावकों को इसका महत्त्व एवं सार समझाने के लिए ही ग्रन्थों की शृंखला में इसे 'भक्तिकाव्य' के रूप में लिया है।

भक्तामर स्तोत्र के नाम का अर्थ

इस स्तोत्र के दो नाम प्रचलित हैं—1. भक्तामर स्तोत्र, 2. आदिनाथ स्तोत्र।

1. भक्तामर स्तोत्र

इस स्तोत्र के नाम के दो अर्थ हैं—पहला कारण तो यह है कि स्तोत्र का पहला पद ही 'भक्तामर' है, चूँकि पहले तो अन्य ग्रन्थों और स्तोत्रों में यह देखने में आया है कि प्रथम पद के अनुसार ही रचना का नाम होता है, अत: 'भक्तामरस्तोत्र' नाम का कारण भी यही है।

यह स्तोत्र एक भक्तिपूर्ण काव्य रचना है। आचार्य मानतुंग ने जैन धर्म की प्रभावना के लिए पूर्ण श्रद्धा, भक्ति एवं तन्मयता से भगवान की अर्चना की है, स्तोत्र की रचना करते ही आचार्य मानतुंग के ऊपर जो उपसर्ग था वह स्वयं ही दूर हो गया। इस स्तोत्र की रचना करते-करते ही आचार्य मानतुंग अमर हो गये।

उनके 48 ताले स्वयमेव ही टूट गये। अतः भक्त को अमर बनानेवाला यह स्तोत्र 'भक्तामर स्तोत्र' है।

2. आदिनाथ स्तोत्र

इस स्तोत्र का मूल नाम आदिनाथ स्तोत्र है। इस स्तोत्र में आचार्य मानतुंग ने आदिनाथ भगवान की स्तुति की है, अतः इसे आदिनाथ स्तोत्र या ऋषभनाथ स्तोत्र कहा जाता है।

रचनाकार का परिचय

भक्तिपूर्ण काव्य के सृष्टा कवि के रूप में आचार्य मानतुंग प्रसिद्ध हैं। आचार्य मानतुंग का समय ई. सन् 6-7वीं शताब्दी का माना जाता है। इनके जीवन-चरित्र के बारे में अनेक चर्चा प्रसिद्ध हैं, परन्तु एक विशेष कथा यह है कि—

मालवा प्रान्त के उज्जैन नगर में राजा भोज का शासन था। राजा भोज ने आचार्य मानतुंग को शास्त्रार्थ करने राज्य सभा में बुलाया। चूँकि दिगम्बर साधु राजद्वार में जाते नहीं हैं, अतः आचार्य ने राजा की आज्ञा ठुकरा दी। बार-बार प्रयास करने भी जब आचार्य राजदरबार में नहीं गये तो सैनिक बलपूर्वक आचार्य को उठाकर राजदरबार में ले गये। आचार्य मानतुंग इसे उपसर्ग समझकर मौन धारण कर ध्यान में बैठ गये।

राजा के बार-बार प्रयास करने पर भी जब आचार्य कुछ नहीं बोले तो अन्य दरबारीगण आचार्य को महामूर्ख सिद्ध करने लगे, तब राजा ने क्रोधित होकर उन्हें हथकड़ी और बेड़ी डलवाकर अड़तालीस कोठरियों के भीतर एक बन्दीगृह में कैद करवा दिया और मजबूत ताले लगवा दिए।

मुनिश्री तीन दिनों तक बन्दीगृह में रहे। चौथे दिन भक्तामर स्तोत्र की रचना की, ज्यों ही स्वामी ने 48 काव्य पढ़े, त्यों ही हथकड़ी, बेड़ी और 48 ताले टूट गये और खट-खट सारे दरवाजे खुल गये। बार-बार ताले लगाए जाने पर भी पुनः सारे ताले खुलते गये और आचार्य मानतुंग राज्यसभा में जा पहुँचे।

तपस्वी मुनिराज के शरीर की आभा (चमक) के प्रभाव से राजा का हृदय काँप गया। उन्होंने आचार्य के चरणों में झुककर उनसे क्षमायाचना की। उन्होंने नाना प्रकार से आचार्य की स्तुति की और श्रावक के व्रत ग्रहण कर अपने राज्य में जैनधर्म का खूब प्रचार किया।

भक्तामर पाठ करने का फल

भक्तामर स्तोत्र का विशेष फल एवं सच्चा महत्त्व भगवान के वीतरागी गुणों का हृदय में बहुमान पैदा करना है। भगवान के गुणों में, भगवान की भक्ति में भक्त श्रद्धा, भक्ति और समर्पण के साथ इस प्रकार लीन हो जाता है कि उसे भगवान के अतिरिक्त कुछ भी दिखाई नहीं देता। भक्त जब इस प्रकार से भगवान की भक्ति करता है तो उसे अलौकिक आनन्द प्राप्त होता है, उसके सांसारिक कष्ट, विघ्न बाधाएँ अपने आप ही दूर हो जाते हैं।

यद्यपि बहुत से लोग भक्तामर स्तोत्र का फल अनेक प्रकार से बताते हैं यथा—रोग दूर होना, इष्ट वस्तुओं की प्राप्ति होना आदि। परन्तु जैन धर्म वीतरागता का धर्म है। भगवान की भक्ति वीतरागता प्राप्त करने के लिए की जाती है, अपने निजी स्वार्थ के लिए भगवान की भक्ति करना, भक्तामर स्तोत्र का पाठ करना उचित नहीं है।

धर्मध्यान करनेवाले भक्तों को सहज ही लौकिक अनुकूलताएँ मिलती हैं और विघ्न बाधाएँ दूर होती हैं। सच्चे भक्त लौकिक सुख के लिए भक्तामर स्तोत्र का पाठ और भगवान की भक्ति नहीं करते। जो लौकिक सुख के लिए भगवान की भक्ति करते हैं वे मूर्ख हैं। जैसे—किसान धान के लिए खेती करता है, धान के साथ-साथ उसे भूसा अपने आप ही मिल जाता है। यदि कोई किसान सिर्फ भूसा प्राप्त करने के लिए खेती करता है तो वह मूर्ख समझा जाता है।

उसी प्रकार भगवान की भक्ति भी वीतरागता और रत्नत्रय धर्म प्राप्त करने के लिए की जाती है। मानतुंग आचार्य ने भी पूर्ण श्रद्धा के साथ भगवान की भक्ति में लीन होकर भक्तामर स्तोत्र की रचना की थी। अत: इस स्तोत्र का उत्तम फल वीतरागता प्राप्त करना है।

भक्तामर स्तोत्र का महत्त्व

1. इसका सबसे अधिक महत्त्व यह है कि यह स्तोत्र दिगम्बर और श्वेताम्बर दोनों ही सम्प्रदायों में समानरूप से प्रचलित है।
2. यह इतना अधिक लोकप्रिय है कि इस स्तोत्र के प्रत्येक पद्य के प्रत्येक चरण को लेकर आपदानिवारण और समस्यापूर्ति के काव्य लिखे जाते रहे हैं, वर्तमान में भी लिखे जा रहे हैं।
3. यह स्तोत्र इतना अधिक प्रचलित है कि इसे सभी भाषाओं और लोक भाषाओं में भी लिखा गया है। अँग्रेजी आदि अनेक विदेशी भाषाओं में भी

इसका अनुवाद हो गया है। लगभग सौ से अधिक पद्यानुवाद तो भारत की विभिन्न भाषाओं में देखे जा चुके हैं।

4. भक्तामर स्तोत्र तीर्थंकर भगवन्तों की स्तुति का एक मंगलमय प्रभावी पाठ है। इसमें तीर्थंकर आदिनाथ की स्तुति की गयी है।
5. भक्तामर स्तोत्र एक ऐसा स्तोत्र है जिसके पद-पद और शब्द-शब्द में भक्ति रस का झरना बहता है। यह भक्त की अव्यक्त भावनाओं को व्यक्त करनेवाला स्तोत्र है।
6. भक्तिस्तोत्र के साथ-साथ मन्त्रशास्त्र के रूप में भी इसका प्रभाव, प्रतिष्ठा बहुत अधिक है। प्रत्येक स्तोत्र की अंकित पदावली के वर्ण क्रम के बीजाक्षरों को, मन्त्रशास्त्र की सारणी के रूप में लिया गया है।
7. आज से लगभग 200 से भी अधिक वर्षों पूर्व लिखी हुई भक्तामर की कृतियाँ प्राप्त हुई हैं जिनमें मन्त्र, यन्त्र, कथाएँ भी दी गयी हैं।
8. वसन्ततिलका जैसे गेय छन्द में लिखा गया यह 48 पद्योंवाला स्तोत्र है।
9. लाखों श्रावक प्रतिदिन बड़े ही श्रद्धाभाव से इसका वाचन करते हैं। भक्तिभाव से 48 दिवसीय विधान भी आयोजित होता है।
10. इसके प्रत्येक पद्य में उपमा, उत्प्रेक्षा और रूपक अलंकार का समावेश किया है। इसकी भाषा सरल एवं भाव गाम्भीर्य है।
11. भक्तामर स्तोत्र के 48 श्लोकों में 'म', 'न', 'त', 'र' यह चार अक्षर पाए जाते हैं। इनमें मन्त्र शक्ति निहित है।

स्तोत्र का मुख्य विषय

आचार्य मानतुंग की भक्तिरस से पूर्ण 48 पद्योंवाली रचना है भक्तामर स्तोत्र। इसकी मुख्य विषयवस्तु इस प्रकार है—

1. मंगलाचरण

भक्तामर-प्रणत-मौलि-मणि-प्रभाणा-
मुद्योतकं दलित-पाप-तमो-वितानम्।
सम्यक् प्रणम्य जिन-पाद-युगं युगादा-
वालम्बनं भव-जले पततां जनानाम्।।1।।

इसमें सबसे पहले छन्द में मंगलाचरण करते हुए आदिम तीर्थंकर भगवान ऋषभदेव की स्तुति करते हुए उन्हें प्रणाम किया गया है। आचार्य मानतुंग भगवान

की भक्ति करते हुए कहते हैं कि हे प्रभु, आपके चरणों का स्पर्श ही प्राणियों के पापों का नाश करनेवाला है तथा जो भक्त इन चरण-युगलों का सहारा लेते हैं वे संसार-समुद्र से पार हो जाते हैं। अर्थात् प्रभु, आपकी भक्ति भक्त को अमर बना देती है।

2. स्तुति संकल्प

दूसरे पद्य में आचार्य स्वयं को अल्पबुद्धि वाला सामान्य व्यक्ति बताते हैं और समस्त इन्द्रों द्वारा पूजित प्रभु आदिनाथ की स्तुति करने का संकल्प लेते हैं।

3. लघुता की अभिव्यक्ति

जिस प्रकार नासमझ बालक चन्द्रमा के प्रतिबिम्ब को जल में देखकर उसे पकड़ने का प्रयास करता है, उसी तरह मैं (आचार्य मानतुंग) अल्पबुद्धि भी आपकी स्तुति करने का प्रयास कर रहा हूँ।

4. अवर्णनीय जिनवर गुण

इस काव्य में आचार्य कहते हैं कि चन्द्रमा की कान्ति के समान आपके उज्ज्वल गुणों को व्यक्त करने में कोई भी समर्थ नहीं है, स्वयं बृहस्पति गुरु भी आपके गुणों को व्यक्त नहीं कर सकते हैं।

5. भक्ति की शक्ति

इस काव्य में आचार्य कहते हैं कि प्रभु के गुणों का वर्णन करने में मैं असमर्थ हूँ, किन्तु भक्तिवश आपकी स्तुति कर रहा हूँ, जिस प्रकार दुर्बल हिरणी वात्सल्य के कारण अपने बच्चों की रक्षा करने के लिये शक्तिशाली शेर से भी लड़ जाती है।

6. स्तुति का एकमात्र कारण भक्ति

इसमें आचार्य कहते हैं कि जिस प्रकार बसन्त ऋतु में आम की मंजरियाँ खाकर कोयल मधुर स्वर में बोलती है, उसी प्रकार भक्ति के कारण ही मैं आपकी स्तुति कर रहा हूँ।

7. स्तुति का फल

हे प्रभु, आपकी भक्ति में लीन होने से समस्त प्राणियों के अनेक जन्मों के संचित पाप-कर्म एक क्षण में ही नष्ट हो जाते हैं, जैसे—सूर्य के निकलते ही अन्धकार नष्ट हो जाता है।

8. प्रभुता का प्रभाव

हे प्रभु! आपके प्रभाव से अवश्य ही यह स्तोत्र सज्जनों के मन को आनन्दित करेगा।

9. जिनेन्द्र का नाम ही पापनाशक है

इस काव्य में आचार्य कहते हैं कि हे प्रभु! आपके स्तोत्र की असीम शक्ति तो अद्‌भुत और अपूर्व है। समस्त पापों का नाश करने के लिए तो श्रद्धा-भक्तिपूर्वक लिया गया आपका नाम ही काफी है अर्थात् आपके नाम के उच्चारण मात्र से समस्त पापों का नाश हो जाता है।

10 समस्त गुणों की प्राप्ति

भक्ति का उदार फल बताते हुए आचार्य कहते हैं कि हे प्रभु! आपके क्षमा, शील, सत्य आदि अनेक गुणों की स्तुति करनेवाला मानव भी स्वयं उन गुणों को जीवन में धारण करके आपके समान महान बन जाता है।

11. परम दर्शनीय सुख

हे प्रभु! आपका अलौकिक सौन्दर्य अपलक देखने योग्य है, आपको देख लेने मात्र से सन्तोष सुख प्राप्त होता है, अब किसी ओर को देखने की इच्छा ही नहीं रहती है।

12. अनुपम सौन्दर्य

आचार्य कहते हैं कि हे त्रिलोकीनाथ! आपका सौन्दर्य अद्‌भुत अनुपम है, संसार के समस्त शान्त-सुन्दर-मनोहर परमाणुओं से आपका दिव्य शरीर बना हुआ है।

13. सूर्य की उपमा

आचार्य प्रभु के मुखमंडल को जगत की सुन्दर से सुन्दर उपमा देते हैं, जैसे—सूर्य की। किन्तु वह उपमा भी कम लगती है, क्योंकि प्रभु तो केवलज्ञान रूपी सूर्य के रूप में अनुपम प्रभावशाली हैं।

14. लोकव्यापी गुण

प्रभु के अनन्त ज्ञान, दर्शन आदि निर्मल गुण तीनों लोकों में सर्वत्र व्याप्त हैं, सर्वत्र प्रभु के गुण गाये जाते हैं।

15. प्रभु! अचल मेरू समान

इस काव्य में प्रभु को कामविकारों को जीतनेवाला बताया है, क्योंकि प्रभु अचल मेरू समान हैं।

16. अपूर्व दीपक

इस काव्य में जिनवर को अपूर्व दीपक कहा है, क्योंकि वह धुआँ, बत्ती, तेल से रहित है और फिर भी तीन लोक को प्रकाशित करता है।

17. अपूर्व सूर्य

हे प्रभु! आप सूर्य से भी अधिक प्रभावशाली हो। आप केवलज्ञान रूपी प्रकाश से सम्पूर्ण जगत को प्रकाशित करनेवाले हो।

18. अद्‌भुत चन्द्रमा

हे प्रभु! आपका मुखमंडल एक अद्‌भुत चन्द्रमा है, क्योंकि वह समस्त जगत का अज्ञान-मोहरूप अन्धकार नष्ट कर देता है, जैसे चन्द्रमा अन्धकार नष्ट कर देता है। आपके मुख-चन्द्र की कान्ति अनन्त है, समस्त जगत को प्रकाशित करनेवाली है। इसलिए आपका मुख एक अपूर्व चन्द्र-बिम्ब है।

19. सूर्य चन्द्र की अनुपयोगिता

प्रभु का मुखचन्द्र अन्धकार का नाशक और समस्त जगत को प्रकाशित करनेवाला है, अत: सूर्य और चन्द्रमा की आवश्यकता ही नहीं रहती है, क्योंकि प्रभु सूर्य चन्द्र से भी अधिक प्रकाशयुक्त हैं।

20. अद्भुत ज्ञान

भगवान निर्मल और सम्पूर्ण आत्मज्ञान से सुशोभित हैं, उनके जैसा ज्ञान जगत में किसी अन्य देव में दिखाई नहीं देता।

21. सन्तोष प्रदाता

हे भगवान! संसार में आपसे बढ़कर परम शान्त वीतराग देव अन्य कोई नहीं है, आप सर्वोत्कृष्ट हैं। आपको देखने मात्र से हृदय श्रद्धा से पूर्ण सन्तुष्ट हो गया है।

22. महान जननी

हे भगवान! आपको जन्म देनेवाली माता अद्भुत है, अपूर्व है, जिन्होंने आपके समान महाप्रतापी पुत्ररत्न को जन्म दिया है।

23. मार्गदर्शक

आचार्य कहते हैं कि हे प्रभु! आप राग-द्वेष के मल से रहित हैं। आप मुक्ति के मार्ग के पथ-प्रदर्शक हैं। आपकी भक्ति ही मोक्षमार्ग है।

24 से 25. सहस्रनाम धारक

इन दोनों काव्यों में भगवान को अनेक नामों से सम्बोधित किया है कि आप ही ईश्वर, ब्रह्मा, विष्णु, महेश और पुरुषोत्तम हैं।

26. नमस्कार

इस काव्य में तीन लोक के जन्म-जरा मृत्यु रूप संसार-समुद्र को नष्ट करनेवाले भूमंडल के निर्मल भूषण परमेश्वर को नमस्कार किया है।

27. सद्गुणों के भण्डार

हे प्रभु! संसार में जितने सद्गुण हैं, वे सभी आप में आश्रय पा चुके हैं, अर्थात् संसार के समस्त सद्गुण आप में विद्यमान हैं, तथा जो आप से विमुख (दूर) हैं वे आसुरी वृत्तियों के कारण सभी दुर्गुणों के केन्द्र बन गये हैं।

28 से 35. आठ प्रातिहार्यों का वर्णन

इन आठ काव्यों में अशोक वृक्ष, सिंहासन, चँवर, छत्र, दुन्दुभि, पुष्पवृष्टि, भामंडल और दिव्यध्वनि—इन आठ प्रातिहार्यों का वर्णन किया है। क्योंकि तीन लोक के नाथ जिस समवशरण में विराजते हैं, वहाँ ये आठ प्रातिहार्य होते हैं। अशोक वृक्ष के नीचे जिनेन्द्र देव की आकृति दिव्य सिंहासन पर दिव्य और मनोहारी दिखाई देती है। तीन छत्र और दोनों ओर दो चँवर शोभित होते हैं। देवगण दिव्य पुष्पों से पुष्पवृष्टि करते हैं। अनेक सूर्यों से भी अधिक प्रभावशाली आपका आभामंडल (मुख का तेज) दिखाई देता है।

समवशरण के समस्त जीवों को अपनी-अपनी भाषा में दिव्य ध्वनि (उपदेश) सुनाई देता है।

36. स्वर्ण कमलों की रचना

भगवान का जहाँ-जहाँ विहार होता है, वहाँ-वहाँ देवगण सुवर्णमय कमलों की दिव्य रचना करते जाते हैं।

37. अद्वितीय-विभूति

प्रभु का जब धर्मोपदेश होता है तब वहाँ अद्वितीय दिव्य विभूतियाँ होती हैं अर्थात् अनेक आश्चर्य, अतिशय होते हैं।

38 से 46. भय निवारक

इन आठ काव्यों में आचार्य कहते हैं कि हे जिनेन्द्र देव, आपके भक्त सदैव सभी भयों से मुक्त रहते हैं।

1. आपके शरण में रहनेवाले भक्त को मदोन्मत्त हाथियों से कोई भय नहीं होता है।
2. आपके भक्त भयंकर शेरों के भय से मुक्त रहते हैं।
3. सम्पूर्ण विश्व को भस्म कर देनेवाले प्रचण्ड दावानल भी आपके नाम लेने मात्र से शान्त हो जाता है।
4. आपका भक्त सदा सर्प के भय से मुक्त रहता है।
5. आपका नाम लेने मात्र से आपके भक्त के समस्त शत्रु (रणक्षेत्र के शत्रु) भाग जाते हैं। आपका भक्त शत्रु से मुक्त हो जाता है।

6. आपका भक्त युद्ध में विजय प्राप्त करता है।
7. आपका भक्त भयंकर समुद्र में फँस जाता है तो आपके नाम के स्मरण मात्र से वह सुखपूर्वक तट पर पहुँच जाता है अर्थात् आपके भक्त जल के समस्त भय से मुक्त हो जाते हैं।
8. अनेक रोगों से ग्रस्त व्यक्ति जब आपकी चरणरज को माथे पर लगाता है आपके चरणों की धूलि शरीर पर लगाने से सभी रोग दूर हो जाते हैं अर्थात् जब भक्त आपकी श्रद्धा से भक्ति करता है तो वह स्वस्थ और नीरोग हो जाता है।

47. सम्पूर्ण भय निवारक

हे प्रभु, आपके स्तोत्र मात्र को पढ़ने से आपका भक्त सभी भयों और बन्धनों से मुक्त हो जाता है।

48. मोक्ष प्राप्ति

सबसे अन्त में आचार्य कहते हैं कि हे प्रभु, मैंने आपकी भक्तिपूर्वक आपके गुणों की स्तोत्र रूपी माला रची है, जो भी पुरुष इसे कंठस्थ कर निरन्तर पाठ करेगा, वह सम्मान को प्राप्त कर मोक्ष लक्ष्मी अवश्य प्राप्त करेगा।

इस प्रकार आचार्य मानतुंग की भक्तिरस से ओतप्रोत यह अमृतकृति 'भक्तामर स्तोत्र' है। श्रद्धा सहित जो भी मनुष्य इसका पाठ करते हैं वह अवश्य ही संसार के दुखों से दूर होते हैं और उन्हें निश्चय ही मोक्ष लक्ष्मी (मोक्ष-सुख) प्राप्त होती है।

रत्नकरण्ड श्रावकाचार

ग्रन्थ के नाम का अर्थ

'रत्नकरण्ड' नाम का अर्थ है—'रत्नों का करण्ड अर्थात् रत्नों का पिटारा'। श्रावकाचार अर्थात् श्रावक का आचार, श्रावक के करने योग्य कार्य।

इस ग्रन्थ में सम्यग्दर्शन, सम्यग्ज्ञान और सम्यक्चारित्र—इन तीन अनमोल रत्नों को समझाया है। जैसे—पुरुष को जब रत्नों की प्राप्ति हो जाती है, तब वह खुश हो जाता है, उसे सांसारिक सुख की प्राप्ति हो जाती है। ठीक उसी प्रकार जब भव्य प्राणी इन तीन रत्नों, सम्यग्दर्शन-सम्यग्ज्ञान-सम्यक्चारित्र को जीवन में धारण करता है, तो उसे मोक्ष-सुख की प्राप्ति हो जाती है। इसलिए इस ग्रन्थ को रत्नों का पिटारा कहा जाता है। क्योंकि इसमें श्रावक के आचार और सिद्धान्त बताए गये हैं, अत: 'रत्नकरण्ड श्रावकाचार' नाम उचित एवं सार्थक प्रतीत होता है।

ग्रन्थकार का परिचय

रत्नकरण्ड श्रावकाचार के लेखक आचार्य समन्तभद्र स्वामी हैं। इनका समय दूसरी शताब्दी माना जाता है। प्रतिभाशाली आचार्यों, विद्वानों एवं महात्माओं में आपका स्थान बहुत ऊँचा है। आपको सभी लोग 'स्वामी' कहते थे, क्योंकि आप विद्वानों, योगियों, त्यागी और तपस्वियों के द्वारा भी सम्माननीय थे। आपके द्वारा रचित निम्न ग्रन्थ आज उपलब्ध हैं—

1. स्तुतिविद्या, 2. युक्त्यनुशासन, 3. स्वयम्भू स्तोत्र, 4. देवागम स्तोत्र (आप्तमीमांसा), 5. रत्नकरण्ड श्रावकाचार।

ग्रन्थ का महत्त्व

जैन साहित्य में लाखों ग्रन्थ हैं। उनमें से 10-20 ग्रन्थ ऐसे हैं, जो जैन दर्शन के मूल आधार स्तम्भ हैं। रत्नकरण्ड श्रावकाचार उनमें से एक है। जैन साहित्य का जो विशाल भवन खड़ा हुआ है, उसमें 10-15 ग्रन्थों के साथ रत्नकरण्ड श्रावकाचार ग्रन्थ भी उस विशाल भवन की नींव है। इस ग्रन्थ की अनेक विशेषताएँ हैं, जिनके कारण यह ग्रन्थ बहुत ही लोकप्रिय और प्रसिद्ध है। जैसे—

1. श्रावकाचार सम्बन्धी ग्रन्थों में यह ग्रन्थ सबसे पहला, सबसे सरल एवं प्रसिद्ध ग्रन्थ है। इसी ग्रन्थ को आधार बनाकर श्रावकाचार सम्बन्धी अन्य ग्रन्थों की रचना की गयी है।

सरल भाषा में कह सकते हैं कि रत्नकरण्ड श्रावकाचार ग्रन्थ पेड़ की जड़ के रूप में है। अन्य श्रावकाचार के ग्रन्थ जैसे—पुरुषार्थसिद्ध्युपाय, वसुनन्दि श्रावकाचार, अमितगति श्रावकाचार, धर्मामृत इस पेड़ की (ग्रन्थ की) शाखाएँ, पत्ते, फूल और फल हैं।

2. जगत में एक भी ऐसा जैन मन्दिर नहीं होगा जहाँ यह ग्रन्थ उपलब्ध न हो अर्थात् रत्नकरण्ड श्रावकाचार ग्रन्थ हर मन्दिर की शोभा है। जैसे फूल के बिना उद्यान सुशोभित नहीं होता, उसी तरह इस ग्रन्थ के बिना जिनमन्दिर सुशोभित नहीं होता है।

3. आज से सैकड़ों साल पहले जब छपाई और प्रेस का काम नहीं था, तब भी लोग इस ग्रन्थ की हस्तलिखित प्रतियों से इसका स्वाध्याय करते थे।

4. आज भी प्रत्येक जैन मन्दिरों में, सभाओं में, संगोष्ठियों में और विद्वानों की चर्चा में इस ग्रन्थ का स्वाध्याय, वाचन एवं पाठन आदि होता रहता है।

5. महाराष्ट्र और कर्नाटक में लोग इस ग्रन्थ का स्वाध्याय करने और आनन्द लेने के लिए हिन्दी सीखते थे।

6. देश-विदेश की लगभग सभी भाषाओं में इस ग्रन्थ का अनुवाद किया गया है।

7. यह ग्रन्थ बहुत सरल एवं संक्षिप्त है। इसमें मात्र 150 श्लोकों में पूरे श्रावकाचार का वर्णन किया गया है।

8. भाषा शैली की दृष्टि से भी यह ग्रन्थ सरल है। इसके श्लोकों में बहुत सुन्दर कोमलकान्त पदावली और ललित शब्दावली में गम्भीर अर्थों का प्रयोग हुआ है।

9. सल्लेखना विषय के ऊपर जितनी सुन्दर, गम्भीर, गहरी और सरल बात इस ग्रन्थ में आई है वह अन्यत्र देखने को नहीं मिलती। यही कारण है कि जहाँ पर भी सल्लेखना विषय पर गोष्ठियाँ, चर्चा और सेमिनार आयोजित होते हैं, सभी विद्वान इस ग्रन्थ का वर्णन अवश्य करते हैं। यदि उस समय रत्नकरण्ड श्रावकाचार ग्रन्थ का उल्लेख नहीं हो तो लेख, शोधपत्र आदि अपूर्ण माने जाते हैं।

10. यह ग्रन्थ रत्नों का पिटारा है। जैसे—एक पेटी में रत्न होने से वह अमूल्य हो जाती है। वैसे ही यह ग्रन्थ सम्यग्दर्शन, सम्यग्ज्ञान एवं सम्यक्चारित्र रूप तीन रत्नों से सुशोभित होने के कारण जैन दर्शन में अतुलनीय एवं अमूल्य है।

11. प्रायः देखा जाता है कि सबसे पहले जो काम किया जाता है, वह ज्यादा अच्छा नहीं हो पाता। बाद में उसमें सुधार और संशोधन किया जाता है। परन्तु यह ग्रन्थ इस बात का अपवाद है। श्रावकाचार सम्बन्धी यह सबसे पहला ग्रन्थ है, फिर भी यह महान, बेजोड़ एवं अनूठा ग्रन्थ है। आज भी इसके जैसा श्रावकाचार सम्बन्धी दूसरा ग्रन्थ उपलब्ध नहीं है।

12. इस ग्रन्थ की सबसे बड़ी विशेषता यह है कि इसमें हर महत्त्वपूर्ण बिन्दु को कथा एवं कहानी के द्वारा समझाया गया है, जिससे यह श्रावकों के लिए रुचिकर एवं सरल हो जाता है। सम्यग्दर्शन के आठ अंग, पाँच अणुव्रत आदि को सरल कथाओं के द्वारा समझाया गया है।

13. अणुव्रत, गुणव्रत और शिक्षाव्रत का महत्त्व बताकर इन व्रतों के पालन में कौन-कौन जीव प्रसिद्ध हुआ है, उसको पुण्य का फल कैसे प्राप्त होता है, ये सब बातें इसमें बतलाई गयी हैं। साथ-साथ इन व्रतों के पाँच-पाँच अतिचारों का वर्णन भी किया है। व्रतों में दोष लगाने से क्या गति प्राप्त होती है। कुछ कथाओं के द्वारा यह भी समझाया गया है।

14. चरणानुयोग का यह बहुत सुन्दर एवं प्रामाणिक ग्रन्थ है।

संक्षेप में हम इतना ही कह सकते हैं कि यह ग्रन्थ रत्नों का करण्ड (पिटारा) है। जो भी श्रावक इसका स्वाध्याय करके इसके रत्नों को जीवन में स्वीकार करके आत्मसात करेगा उसे अवश्य संसार के सुख-वैभव के साथ 'मोक्ष' की भी प्राप्ति होगी।

ग्रन्थ का मुख्य विषय

रत्नकरण्ड श्रावकाचार में मुख्यतः 3 अधिकार हैं। गौण रूप से किन्हीं-किन्हीं आचार्यों ने 5 या 7 अधिकार भी किए हैं। सम्पूर्ण सात अधिकार कुल मिलाकर 150 श्लोकों में निबद्ध हैं।

मंगलाचरण

सबसे पहले आचार्य समन्तभद्र स्वामी ने मंगलाचरण में वीतराग एवं सर्वज्ञ श्री वर्धमान स्वामी को भक्तिपूर्वक प्रणाम किया है। उसके बाद उन्होंने धर्म की परिभाषा देते हुए कहा है कि—

'जो जीवों को दुखों से उठाकर सुख में रख दे, वह समीचीन धर्म है।'

इस प्रकार आचार्य ने सरल शब्दों में यही लिखा कि जो जीवों को उत्तम सुख में स्थापित करे, वह 'समीचीन' धर्म है।

धर्म की यह परिभाषा बहुत प्रसिद्ध है। सभी जगह यह परिभाषा समझाई जाती है। बहुत से ग्रन्थों में इस परिभाषा का उल्लेख किया जाता है।

समन्तभद्र स्वामी व्यक्ति पर नहीं, विषय पर महत्त्व देते थे। यह उनके क्रान्तिकारी विचार थे।

आचार्य आगे कहते हैं कि वह समीचीन धर्म सम्यग्दर्शन, सम्यग्ज्ञान एवं सम्यक्चारित्र—इन तीनों की एकता से होता है।

1. सम्यग्दर्शन अधिकार

सम्यग्दर्शन, सम्यग्ज्ञान और सम्यक्चारित्र ही धर्म है। इन तीनों के विपरीत जो मिथ्यादर्शन, मिथ्याज्ञान और मिथ्याचारित्र हैं, वे तीनों संसार में भटकाने के कारण हैं।

परिभाषा : 'सच्चे देव, शास्त्र और गुरु का सच्चा श्रद्धान करना ही सम्यग्दर्शन है।'

सच्चा देव वह होता है, जो सर्वज्ञ हो, हितोपदेशी हो और अठारह दोषों से रहित हो। वह धर्म की शिक्षा और उपदेश देनेवाला होता है।

सच्चा आगम (शास्त्र) वह होता है, जो सर्वज्ञ वीतराग भगवान द्वारा कहे गये यथार्थ वस्तु स्वरूप का उपदेश देता है। वह आगम सभी प्रकार के विरोध से रहित होता है। सार्वजनिक होता है।

सच्चा गुरु वह होता है, जो समस्त आरम्भ और परिग्रह से रहित होता है, पाँचों इन्द्रियों के विषयों से दूर रहता है और सदा ज्ञान, ध्यान और तप में लीन रहता है।

इस प्रकार जो इन सच्चे देव, शास्त्र और गुरु का श्रद्धान करता है, सम्यग्दर्शन के आठ अंगों को धारण करता है और 25 दोषों से दूर रहता है, वह सम्यग्दृष्टि होता है।

सम्यग्दर्शन के अंग

सम्यग्दर्शन के आठ अंग होते हैं—

1. सच्चे देव, शास्त्र और गुरु की श्रद्धा रखना, उनमें शंका नहीं करना **निःशंकित** अंग है।

2. धर्म के फल में और इन्द्रियों के विषयों में सुख की इच्छा नहीं रखना, **निःकांक्षित** अंग है।

3. वीतरागी गुरु के रोगादि से मलिन शरीर को देखकर अनादर भाव न रखकर उनके गुणों से प्रीति रखना **निर्विचिकित्सा** अंग है।

4. मिथ्यादृष्टि देवादि की मन, वचन, काय से प्रशंसा नहीं करना **अमूढ़दृष्टि** अंग है।

5. ज्ञानी पुरुषों, साधर्मी जीवों के दोषों को छिपाने का नाम **उपगूहन** अंग है।

6. धर्म से विचलित किसी धर्मात्मा को उपदेश देकर फिर से धर्म में स्थिर करना **स्थितीकरण** है।

7. वीतरागी गुरु के प्रति आदर भाव रखना और उनकी सेवा करना **वात्सल्य** अंग है।

8. जिन धर्म के महत्त्व को प्रकाशित करना **प्रभावना** अंग है।

सम्यग्दर्शन को धारण करनेवाले श्रावक तीन मूढ़ता, आठ मद, छह अनायतन और सम्यग्दर्शन के आठ दोषों का पूर्ण त्याग कर देता है। इसलिए वह शुद्ध सम्यग्दृष्टि होता है।

तीन मूढ़ता

सम्यग्दृष्टि जीव इन तीन मूढ़ताओं से सदा दूर रहता है—

1. अपनी इच्छा पूरी करने के लिए कुदेवों की सेवा करना देवमूढ़ता है।

2. कुधर्म का सेवन करनेवाले गुरु के वचनों को मानना गुरुमूढ़ता है।

3. नदी, समुद्र में स्नान करने, रेत का ढेर लगाने आदि में धर्म मानना एवं पर्वत एवं अग्नि में गिर जाने में धर्म मानना लोकमूढ़ता है।

आठ मद

मद अर्थात् घमण्ड। श्रावकों को पूजा, उच्च कुल, उच्च जाति, बल, ऋद्धि, तप

और सुन्दर शरीर इन आठ का मद नहीं करना चाहिए। सम्यग्दृष्टि जीव इन आठ चीजों के होने पर भी घमण्ड नहीं करता है। वह सदा इन आठ मदों से दूर रहता है।

छह अनायतन

सम्यग्दृष्टि जीव कुगुरु, कुदेव और कुधर्म को नहीं मानता है, और न ही इन तीनों को माननेवालों की सेवा करता है।

आठ दोष

सम्यग्दर्शन के आठ गुणों के विपरीत आचरण करना आठ दोष हैं। निर्दोष सम्यग्दर्शन का पालन करनेवाला श्रावक इन दोषों का त्याग कर देता है। वह सिर्फ सम्यग्दर्शन के आठ अंगों को ही धारण करता है।

जो श्रावक सम्यग्दर्शन को धारण कर लेता है, उसे समस्त लौकिक वैभव स्वयं ही प्राप्त हो जाते हैं, परन्तु वह लौकिक वैभव की इच्छा नहीं करता है।

सम्यग्दर्शन की महिमा

इस ग्रन्थ में सम्यग्दर्शन की अपरम्पार महिमा बताई गयी है। यूँ तो इसकी महिमा अवर्णनीय है, परन्तु संक्षेप में सम्यग्दर्शन की महिमा के महत्त्वपूर्ण बिन्दु यहाँ हम आपको बताते हैं, क्योंकि यह बहुत महत्त्वपूर्ण विषय है।

1. जिस प्रकार बीज के बिना किसी वृक्ष की उत्पत्ति नहीं होती है, उसमें फल, फूल, और पत्ते भी नहीं आ सकते है; उसी प्रकार सम्यग्दर्शन के बिना सम्यग्ज्ञान और सम्यक्‌चारित्र की उत्पत्ति नहीं हो सकती है। रत्नत्रय में वृद्धि और मोक्ष प्राप्ति सम्यग्दर्शन के बिना नहीं हो सकती। अत: ज्ञान और चारित्र की अपेक्षा सम्यग्दर्शन अधिक श्रेष्ठ है।

2. जैन दर्शन में गृहत्यागी मुनि का स्थान गृहस्थ से अधिक ऊँचा होता है। परन्तु जो गृहस्थ सम्यग्दर्शन धारण करता है, उनका स्थान उन गृहत्यागी मुनिराज के ऊपर होता है, जो सम्यग्दर्शन से सम्पन्न नहीं होते हैं। अर्थात् मोही मुनि से निर्मोही गृहस्थ ज्यादा श्रेष्ठ होता है।

3. तीनों कालों और तीनों लोकों में सम्यग्दर्शन ही कल्याण करनेवाला होता है। सभी जीवों का हित सम्यग्दर्शन के कारण ही होता है।

4. सम्यग्दर्शन के प्रभाव से जीव यदि सभी व्रतों का पालन नहीं भी करता

है तब भी उसे नरकगति और तिर्यंचगति प्राप्त नहीं होती है। वह कभी नपुंसक और विकृत अंगवाला भी नहीं होता। वह स्त्री पर्याय और नीचकुल में भी जन्म नहीं लेता। अल्पायु और दरिद्रता भी उसे प्राप्त नहीं होती है।

5. सम्यग्दर्शन से जिनकी आत्मा पवित्र होती है, वे जीव मानव-तिलक और पुरुषशिरोमणि बन जाते हैं। वह बहुत ही ओजस्वी, तपस्वी, विद्यावान, बुद्धिवान, बलवान, यशस्वी और धनवान बन जाते हैं। वे सदा उच्च कुल में जन्म लेते हैं, और सुख, समृद्धि, वैभव, ऐश्वर्य से सम्पन्न होते हैं।

7. सम्यग्दृष्टि जीव यदि मरकर देव पर्याय को प्राप्त होते हैं, तो भी वे भवनवासी, व्यन्तरवासी और ज्योतिष्क देवों में जन्म नहीं लेते, केवल स्वर्ग में उच्च जाति के देव (वैमानिक) ही होते हैं। सम्यग्दर्शन की यह बहुत बड़ी महिमा है।

8. सम्यग्दर्शन होने के बाद जीव की सबसे बड़ी विशिष्ट अवस्था यह होती है कि जीव चक्रवर्ती, कामदेव, तीर्थंकर, नारायण और बलभद्र आदि विशेष उच्चपद प्राप्त करता है। लोक में सर्वश्रेष्ठ उच्च पद तीर्थंकर पद प्राप्त करने के बाद जीव शिवपद अर्थात् मोक्ष को प्राप्त हो जाता है।

इस प्रकार इस ग्रन्थ में सम्यग्दर्शन की विशिष्ट महिमा बताई है। यदि जीव सम्यग्दर्शन को धारण कर लेता है, तो वह अवश्य ही संसार समुद्र को पार कर मोक्ष महल को प्राप्त कर लेता है, क्योंकि सम्यग्दर्शन कल्याण करनेवाला और मोक्ष देनेवाला है।

2. सम्यग्ज्ञान अधिकार

परिभाषा : सम्यग्ज्ञान वह है जो वस्तु के स्वरूप को परिपूर्ण अर्थात् अच्छी तरह से जानता है। वह वस्तु के यथार्थ स्वरूप को कभी कम या कभी अधिक नहीं जानता।

सम्यग्ज्ञान को हम इन चार अनुयोगों द्वारा जान सकते हैं।

1. प्रथमानुयोग– प्रथमानुयोग में धर्म, अर्थ, काम, मोक्ष, चारों पुरुषार्थों का वर्णन होता है। पुराण, महापुराण आदि चरित्र ग्रन्थों को प्रथमानुयोग कहा जाता है। चक्रवर्ती, नारायण, प्रतिनारायण और तीर्थंकरों के चरित्र का वर्णन प्रथमानुयोग में किया जाता है। जैसे—आदिपुराण, हरिवंश पुराण और पद्मपुराण आदि।

2. करणानुयोग– करणानुयोग के ग्रन्थों में छह काल, काल-परिवर्तन

तथा चारों गतियों के भ्रमण आदि विषयों का वर्णन आता है। जैसे—कषायपाहुड, षट्खण्डागम, गोम्मटसार ग्रन्थ आदि।

3. चरणानुयोग– चरणानुयोग के ग्रन्थों में मुनि और गृहस्थ के आचरण का वर्णन होता है। मुनि और गृहस्थ निर्दोष आचरण की वृद्धि और उसकी रक्षा कैसे करें, इसका वर्णन चरणानुयोग में किया जाता है। जैसे—रत्नकरण्ड श्रावकाचार, पुरुषार्थसिद्ध्युपाय, धर्मामृत आदि।

4. द्रव्यानुयोग– द्रव्यानुयोग के ग्रन्थों में सातों तत्त्वों का, पाप-पुण्य के स्वरूप का वर्णन किया जाता है। जैसे—द्रव्यसंग्रह, तत्त्वार्थसूत्र, समयसार आदि।

3. सम्यक्चारित्र के अन्तर्गत अणुव्रत अधिकार

परिभाषा : जब सम्यग्दर्शन और सम्यग्ज्ञान प्राप्त हो जाते हैं, उसके बाद राग-द्वेष को दूर करने के लिए जो व्रत धारण किए जाते हैं उसे सम्यक्चारित्र कहते हैं।

हिंसा, झूठ, चोरी, कुशील और परिग्रह ये पाँच पाप हैं, इनका पूरी तरह से त्याग करना ही सम्यग्ज्ञानी का चारित्र है। सम्यक्चारित्र के व्यवहार से दो भेद हैं। एक मुनिराज का चारित्र और दूसरा गृहस्थ का चारित्र।

जिस चारित्र का पालन मुनिराज करते हैं उसे सकल चारित्र कहते हैं और जिस चारित्र का गृहस्थ पालन करते हैं उसे विकल चारित्र कहते हैं।

जो गृहस्थ पापों से डरते हैं, जिनवचनों पर पूर्ण श्रद्धा रखते हैं, वे इस चारित्र को अणुव्रत, गुणव्रत और शिक्षाव्रत के रूप में पालन करते हैं।

अणुव्रत

हिंसा, झूठ, चोरी, कुशील और परिग्रह—इन पाँच स्थूल पापों का त्याग करना अणुव्रत है। पाँच अणुव्रत के पाँच-पाँच अतिचार होते हैं, जिनका अब वर्णन कर रहे हैं। अतिचार अर्थात् व्रत में दोष लगाना।

अणुव्रतों के पाँच-पाँच अतिचार

1. मनुष्य या तिर्यंचों के अंगों को छेदना, उन्हें पिंजरे में डालना, कैद करना, मारना, काटना, कष्ट देना, शक्ति से अधिक भार लादना और खाने-पीने से रोकना या कम देना अहिंसाव्रत के दोष हैं।
2. किसी व्यक्ति के चारित्र के सम्बन्ध में मिथ्योपदेश देना, गुप्त बातों को प्रकट करना, किसी की चुगली करना, उसकी कमजोरी सबको बताना,

खोटे कागज पत्र तैयार करना, नकली नोट, मोहर आदि बनाना और किसी व्यक्ति द्वारा गिरवी रखी हुई सम्पदा को बराबर न देकर कम देना सत्यव्रत के अतिचार हैं।

3. दूसरों को चोरी करने की प्रेरणा देना, चोरी की प्रशंसा करना, चोरी के धन को कम मूल्य के लोभ से चोर से लेना, अनुचित रीति से धन कमाना, असली वस्तुओं में नकली वस्तुएँ मिलाकर दूसरों को ठगना और बाँट, तराजू आदि कम या अधिक परिमाण के रखना आदि कार्यों से अचौर्य व्रत में दोष लगता है।
4. राग के कारण दूसरों के पुत्र-पुत्रियों का विवाह करना, काम के अंगों को छोड़कर अन्य अंगों से क्रीड़ा करना, मन-वचन-काय से कुशील का पालन करना, कामसेवन की अधिक लालसा रखना और व्यभिचारिणी स्त्रियों की संगति रखना—ये पाँच ब्रह्मचर्य व्रत के दोष हैं।
5. आवश्यकता से अधिक वाहनों का प्रयोग करना, अधिक लाभ की इच्छा से अधिक धन संग्रह करना, लाभ होते हुए भी अधिक लाभ की लालसा रखना, व्यापारादि में दूसरों के अधिक लाभ से ईर्ष्या द्वेष करना लोभ के वश किसी पर शक्ति या न्याय से अधिक भार लादना—ये परिग्रहपरिमाण व्रत के दोष हैं।

इन पाँच अणुव्रतों के साथ मद्य, मांस, मधु के त्याग को श्रावक के अष्ट मूलगुण कहते हैं।

4. गुणव्रत अधिकार

गुणव्रत अर्थात् अणुव्रत के साथ और अधिक व्रतों का पालन करते हुए मूलगुणों का पालन करना। इस अधिकार में दिग्व्रत, अनर्थदण्डव्रत और भोगोपभोग परिमाणव्रत को समझाया है। इन तीन व्रतों को गुणव्रत कहते हैं, क्योंकि श्रावक जब आठ मूलगुणों की वृद्धि करता है, तब ये व्रत उन गुणों की वृद्धि करते हैं। अर्थात् इन व्रतों के कारण मूलगुणों में श्रेष्ठता आती है।

क. दिग्व्रत

पहला व्रत है, दिग्व्रत। दिग्व्रत अर्थात् दिशाओं के व्रत। पूर्व, पश्चिम, उत्तर, दक्षिण चार दिशाएँ तथा अग्नि, नैऋत, वायव्य, ईशान चार विदिशाएँ, ऊर्ध्वदिशा तथा अधोदिशा—ये दस दिशाएँ होती हैं। इन दसों दिशाओं में जाने की एक

निश्चित सीमा बाँधना, मर्यादा करना 'दिग्व्रत' है। यह दिग्व्रत मरणपर्यन्त तक के लिए लिया जाता है। यह व्रत सूक्ष्म पाप को रोकने के लिए लिया जाता है।

दिग्व्रत की मर्यादा करते समय किसी निश्चित या प्रसिद्ध स्थान का उल्लेख हो सकता है। जैसे—गंगा नदी के उस पार नहीं जाना, भारत के बाहर नहीं जाना आदि।

दिग्व्रत के अतिचार– दिशाओं की मर्यादा लेने के बाद अज्ञान से या प्रमाद (आलस्य) से किसी भी दिशा में जाना दिग्व्रत में दोष लगाना है। आवश्यकता पड़ने पर क्षेत्र की सीमा बढ़ाना या पूर्व में लिए गये व्रत को भूल जाना दिग्व्रत के दोष हैं।

ख. अनर्थदण्ड व्रत

दूसरा व्रत है अनर्थदण्डव्रत। अनर्थदण्ड अर्थात् व्यर्थ में दोष लगाना। मर्यादा के भीतर के क्षेत्र में भी ऐसे कार्य करना जिनसे अपना कोई प्रयोजन ही न हो। व्यर्थ ही पाप करके दण्ड भुगतना पड़े वह अनर्थदण्ड व्रत है।

अनर्थदण्डव्रत के पाँच प्रकार हैं—

1. पाप की क्रियाओं का उपदेश देना।
2. हिंसक उपकरण (फरसा, तलवार आदि) किसी को दान देना।
3. बन्धन, मारने-पीटने, दूसरों की पराजय और स्त्री, धन आदि के बारे में सोचना। दूसरों का विनाश हो ऐसा सोचना।
4. जिससे आरम्भ हो, हिंसा हो, मिथ्यात्व हो, राग-द्वेष या कषायों की वृद्धि हो, ऐसे खोटे शास्त्रों को सुनना या पढ़ना।
5. बिना प्रयोजन हिंसक कार्य करना और कराना।

'अनर्थदण्डव्रत' जैन धर्म की एक बहुत बड़ी सुन्दर अवधारणा है। इसे अच्छे से समझने की जरूरत है। आचार्य इसे समझाते हुए कह रहे हैं कि व्यर्थ का पाप मत करो। जितनी जरूरत हो, उतना ही उपयोग करो। व्यर्थ की वस्तुएँ नष्ट न करो।

इस व्रत को धारण करने की सभी को अत्यधिक आवश्यकता है। चूँकि 90 प्रतिशत व्यक्ति व्यर्थ के कामों और उपदेश में लगे रहते हैं। किसी को पाप की क्रियाओं का उपदेश भी नहीं देना चाहिए।

अनर्थदण्डव्रत के पाँच अतिचार

1. अशिष्ट, अपशब्द बोलना।

2. शरीर द्वारा निन्दनीय कार्य करना या किसी को हानि पहुँचाना।
3. बिना प्रयोजन अधिक बोलना।
4. भोगोपभोग की सामग्री का अधिक संग्रह करना।
5. प्रयोजन का विचार न करके कार्य को अधिक रूप में करना।

इतना उपयोगी, सरल और सूक्ष्म व्रत हम अवश्य धारण कर सकते हैं।

ग. भोगोपभोग-परिमाण व्रत

पाँचों इन्द्रियों के कारण जो राग और आसक्ति भाव (अधिक स्नेह) है, उसे कम करने के लिए सीमा बाँधना, साधन सीमित करना, भोगोपभोग परिमाण नाम का व्रत है।

मद्य, मांस, मधु और कन्दमूल आदि का त्याग तो अवश्य करना ही चाहिए। यह जैनत्व धारण करने के लिए परमावश्यक है।

भोग– जो एक बार भोग करने के बाद फिर त्यागने योग्य हो जाता है वह भोग है। जैसे—भोजन, पान आदि।

उपभोग– जो भोगने के बाद फिर भोगने योग्य रहता है वह उपभोग है। यथा—वस्त्र, आभूषण, वाहनादि।

इनका त्याग दो प्रकार से कर सकते हैं—1. नियम द्वारा, 2. यम द्वारा।

1. कुछ महीने, साल या कुछ घण्टों की मर्यादा लेकर व्रत लेना नियम है।

2. जीवन पर्यन्त के लिए त्याग करना यम है।

भोगोपभोग व्रत की आवश्यकता वर्तमान में बहुत अधिक हो गयी है। आज व्यक्ति की इच्छा और लालसा इतनी अधिक बढ़ गयी है कि वह दिन-रात इनके पीछे ही भाग रहा है। एक मकान के बाद दूसरा मकान, एक गाड़ी के बाद दूसरी गाड़ी, कपड़ों का ढेर, उपयोग के साधनों का असीमित प्रयोग ही असन्तुलित जीवन का आधार है। हम व्रत लेकर अपने विषय-भोग को सीमित कर सकते हैं।

1. ऐसा सुन्दर घर बना लो, दो-मंजिला ऑफिस बना लो, दूसरे को धोखा देकर आगे बढ़ जाओ। तुम्हारे साथ उसने ऐसा किया, तुम भी ऐसा करो। आदि-आदि... बातें सुनने में आती हैं।

2. हिंसक वस्तुएँ दूसरों को देते हैं, एक दूसरों को नीचा दिखाने में लोग प्रायः साधनों का उपयोग कर रहे हैं। यहाँ तक कि बन्दूक, चाकू और छुरी इनका क्रय-विक्रय का प्रचलन बहुत बढ़ गया है।

3. आज सबसे बड़ी समस्या है, वस्तुओं का सीमित एवं सही तरीके से

प्रयोग न होना, उनको व्यर्थ ही नष्ट करना। जैसे—बिजली, पानी, अन्न और फल यह सब आवश्यकता से अधिक नष्ट हो रहे हैं। लोग अपने स्वार्थ की पूर्ति के कारण पेड़ और जंगल तक नष्ट करते जा रहे हैं। इसीलिए आज पृथ्वी बचाओ, जल बचाओ और पेड़ बचाओ आदि नारे दिए जा रहे हैं। आन्दोलन किए जा रहे हैं। क्योंकि व्यक्ति इन साधनों का दुरुपयोग कर रहे हैं।

यदि 50 प्रतिशत व्यक्ति भी अनर्थदण्ड व्रत को धारण कर लें, तो देश में पर्यावरण सन्तुलित हो सकता है। भौतिक संसाधनों का संरक्षण हो सकता है।

इस प्रकार हम भोगोपभोग के साधनों को सीमित कर सकते हैं।

भोगोपभोग-परिमाण व्रत के अतिचार

1. पाँचों इन्द्रियों के विषय-भोगों से राग करना।
2. पूर्व में भोगे गए विषयों को बार-बार याद रखना।
3. वर्तमान विषयों में अधिक लालसा रखना।
4. भविष्य में विषयों को भोगने की अधिक इच्छा करना।
5. विषयों का भोग न करते हुए भी भोगों में अत्यधिक आसक्ति रखना।

इस प्रकार श्रावक को वर्तमान समय की आवश्यकता को देखते हुए और धर्म स्थापना के लिए इन तीनों गुणव्रतों का पालन अवश्य करना चाहिए।

5. शिक्षाव्रत अधिकार

शिक्षाव्रत के अन्तर्गत चार व्रत लिए गये हैं—देशावकाशिक, सामायिक, प्रोषधोपवास और वैयावृत्य। ये चार शिक्षाव्रत श्रावक को मुनि बनने की शिक्षा देते हैं, इसलिए इन्हें शिक्षाव्रत कहते हैं।

क. देशावकाशिक शिक्षाव्रत

श्रावक ने पहले दिग्व्रत में जो दिशा, देश, स्थान के व्रत ग्रहण किए थे, जो देश और काल की मर्यादा निश्चित की थी, उस मर्यादा को कम करना देशावकाशिक शिक्षाव्रत है।

निम्न कार्य करने से इस व्रत में दोष लगते हैं, जिन्हें हम देशावकाशिक व्रत के अतिचार कहते हैं।

देशावकाशिक व्रत के अतिचार

1. मर्यादा के बाहर व्यापारादि के लिए किसी व्यक्ति को पत्र या सन्देश भेजना।
2. मर्यादा के बाहर के क्षेत्र के लोगों से बात करना या कार्य करवाना।
3. सीमा के बाहर के क्षेत्र से व्यक्ति, पत्र या सन्देश मँगाना।
4. मर्यादा के बाहर के लोगों को अपनी बात इशारों द्वारा समझाना।
5. वस्तुओं द्वारा अपनी उपस्थिति का ज्ञान कराना।

ख. सामायिक शिक्षाव्रत

समय अर्थात् काल, आचार, सिद्धान्त आदि शब्द होते हैं। यहाँ पर 'समय' का अर्थ आत्मा से लिया है। आत्मा में एकाग्र होना ही सच्चा सामयिक या सामायिक है। सामायिक व्रत का बहुत सुन्दर वर्णन इस ग्रन्थ में किया है। सामायिक कब, कैसे और कितनी देर करना चाहिए। सारी बातें आचार्य बहुत सरल तरीके से सुन्दर शब्दों में समझाते हुए कहते हैं कि—

1. सबसे पहले समस्त आरम्भ और परिग्रह से रहित होना चाहिए। उसके बाद हिंसा आदि पाँच पापों का त्याग मन, वचन और काय से करना चाहिए।

2. एकान्त स्थानों में (घर, मन्दिर, वन और गुफादि) प्रसन्नचित्त होकर मन स्थिर करके सामायिक करना चाहिए। सभी कार्यों से, समस्त आरम्भ-परिग्रह से छूटकर सामायिक करना चाहिए।

3. सामायिक में दृढ़ता लाने के लिए उपवास या एकाशन के साथ सामायिक करना चाहिए। व्यापार आदि सर्व कार्यों से मुक्त होकर सामायिक करना चाहिए।

4. गृहस्थ श्रावक को आलस से रहित होकर एकाग्रचित्त होकर प्रतिदिन सामायिक करना चाहिए।

5. सामायिक करते समय जो भी उपसर्ग तथा परीषह (सर्दी-गर्मी, डांस, मच्छर) आते हैं, उन्हें समता भाव से सहन करना चाहिए।

6. सामायिक करने से पाँचों व्रत दृढ़ होते हैं। मन की एकाग्रता बढ़ती है।

7. सामायिक में स्थित होकर श्रावक बारह भावनाओं का चिन्तवन करता रहता है।

यहाँ बहुत सुन्दर बातें बताई हैं जैसे—

• सबसे पहले यह कहा है कि मात्र बाहरी जाप या प्रतिक्रमण करना सामायिक नहीं है। सामायिक के समय किसी के प्रति राग-द्वेष नहीं रखना, इन्द्रिय

संयम और प्राणिसंयम का पूरा पालन करना चाहिए। शुभ भावनाओं के लिए अशुभ भाव, क्रोध-मान-माया-लोभ आदि कषायों और आर्त्त-रौद्र नाम के खोटे ध्यानों का परित्याग करना ही सामायिक है। इसलिए सामायिक करते समय इन बातों का ध्यान रखना चाहिए।

• दूसरी विशेष बात यह है कि जो श्रावक मौनपूर्वक सामायिक में स्थित हो जाता है, समस्त उपसर्गों और परीषहों को समता भाव से सहन करता है, उस श्रावक को आचार्य मुनि की उपमा देते हैं। कितनी बड़ी बात है कि वस्त्रों का उपसर्ग होते हुए भी उस श्रावक को मुनि जैसा बताया है, क्योंकि वह समस्त आरम्भ-परिग्रह रहित और परीषहों को सहते हुए अपनी अन्तरात्मा में लीन हो जाता है।

सामायिक व्रत के अतिचार

1. सामायिक के समय वचनों द्वारा संसार सम्बन्धी कार्य करना।
2. शरीर को हिलाना, डुलाना और असंयमित करना।
3. मन में आर्त्त-रौद्र आदि भावनाओं को बारे में सोचना।
4. सामायिक को उत्साह रहित होकर निरादर भाव से करना।
5. सामायिक में देव वन्दन और कायोत्सर्ग आदि क्रियाओं को भूल जाना।

सामायिक करते समय यदि बिच्छु और साँप भी आ जाए तो, न कुछ बोलना, न हिलना-डुलना, उस जीव के प्रति द्वेष की भावना भी नहीं लाना चाहिए, जल्दी-जल्दी सामायिक पूरी करके कुछ क्रियाओं को छोड़कर भी नहीं उठना चाहिए। तभी सही सामायिक मानी जाती है।

ग. प्रोषधोपवास शिक्षाव्रत

प्रोषध के दिन अर्थात् दो अष्टमी दो चतुर्दशी के दिनों में चार प्रकार के आहारों (अन्न, पान, खाद्य और लेह्य) का सम्यक् इच्छापूर्वक दृढ़ता के साथ पूर्ण रूप से त्याग करना प्रोषधोपवास व्रत है। प्राय: देखा जाता है कि आजकल श्रावक उपवास अपनी-अपनी इच्छा अनुसार कर रहे हैं, पर वास्तव में उपवास किस प्रकार करना चाहिए, यह सरल तरीके से समझा रहे हैं कि—

1. उपवास के दिन हिंसादि पाँच पापों का पूर्ण त्याग करना चाहिए। शरीर के साज, शृंगार, अतिरिक्त गहने, महँगे वस्त्राभूषण, इत्र, चन्दन, साबुन, शैम्पू, तेल, काजल और दवाई आदि का त्याग करना चाहिए, क्योंकि उपवास धार्मिक

दृष्टि से किया जाता है

2. स्वास्थ्य के लिए डाइट करना, भूखा रहना और अनशन करना उपवास नहीं माना जाता है। उपवास का सही अर्थ है—मन को सभी विकारों से मुक्त करके आत्मा का ध्यान करना।

3. उपवास के दिन निद्रा और आलस्य से दूर होकर दिन भर धार्मिक कार्य करना चाहिए। ग्रन्थों का स्वाध्याय, भजन और कीर्तन आदि करना चाहिए। ज्ञान और ध्यान में लीन रहना चाहिए।(टीवी देखना, घूमना, दिन भर सोकर निकालना या ताश खेलना—ये कार्य उपवास के दिन नहीं करना चाहिए।) ।

4. एक बार का भोजन 'एकाशन' कहलाता है। चार प्रकार के आहार का त्याग 'उपवास' है। अत: प्रोषधोपवास करते समय चारों प्रकार के भोजन का त्याग करना चाहिए।

बीच-बीच में जल लेना, चाय-दूध या दवाई लेना। अन्न की जगह कुछ और वस्तु या फल आदि खाना ये सब करने से उपवास नहीं माना जाता है। अत: प्रोषधोपवास करते समय इन दोषों से बचना चाहिए। उपवास के दिन निम्न कार्य भी नहीं करने चाहिए, ये प्रोषधोपवास व्रत के अतिचार हैं—

प्रोषधोपवास व्रत के अतिचार

1. जीव-जन्तु को देखे बिना किसी वस्तु को ग्रहण करना।
2. बिना देखे ही पूजा, स्वाध्याय के उपकरण रखना उठाना।
3. देखे-सोधे बिना ही बैठने-सोने के लिए आसन बिछा देना।
4. उपवास में अनादर भाव रखना या उत्साह रहित होना।
5. उपवास के दिन क्रिया, पाठ आदि न करना या भूल जाना।

इस प्रकार इन दोषों को ठीक तरह से जानकर और समझकर ही हमें उपवास करना चाहिए। किसी को दिखाने के लिए नहीं, हमें अपनी साधना और धर्म के लिए उपवास करना चाहिए।

घ. वैयावृत्य शिक्षाव्रत

मुनियों की सेवा को वैयावृत्य कहते हैं। आहारादि के दान को भी वैयावृत्य कहते हैं।

उत्तमपात्र को दान देने से भोगभूमि ओर देवलोक के भोग, वैभव, तीर्थंकर प्रकृति का बन्ध, चक्रवर्ती पद और निर्वाणपद प्राप्त होता है।

गृहस्थी बसाना या गृहस्थ में रहना खून से स्नान करने के समान है, क्योंकि उसमें हम बहुत हिंसा करते हैं। अत: इन हिंसादि दोषों को कम करने के लिए पापों को कम करने के लिए हमें दान देना चाहिए। दान देने से पाप कम होते हैं।

आहारदान, औषधिदान, उपकरणदान और आवासदान—ये चार प्रकार के दान हैं। हमें यथाशक्ति दान अवश्य करना चाहिए।

अतिथि-संविभाग

वैयावृत्य को ही अतिथि-संविभाग व्रत भी कहते हैं। वैयावृत्य में ही जिनेन्द्र देव की पूजा का उपदेश भी दिया है। गृहस्थ को नित्य ही जिनेन्द्र पूजन करना चाहिए। क्योंकि जिनेन्द्र-पूजा सब दुखों को हरनेवाली है। जिनेन्द्र पूजा कामधेनु के समान सुख देनेवाली है। जिनपूजा के प्रभाव से मेंढक भी देव बन गया है।

जैन मुनि को 'अतिथि' शब्द देना जैनदर्शन की महत्त्वपूर्ण देन है। जिसके आने की कोई तिथि न हो वही अतिथि है। जिसको निमन्त्रण नहीं दिया जाता है, जिसका आना पूर्व निर्धारित न हो, वही अतिथि है। यही जैन मुनि की विशेषता है। अत: जैन मुनि की सेवा करना और आहार देना वैयावृत्य है।

वैयावृत्य के अतिचार

1. सचित्त और अप्रासुक वस्तु आहार में देना।
2. अप्रासुक सचित्त वस्तु हरे पत्रादिक पर रखकर आहार में देना।
3. दान देने में अनादर का भाव रखना।
4. दान विधि में भूल हो जाना।
5. अन्य दाताओं से ईर्ष्या रखना।

इस प्रकार श्रावक को चार शिक्षाव्रतों का पालन करना चाहिए और इन व्रतों में कोई दोष नहीं लगाना चाहिए।

6. सल्लेखना अधिकार

'सल्लेखना' शब्द जैनदर्शन का विशेष पारिभाषिक शब्द है, जो दो शब्दों से मिलकर बना है। सल्लेखना = सत् + लेखना, जिसका अर्थ होता है—सम्यक् प्रकार से काय एवं कषायों को कृश (कम) करना।

वृद्ध अवस्था आ जाने पर, कोई असाध्य रोग हो जाने पर या धर्म की रक्षा के लिए जो शरीर का त्याग किया जाता है, उसे सल्लेखना कहते हैं।

जिसने करोड़ों वर्षों तक तप किया हो, किन्तु अन्त समय में यदि सल्लेखना न ले, तो उसका तप प्रशंसा योग्य नहीं होता है। इसलिए जितनी शक्ति हो, उसके अनुसार सल्लेखना लेने का प्रयास करना चाहिए।

सल्लेखना ग्रहण करने के पूर्व मोह, माया और परिग्रह का त्याग करके सबके प्रति क्षमा भाव ग्रहण करना चाहिए। स्वयं सबको क्षमा दो, सबसे क्षमा माँगकर कृत, कारित और अनुमोदना से सभी जीवों के प्रति क्षमाभाव धारण करना चाहिए।

पूर्व में जो अपराध किया हो अथवा दूसरों से कराया हो, उस अपराध को निष्कपट होकर वीतरागी गुरु से कहकर आलोचना करना चाहिए। मरणपर्यन्त महाव्रतों को ग्रहण करना चाहिए।

समाधि के समय दुख, चिन्ता, भय, क्रोध और वैर आदि भावों को छोड़कर उत्साह के साथ शास्त्र-ज्ञान के द्वारा मन को प्रसन्न करना चाहिए।

जो श्रावक समाधिमरण करना चाहता है, वह क्रम से आहार को छोड़कर सिर्फ दूध ले, फिर दूध को भी त्याग कर छाछ ले, धीरे-धीरे छाछ को भी त्यागकर गर्म जल ले, फिर गर्म जल को भी छोड़कर शक्ति अनुसार उपवास धारण करे। पंचनमस्कार मंत्र का जाप करते हुए शरीर का त्याग करना चाहिए।

इस विधि से समाधिमरण करना चाहिए।

अधिक जीने की इच्छा, शीघ्र मरने की इच्छा, भय, परिवार की याद एवं भोगों की इच्छा रखना सल्लेखना व्रत के पाँच अतिचार हैं। श्रावक को सल्लेखना लेने के बाद भोगों की इच्छा नहीं रखना चाहिए।

जो प्राणी रत्नत्रय धर्म के साथ सल्लेखना ग्रहण करता है, उसे धन, सम्पदा, ऐश्वर्य और सुख प्राप्त होता है। वह निश्चित ही मोक्ष प्राप्त करता है।

7. प्रतिमा अधिकार

तीर्थंकरों ने श्रावक धर्म के ग्यारह स्थान बताये हैं, जिन्हें 'ग्यारह प्रतिमा' के नाम से भी जाना जाता है। श्रावक एक-एक प्रतिमा लेता है, पहली प्रतिमा के व्रत-नियम का पालन करते हुए दूसरी प्रतिमा लेता है। व्रत और नियमों को आगे बढ़ाते हुए प्रत्येक प्रतिमा के साथ ही आगे बढ़ता जाता है। इस प्रकार वह क्रमशः ग्यारह प्रतिमाएँ धारण कर सकता है।

1. जो श्रावक सम्यग्दर्शन से शुद्ध है, संसार, शरीर और भोगों से विरक्त है, पंचपरमेष्ठी की शरण में है, सातों तत्त्वों का श्रद्धान करनेवाला है, वह '**दर्शन**

प्रतिमा' को धारण करनेवाला होता है।

2. जो श्रावक पाँच अणुव्रत, तीन गुणव्रत और चार शिक्षाव्रतों का पालन करता है, बारह व्रतों में कोई दोष नहीं लगाता, वह '**व्रत प्रतिमा**' को धारण करनेवाला होता है।

3. प्रतिदिन तीनों सन्ध्याओं में, आरम्भ-परिग्रह से रहित होकर एक किसी भी आसन में, सामायिक करनेवाले श्रावक को '**सामायिक प्रतिमा**' होती है।

4. प्रत्येक माह के चारों पर्व दिनों में (प्रत्येक अष्टमी-चर्तुदशी को) जो श्रावक अपनी शक्ति अनुसार शुभ ध्यान में लीन होकर प्रोषधोपवास करता है, वह '**प्रोषधोपवास**' नामक चतुर्थ प्रतिमा का धारक होता है।

5. जो दयालु श्रावक कन्दमूल, फल और सब्जी, इनको कच्चे नहीं खाता, वह '**सचित्तविरत**' पद नामक पाँचवीं प्रतिमा का धारक होता है।

6. जो श्रावक रात्रि के समय चार प्रकार के (अन्न, पान, खाद्य और लेह्य) भोज्य पदार्थों का त्याग करता है, वह श्रावक '**रात्रिभुक्तिविरक्त**' नामक छठी प्रतिमा का धारक होता है।

7. जो श्रावक शरीर को अशुद्ध मानता हुआ कामभाव से विरक्त हो जाता है, वह श्रावक '**ब्रह्मचर्य**' नामक सप्तम प्रतिमा का धारक होता है।

8. जो हिंसा के कारण है, ऐसे व्यापार आदि आरम्भों का त्याग करनेवाला श्रावक '**आरम्भत्याग**' नामक अष्टम प्रतिमा का धारी होता है।

9. जो श्रावक दश प्रकार के बाह्य परिग्रह को छोड़कर आत्मा में लीन रहता है, सन्तोष धारण करता है, वह '**परिग्रह-विरत**' नामक नवम प्रतिमा का धारक होता है।

10. जो श्रावक, निश्चय से आरम्भ-परिग्रह में, लौकिक कार्यों में अनुमति नहीं देता है, वह श्रावक '**अनुमति-विरत**' नामक दशम प्रतिमा का धारक होता है।

11. जो श्रावक समस्त परिग्रह का त्याग करके मन्दिर में जाकर या गुरु के समीप व्रतों को ग्रहण करता है, शुद्ध भोजन और तपस्या करता है, श्वेत वस्त्र पहनता है, वह श्रावक '**उद्दिष्ट त्याग**' ग्यारहवीं प्रतिमा व्रत का पालन करता है।

इन ग्यारह प्रतिमाओं को श्रावक अपनी शक्ति-अनुसार ग्रहण कर सकते हैं।

जो पुरुष कलंक और अतिचारों से दूर रहकर अपनी आत्मा को निर्मल करता है, वह सम्यग्दर्शन-ज्ञान-चारित्र रूप 'रत्नों का पिटारा' प्राप्त कर लेता है।

वह पुरुष तीन लोक में सभी सुखों को और मोक्ष को प्राप्त करते हैं।

रत्नकरण्ड श्रावकाचार में श्रावकों के लिए जो धर्म का उपदेश दिया है, वह बड़ा ही हृदयग्राही, समीचीन, सुख देनेवाला और प्रामाणिक है, इसलिए गृहस्थों को इस ग्रंथ का अच्छी तरह से अध्ययन-मनन करना चाहिए। इसके अनुरूप आचरण करना निःसन्देह कल्याण करनेवाला है, आत्मा को उन्नत तथा स्वाधीन बनानेवाला है। यह ग्रन्थ धर्म का एक छोटा-सा परन्तु अनमोल पिटारा है।

पुरुषार्थसिद्ध्युपाय

ग्रन्थ के नाम का अर्थ

पुरुष अर्थात् आत्मा। इस ग्रन्थ में आत्मा के अर्थ अर्थात् प्रयोजन की सिद्धि कैसे होती है—इस बात को बहुत अच्छे से समझाया गया है, इसलिए इस ग्रन्थ का नाम 'पुरुषार्थसिद्ध्युपाय'। इसका दूसरा नाम 'जिनप्रवचन-रहस्य-कोष' भी है।

ग्रन्थकार का परिचय

आध्यात्मिक विद्वानों में आचार्य कुन्दकुन्द के पश्चात् आदरपूर्वक जिनका नाम लिया जाता है, वे आचार्य अमृतचन्द्रसूरि हैं, क्योंकि आचार्य कुन्दकुन्द के कंचन को कुन्दन बनानेवाले आचार्य अमृतचन्द्र ही हैं, जिन्होंने एक हजार वर्ष बाद उनके ग्रन्थों पर टीकाएँ लिखकर उनकी गरिमा को जगत के सामने रखा।

आचार्य अमृतचन्द्र परम आध्यात्मिक सन्त, गहन तात्त्विक चिन्तक, रससिद्ध कवि, तत्त्वज्ञानी एवं सफल टीकाकार थे। मुनीन्द्र, आचार्य और सूरि जैसी गौरवशाली उपाधियों से इनका महान व्यक्तित्व सम्मानित था।

इनका परिचय किसी भी ग्रन्थ में प्राप्त नहीं होता है। इनका समय अनुमानतः ई. सन् की 10वीं शताब्दी का अन्तिम भाग है। पं. आशाधरजी ने गौरव के साथ इन्हें 'ठक्कुर' नाम से सम्मानित किया है।

रचनाएँ : आचार्य अमृतचन्द्रसूरि की रचनाओं को दो कोटि में रखा गया है।

मौलिक रचनाएँ : 1. पुरुषार्थसिद्ध्युपाय
2. तत्त्वार्थसार
3. समयसार-कलश
4. लघुतत्त्वस्फोट

टीकाग्रन्थ : 5. समयसारटीका (आत्मख्याति)
6. प्रवचनसारटीका (तत्त्वदीपिका)
7. पंचास्तिकायटीका (समयव्याख्या)

ग्रन्थ का महत्त्व

1. इस ग्रन्थ में श्रावकाचार के विषय को निश्चय-व्यवहार आदि के द्वारा बहुत सरलता से उदाहरण देकर समझाया है। यह पूरा ही ग्रन्थ निश्चय-व्यवहार के समन्वय की सुगन्ध से महक उठा है।
2. इस ग्रन्थ में एक बहुत सुन्दर चर्चा यह आई है कि शिष्य को उपदेश का सच्चा फल जब प्राप्त होता है, जब वह व्यवहार नय और निश्चय नय को वस्तु स्वरूप से यथार्थ जानकर मध्यस्थ होता है। अर्थात् जब वह वस्तु के शुद्ध और अशुद्ध स्वरूप का ज्ञान प्राप्त कर लेता है।
3. सम्यग्ज्ञान के वर्णन में ज्ञान के आठ अंगों का जो वर्णन किया है, वह आज के समय की मौलिक आवश्यकता है। ज्ञान के प्रकार और ज्ञान की आराधना कैसे करना चाहिए, इस विषय को आज की शिक्षा संस्थाओं को भी समझना बहुत आवश्यक है।
4. हिंसा और अहिंसा का बहुत सुन्दर और सूक्ष्म विवेचन इस ग्रन्थ में किया गया है।
5. इस ग्रन्थ में मिथ्यादृष्टि जीव द्वारा हिंसा के बारे में जो युक्तियाँ प्रचलित हैं, उन सब मिथ्या युक्तियों का खंडन करते हुए अहिंसा का पाठ पढ़ाया गया है।
6. बारह तप, छह आवश्यक, व्रत, समिति, दश धर्म, बारह भावना, और बाईस परीषह—इन सब विषयों का वर्णन छोटी-छोटी परिभाषाओं द्वारा किया गया है, जिससे सभी श्रावक इन्हें आसानी से समझ सके।
7. विद्यालय, विश्वविद्यालयों के पाठ्यक्रम में इस ग्रन्थ को शामिल किया गया है। शिविर-संगोष्ठियों, शोधलेखों आदि में भी इस ग्रन्थ का अपना अलग स्थान है।
8. इस ग्रन्थ का श्रावकाचार के ग्रन्थों में महत्त्वपूर्ण स्थान है। ये सर्वाधिक पढ़ा जानेवाला मौलिक ग्रन्थ है।
9. अनेक भाषाओं में इस ग्रन्थ का अनुवाद हो चुका है। यह बहुत ही सरल भाषा में लिखा गया ग्रन्थ है।

ग्रन्थ का मुख्य विषय

पुरुषार्थसिद्ध्युपाय ग्रन्थ श्रावकाचार सम्बन्धी ग्रन्थ है। इसमें 226 पद्य और पाँच अधिकार हैं। यह ग्रन्थ आर्या छन्द में लिखा गया है। प्रारम्भ के आठ पद्यों में ग्रन्थ की उत्थानिका (प्रस्तावना) दी गयी है।

इस उत्थानिका में निश्चय नय और व्यवहार नय का स्वरूप एवं पुरुषार्थ-सिद्ध्युपाय का अर्थ बताया है।

निश्चय नय को भूतार्थ (सत्य) और व्यवहार नय को अभूतार्थ (असत्य) कहा है।

भूतार्थ अर्थात् भूत 'जो पदार्थ में पाया जावे' और अर्थ अर्थात् 'भाव'। पदार्थ में पाए जानेवाले भाव को जो प्रकाशित करे, उसे भूतार्थ कहते हैं। जैसे—सत्यवादी सत्य ही कहता है, कल्पना करके कुछ भी नहीं कहता। निश्चय नय आत्मा को शरीर से अलग मानता है, इसलिए निश्चय नय सत्यार्थ है।

अभूतार्थ नाम असत्यार्थ का है। अभूत अर्थात् जो पदार्थ में न पाया जावे और अर्थ अर्थात् भाव। जो अनेक प्रकार की कल्पना करके पदार्थ को प्रकाशित करे, उसे अभूतार्थ कहते हैं अर्थात् असत्य को सत्य सिद्ध करना। व्यवहार नय असत्यार्थ है।

जो शिष्य निश्चयनय और व्यवहारनय के पक्षपात से रहित होता है, वही उपदेश का सम्पूर्ण फल प्राप्त करता है।

उत्तम श्रोता का लक्षण यही है कि पहले व्यवहार निश्चय को भली प्रकार जानना चाहिए, फिर उसको यथायोग्य ग्रहण करना चाहिए, पक्षपात नहीं करना चाहिए।

1. सम्यग्दर्शन अधिकार

पुरुष अर्थात् आत्मा चेतना युक्त है, ज्ञान, दर्शन, सुखस्वरूप है, अमूर्तिक है और स्पर्श, गन्ध, रस, वर्ण से रहित है।

यदि आत्मा देव, गुरु धर्म आदि के प्रति शुभ भाव करता है तो शुभकर्म का बन्ध होता है, और उसके विपरीत अशुभ राग-द्वेष-मोह भाव करता है तो अशुभ कर्म का बन्ध होता है।

जो श्रावक मुनिधर्म का पालन नहीं कर सकते हैं, उनके लिए श्रावकधर्म का वर्णन किया गया है।

सर्वप्रथम श्रावक को अपनी शक्ति-अनुसार सम्यग्दर्शन, सम्यग्ज्ञान, सम्यक्चारित्र इन तीनों का पालन करना चाहिए, क्योंकि यही मोक्ष का मार्ग है।

इसमें भी सर्वप्रथम पूर्ण सावधानी से सम्यग्दर्शन को ग्रहण करना चाहिए, क्योंकि उसके बिना ज्ञान प्राप्त करने पर भी वह अज्ञानी ही कहलाता है।

जीव, अजीव आदि सात तत्त्वों का सच्चा श्रद्धान करना सम्यग्दर्शन है। सम्यग्दर्शन की शोभा जब होती है, तब जीव सम्यग्दर्शन के आठ अंगों (नि:शंकित आदि) का पालन करता है।

सम्यक्त्व के साथ जो ज्ञान होता है, उसे सम्यग्ज्ञान कहते हैं।

सम्यग्दर्शन ज्ञान के साथ जो आचरण होता है उसे सम्यक्चारित्र कहते हैं।

जिस प्रकार अंकरहित शून्य किसी भी कार्य में साधक नहीं होता, उसी प्रकार सम्यग्दर्शन के बिना ज्ञान और चारित्र भी किसी भी कार्य में साधक नहीं होते हैं।

2. सम्यग्ज्ञान अधिकार

सम्यग्ज्ञान का अर्थ है सही ज्ञान अर्थात् जो वस्तु जैसी है, उसे वैसी ही जानना सम्यग्ज्ञान है। सम्यग्ज्ञान प्राप्त होने पर तीन दोष नहीं होते हैं—

1. **संशय :** दो तरफा ज्ञान को संशय कहते हैं। जैसे—रात में किसी वस्तु को देखकर सन्देह करना कि ये रस्सी है या साँप है—ऐसे सन्देह युक्त ज्ञान को संशय कहते हैं।
2. **विपर्यय :** विपरीत रूप एकतरफा ज्ञान को विपर्यय कहते हैं। जैसे रस्सी है और उसे साँप समझ लेना। इस विपरीत रूप को ज्ञान विपर्यय कहते हैं।
3. **अनध्यवसाय (विमोह) :** 'कुछ है' बस इतना ही जानकर उसकी खोज न करना विमोह (अनध्यवसाय) है। जैसे—1. रस्सी हो या साँप हो, मुझे क्या करना। 2. हम आत्मा हैं या शरीर हैं, कुछ निर्णय न करना विमोह (अनध्यवसाय) है।

जिस ज्ञान में ये संशय, विपर्यय, विमोह दोष नहीं होते वह सम्यग्ज्ञान है।

सम्यग्ज्ञान को हम इन आठ अंगों के द्वारा अच्छी तरह से जान सकते हैं।

1. **शब्दाचार :** पहला अंग है शब्दाचार अर्थात् शुद्ध बोलना, शुद्ध लिखना। इसका अर्थ होता है, आप जो भी पढ़ें-लिखें, शुद्ध पढ़ें, शुद्ध लिखें। आज इस अंग की बहुत आवश्यकता है, क्योंकि लोग ज्ञान की सामग्री को छपाने पर तो

ध्यान देते हैं, पर शुद्धता पर ध्यान नहीं देते हैं।

2. **अर्थाचार :** दूसरा अंग है—अर्थाचार अर्थात् श्लोक, गाथा, सूत्र, पाठ आदि का शुद्ध अर्थ जानना, करना। प्राय: देखा जाता है, हम पूजन, पाठ, स्तोत्र आदि दूसरों के देखा-देखी या सुनकर पढ़ते रहते हैं, प्राय: रोज पढ़ते हैं, लेकिन उनके अर्थ से, भाव से परिचित नहीं हैं, अत: सम्यग्ज्ञान का दूसरा अंग कहता है कि जो भी पढ़ो, सोच-समझकर पढ़ो।

3. **उभयाचार :** शब्द और अर्थ दोनों का ही पूर्ण ज्ञान होना उभयाचार अंग है—सूत्र, पाठ, श्लोक आदि शुद्ध पढ़ो और अर्थ समझकर पढ़ो। ये बात सम्यग्ज्ञान का तीसरा अंग कहता है।

4. **कालाचार :** सन्ध्याकाल (सूर्योदय, सूर्यास्त, मध्याह्न और मध्यरात्रि, इनके पहले और पीछे का मुहूर्त्त सन्ध्याकाल है।) को छोड़कर शेष के उत्तम कालों में पठन-पाठन, स्वाध्याय करने को कालाचार कहते हैं। सन्ध्याकाल के प्रथम तथा अन्तिम दो घड़ी में, सिद्धान्त के ग्रन्थों का पठन-पाटन करना वर्जित है। स्तोत्र, आराधना, धर्म कथा आदि के ग्रन्थ पढ़ सकते हैं।

5. **विनयाचार :** पूर्ण आदर और विनय के साथ स्वाध्याय करना विनयाचार अंग है। जिनवाणी के प्रति, गुरुओं के प्रति पूर्ण आदर एवं श्रद्धा-विनय रखना चाहिए। स्वाध्याय करने के बाद जिनवाणी को यथास्थान सम्मान के साथ रखना चाहिए।

6. **उपधानाचार :** याद करने के बाद भूलना नहीं चाहिए। जो याद किया हो, बार-बार उसका अभ्यास करना चाहिए। उपधान (स्मरणपूर्वक) सहित ज्ञान की आराधना करना उपधानाचार अंग है।

7. **बहुमानाचार :** ज्ञान की पुस्तक, शास्त्र आदि का तथा पढ़ानेवाले गुरु का बहुत आदर करना बहुमानाचार अंग है।

वर्तमान समय में ये अंग गायब ही हो गये हैं। श्रावक, शिष्य, विद्यार्थी और बच्चे, सभी लोग गुरु और पुस्तक का आदर करना तो भूल ही गये हैं। मात्र दोष ही शिक्षकों के देखते रहते हैं। भारतीय शिक्षा पद्धति के पतन होने का कारण भी यही है कि हमें ज्ञान का, गुरुओं का बहुमान नहीं है। हमें शिक्षकों का सम्मान करना चाहिए, बहुमान करना चाहिए, जिनवाणी की कीमत पहचानना चाहिए।

8. **अनिह्नवाचार :** (ज्ञान को छिपाना) जिस शास्त्र अथवा गुरु से जो ज्ञान प्राप्त हुआ है, उसे छिपाना नहीं चाहिए। जिनवाणी को भी छिपाकर या बिना सूचना दिए घर नहीं लाना चाहिए। इन सब कार्यों से सम्यग्ज्ञान में दोष लगता है।

इस प्रकार सम्यग्ज्ञान को इन आठ अंगों के साथ ग्रहण करना चाहिए।

पाठकगण को, वर्तमान शिक्षा पद्धति को और सभी श्रावकों को इन आठ अंगों पर अवश्य ध्यान देना चाहिए।

3. सम्यक्चारित्र अधिकार

सम्यग्दर्शन से जिन्होंने दर्शनमोह का नाश कर दिया है, सम्यग्ज्ञान से जिन्होंने सात तत्त्वों को जान लिया है, ऐसे दृढ़चित्त वाले पुरुषों को सम्यक्चारित्र ग्रहण करना चाहिए।

हिंसा, झूठ, चोरी, कुशील और परिग्रह के सर्वदेश तथा एकदेश त्याग से चारित्र दो प्रकार का होता है—

- **सर्वदेश त्याग (सकल चारित्र) :** मुनि महाराज के होता है।
- **एकदेश त्याग (विकल चारित्र) :** श्रावक के होता है।

अहिंसा

कषाय के कारण 'अपने' और 'पर' के प्राणों का घात करना हिंसा है। रागादि भावों का न होना अहिंसा है। रागादि भावों की उत्पत्ति होना हिंसा है।

जैन सिद्धान्त का सार इतना ही है कि धर्म का लक्षण अहिंसा है, इसलिए रागादि भावों का नाश करना चाहिए। रागादि भावों के न रहने पर सन्त पुरुषों से प्राणों द्वारा हिंसा नहीं होती है। रागादि भावों के कारण हम कोई भी क्रिया करते हैं, जिससे जीव मरे अथवा न मरे, तब भी हमें हिंसा अवश्य होती है।

हिंसा शब्द का अर्थ घात करना है। यह घात दो प्रकार का है—

1. आत्मघात, 2. परघात।

जिस समय आत्मा में कषाय भावों की उत्पत्ति होती है, उसी समय आत्मघात हो जाता है। आत्मघात और परघात दोनों ही हिंसा है।

हिंसा के त्याग का अभाव होना अर्थात् हिंसा करने का त्याग नहीं होना भी हिंसा ही है। परजीव के घातरूप हिंसा दो प्रकार की है—

1. जिस समय जीव हिंसा तो नहीं करता, लेकिन अंतरंग में हिंसा करने का त्याग नहीं करता, उस हिंसा को अविरमणरूप हिंसा कहते हैं।

2. जिस समय जीव परजीव के घात में मन से, वचन से अथवा काय से कार्य करता है, उसे परिणमनरूप हिंसा कहते हैं।

परिणामों की निर्मलता के लिए सर्व हिंसा का त्याग करना चाहिए।

हिंसा और अहिंसा कब होती है, इसका बहुत सुन्दर वर्णन इस ग्रन्थ में किया गया है। यथा—

1. एक जीव हिंसा न करते हुए भी हिंसा के फल को भोगता है। दूसरा जीव हिंसा करता है फिर भी हिंसा के फल को नहीं भोगता है।

2. कोई जीव तीव्र कषाय के कारण थोड़ी भी हिंसा करता है, तो वह हिंसा भविष्य में जीव को बहुत अशुभ फल देती है। जबकि दूसरा जीव ज्यादा हिंसा करता है, परन्तु उस हिंसा में उदासीन रहता है, उसकी कषाय कम होती है, तब जीव को भविष्य में हिंसा का फल कम ही मिलता है।

3. दो पुरुष बाह्य हिंसा एक साथ करते हैं तो उस हिंसा में जिसने तीव्र कषाय से हिंसा की, उसे तीव्रफल प्राप्त होता है और जिसने मन्दकषाय से हिंसा की उसे मन्दफल प्राप्त होता है।

4. हिंसा कषाय भाव के अनुसार ही फल देती है। अर्थात् किसी जीव को हिंसा का फल पहले ही मिल जाता है, किसी को करते-करते मिलता है और किसी को कर लेने के बाद हिंसा का फल मिलता है।

5. कभी एक पुरुष हिंसा करता है, परन्तु फल भोगनेवाले बहुत होते हैं। और कभी अनेक पुरुष हिंसा करते हैं, परन्तु हिंसा का फल भोगनेवाला एक ही पुरुष होता है।

अतः यथार्थ रीति से हिंसा-अहिंसा को समझकर पुरुषों को अपनी शक्ति अनुसार हिंसा करने का त्याग करना चाहिए। जो व्यक्ति हिंसा का त्याग करना चाहते हैं, उन्हें सबसे पहले मद्य (शराब), मांस, मधु (शहद) और पाँच उदुम्बर फलों का सेवन अवश्य छोड़ देना चाहिए।

मद्यपान (शराब) के दोष

शराब मन को मोहित करती है, शराब पीने के बाद कुछ होश नहीं रहता और मोहित मनवाला मनुष्य धर्म को भूल जाता है, जिससे वह बेधड़क होकर हिंसादि पाप करता है।

शराब बहुत सारे एकेन्द्रियादि जीवों का उत्पत्ति-स्थान है, इसलिए जो शराब का सेवन करता है, उसके द्वारा उन जीवों की हिंसा अवश्य हो जाती है।

शराब पीने से अभिमान, भय, घृणा, हास्य, शोक, काम, क्रोधादि जितने हिंसा के भेद हैं, वे सभी तीव्ररूप से होते हैं।

मांस भक्षण के दोष

प्राणियों का घात किए बिना मांस की उत्पत्ति नहीं मानी जा सकती, इसलिए मांस खानेवाले पुरुष को अनिवार्यरूप से हिंसा होती है।

मरे हुए जीवों में भी अनेक प्रकार के निगोदिया जीव रहते हैं, अतः मांस का भक्षण और मांस को हाथ वगैरह से स्पर्श कर दूसरा शुद्ध भोजन भी ग्रहण नहीं करना चाहिए। जहाँ मांस हो वहाँ भी भोजन नहीं करना चाहिए।

मधुसेवन के दोष

मधु अर्थात् शहद की एक बूँद के सेवन में असंख्य मधुमक्खियों की हिंसा होती है, इसलिए जो मूर्ख मनुष्य शहद का भक्षण करता है, वह अत्यन्त हिंसा करनेवाला होता है। मधु, मद्य, मांस, मक्खन—इन चार पदार्थों का भक्षण कभी नहीं करना चाहिए।

ऊमर, कठूमर, पाकर (अंजीर), बड़ के फल और पीपल वृक्ष के फल त्रस जीवों की खान हैं। इनके भक्षण में त्रस जीवों की हिंसा होती है। इसलिए इनका भी त्याग करना चाहिए।

हिंसा का त्याग दो प्रकार से होता है। एक तो सर्वथा त्याग है, वह मुनिधर्म में होता है। किन्तु यदि सर्वथा त्याग न बन सके, तो त्रसजीवों की हिंसा का त्याग करके श्रावक धर्म ग्रहण करना चाहिए।

मिथ्यादृष्टि अनेक युक्तियों से हिंसा में धर्म बताते हैं, इनसे श्रावकों को सावधान रहना चाहिए। यथा—

1. यज्ञादि में धर्म के निमित्त से हिंसा करने में कोई दोष नहीं है—यह सोचकर हिंसा नहीं करना चाहिए।

2. देव, देवी, क्षेत्रपाल, काली, चंडी, चामुंडी इत्यादि के लिए हिंसा करना, इसका भी निषेध करना चाहिए।

3. अपने गुरु (बॉस) के लिए भी बकरा, मुर्गा आदि किसी प्राणी की हिंसा नहीं करना चाहिए।

4. अन्न के आहार में तो बहुत जीव मरते हैं, इसलिए एक बड़ा जीव मारकर भोजन करना, ऐसा सोचना भी हिंसा ही है।

5. दूसरे जीवों को काटनेवाले, मारनेवाले जीव सर्प, बिच्छू, सिंह, मच्छर इत्यादि हिंसक जीवों को मार डालने से बहुत से जीव बच जाते हैं, इसलिए इन्हें मारने में पाप नहीं है—ऐसा जानकर उन हिंसक जीवों का घात नहीं करना

चाहिए। यह भी हिंसा ही है।

6. शिकारी, चिड़ीमार, बाज बहुत जीवों को मारनेवाले हैं, यदि ये पापी जीव जीते रहेंगे, तो बहुत पाप उत्पन्न करेंगे—ऐसा सोचकर इन जीवों को भी नहीं मारना चाहिए।

7. ध्यान समाधि में लीन गुरुको उच्च पद प्राप्त हो जाएगा, ऐसी इच्छा करके गुरु को मारना भी हिंसा ही है।

8. पिंजरे में कैद पक्षी को मुक्त करने की तरह आत्मा को भी शरीर से मुक्त कर देना चाहिए—ऐसा सोचकर शरीर नष्ट कर देना हिंसा ही है।

रात्रिभोजन त्याग : रात में भोजन करनेवाले जीव को हिंसा अवश्य होती है, इसलिए हिंसा के त्यागियों को रात्रिभोजन का त्याग अवश्य ही करना चाहिए।

रात्रिभोजन करने की अपेक्षा रात्रि में भोजन बनाने में बहुत अधिक हिंसा होती है। अहिंसाव्रत पालन करनेवाले को प्रथम ही इसका त्याग करना चाहिए। खासतौर से बाजार के बने हुए पदार्थों का तो बिलकुल ही त्याग करना चाहिए।

रात्रिभोजन-त्याग के बिना अहिंसाव्रत की सिद्धि नहीं होती, इसलिए इसे अहिंसाणुव्रत में लेते हैं।

इस प्रकार हिंसा के सूक्ष्म रूप को जानकर सर्वप्रथम हिंसा का पूर्णरूप से त्याग करना चाहिए।

सत्यव्रत

सत्यवचन के अन्तर्गत निन्दनीय, पापयुक्त, अवद्य (झूठे) और अप्रिय वचन सम्मिलित हैं।

निन्दनीय, हास्यजनक, कठोर, झूठे और शास्त्रविरुद्ध वचन हैं, वे सभी निन्दनीय वचन कहे गये हैं।

छेदना, भेदना, मारना, शोषण करना, व्यापार या चोरी आदि के वचन पापयुक्त वचन हैं।

जो वचन अप्रिय हों, भय उत्पन्न करनेवाले, दुख देनेवाले, दुश्मनी और कलह करानेवाले, कलह कारक हों और अनेक प्रकार के दुख उत्पन्न करनेवाले हों, वे सभी वचन अप्रिय वचन हैं।

इन सभी प्रकार के झूठे वचन बोलने में हिंसा अवश्य होती है। हिंसा प्रमाद से होती है। अत: जीवों को यथाशक्ति असत्य भाषण का त्याग करना चाहिए।

अचौर्यव्रत

प्रमाद–कषाय के योग से बिना दिए हुए स्वर्ण–वस्त्रादि परिग्रह ग्रहण करना चोरी है, और वही वध का कारण होने से हिंसा है। चोरी करने में हिंसा होती है।

ब्रह्मचर्यव्रत

स्त्री, पुरुष, नपुंसक से रागभाव के कारण मैथुन (कामसेवन) करना कुशील है। कुशील में हिंसा उत्पन होती है, कुशील करने और करानेवालों के सर्वत्र हिंसा ही होती है।

कोई जीव मोह के कारण अपनी स्त्री को छोड़ने में समर्थ नहीं हो, तो उन्हें बाकी समस्त स्त्रियों का सेवन करने का त्याग करना चाहिए।

परिग्रहपरिमाणव्रत

मूर्च्छा ही परिग्रह है। मोह के उदय से उत्पन हुआ परिणाम ही मूर्च्छा है। परिग्रह के दो प्रकार हैं—अन्तरंग परिग्रह, बाह्य परिग्रह। दोनों प्रकार के परिग्रह का त्याग ही परिग्रह परिमाणव्रत है।

इस प्रकार पाँचों पापों के त्याग सहित पाँच अणुव्रत (अहिंसा, सत्य, अचौर्य, ब्रह्मचर्य, अपरिग्रह) तथा रात्रिभोजन के त्याग करने के बाद गुणव्रत और शिक्षाव्रतों का पालन करना चाहिए। जिस प्रकार परकोटा नगर की रक्षा करता है, उसी प्रकार तीन गुणव्रत (दिक्व्रत, देशव्रत, अनर्थदण्डव्रत) और चार शिक्षाव्रत (सामायिक, प्रोषधोपवास, अतिथिसंविभाग, भोगोपभोगपरिमाण) अहिंसा आदि पाँच व्रतों की रक्षा करते हैं। इसका विस्तार से वर्णन हम 'रत्नकरण्ड श्रावकाचार' में लिख चुके हैं। (देखें पृष्ठ 112–120 तक)

4. सल्लेखना अधिकार

इस अधिकरण में सल्लेखना का वर्णन बहुत सुन्दर ढंग से किया गया है। सल्लेखना का वर्णन पूर्व में लिख चुके हैं, (देखें पृष्ठ 120–121) इस कारण हम यहाँ इसका विस्तृत वर्णन नहीं कर रहे, परन्तु जो श्रावक सल्लेखना को गहराई से जानना चाहते हैं, वे इस ग्रन्थ का अध्ययन अवश्य करें। सल्लेखना के साथ–साथ सम्यग्दर्शन, पाँच अणुव्रत, तीन गुणव्रत और चार शिक्षाव्रतों के पाँच–पाँच अतिचारों का भी वर्णन इस अध्याय में हुआ है। सल्लेखना के लिए इन अतिचारों को भी समझना आवश्यक है।

5. सकलचारित्र अधिकार

इस अध्याय में मुनियों के व्रत और चारित्र का वर्णन किया गया है। सम्यक्चारित्र में तप को विशेष स्थान दिया गया है। जैन सिद्धान्त में मोक्ष का कारण तप को कहा है। तप एक प्रकार का व्यवहार चारित्र है। तपश्चरण के बिना निश्चय सम्यक्चारित्र की प्राप्ति नहीं होती, इसलिए मोक्ष के इच्छुक साधक को यथाशक्ति तप करना चाहिए। तप के दो प्रकार हैं—1. बहिरंग तप, 2. अन्तरंग तप।

बहिरंग तप

1. **अनशन तप :** उपवास करना (चारों प्रकार के आहार का पूर्ण त्याग करना)।
2. **अवमौदर्य तप :** एकासन करना, भूख से कम खाना।
3. **विविक्त शय्याशन :** ऐसे एकान्त स्थान में रहना, जहाँ जीवों का आना-जाना न हो। वहाँ पर ध्यानाध्ययन और ब्रह्मचर्य का पालन होता है।
4. **रसत्याग :** दूध, दही, घी, शक्कर, तेल, इन पाँच रस रहित नमक और हरी वस्तुओं का त्याग निर्धारित दिन के अनुसार करना।
5. **कायक्लेश :** शरीर को परिषह उत्पन्न होने पर (मच्छर, मक्खी आदि द्वारा) पीड़ा सहन करना।
6. **वृत्तिसंख्या :** नियम लेकर भोजन करना।

अन्तरंग तप

1. **विनय :** विनय करना, पूज्य, सम्माननीय व्यक्तियों में आदरभाव रखना। विनय के दर्शन, ज्ञान, चारित्र और उपचार—ये चार प्रकार हैं।
2. **वैयावृत्य :** गुरु आचार्य, उपाध्याय, साधु, त्यागीव्रती, श्रावक आदि की सेवा करना, रोग हो जाने पर शुद्ध औषधि द्वारा उपचार कराना।
3. **प्रायश्चित :** प्रमाद से जो दोष लगा हो, उसको गुरु के सामने प्रगट कर गुरु द्वारा दिए गये दंड को स्वीकार कर भविष्य में पुनः दोष न करने की प्रतिज्ञा करना।
4. **उत्सर्ग :** शरीर में ममत्व (मोह) का त्याग करना, अंतरंग परिग्रह, क्रोध आदि कषायों का त्याग करना।
5. **स्वाध्याय :** चारों अनुयोगों का श्रद्धान करना।

6. **ध्यान :** एकाग्रचित्त होकर समस्त आरम्भ-परिग्रह से मुक्त होकर पंचपरमेष्ठी और आत्मा का ध्यान करना।

छह आवश्यक

मुनिराज को ये छह कार्य प्रतिदिन करने चाहिए—

1. **समता :** समस्त जीवों पर समताभाव की साधना करना।
2. **स्तवन :** तीर्थंकर भगवान के गुणों का कीर्तन करना, स्तुति करना।
3. **वन्दना :** पंच परमेष्ठी को प्रत्यक्ष-परोक्षरूप से साष्टांग नमस्कार करना।
4. **प्रतिक्रमण :** अपने दोषों का पश्चात्ताप करना।
5. **प्रत्याख्यान :** जो रत्नत्रय में विघ्न उत्पन्न करनेवाले कार्य हैं, उन्हें मन-वचन-काय से रोकना और उनका त्याग करना।
6. **व्युत्सर्ग :** शरीर का ममत्व छोड़कर विशेष प्रकार के आसन पूर्वक ध्यान करना।

तीन गुप्तियाँ

गुप्ति का अर्थ रोकना है। ये तीन हैं—

1. **मनोगुप्ति :** मन की चंचलता रोकना।
2. **वचनगुप्ति :** मौन धारण करना।
3. **कायगुप्ति :** शरीर की क्रिया रोकना, निश्चल होना।

पाँच समितियाँ

1. **ईर्या समिति :** सावधानी से देखभाल कर गमन-आगमन करना।
2. **भाषा समिति :** हित, मित और असन्देहरूप वचन बोलना।
3. **एषणा समिति :** छियालीस दोष, बत्तीस अन्तराय टालकर श्रावक के घर आहार लेना।
4. **आदाननिक्षेपण समिति :** पुस्तक, पीछी और कमंडल आदि को सँभालकर उठाना, रखना।
5. **प्रतिष्ठापना समिति :** दृष्टि से देखकर, पीछी से पोंछकर मल, मूत्र, कफ आदि को भूमि पर त्यागना।

दश धर्म

1. **उत्तम क्षमा :** क्रोध का त्याग करके क्षमा धारण करना।
2. **उत्तम मार्दव :** मान कषाय का त्याग करके, कोमलता ग्रहण करना।
3. **उत्तम आर्जव :** मायाचार का त्याग कर, सरलता ग्रहण करना।
4. **उत्तम सत्य :** अप्रिय, निन्दनीय कपटी वचन नहीं बोलना।
5. **उत्तम शौच :** शुद्धि ग्रहण करना। बाह्य शुद्धि और अंतरंग शुद्धि ये दो प्रकार की शुद्धियाँ हैं।
6. **उत्तम संयम :** पंचेन्द्रियों के विषयों और मन के विषय को रोकना, छहकाय जीवों की हिंसा नहीं करना।
7. **उत्तम तप :** आत्मा की प्राप्ति के लिए बारह प्रकार का तप करना।
8. **उत्तम त्याग :** क्रोध, मान, माया, लोभ कषायों का त्याग करना।
9. **उत्तम आकिंचन्य :** वस्तुओं में अपनत्व का त्याग करना। चौबीस प्रकार के परिग्रह का त्याग करना।
10. **उत्तम ब्रह्मचर्य :** आत्मा में लीन होकर पूर्ण ब्रह्मचर्य का पालन करना।

बारह भावना

बारह भावनाओं का विस्तृत वर्णन छहढाला ग्रन्थ में है (देखें पृष्ठ 145–146)। बारह भावनाएँ वैराग्य की जननी हैं, इनके चिन्तन करने से वैराग्य की पुष्टि होती है। इनका सदैव चिन्तन करना चाहिए।

बाईस परीषह

बाईस परीषह को मुनिराज सदा शान्तिपूर्वक सहन करते हैं। वे आत्मस्वरूप में लीन होकर विचार करते हैं कि चारों गतियों में भ्रमण करते हुए भूख, प्यास, सर्दी, गर्मी इन बाधाओं के निराकरण के लिए मैंने बहुत समय व्यतीत कर लिया है। तीन लोक का अनाज खाकर भी, समुद्र का जल पीकर भी यह क्षुधा, तृषा कम नहीं हुई है।

अत: वे शान्त परिणाम भावों से परीषह सहन करते हैं—

1. **क्षुधा** (भूख)
2. **तृषा** (प्यास)
3. **शीत** (सर्दी)

4. **उष्ण** (गर्मी)
5. **नग्न परिषह :** सभी वस्त्रों का त्यागकर मुनिराज नग्न मुद्राधारी बनकर आत्मा में लीन रहते हैं।
6. **याचना परीषह :** अयाचक व्रतधारी मुनिराज किसी से भी कुछ माँगते नहीं हैं। दिन, महीने, वर्षों तक आहार न मिलने पर भी वे याचना नहीं करते हैं।
7. **अरति परीषह :** इष्ट, अनिष्ट पदार्थों के मिलने पर भी मुनिराज सुखी, दुखी नहीं होते हैं। समता धारण करते हैं।
8. **अलाभ परीषह :** साधु अनेक उपवास करने के बाद भी पारणा के दिन निर्दोष आहार नहीं मिलने पर भी दुखी नहीं होते, वे लाभ, अलाभ दोनों में समान भाव रखते हैं।
9. **दंशमशक परीषह :** डांस, मच्छर, चींटी, मकोड़ा, केंचुए का डंक आदि पीड़ा समता भाव से सहन करते हैं।
10. **आक्रोश परीषह :** जो प्राणी मुनियों की निन्दा करते हों, गाली, अपशब्द कहते हों, मुनिराज उन पर भी क्रोध नहीं करते हैं। समता से आक्रोश परीषह सहन करते हैं।
11. **रोग परीषह :** शरीर में रोग हो जाने पर मुनिराज दुख व्यक्त नहीं करते, समता से उस रोग को सहन करते हैं।
12. **मल परीषह :** शरीर के प्रति ध्यान न देकर (पसीना, दुर्गन्ध आदि होने पर) आत्मा में लीन रहते हैं।
13. **तृणस्पर्श परीषह :** तृण, कंकड़, फाँस इत्यादि चुभने पर भी मुनिराज आकुल नहीं होते। निजस्वरूप में लीन रहते हैं।
14. **अज्ञान परीषह :** महान तप करने पर भी यदि श्रुत का पूर्ण ज्ञान नहीं हो, अवधि ज्ञान, मन:पर्यय ज्ञान उत्पन्न न हो, तो भी दुखी नहीं होते हैं।
15. **अदर्शन परीषह :** मुनिराज सम्यग्दर्शन में दोष नहीं लगाते, वे तप संयम में अचल रहते हैं।
16. **प्रज्ञा परीषह :** मुनिराज अत्यन्त ज्ञानी होने पर भी गर्व नहीं करते हैं।
17. **सत्कार-पुरस्कार :** मुनिराज आदर-सम्मान की इच्छा नहीं रखते।
18. **शय्या परीषह :** स्वर्ण, रत्नादिक महल और कोमल सुन्दर शय्या का त्याग रखते हैं।

19. **चर्य्या परीषह :** चार हाथ जमीन देखकर मुनिराज (ईर्यापथ) शोधते हुए चलते हैं।
20. **वध परीषह :** प्राणघातक उपसर्ग होने पर भी वे उसे समता भाव से सहन करते हैं।
21. **निषद्या परीषह :** मुनिराज सकल परिग्रह का त्याग कर घनघोर जंगल, अटवी, वन, श्मशान भूमि में निवास करते हैं, वहाँ उपसर्ग को सहन करते हुए निषद्या परीषह सहन करते हैं।
22. **स्त्री परीषह :** मुनिराज स्त्री के शरीर को महामलिन दुर्गति का कारण जानकर उससे कभी अनुराग नहीं रखते हैं।

इस प्रकार बाईस परीषहों को मुनिराज निरन्तर सहन करते हैं। सहन क्या करते हैं, अपनी अध्यात्मविद्या के बल पर इन परिषहों पर विजय प्राप्त करते हैं। यही कारण है कि इन्हें परिषहजय कहते हैं।

मुनिराज के तो रत्नत्रय पूर्णरूप से हैं, किन्तु गृहस्थ श्रावक सम्पूर्ण रत्नत्रय का पालन नहीं कर सकता, इसलिए उसे इनका एकदेश पालन करना चाहिए, क्योंकि रत्नत्रय ही मुक्ति का कारण है। मुनि का रत्नत्रय महाव्रत के योग से साक्षात् मोक्ष का कारण है और श्रावक का रत्नत्रय अणुव्रत के योग से परम्परा से मोक्ष का कारण है, अर्थात् जिस श्रावक को सम्यग्दर्शन हो जाता है, उसका अल्पज्ञान भी सम्यग्ज्ञान और अणुव्रत का पालन भी सम्यक्चारित्र कहा जाता है, इसलिए रत्नत्रय का धारण करना अत्यावश्यक है।

विवेकी पुरुष गृहस्थ दशा में ही मोक्षमार्ग के लिए प्रयत्न करते हैं, वे अवसर पाकर शीघ्र मुनिपद धारण कर लेते हैं। वे सकल परिग्रह का त्याग कर ध्यान में रहकर पूर्ण रत्नत्रय प्राप्त कर मोक्ष की प्राप्ति कर लेते हैं।

इस प्रकार इस लघु ग्रन्थ में श्रावक धर्म का सरलता से वर्णन किया है, जिससे श्रावक आसानी से समझकर आत्मा के स्वरूप को जानकर व्यवहार में रत्नत्रय धर्म को धारण कर निश्चित ही मोक्ष-लक्ष्मी को प्राप्त कर सकता है।

छहढाला

ग्रन्थ के नाम का अर्थ

'छहढाला' का अर्थ है, छह ढालों से युक्त। जिस प्रकार युद्ध में तलवार आदि के वार से रक्षा के लिए ढाल लगाई जाती है, उसी प्रकार जो कर्म-शत्रुओं के वार से हमारी रक्षा करते हैं, उन्हें ढाल कहते हैं। ये यहाँ छह अध्यायों में वर्णित हैं, इसलिए इस ग्रन्थ का नाम 'छहढाला' रखा गया है।

दूसरा कारण यह भी है कि इसमें छह प्रकार की लय (छन्द) होने से भी इसे छहढाला कहते हैं।

ग्रन्थकार का परिचय

'छहढाला' ग्रन्थ की रचना कविवर पंडित दौलतराम जी ने की है। इनका जन्म व्रिक्रम संवत् 1855-1856 के मध्य हुआ था। कवि दौलतराम लब्धप्रतिष्ठ कवि थे। ये हाथरस के निवासी और पल्लीवाल जाति के थे।

छहढाला हिन्दी ब्रज भाषा में लिखा गया सबसे लोकप्रिय और प्रसिद्ध ग्रन्थ है। छहढाला के अतिरिक्त इनकी रचना 'दौलत-विलास' भी उपलब्ध होती है जिसमें लगभग 125 आध्यात्मिक भजन (पद) हैं।

ग्रन्थ का महत्त्व

1. छहढाला ग्रन्थ वैराग्य को बढ़ानेवाला एवं शान्तरस प्रधान ग्रन्थ है।
2. यह ग्रन्थ इतना महत्त्वपूर्ण है कि विद्वान इसकी तुलना आचार्य कुन्दकुन्द के महान आध्यात्मिक ग्रन्थ 'समयसार' से करते हुए इसे 'लघु समयसार' कहते हैं।
3. यह एक ऐसा महत्त्वपूर्ण ग्रन्थ है, जिसमें सभी प्रयोजनभूत विषय समाहित

हो गये हैं। जैसे—चारों गतियों के दुख, अध्यात्म, वैराग्य-चिन्तन, छह द्रव्य, सात तत्त्व, ध्यान, योग, श्रावक एवं श्रमण (मुनि) का चारित्र।

4. इस ग्रन्थ में नरक गति से लेकर मोक्ष अवस्था तक की सम्पूर्ण यात्रा का वर्णन है।
5. दुख क्या है? दुख के कारण क्या हैं? और दुख से छूटने के उपाय क्या हैं? इन तीनों विषयों को बहुत अच्छे से इस ग्रन्थ में समझाया है।
6. श्रावकों के स्वाध्याय के लिए यह ग्रन्थ सबसे पहला, सरल एवं महत्त्वपूर्ण माना जाता है।
7. शिविर, कक्षाएँ, सेमिनार और संगोष्ठियों में सर्वप्रथम 'छहढाला' ग्रन्थ को ही पढ़ाया जाता है।
8. विदेशों में भी इस ग्रन्थ को बहुत पढ़ाया जाता है।

ग्रन्थ का मुख्य विषय

छहढाला में छह ढाल (अध्याय) हैं और उनमें कुल मिलाकर 96 छन्द हैं—

पहली ढाल में 17 छन्दों में नरक, तिर्यंच, मनुष्य और देव—चारों गतियों और निगोद के दुखों का वर्णन है।

दूसरी ढाल में 15 छन्दों में मिथ्यादर्शन-ज्ञान-चारित्र का वर्णन है।

तीसरी ढाल में 17 छन्दों में सात तत्त्वों और सम्यग्दर्शन का परिचय है।

चौथी ढाल में 15 छन्दों में सम्यग्ज्ञान और सम्यक्चारित्र का परिचय है।

पाँचवीं ढाल में 15 छन्दों में बारह भावनाओं का परिचय मिलता है।

छठी ढाल में 15 छन्दों में सकल चारित्र और मोक्ष अवस्था का वर्णन है।

पहली ढाल

सबसे पहले मंगलाचरण में वीतराग-विज्ञानता को नमस्कार किया है, जो तीनों लोकों में सार है, आनन्द और मोक्ष देनेवाली है।

इसके बाद कहा है कि तीनों लोकों के सभी अनन्त प्राणी सुख चाहते हैं और दुखों से डरते हैं, अतः जो प्राणी अपना कल्याण करना चाहते हैं, उन्हें मन से गुरु की सुख देनेवाली और दुख दूर करनेवाली शिक्षा को सुनना चाहिए।

संसार में प्रत्येक प्राणी अनादिकाल से चारों गतियों में भटक रहा है, और अनेक दुख सहन कर रहा है। वह अनादिकाल से निगोद में एक श्वास में अठारह बार जन्म लेता है और अठारह बार मरता है। इस तरह अनन्त दुखों को सहते हुए

जीव निगोद से निकलकर पृथ्वी, जल, अग्नि, वायु और वनस्पति (स्थावर) में जन्म लेकर अनेक दुख सहता है।

जैसे—चिन्तामणि रत्न बहुत कठिनाई से मिलता है, उसी तरह जीव को त्रसपर्याय (दो इन्द्रिय से पाँच इन्द्रियवाले जीव) कठिनाई से मिलती है। परन्तु वहाँ भी यह जीव, चींटी और भौंरा इत्यादि शरीर धारण कर दुख सहते हुए मर जाता है। कभी पंचेन्द्रिय पशु जैसे गाय, भैंस, बैल, हिरण, शेर भी होता है, तो अज्ञानी होता है। वह कभी अपने से निर्बल प्राणी को खाता है, तो कभी बलवान पशु उसे खा लेते हैं। कभी भूख, प्यास, ठण्ड, गर्मी, बाँधा जाना, मारा जाना, छेदा जाना और बोझा ढोना आदि अनेक कष्ट सहन करते हुए बुरे भावों से यह जीव मर जाता है और नरक गति में जन्म लेता है।

नरक गति में भूमि का स्पर्श करने मात्र से इतना अधिक दुख होता है कि एक साथ हजार बिच्छु डंक मारें तो भी उतना दुख नहीं होता। नरकों में वैतरणी नामक नदी बहती है। जो छोटे-छोटे कीड़ों के समूह से, पीप और खून से भरी होती है। जिसके कारण शरीर में तीव्र आग उत्पन्न होती है। नरकों में तलवार की धार के समान काटनेवाले सेमर के वृक्ष हैं। वहाँ सर्दी और गर्मी इतनी अधिक होती है कि सुमेरु पर्वत के बराबर लोहे का गोला भी गल जाता है। नरक में नारकी प्राणी एक-दूसरे के शरीर के तिल के दाने के बराबर टुकड़े कर देते हैं। असुर जाति के देव एक-दूसरे को लड़ाते रहते हैं। वहाँ भूख और प्यास बहुत ज्यादा लगती है, परन्तु नरक में खाने-पीने के लिए कुछ भी नहीं मिलता है। जीव को नरक के दुख करोड़ों वर्षों तक सहन करना पड़ता है।

शुभ कर्म के उदय से जीव को मनुष्य गति मिल जाती है। परन्तु मनुष्य गति में भी जीव को नौ महीने तक माता के गर्भ में रहने पर और जन्म के समय बहुत अधिक कष्ट उठाना पड़ता है। बचपन में ज्ञान नहीं होने से, जवानी में धन और स्त्री में लीन होने से और वृद्धावस्था में दुर्बल होने के कारण जीव कभी भी अपनी आत्मा का स्वरूप नहीं जान पाता है।

देवगति प्राप्त करने के बाद भी पाँचों इन्द्रियों के विषयों की अग्नि में जलकर और मरते समय रो-रोकर अनेक दुख सहन करना पड़ता है। यदि वैमानिक देव (उच्च श्रेणी के देव) भी होता है, तो सम्यग्दर्शन धारण नहीं करता, इसलिए अनेक दुख प्राप्त करता है।

इस प्रकार जीव सम्यग्दर्शन के बिना चारों गतियों में भटकता रहता है।

दूसरी ढाल

मिथ्यादर्शन, मिथ्याज्ञान और मिथ्याचारित्र ही जीव को चारों गतियों में भटकाने और जन्म-मरण के दुख देनेवाले हैं। इन तीनों के दो प्रकार हैं—

1. अगृहीत मिथ्यात्व, 2. गृहीत मिथ्यात्व।

1. अगृहीत मिथ्यात्व– जो मिथ्याभाव जीव के साथ पहले से ही चला आ रहा है, उसे अगृहीत मिथ्यात्व कहते हैं।

जैसे—मिथ्यादृष्टि जीव आत्मा और शरीर को एक ही मानता है। अपने आप को सुखी, दुखी, गरीब और अमीर मानता है। धन, वैभव, मकान, स्त्री और पुत्र को अपना मानता है। अपने आप को बलवान, निर्बल, सुन्दर और कुरूप समझता है। जो राग-द्वेष, दुख और सुख देनेवाले हैं, उन्हीं में अपना सुख और दुख मानता है। शरीर के उत्पन्न होने पर अपना जन्म और शरीर का विनाश हो जाने पर अपना मरण मानता है।

जीव मिथ्यादर्शन के प्रभाव से अपने आत्मस्वरूप को भूल जाता है।

मिथ्याज्ञान के कारण जीव अपनी आत्मा की शक्ति को भूल जाता है, वह अपनी इच्छाओं को नहीं रोकता है। वह मोक्ष के स्वरूप को नहीं मानता है। तप, पूजन, अध्ययन को वह दुखदायक मानता है।

मिथ्यादर्शन, मिथ्याज्ञान के कारण जीव पाँचों इन्द्रियों के विषयों की इच्छापूर्ति में ही लगा रहता है, वह व्रत, नियम और संयम कुछ भी ग्रहण नहीं करता। इस प्रकार जीव मिथ्याचारित्र को धारण करता है।

2. गृहीत मिथ्यात्व : जीव द्वारा जो मिथ्याभाव इस भव में ग्रहण किया जाता है, उसे गृहीत मिथ्यात्व कहते हैं।

खोटे भेषधारी कुगुरु को, रागी-द्वेषी और अस्त्र-शस्त्रवाले कुदेवों को और हिंसक धर्म अर्थात् कुधर्म को सच्चा मानकर इनकी सेवा करता रहता है, उसे गृहीत मिथ्यादर्शन कहते हैं।

संसार बढ़ानेवाले, इन्द्रियों के विषयों को बढ़ानेवाले और कुमत चलानेवाले साधुओं द्वारा बनाए गये शास्त्रों को पढ़ना, पढ़ाना, सुनना, सुनाना गृहीत मिथ्याज्ञान है।

ख्याति, लाभ, पूजा, प्रतिष्ठा आदि की इच्छा रखकर, स्व और पर के विवेक से रहित होकर जो व्रत, तपश्चरण आदि क्रियाएँ की जाती हैं, वह गृहीत मिथ्याचारित्र हैं।

इस प्रकार मिथ्यादर्शन, मिथ्याज्ञान और मिथ्याचारित्र को अच्छी तरह

समझकर इनका त्याग कर देना चाहिए। तभी चारों गतियों में भटकने और संसार के दुखों का नाश होगा। मिथ्यात्व को छोड़कर आत्मा की भलाई के मार्ग में लग जाना चाहिए।

तीसरी ढाल

आत्मा का हित सुख प्राप्त करने में हैं, वह सुख आकुलता से रहित होता है। आकुलता मोक्ष में नहीं होती है, इसलिए सच्चा सुख प्राप्त करने के लिए मोक्षमार्ग में ही मन लगाना चाहिए। सम्यग्दर्शन, सम्यग्ज्ञान और सम्यक्चारित्र—इन तीनों की एकता ही मोक्ष का मार्ग है। मोक्षमार्ग के दो प्रकार हैं—

1. **निश्चय मोक्षमार्ग**– जो मोक्षमार्ग यथार्थ है, वह साक्षात् मोक्ष का कारण है, उसे निश्चय मोक्षमार्ग कहते हैं।

2. **व्यवहार मोक्षमार्ग**– जो निश्चय मोक्षमार्ग में कारण है, उसे व्यवहार मोक्षमार्ग कहते हैं।

परिभाषा : सिर्फ अपनी आत्मा के स्वरूप में रुचि रखना निश्चय सम्यग्दर्शन है। अपनी आत्मा को जानना ही निश्चय सम्यग्ज्ञान है। आत्मस्वरूप में लीन हो जाना निश्चय ही सम्यक्चारित्र है।

जीव आदि सात तत्त्वों का ठीक-ठीक श्रद्धान करना व्यवहार सम्यग्दर्शन है।

सात तत्त्व

जीव : जिसमें जानने-देखने की शक्ति हो, उसे जीव कहते हैं। जीव के तीन भेद हैं—बहिरात्मा, अन्तरात्मा और परमात्मा।

अजीव : जिसमें जानने-देखने की शक्ति न हो उसे अजीव कहते हैं। अजीव के पुद्गल, धर्म, अधर्म, आकाश और काल—ये पाँच भेद हैं।

आस्रव : आत्मा में कर्मों के आने को आस्रव कहते हैं। आस्रव के योग, मिथ्यात्व, अविरति, कषाय और प्रमाद—ये पाँच भेद हैं।

बन्ध : आत्मा के परिणामों से कर्मों का बँधना बन्ध कहलाता है।

संवर : कषायों को कम करना। इन्द्रियों और मन पर विजय प्राप्त करने से नये कर्मों को रोकना संवर है।

निर्जरा : तप की शक्ति से कर्मों का एकदेश झड़ जाना (नष्ट हो जाना) निर्जरा है।

मोक्ष : आठों कर्मों से रहित, स्थिर, अटल और सुखदायक अवस्था मोक्ष है।

सच्चे देव, वीतरागी गुरु और अहिंसामयी धर्म का श्रद्धान करना व्यवहार सम्यग्दर्शन का कारण है। सम्यग्दर्शन का पालन सम्यग्दर्शन के आठ अंगों के साथ किया जाता है और आठ दोष, आठ मद, छह अनायतन और तीन मूढ़ता, ऐसे 25 दोषों को त्यागकर निर्मलता से सम्यग्दर्शन का पालन करना चाहिए। इन 25 दोषों का विस्तृत वर्णन रत्नकरण्ड श्रावकाचार ग्रन्थ में किया गया है।

सम्यग्दर्शन ही मोक्ष महल की प्रथम सीढ़ी है, इस सम्यग्दर्शन के बिना ज्ञान और चारित्र प्राप्त नहीं हो सकते हैं। इसलिए सबसे पहले मनुष्य को इसे धारण करना चाहिए। मनुष्य जन्म और उत्तम कुल पाकर भी यदि सम्यग्दर्शन धारण नहीं किया तो हमने बड़ा भारी अवसर खो दिया समझना चाहिए, क्योंकि ऐसा उत्तम कुल और मनुष्य जन्म बार-बार नहीं मिलता है।

सम्यग्दर्शन की ऐसी महिमा है कि इसको धारण करनेवाला मर कर भी उत्तम देव और मनुष्य ही होता है, तिर्यंचों, नपुंसकों और स्त्रियों में पैदा नहीं होता। पूर्वबन्ध के कारण यदि नरक भी जाता है, तो पहले नरक से नीचे नहीं जाता है। सम्यग्दृष्टि जीव देवों के द्वारा पूजा जाता है। वह गृहस्थ में रहकर भी वैराग्य भाव से रहता है।

इसलिए स्वाध्याय द्वारा अथवा सत्संगति द्वारा सात तत्त्वों का स्वरूप जानकर सम्यग्दर्शन ग्रहण कर आत्मा को पवित्र करना चाहिए।

चौथी ढाल

सम्यग्दर्शन धारण करने के साथ सम्यग्ज्ञान को भी ग्रहण करना चाहिए। जिस प्रकार सूर्य का उदय होते ही अन्धकार समाप्त हो जाता है, उसी प्रकार सम्यग्ज्ञान हो जाने पर अज्ञानरूपी अन्धकार नष्ट हो जाता है। सम्यग्ज्ञान सम्यग्दर्शन के साथ होता है। सम्यग्दर्शन कारण है, सम्यग्ज्ञान कार्य है।

सम्यग्ज्ञान के दो भेद हैं—1. परोक्ष ज्ञान, 2. प्रत्यक्ष ज्ञान। जो ज्ञान इन्द्रिय और मन की सहायता से पदार्थ को जानता हो, उसे परोक्ष ज्ञान कहते हैं।

इन्द्रिय, प्रकाश और उपदेश आदि की सहायता के बिना जो ज्ञान आत्मा से ही उत्पन्न होता है, उसे प्रत्यक्ष ज्ञान कहते हैं।

सम्यग्ज्ञान प्राप्त करने के लिए जैन शास्त्रों का अभ्यास करना, शास्त्र पढ़ना-पढ़ाना और शास्त्र को सुनना और सुनाना चाहिए। शास्त्र में दिए विषयों का बार-बार चिंतवन करना चाहिए। ज्ञान होने पर भव-भव के संचित पाप कट जाते हैं, जबकि अज्ञानी जीव करोड़ों जन्मों तक तप करता है, फिर भी उसके पाप नहीं

कटते हैं। इसलिए प्रत्येक जीव को विद्या पढ़कर ज्ञान प्राप्त करना चाहिए। जिस प्रकार समुद्र में श्रेष्ठ मणि के गिर जाने पर उसका मिलना कठिन है, उसी प्रकार मनुष्य जन्म, उच्चकुल और जिनवाणी का मिलना भी कठिन है। सम्यग्ज्ञान के प्रभाव से ही जीव मोक्ष प्राप्त करते हैं। इसलिए संसार के विषय-सुख को छोड़कर आत्मा का ध्यान करना चाहिए।

सम्यग्ज्ञान के बाद श्रावकों को सम्यक्चारित्र का पालन करना चाहिए। जिसमें श्रावकों के बारह व्रत—पाँच अणुव्रत (अहिंसा, सत्य, अचौर्य, ब्रह्मचर्य और अपरिग्रह) तीन गुणव्रत (दिग्व्रत, देशव्रत और अनर्थदण्डव्रत) चार शिक्षाव्रत (सामायिक, प्रोषधोपवास, भोगापभोगपरिमाणव्रत और अतिथिसंविभाग व्रत) आते हैं। जो प्राणी इन बारह व्रतों का पालन करता है, व्रतों में अतिचार (दोष) नहीं लगाता, मृत्यु के समय समाधिमरण धारण कर समस्त दोषों को दूर करता है, वह श्रावक स्वर्ग में देव पर्याय प्राप्त करता है। व्रतों के प्रभाव से फिर मनुष्य भव पाकर मोक्ष लक्ष्मी प्राप्त करता है।

पाँचवीं ढाल

महाव्रती मुनिराज संसार और भोगों से विरक्त होकर निम्नलिखित बारह भावनाओं का चिंतवन करते हैं। इन भावनाओं के चिन्तन करने से वैराग्य बढ़ता है, समता रूपी सुख मिलता है और मोक्ष सुख भी प्राप्त होता है।

1. **अनित्य भावना**– घर, धन, गोधन, कुटुम्ब, नौकर और स्त्री यह सब इन्द्रधनुष और बिजली की चंचलता के समान क्षणमात्र रहनेवाले हैं, ऐसा विचार करना अनित्य भावना है।

2. **अशरण भावना**– इन्द्र, देव और मनुष्य आदि सब को मृत्यु नष्ट कर देती है, मरते हुए जीव को कोई नहीं बचा सकता—ऐसा सोचना अशरण भावना है।

3. **संसार भावना**– संसार में चारों गतियों के दुख हैं, सार रहित इस संसार में सुख नहीं हैं— ऐसा विचार करना संसार भावना है।

4. **एकत्व भावना**– शुभ-अशुभ कर्मों का फल जीव को स्वयं अकेले ही भोगना पड़ता है, स्त्री पुत्र कोई भी साथ नहीं देता है।

5. **अन्यत्व भावना**– एक जैसे दिखनेवाले आत्मा और शरीर ही अलग-अलग हैं तो स्त्री, पुत्र, धन और वैभव एक कैसे हो सकते हैं?

6. **अशुचि भावना**– यह शरीर अपवित्र है, इससे प्रेम नहीं करना चाहिए।

7. **आस्रव भावना–** मन, वचन और काय—इन तीनों के द्वारा जो क्रिया, कार्य होती है, उससे आस्रव होता है। शुभ कार्यों से शुभास्रव और अशुभ कार्यों से अशुभास्रव होता है।

8. **संवर भावना–** जो शुभ और अशुभ भाव नहीं करते हैं, सिर्फ आत्मा के चिन्तन में मन लगाते हैं, वे आते हुए नवीन कर्मों को रोकते हैं। कर्मों को रोकना ही संवर भावना है।

9. **निर्जरा भावना**—तप के द्वारा पूर्व के संचित शुभ अशुभ कर्मों का झड़ जाना (नष्ट हो जाना) निर्जरा है। निर्जरा दो प्रकार की होती है : 1. सविपाक निर्जरा, 2. अविपाक निर्जरा।

- **सविपाक–** अपने समय पर ही कर्मों का नष्ट होना। जैसे—समय पर आम का पकना।
- **अविपाक–** तप के द्वारा कर्मों को नष्ट करना। अविपाक निर्जरा से मोक्ष सुख प्राप्त होता है। जैसे—समय के पहले दवाओं द्वारा आम को पकाना।

10. **लोक भावना–** छः द्रव्यों से बने इस संसार में जीव सन्तोष के बिना इधर-उधर भटकता हुआ दुख पाता है।

11. **बोधिदुर्लभ भावना–** स्वर्ग के देवों को भी रत्नत्रय प्राप्त नहीं होता है, ऐसे कठिन रत्नत्रय को दिगम्बर मुनिराज ही प्राप्त कर सकते हैं। ऐसा चिन्तन करना बोधिदुर्लभ भावना है।

12. **धर्म भावना–** रत्नत्रय ही धर्म है, जो प्राणी इसको धारण करता है, वही मोक्ष सुख पाता है। यह रत्नत्रय धर्म केवल मुनिराजों द्वारा ही धारण किया जाता है। ऐसा विचार करना धर्म भावना है।

छठी ढाल

इस ढाल में महामुनिराज के सकल संयम चारित्र के बारे में बताया गया है। मुनिराज मन, वचन और काय से 28 मूलगुणों का पालन करते हुए, बारह प्रकार के तपों को धारण कर तपस्या करते हैं। दश धर्मों को ग्रहण करते हैं और रत्नत्रय धर्म को हमेशा धारण करते हैं।

सकल संयम चारित्र को धारण करने के बाद मुनिराज सम्यग्ज्ञान के द्वारा अपनी आत्मा में लीन हो जाते हैं। आत्मा में अपने आप को जान लेते हैं और निर्विकल्प समाधि में स्थित हो जाते हैं। तब मुनिराज के स्वरूपाचरण चारित्र

प्रकट होता है। सम्यग्दर्शन, सम्यग्ज्ञान और सम्यक्चारित्र एक ही हो जाते हैं, तब शुद्ध उपयोग की अवस्था प्राप्त हो जाती है। अर्थात मोक्ष प्राप्त हो जाता है।

आत्मस्वरूप में स्थिर हो जाने पर मुनिराज को जो आनन्द प्राप्त होता है, उसका वर्णन अकथनीय है, वह आनन्द इन्द्र, धरणेन्द्र और चक्रवर्ती को भी प्राप्त नहीं होता।

स्वरूपाचरण चारित्र के प्रकट होने पर शुक्ल ध्यान द्वारा चार घातिया कर्म जलाए जाते हैं, तब मुनिराज को केवलज्ञान प्रकट हो जाता है। केवलज्ञान द्वारा मुनिराज तीनों लोकों के अनन्तानन्त पदार्थों के गुण और पर्यायों को एक साथ जान लेते हैं, अर्थात् सम्पूर्ण विश्व की समस्त क्रियाओं को एक साथ जान लेते हैं। तब वह संसार के भव्य जीवों को मोक्षमार्ग का उपदेश देते हैं।

फिर शेष चार अघातिया कर्मों को भी नाश कर सिद्ध हो जाते हैं। तीन लोक के ऊपर सिद्धलोक में पहुँच जाते हैं। सिद्ध वहाँ अनन्तकाल तक रहते हैं, वे संसार के आवागमन से छूट जाते हैं और मोक्ष में स्थिर हो जाते हैं।

इस आनन्दमय सिद्ध अवस्था को पाने का कारण निश्चय और व्यवहार सम्यग्दर्शन, सम्यग्ज्ञान और सम्यक्चारित्र है। इसलिए भव्यजीवों को रोग और बुढ़ापा आने के पहले ही आलस्य छोड़कर आत्मा के कल्याण में लग जाना चाहिए तथा शीघ्र ही रत्नत्रय धर्म को धारण कर लेना चाहिए।

धर्मामृत

ग्रन्थ के नाम का अर्थ

इस ग्रन्थ का नाम है 'धर्मामृत', धर्म का अमृत। वास्तव में यह ग्रन्थ धर्म का अमृत ही है। इस ग्रन्थ के दो भाग हैं—

1. पहला भाग—अनगार धर्मामृत

2. दूसरा भाग—सागार धर्मामृत

1. अनगार शब्द का अर्थ है, मुनि या साधु। ग्रन्थ के पहले भाग में साधु का धर्म बताया है। साधुओं के लिए धर्म रूपी अमृत का सेवन करानेवाला यह महत्त्वपूर्ण ग्रन्थ है। इसमें कुल नौ अध्याय हैं।

2. अगार शब्द का अर्थ है 'घर'। जो घर में रहते हैं, परिग्रह से युक्त होते हैं उन्हें 'सागार' कहते हैं। अत: यह ग्रन्थ घर में रहनेवाले श्रावकों को धर्म का अमृत अर्थात् उपदेश देनेवाला है। सागार धर्मामृत में कुल आठ अध्याय हैं।

ग्रन्थकार का परिचय

धर्मामृत के रचयिता पं. आशाधरजी का समय वि.सं. 1230 के लगभग है। ये अपने समय के एक बहुश्रुत विद्वान थे। न्याय, व्याकरण, काव्य, साहित्य, धर्मशास्त्र, अध्यात्म और पुराण आदि विविध विषयों पर उन्होंने ग्रन्थ रचना की है। पं. आशाधरजी सिद्धान्त और अध्यात्म दोनों के ही विद्वान थे।

विषय की तरह संस्कृत भाषा और काव्य रचना पर भी उनका असाधारण अधिकार था। संस्कृत भाषा का शब्द-भण्डार भी उनके पास अपरिमित था, वे उसका प्रयोग कुशलता से करते थे।

पं. आशाधरजी गृहस्थ पण्डित थे। उनके पिता का नाम सल्लक्षण, माता का नाम श्री रत्ना, पत्नी का नाम सरस्वती और पुत्र का नाम छाहड़ था। वे वघेरवाल

वैश्य थे और मेवाड़ के निवासी थे। उन्होंने पण्डित महावीर से जैनेन्द्र व्याकरण और जैन न्याय पढ़ा था।

रचनाएँ– इन्होंने करीब 20 ग्रन्थ लिखे हैं, जिनमें धर्मामृत, इष्टोपदेश टीका, धर्मामृत टीका और अमरकोश टीका मुख्य हैं।

ग्रन्थ का महत्त्व

1. इस ग्रन्थ की सबसे बड़ी विशेषता यह है कि साधु और श्रावक दोनों के ही आचारों का वर्णन एक साथ एक ही ग्रन्थ में मिल जाता है जो अन्यत्र दुर्लभ है।
2. यह ग्रन्थ विशाल महासागर के समान है। इस ग्रन्थ में लगभग 2225 श्लोक तथा इसकी टीका में 25000 श्लोक की रचना है। इस प्रकार कुल लगभग 27,225 श्लोक की रचना है। इतने अधिक श्लोक होना वास्तव में इस ग्रन्थ की महत्ता है।
3. इस ग्रन्थ में छोटे-छोटे, सूक्ष्म-सूक्ष्म नियमों एवं आचारों को बहुत ही गहराई और सूक्ष्मता से समझाया है। इस ग्रन्थ में अनेक बातें बहुत महत्त्वपूर्ण हैं। जैसे—
   - दया को चारित्र का मूल बताया है।
   - आचार्य को तीर्थ की उपमा दी है।
   - भोजन के छियालीस दोष बताए हैं।
   - जिनदेव की बहुत सुन्दर महिमा बताई है।
4. इस ग्रन्थ में आठ मूलगुण भिन्न प्रकार के बताए हैं। उनमें जीवों पर दया, छना हुआ जल तथा पंचपरमेष्ठी की भक्ति इन पर विशेष जोर दिया है।
5. जैन धर्म की दीक्षा विधि का बहुत सुन्दर वर्णन किया है।
6. दान का बहुत सुन्दर वर्णन किया है। समदत्तिदान में कन्यादान का भी महत्त्व बताया है।
7. व्यसनों एवं अतिचारों के सूक्ष्म दोष बताकर उन्हें त्यागने की शिक्षा दी है।
8. मन्दिर जाते समय का, देव दर्शन एवं पूजन विधि का बहुत ही सरल एवं सुन्दर वर्णन किया है।
9. ग्यारह प्रतिमा और सल्लेखना के विषय को बहुत ही सरल तरीके से विस्तार से समझाया है।
10. इस ग्रन्थ में साधु और श्रावक दोनों के पाक्षिक, नैष्ठिक और साधक

श्रावक के भेद बताकर एक-एक क्रियाओं को समझाया है।

11. धर्मामृत ग्रन्थ चरित्र-निर्माण और मनोविश्लेषण की दृष्टि से आज के माहौल में अधिक व्यावहारिक लगता है।
12. यह महाग्रन्थ सामाजिक और वैज्ञानिक ग्रन्थ है। इसके कारण इस ग्रन्थ पर अनेक टीकाएँ लिखी गयी हैं।
13. जैन संस्कृति, शास्त्र का स्वाध्याय, अध्ययन-अध्यापन और शोध के लिए यह ग्रन्थ बहुत उपयोगी है।

ग्रन्थ का मुख्य विषय

अनगार धर्मामृत

पहला अध्याय (998 श्लोक)

प्रथम अध्याय में धर्म के स्वरूप का दर्शन है। इसमें 998 श्लोक हैं।

इस अध्याय में प्रारम्भ में धर्म के उपदेष्टा आचार्य का स्वरूप बतलाते हुए कहा है कि उन्हें 'तीर्थतत्त्वप्रणयननिपुण' होना आवश्यक है। तीर्थ का अर्थ 'अनेकान्त' और तत्त्व का अर्थ 'अध्यात्म रहस्य' किया है। अर्थात् आचार्य आगम और अध्यात्म के रहस्य को जानकर बोलनेवाले होना चाहिए।

धर्म के स्वरूप का वर्णन करते हुए ग्रन्थकार ने सुख और दुख से निवृत्ति ये दो पुरुषार्थ बतलाए हैं। ये धर्म से ही प्राप्त होते हैं। आगे धर्म को स्पष्ट करते हुए कहते हैं कि जो पुरुष मुक्ति के लिए धर्माचरण करता है, उसको सांसारिक सुख भी प्राप्त होता है और मोक्ष सुख भी प्राप्त होता है; परन्तु जो सांसारिक सुख की प्राप्ति की भावना से धर्म का आचरण करते हैं, उन्हें सांसारिक सुख की प्राप्ति भी नहीं होती है।

धर्म सम्यग्दर्शन, सम्यग्ज्ञान और सम्यक्चारित्र है। ये तीनों एक साथ एक रूप हो जाते हैं, उसे ही शुद्धात्मपरिणाम कहते हैं। यथार्थ में यही धर्म है। ऐसे धर्म में जो अनुराग होता है, उससे पुण्यबन्ध होता है और जो धर्म में अनुराग नहीं रखते, उन्हें पापबन्ध होता है।

दूसरा अध्याय (114 श्लोक)

दूसरे अध्याय में सम्यग्दर्शन की उत्पत्ति बताई है। इसमें 114 श्लोक हैं। इस अध्याय में मिथ्यात्व के वर्णन के साथ सम्यग्दर्शन की उत्पत्ति की प्रक्रिया तथा

उसके भेद आदि का वर्णन है। प्रारम्भ में नौ पदार्थों का स्वरूप कहा है। फिर सम्यग्दर्शन के दोषों और उसके अंगों का वर्णन है। इसमें मिथ्यादृष्टियों के साथ संगति करने का निषेध किया है और जैन साधु रूपधारी भ्रष्ट मुनियों और भट्टारकों से दूर रहने के लिए कहा है।

तीसरा अध्याय (24 श्लोक)

तीसरे अध्याय में बताया है कि ज्ञान की आराधना ही जीवन का सार है। इसमें ज्ञान के भेदों का वर्णन किया है। श्रुतज्ञान की आराधना को परम्परा से मुक्ति का कारण बताया है। इसमें 24 श्लोक हैं।

चौथा अध्याय (183 श्लोक)

चतुर्थ अध्याय में चारित्र की आराधना की है। इसमें एक सौ तिरासी (183) श्लोक हैं। इस अध्याय में व्रत का लक्षण और भेद, त्रस और स्थावर जीव का वर्णन, चौदह मार्गणा, चौदह गुणस्थान और हिंसा का विस्तृत स्वरूप बताते हुए पाँच महाव्रत, तीन गुप्ति और पाँच समिति का वर्णन किया है।

इस अध्याय में दया को चारित्र का मूल बताया है। जो दयालु व्यक्ति है, वह व्रतों से रहित है, तब भी उसे देवगति प्राप्त होती है। जबकि दया से रहित व्रती पुरुष को नरकगति की प्राप्ति होती है।

निर्दयी मनुष्य लम्बे समय तक तपस्या करे, खूब व्रत करे, दान दे, फिर भी वह दरिद्र ही रहता है। उसे व्रत-तपादि का फल प्राप्त नहीं होता है, उसे मुक्ति भी प्राप्त नहीं होती है। जबकि जो व्यक्ति दयालु है, व्रत और उपवास न करने पर भी उसे व्रत और उपवास का फल अवश्य प्राप्त हो जाती है।

आज के समय में जो प्राणी धर्म से दूर जा रहे हैं, उन्हें इस बात को अवश्य जानकर धर्म को समझना चाहिए। पण्डित आशाधरजी ने यह बहुत ही सारगर्भित एवं मार्मिक विचार बताए हैं, जो धर्म का मूल है।

पाँचवाँ अध्याय (69 श्लोक)

पाँचवें अध्याय में पिण्ड शुद्धि का वर्णन है। इसमें 69 श्लोक हैं। पिण्ड भोजन को कहते हैं। भोजन के छियालीस दोष हैं। सोलह उद्गम दोष हैं, सोलह उत्पादन दोष हैं, चौदह अन्य दोष हैं। इन सब दोषों से रहित शुद्ध भोजन ही साधु के द्वारा ग्रहण करने योग्य होता है। इन्हीं दोषों का विस्तृत वर्णन इस अध्याय में है।

छठा अध्याय (112 श्लोक)

छठे अध्याय में सम्यक् तप की आराधना की है। इसमें 112 श्लोक हैं। इसमें दस धर्म, बारह भावना और बाईस परीषहों का वर्णन किया है।

सातवाँ अध्याय (104 श्लोक)

सातवें अध्याय में 104 श्लोकों द्वारा तप की व्युत्पत्ति, तप का लक्षण और तप के भेद बताए हैं। छह बाह्य तप और छह अभ्यन्तर तप का विस्तृत वर्णन इस अध्याय में मिलता है।

आठवाँ अध्याय (134 श्लोक)

आठवें अध्याय में साधु के छह आवश्यकों (षडावश्यक) का वर्णन किया है। इसमें 134 श्लोक हैं।

साधु के अनिवार्य षट्कर्मों को षडावश्यक कहते हैं। इन्द्रियों के वशीभूत जो नहीं है उसे अवश्य कहते हैं और उसके कार्य को आवश्यक है। साधु की दिन-रात की चर्या का वर्णन इसमें है। सामायिक, स्तवन, वन्दना, प्रतिक्रमण, प्रत्याख्यान और कायोत्सर्ग—इन छह आवश्यकों का विस्तृत वर्णन इस अध्याय में है। वन्दना के बत्तीस दोषों तथा कायोत्सर्ग के बत्तीस दोषों का वर्णन भी किया है। साधु के लिए यह अधिकार बहुत ही महत्त्वपूर्ण है।

नौवाँ अध्याय (100 श्लोक)

नवम अध्याय में नित्य-नैमित्तिक क्रिया का वर्णन है। इसमें 100 श्लोक हैं। प्रथम चवालीस श्लोकों में नित्यक्रिया के प्रयोग की विधि बतलाई है। जैसे—स्वाध्याय कब किस प्रकार प्रारम्भ करना चाहिए और कब किस प्रकार समाप्त करना चाहिए। प्रात:कालीन देववन्दना कैसे करनी चाहिए। णमोकार मन्त्र के जाप की विधि और भेद भी बताए हैं।

इस अध्याय का छब्बीसवाँ श्लोक बहुत महत्त्वपूर्ण है। उसमें बताया है कि जिनदेव तो वीतरागी हैं, न निन्दा से नाराज होते हैं और न स्तुति से प्रसन्न होते हैं, तब इनकी स्तुति से फल प्राप्ति कैसे होती है—इसी का समाधान करते हुए कहा है कि भगवान के गुणों में अनुराग करने से जो शुभ भाव होते हैं, शुभ भाव होने से शुभ फल मिलता है। इसलिए वीतराग की स्तुति इष्टसिद्धिकारक अर्थात् इच्छित

वस्तु देनेवाली होती है।

आगे आचार्य, साधु की नित्यविधि, नैमित्तिक विधि और क्रियाविधि बतलाई है।

देववन्दना करने के पश्चात् दो घड़ी कम मध्याह्न तक स्वाध्याय करना चाहिए। उसके बाद आहार के लिए जाना चाहिए। फिर प्रतिक्रमण करके मध्याह्न काल में स्वाध्याय करना चाहिए। जब दो घड़ी दिन शेष रहे तो स्वाध्याय का समापन करके प्रतिक्रमण करना चाहिए। फिर रात्रियोग ग्रहण करके आचार्य की वन्दना करनी चाहिए। आचार्यवन्दना के बाद देववन्दना करनी चाहिए। अर्धरात्रि से दो घड़ी (24 मिनट) पूर्व स्वाध्याय या देववन्दना करनी चाहिए।

आचारवत्त्व आदि आठ गुण, बारह तप, छह आवश्यक और दस कल्प—ये आचार्य के छत्तीस गुण कहे हैं। इनका भी सुन्दर वर्णन इस अध्याय में किया है। अन्त में दीक्षा ग्रहण और केशलोंच आदि की विधि है।

ग्रन्थ के अन्त में स्थितिभोजन, एकभक्त और भूमिशयन, स्नान न करने का समर्थन और केशलोंच आदि विषयों का वर्णन किया है। अन्त में साधु धर्म पालन करने का फल भी बताया है। जो मुनि अथवा उत्कृष्ट, मध्यम अथवा जघन्य श्रावक होकर आत्मिक धर्म साधना के साथ नित्य, नैमित्तिक क्रियाओं को भी शक्ति के अनुसार करता है, वह पुण्य कर्म के कारण इन्द्र और चक्रवर्ती के सुखों को भोगता है। वह सात-आठ भव में ही मोक्ष प्राप्त कर लेता है।

सागार धर्मामृत

धर्मामृत का दूसरा भाग 'सागार धर्मामृत' है। अगार का अर्थ है घर। 'घर' में सभी परिग्रह होते हैं। अतः जो घर में रहते हैं, वे सागार कहे जाते हैं। अतः यह ग्रन्थ घर में रहनेवाले श्रावकों को धर्म का उपदेश देनेवाला है। सागार धर्मामृत में कुल आठ अध्याय हैं। इसमें श्रावक के धर्म का वर्णन किया गया है।

पहला अध्याय (20 श्लोक)

इस अध्याय का प्रारम्भ 'सागार' का अर्थ और लक्षण बताकर होता है। इस अध्याय में 20 श्लोक हैं। इसमें बताया है कि—

जो जीव स्त्री, पुत्र, सम्पत्ति, शरीर और परिवार—इन सभी परवस्तुओं को अपना मानता है, वही अज्ञानी है। इस अज्ञान का कोई आदि नहीं है, इसलिए

अनादि है। अनादिकाल से जीव के साथ यह अज्ञानरूपी दोष लगा है। इस दोष के कारण ही मनुष्य आहार, भय, मैथुन और परिग्रह—इन चार संज्ञाओं से पीड़ित रहता है।

जिस प्रकार शरीर में जब वात, पित्त और कफ हो जाते हैं, तो उसे दोष कहते हैं। इस दोष के कारण ही मनुष्य बुखार से पीड़ित हो जाता है। वह सारे काम छोड़कर केवल बुखार के उपचार में लगा रहता है। उसी प्रकार जीव अनादि अविद्यारूपी दोष से उत्पन्न चार संज्ञाओं से पीड़ित है। सदा आत्मज्ञान से दूर रहता है और विषयों की पूर्ति में ही लगा रहता है, इसलिए उसे गृहस्थ या सागार कहते हैं।

आगे गृहस्थ का स्वरूप बताते हुए कहते हैं कि न्यायपूर्वक धन कमाने वाला, गुणों से महान, गुरुजनों का आदर-सत्कार और पूजा करनेवाला, दूसरों की निन्दा न करनेवाला, मीठे वचन बोलनेवाला, धर्म-अर्थ और काम का सेवन करनेवाला, शास्त्रानुसार खानपान करनेवाला, दयालु और धर्मात्मा गृहस्थ धर्म का पालन करने में समर्थ होता है।

अविद्या का मूल कारण मिथ्यात्व है और विद्या का मूल कारण सम्यग्दर्शन है। इसलिए गृहस्थ को धर्म धारण करने के लिए सम्यग्दर्शन को अच्छे से जानना-समझना होगा। सम्यग्दर्शन के आठ अंगों को गहराई से समझना होगा। पाँच अणुव्रत, तीन गुणव्रत और चार शिक्षाव्रतों का पालन दोषों से रहित होकर करना होगा। मरण समय विधिपूर्वक सल्लेखना धारण करना। यही पूर्ण श्रावक का धर्म है।

जो गृहस्थ मूलगुण और उत्तरगुण में निष्ठा रखता है, अर्हन्त आदि पाँच परमेष्ठी की शरण में रहता है, दान और पूजा करता है और हमेशा ज्ञानरूपी अमृत पीना चाहता है, वह सच्चा श्रावक है।

इस प्रकार इस अध्याय में श्रावक का लक्षण और धर्म बताकर उसे एकदेश संयम (ग्यारह प्रतिमा) पालन करने की शिक्षा दी है, यदि उसमें सम्यक्त्व की प्राप्ति होने के बाद पूर्ण संयम धारण करने की शक्ति न हो।

श्रावक के छह दैनिक कर्म बताकर इनका विस्तृत वर्णन किया है— 1. पूजा 2. दान 3. तप 4. संयम 5. स्वाध्याय 6. प्रायश्चित।

आगे श्रावक के तीन प्रकार बताए हैं—

पाक्षिक श्रावक : जो अभ्यास द्वारा श्रावक धर्म का पालन करता है, वह पाक्षिक श्रावक है।

नैष्ठिक श्रावक : जो श्रावक धर्म का निष्ठापूर्वक निर्वाह करता है वह नैष्ठिक श्रावक है।

साधक श्रावक : जो सल्लेखना धारण करता है वह साधक श्रावक है।

दूसरा अध्याय (87 श्लोक)

दूसरे अध्याय में 87 श्लोकों में पाक्षिक श्रावक के कर्तव्य बताए हैं। श्रावक को अहिंसा के पालन के लिए मद्य, मांस, मधु, पाँच उदुम्बर फल, मक्खन और रात्रिभोजन आदि का त्याग करना चाहिए। मद्य, मांस, मधु के सेवन से अत्यधिक हिंसा होती है। अत: इनका त्याग करना श्रावक का सर्वप्रथम कर्तव्य है।

कई व्यक्ति मद्य, मांस का त्याग तो कर देते हैं, लेकिन मधु को औषधि के रूप में स्वीकार करते हैं, परन्तु मधु की एक बूँद को भी खानेवाले व्यक्ति को सात गाँवों को जलाने से जितना पाप होता है, उससे भी अधिक पाप का बन्ध होता है, अत: मधु (शहद) का त्याग भी करना ही चाहिए।

धार्मिक पुरुष को मधु की तरह मक्खन को भी छोड़ना चाहिए, क्योंकि मक्खन में भी दो मुहूर्त के बाद बहुत से जीव समूह उत्पन्न होते रहते हैं।

बड़, पीपल, ऊमर, कठूमर के फल को खाने में त्रसजीवों की हिंसा होती है, अत: इनका त्याग करना चाहिए। रात्रिभोजन करने में भी हिंसा होती है, अत: अहिंसा के पालन के लिए रात्रिभोजन त्याग करना चाहिए। जैन का अर्थ है—रात में भोजन न करना, पानी छानकर पीना और प्रतिदिन देवदर्शन करना।

पं. आशाधरजी ने आचार्यों के मत से श्रावक के लिए आठ मूलगुण बताए हैं—मद्य, मांस, मधु, रात्रिभोजन त्याग, पाँच उदुम्बर फलों का त्याग, जीवों पर दया और छना हुआ जल पीना तथा पंचपरमेष्ठी की भक्ति।

इन आठ मूलगुणों का पालन गृहस्थ के लिए आवश्यक है, परन्तु इस समय बहुत-से श्रावक इनका पालन नहीं कर रहे हैं। उन्हें इस ओर ध्यान देना चाहिए। ये जैन गृहस्थ के लिए बहुत उपयोगी हैं।

पाक्षिक श्रावक को अपनी श्रद्धा और शक्ति के अनुसार जिनबिम्ब, जिनालय, स्वाध्यायशाला, भोजनशाला और औषधालय आदि बनवाना चाहिए या इनके बनने में सहयोग करना चाहिए। क्योंकि ये धर्म के साधन हैं। धार्मिक कार्यों में धन खर्च करने में मानसिक आनन्द मिलता है और पुण्यबन्ध भी होता है।

पं. आशाधरजी ने जैन धर्म की दीक्षा का भी विस्तृत वर्णन इस अध्याय में किया है। जैन तथा अजैन दोनों को ही दीक्षा लेने के लिए आठ क्रियाएँ बताई हैं।

पं. आशाधरजी ने दान देने की प्रेरणा भी दी है। दान के चार प्रकार बताए हैं—समदत्ति दान, पात्रदत्ति, अभयदान और दयादत्ति दान।

1. समदत्ति दान– विद्वानों और विविध शास्त्रों के ज्ञाताओं का सम्मान करना आवश्यक है। इनका आदर करना इन्हें दान देना समदत्तिदान है।

कन्यादान को भी समदत्तिदान बताया है। साधर्मी को कन्या देना चाहिए, क्योंकि हजारों अजैनों से एक जैन का उपकार करना श्रेष्ठ है। यह वाक्य आशाधरजी के गम्भीर जिनधर्मप्रेम को बताता है।

2. पात्रदत्ति दान– दिगम्बर जैन धर्म का मुनिमार्ग अत्यन्त कठिन है। और इस काल में तो उसका पालन करना और भी कठिन है। तपस्वियों के आहारदान में ज्यादा सोच-विचार नहीं करना चाहिए। जो मुनिजन तप-ज्ञान आदि में विशिष्ट हों गृहस्थों को उनका अधिक समादर करना चाहिए। धन भाग्य से मिलता है। अत: भाग्यशाली पुरुषों को कोई मुनि आगमानुकूल मिले या न मिले, उन्हें अपना धन धार्मिकों में अवश्य खर्च करना चाहिए। जिन भगवान का यह धर्म अनेक प्रकार के मनुष्यों से भरा है। जैसे—मकान एक स्तम्भ पर नहीं ठहर सकता, वैसे ही धर्म भी एक पुरुष के आश्रय से नहीं ठहर सकता। नाम, स्थापना, द्रव्य और भाव की अपेक्षा मुनि चार प्रकार के होते हैं और वे सभी दान-सम्मान के योग्य हैं। जैसे—पाषाण वगैरह में अंकित जिनेन्द्र भगवान की प्रतिकृति पूजने योग्य है, वैसे ही आजकल मुनियों को भी पूर्वकाल के मुनियों की प्रतिकृति मानकर पूजना चाहिए। पण्डित आशाधरजी ने वर्तमान मुनियों में पूर्व मुनियों की स्थापना करके उनको पूजने की प्रेरणा दी है।

शुभ भाव पुण्य के लिए और अशुभ भाव पाप के लिए होता है, इसलिए मुनियों के प्रति भाव खराब न करें। कलिकाल में जिनशासन को धारण करनेवाले ये मुनि आचार्य, उपाध्याय और साधु परमेष्ठी की तरह मान्य हैं।

मुनियों को भक्तिपूर्वक तप और ज्ञान में उपयोगी आहार, औषधि और पुस्तक (पीछी, कमण्डलु) आदि देना चाहिए।

जिस प्रकार गृहस्थ अपने वंश की परम्परा चलाने के लिए सन्तान उत्पन्न करता है और उसे गुणी बनाने का प्रयत्न करता है, उसी तरह लोकोपकारी जैन धर्म की परम्परा को चालू रखने के लिए नवीन मुनियों को उत्पन्न करने का और वर्तमान मुनियों को श्रुतज्ञान आदि से उत्कृष्ट बनाने का प्रयत्न करना चाहिए।

3. अभयदान– अभयदान सभी दानों में सर्वश्रेष्ठ है। जो अभयदान देता है उसे समस्त शास्त्रों के अध्ययन, उत्कृष्ट तप और सभी दान पुण्य का फल प्राप्त

होता है। अभयदान से तीर्थंकर, चक्रवर्ती और देवों की विभूति क्षणमात्र में ही प्राप्त होती है तथा आपत्तियाँ दूर होती हैं।

4. दयादत्ति दान– जीविका के न होनेवाले दुखी और अपने आश्रित मनुष्यों और तिर्यंचों का दयाभाव से भरण-पोषण करना चाहिए।

श्रावक को दिन में ही भोजन करना चाहिए, रात्रि में सिर्फ जल, औषधि एवं पान आदि ले सकते हैं। यह कथन पाक्षिक श्रावक के लिए है।

पाक्षिक श्रावक को सम्यग्दर्शन को शुद्ध करने के लिए तीर्थयात्रा आदि क्रिया करनी चाहिए तथा लोगों को अपने अनुकूल करने के लिए प्रेमपूर्वक भोजन आदि कराना चाहिए।

श्रावकों को अपने वैराग्य को उत्तरोत्तर बढ़ाते हुए जिनेन्द्र भगवान के उपदेश का पालन करते हुए क्रम से ग्यारह प्रतिमाओं का पालन करते हुए मुनिपद धारण करके सल्लेखनापूर्वक मरण प्राप्त करना चाहिए।

पं. आशाधरजी ने पात्रदत्ति दान के सम्बन्ध में मुनियों को दान देने के सम्बन्ध में जो बात कही है, वह बहुत ही सारगर्भित है। कृपया श्रावक गहराई से इस बात को समझें। आज के कुछ नवयुवक धर्म का परिहास करते हैं, उन्हें समझने के लिए यह अध्याय बहुत ही महत्त्वपूर्ण है।

तीसरा अध्याय (32 श्लोक)

तीसरे अध्याय में नैष्ठिक श्रावक का स्वरूप बताया है। इस अध्याय में 32 श्लोक हैं। इन श्लोकों में बताया गया है कि जो श्रावक दोषों से रहित होकर धर्म का पालन करता है, उसे नैष्ठिक श्रावक कहते हैं। नैष्ठिक श्रावक का वर्णन तीसरे अध्याय से सातवें अध्याय तक आता है।

दर्शन आदि ग्यारह प्रतिमाओं को धारण करनेवाला श्रावक नैष्ठिक श्रावक कहलाता है।

इस अध्याय में नैष्ठिक श्रावक के परिचय में ही छह लेश्याओं का वर्णन भी किया है।

आगे आशाधरजी पहली दर्शन प्रतिमा का परिचय देते हैं। उसके बाद दार्शनिक प्रतिमा के अतिचार बताते हुए वह कहते हैं कि श्रावक को मद्य, मांस, मधु और मक्खन का त्याग करने के बाद इसका व्यापार भी नहीं करना चाहिए, और न किसी से कराना चाहिए। जो व्यक्ति मद्य, मांस, मधु का सेवन करते हैं, उनके साथ खान-पान भी नहीं करना चाहिए। ऐसे स्थान पर भी नहीं जाना

चाहिए, जहाँ वे हों। इसमें भी हिंसा का दोष लगता है।

इसके बाद आशाधरजी ने अचार, मुरब्बा, पापड़, दही, पुष्प एवं अनजान फल आदि के बहुत ही गहराई से दोष बताकर इन्हें त्यागने को कहा है।

इस अध्याय में रात्रिभोजन त्याग, जलगालन व्रत, जुआ और वेश्यागमन आदि सात व्यसनों के दोषों का परिचय विस्तार से दिया है। श्रावकों को इन व्यसनों को त्यागने की मार्मिक शिक्षा दी है।

यह बहुत ही महत्त्वपूर्ण अध्याय है। श्रावकों को एक बार इसका अध्ययन अवश्य करना चाहिए।

चौथा अध्याय (64 श्लोक)

चतुर्थ अध्याय में दूसरी व्रत प्रतिमा का स्वरूप बताया है। इसमें 64 श्लोक हैं।

पहली प्रतिमा के कर्तव्यों का पूर्ण रूप से पालन करते हुए जो निःशल्य होकर पाँच अणुव्रत, तीन गुणव्रत और चार शिक्षाव्रतों का दोषों से रहित होकर पालन करता है, वह श्रावक दूसरी व्रत प्रतिमावाला कहलाता है। इस अध्याय में इन बारह व्रतों में से पाँच अणुव्रतों और इनके अतिचारों का विस्तार से वर्णन किया गया है। जिनका वर्णन हम पूर्व ग्रन्थों में कर चुके हैं। (देखें पृ. 112-113)

पाँचवाँ अध्याय (55 श्लोक)

पंचम अध्याय में तीन गुणव्रत, दिग्व्रत, अनर्थदण्ड व्रत और भोगोपभोगपरिमाण व्रत और चार शिक्षाव्रतों देशावकाशिक, सामयिक, प्रोषधोपवास और वैयावृत्य का वर्णन और इनके अतिचारों का वर्णन है। इसकी श्लोक संख्या 55 है। इन व्रतों का परिचय हम पूर्व में कर चुके हैं। (देखें.पृ. 113-120)

छठा अध्याय (45 श्लोक)

इस अध्याय में 45 श्लोकों में श्रावक की दिनचर्या बतलाई है। श्रावकाचार की दृष्टि से यह एक बिलकुल नवीन वस्तु है, किसी अन्य श्रावकाचार में यह नहीं मिलती। श्रावक की अपनी एक ऐसी दिनचर्या होना आवश्यक है, जिसमें वह अपना समय धर्म-ध्यानपूर्वक बिता सके और अपना गृहस्थाश्रम भी चला सके।

व्रती श्रावक को ब्रह्ममुहूर्त में उठते ही नमस्कार मन्त्र का जाप करने के पश्चात् 'मैं कौन हूँ, मेरा क्या धर्म है, मेरे व्रताचरण की क्या स्थिति है' इत्यादि विचार करना चाहिए। ऐसा करने से हम अपने आत्मिक कर्तव्य के प्रति भी

सावधान रह सकते हैं और अपने दोषों को दूर कर सकते हैं। दुर्लभ रत्न के समान प्राप्त श्रावक धर्म में आलस्य छोड़कर व्रतों का पालन करना चाहिए। श्रावक को नित्य कृत्य से निवृत्त होकर (प्रतिदिन के कार्य पूर्ण करके) आठ द्रव्यों से देवदर्शन-पूजन आदि करना चाहिए।

आशाधरजी ने मन्दिर जाते समय से लेकर मन्दिर से निकलकर जाने तक की जो विधि बताई है वह भी बहुत ही उपयोगी है।

प्रात:काल का समय है। सूर्योदय हो रहा है। उसे देखकर मन्दिर की ओर जाता हुआ श्रावक सूर्य को देखकर अर्हन्तदेव का स्मरण करता है कि उन्होंने जगत का अज्ञानान्धकार दूर किया था। जिनमन्दिर के शिखर पर लगी हुई ध्वजा को देखकर उसे जो आनन्द होता है वह पाप को दूर करनेवाला है। पैर धोकर वह मन्दिर में प्रवेश करता है, 'नि:सही-नि:सही' कहते हुए जिनालय के भीतर प्रवेश करता है, प्रसन्न होते हुए जिन भगवान को तीन बार नमस्कार करता है, स्तुति पढ़ते हुए तीन प्रदक्षिणा देता है। वह विचारता है कि यह मन्दिर समवसरण है, यह जिनबिम्ब साक्षात् अर्हन्तदेव हैं। मन्दिर में उपस्थित स्त्री-पुरुष समवसरण में स्थित भव्यप्राणी है। ऐसा विचारते हुए वह हृदय से सबकी अनुमोदना करता है। जो जिनवाणी का स्वाध्याय करते हैं उन्हें साक्षात् समवशरण का लाभ प्राप्त हो सकता है। श्रावक आचार्य, उपाध्याय एवं साधुओं की यथायोग्य विनय करता है। शारीरिक और मानसिक कष्टों से पीड़ित दीन पुरुषों के कष्टों को दूर करने का प्रयत्न करता है।

जिनालय में हास्य, शृंगार युक्त चेहरा, रूप विलास, खोटी कथा, कलह, निद्रा, थूकना और चारों प्रकार का आहार, ये सात कार्य नहीं करना चाहिए।

योग्य धन कमाने की विधि– प्रात:कालीन धार्मिक कर्म समाप्त करने के बाद श्रावक को धन के उपार्जन करने में जिनधर्म का घात न हो, ऐसी सावधानी बरतनी चाहिए। माध्यस्थ भाव से सभी के साथ समान व्यवहार करना चाहिए। व्यापार में होनेवाले हानि-लाभ से हर्ष-विषाद नहीं करना चाहिए।

सच्चा श्रावक मध्याह्न भोजन करने से पूर्व अतिथि की प्रतीक्षा करता है। अपने परिवार के सब लोगों को भोजन कराता है। आग्रहवश साधर्मी के भी घर जाना हो तो रात्रि में बनाया गया भोजन ग्रहण नहीं करना चाहिए। श्रावक को मनोरंजन के नाम पर पाप के साधनों (सिनेमा, नाटक आदि) से भी बचना चाहिए।

सच्चे श्रावक की दिनचर्या ऐसी ही पवित्र होती है। ऐसे पवित्र श्रावक

जीवन बिताने के पश्चात् यदि मुनि बनते हैं, तो वे मोक्ष प्राप्त करते हैं।

इसके बाद इस अध्याय में अभिषेक की विधि बतलाई है और कहा है कि संध्या समय में सामायिक और गुरु का स्मरण करना चाहिए। रात्रि में वैराग्य भावना का चिन्तन करना चाहिए। यथाशक्ति मैथुन त्याग करने की भी शिक्षा इस अध्याय में दी है। इस प्रकार व्रत प्रतिमाधारी श्रावक के लिए यह अध्याय बहुत ही महत्त्वपूर्ण है।

सातवाँ अध्याय (60 श्लोक)

सप्तम अध्याय में शेष नौ प्रतिमाओं का स्वरूप बताया है। इसमें 60 श्लोक हैं। जब श्रावक 11 प्रतिमाओं को धारण कर लेता है, तब वह उत्कृष्ट श्रावक कहलाता है। उत्कृष्ट श्रावक के दो प्रकार और उनका स्वरूप भी इस अध्याय में वर्णित है। इन प्रतिमाओं का विस्तार से वर्णन पूर्व में लिखा जा चुका है। (देखें पृष्ठ 121–122)

आठवाँ अध्याय (11 श्लोक)

अष्टम अध्याय में साधक श्रावक के भेद बताए हैं। इसमें 11 श्लोक हैं। इन श्लोकों में वर्णित है कि इसमें जो साधना करता है, उसे साधक कहते हैं। जो जीवन का अन्त समय आने पर शरीर, आहार और मन–वचन–काय से व्यापार को त्यागकर ध्यानशुद्धि के द्वारा आनन्दपूर्वक आत्मा की शुद्धि की साधना करता है, वह साधक है।

पं. आशाधरजी कहते हैं कि मुनिपद धारण करना सबसे उत्तम है, किन्तु किसी कारणवश मुनिपद धारण न कर पाए तो अन्त में जिनलिंग या सल्लेखना धारण करनी चाहिए।

इस अध्याय में सल्लेखना को बहुत ही सरल, सुन्दर एवं विस्तार रूप से समझाया है। जो उत्कृष्ट श्रावक सल्लेखना ग्रहण करना चाहते हैं, वह एक बार इस ग्रन्थ का अध्ययन अवश्य करें।

अध्याय के अन्त में आशाधरजी ने आराधक के भेद बताते हुए उसे समाधि के साथ मरण करने को कहा है और उसका विशेष फल भी बताया है। यथा—

आराधक

- मुनि
  - उत्कृष्ट
  - मध्यम
  - जघन्य
- श्रावक
  - पाक्षिक
  - नैष्ठिक
  - साधक

पंडित आशाधरजी ने धर्मामृत ग्रन्थ में श्रमण और श्रावक की प्रारम्भिक क्रिया से लेकर अन्त तक की सम्पूर्ण क्रियाओं का वर्णन किया है। यह वास्तव में एक अद्‌भुत ग्रन्थ है। कुछ विषय तो पूर्व ग्रन्थों के आधार पर हैं, परन्तु कुछ नवीन विषयों का परिचय इस ग्रन्थ की उपयोगिता को दर्शाता है। साधु का सम्पूर्ण धर्म और प्रारम्भिक श्रावक से लेकर उत्कृष्ट श्रावक का सम्पूर्ण धर्म इस ग्रन्थ में एक साथ ही पढ़ने को मिल जाता है। सुधी स्वाध्यायप्रेमियों के लिए वास्तव में 'धर्मामृत' ग्रन्थ अनुपम उपहार है।

द्रव्यसंग्रह

ग्रन्थ के नाम का अर्थ

इस ग्रन्थ का नाम 'द्रव्यसंग्रह' है। इसमें जीव, पुद्गल, धर्म, अधर्म, आकाश और काल—इन छह द्रव्यों का वर्णन किया गया है, इसलिए इसका नाम 'द्रव्यसंग्रह' रखा गया है। इस ग्रन्थ में बहुत ही सरल एवं छोटी-छोटी परिभाषाओं के द्वारा छह द्रव्यों को समझाया गया है।

ग्रन्थकार का परिचय

'द्रव्यसंग्रह' जैन धर्म का बहुत ही लोकप्रिय ग्रन्थ है। आचार्य नेमिचन्द्र सिद्धान्तिदेव ने विशेष तत्त्वों के ज्ञान के लिए द्रव्यसंग्रह ग्रन्थ की रचना आश्रमनगर में की थी। इनका समय वि.सं. की 12वीं शताब्दी के पूर्वार्ध में माना जाता है।

यह ग्रन्थ बहुत ही छोटा है। इसमें कुल 58 गाथाएँ हैं। परन्तु फिर भी यह बहुत ही महत्त्वपूर्ण ग्रन्थ है।

ग्रन्थ का महत्त्व

इस ग्रन्थ की इतनी अधिक विशेषताएँ हैं कि इनका संक्षेप में वर्णन करना बहुत जरूरी है। इन विशेषताओं को पढ़कर पाठकगण इस ग्रन्थ का अध्ययन करने के लिए उत्सुक होंगे।

1. इस ग्रन्थ की सबसे बड़ी विशेषता यह है कि इसमें मात्र 58 गाथाओं में समग्र जैन दर्शन को संक्षेप में प्रतिपादित कर दिया गया है। 'गागर में सागर' की उक्ति इस ग्रन्थ में पूर्णत: चरितार्थ होती है।
2. इस ग्रन्थ को और इसके विषय को सभी विद्यालयों, महाविद्यालयों और विश्वविद्यालयों में पढ़ाया जाता है।

3. 'द्रव्यसंग्रह' ग्रन्थ विद्वानों की रुचि का विषय है, अत: इस पर आलेख, सेमिनार, संगोष्ठियाँ, शोधपत्र एवं शोधकार्य भी होते रहते हैं।
4. जैन दर्शन के प्रथमानुयोग के विषय को छोड़कर शेष सारे विषयों करणानुयोग, चरणानुयोग और द्रव्यानुयोग का सार इस ग्रन्थ में समाहित है। यहाँ तक कि तत्त्वमीमांसा, आचारमीमांसा, व्रत, समिति और योग के विषय भी इस ग्रन्थ में समाहित हैं।
5. सबसे बड़ी बात यह है कि यह ग्रन्थ सरल एवं संक्षिप्त है।
6. यह एक वैज्ञानिक ग्रन्थ है। जिन विषयों को विज्ञान अभी सिद्ध कर रहा है, उन विषयों को एक हजार वर्ष पहले ही आचार्य इस ग्रन्थ में बता चुके हैं। जैसे—जीव, पुद्गल, स्पेस (आकाश) के बारे में, काल (समय) के बारे में, और ध्यान आदि के बारे में।
7. यह एक क्रान्तिकारी रचना है। समग्र जैन समाज को 1000 वर्ष पहले इस ग्रन्थ ने अभूतपूर्व योगदान दिया था। इस ग्रन्थ की बहुत बड़ी महिमा यह है कि लाखों लोग इस ग्रन्थ को पढ़ चुके हैं।
8. भारतीय दर्शन की तत्त्व व्यवस्था के साथ मिलाकर इस ग्रन्थ को पढ़ो, तो यह ग्रन्थ जैन दर्शन को ठोस आधार प्रदान करता है। जैन दर्शन की पूरी तत्त्व व्यवस्था को संक्षेप में इस ग्रन्थ में समझाया है।
9. ध्यान के बारे में बहुत ही सरल, मार्मिक एवं गम्भीर बातें इस ग्रन्थ में की गयी हैं। जिस विषय पर एक-एक हजार पृष्ठ के अनेक ग्रन्थ लिखे हैं, उस ध्यान विषय को आचार्य नेमिचन्द्र सिद्धान्तिदेव ने मात्र 6 गाथाओं में बहुत ही सरल तरीके से समझाया है।
10. 'द्रव्यसंग्रह' ग्रन्थ लगभग सभी भाषाओं में प्रकाशित हो चुका है। इसकी उपयोगिता एवं प्रसिद्धि के कारण सभी देशवासी इसे अपनी भाषा में पढ़ते हैं।

ग्रन्थ का मुख्य विषय

इस ग्रन्थ में कुल 3 अधिकार हैं, जिनमें मात्र 58 गाथाओं में ही समग्र जैन दर्शन का सार समाहित है।

1. षड्द्रव्य-पंचास्तिकाय अधिकार (27 गाथा)

इस अधिकार में सबसे पहले आचार्य जीव और अजीव द्रव्य को समझानेवाले

आदिनाथ भगवान को शीश झुका कर नमस्कार करते हैं। उसके बाद छह द्रव्यों का विस्तृत वर्णन करते हैं।

'गुणों के समूह को द्रव्य कहते हैं।'

जैन दर्शन में छह द्रव्य बताए हैं। मूल रूप से द्रव्य दो हैं, जीव और अजीव। अजीव द्रव्य के पुद्गल, धर्म, अधर्म, आकाश एवं काल—ये पाँच प्रकार हैं। इन पाँचों में जीव द्रव्य मिलाने से 'छह द्रव्य' कहे जाते हैं।

छह द्रव्यों से मिलकर ही यह जगत, यह दुनिया बनी है। दूसरा कोई इस दुनिया को बनानेवाला नहीं है। इन छह द्रव्यों को समझने से ही पूरे जगत का स्वरूप समझ आ जाता है। पहले अधिकार में इन्हीं जीव और अजीव द्रव्यों को समझाया गया है।

1. जीवद्रव्य का स्वरूप

जीव की मुख्य नौ विशेषताएँ दूसरी गाथा में बताई हैं। इन्हीं नौ विशेषताओं का विस्तृत वर्णन गाथा 3 से लेकर 14वीं गाथा तक किया गया है, जिनका संक्षेप में परिचय यहाँ प्रस्तुत है—

• जीव की पहली विशेषता यह है कि जीव जीता है। वह चेतना (प्राण) वाला है। बिना चेतना के कोई जीव नहीं होता। जहाँ जीव है, वहाँ चेतना है। चेतना जीव को पहचानने का सबसे प्रमुख और महत्त्वपूर्ण उपाय है।

• दूसरी विशेषता यह है कि जीव ज्ञानवाला है, उपयोगवाला है। ज्ञान पाँच प्रकार का होता है। मतिज्ञान, श्रुतज्ञान, अवधिज्ञान, मन:पर्ययज्ञान, केवलज्ञान, इन 5 सम्यग्ज्ञानों में 3 कुज्ञान (कुमतिज्ञान, कुश्रुतज्ञान, कुअविधज्ञान) मिला देने से आठ प्रकार का ज्ञान हो जाता है।

इनमें से जीव को कोई भी ज्ञान हो सकता है, पर ज्ञान के बिना जीव नहीं हो सकता। जहाँ ज्ञान है, वहाँ जीव है।

• जीव की तीसरी विशेषता यह है कि जीव निश्चय से अमूर्तिक होता है। इसमें स्पर्श, रस, गंध और वर्ण नहीं पाए जाते हैं, इसलिए जीव अमूर्तिक है। इसे आँखों से नहीं देख सकते और कानों से नहीं सुन सकते, इसलिए जीव अमूर्तिक है।

• जीव की चौथी और पाँचवीं विशेषता यह है कि जीव अपने कर्मों का स्वयं कर्त्ता भी है और स्वयं भोक्ता भी है। जीव अपने काम स्वयं करता है और इसका फल भी स्वयं ही भोगता है।

जैन दर्शन की बहुत बड़ी विशेषता यही है कि इसमें जीव अपने कर्मों का कर्त्ता-भोक्ता स्वयं ही है, अन्य कोई नहीं।

• जीव स्वदेह-परिमाणवाला है अर्थात् जीव में संकोच-विस्तार का गुण पाया जाता है, इसलिए जीव जिस शरीर में रहता है, उस शरीर के आकार प्रमाण को धारण कर लेता है।

जिस प्रकार एक दीपक को यदि छोटे कमरे में रखा जाए तो वह उस छोटे कमरे को ही प्रकाशित करेगा और यदि वही दीपक किसी बड़े कमरे में रख दिया जाए तो वह उस बड़े कमरे को प्रकाशित करेगा। ठीक उसी प्रकार एक जीव जब चींटी का जन्म लेता है, तो वह उसके शरीर में समा जाता है और जब वही जीव हाथी का जन्म लेता है, तो उसके शरीर में समा जाता है। अत: जीव शरीर के अनुसार ही उसमें समा जाता है।

• जीव की सातवीं विशेषता यह है कि जीव वर्तमान में चारों गतियों में भ्रमण कर रहा है, भटक रहा है, अत: जीव संसारी है। संसारी जीवों के भी दो भेद हैं, स्थावर जीव और त्रस जीव। स्थावर में पृथ्वी, जल, अग्नि, वायु और वनस्पतिकायिक जीव आते हैं और त्रस में दो-इन्द्रिय से लेकर पाँच-इन्द्रिय तक के सभी जीव आते हैं।

• जीव चारों गतियों से छूटकर, मुक्त होकर ऊपर उठ जाता है। जीव सिद्ध बन जाता है। प्राचीन काल में अनेक जीव सिद्ध हुए हैं और भविष्यकाल में भी सिद्ध बनेंगे। यही जैन दर्शन का सिद्धान्त है। जीव की परम अवस्था मोक्ष है।

• यह जीव ऊर्ध्वगति वाला है। जैसे—हवा का स्वभाव है तिरछा बहना। पानी का स्वभाव नीचे बहना है। अग्नि का स्वभाव है ऊपर जाना। इसी तरह जीव का स्वभाव है, ऊर्ध्व गमन करना।

जिस तरह हवा चलती है तो अग्नि इधर-उधर घूम जाती है। उसी तरह शुभ-अशुभ कर्मों के कारण जीव इधर-उधर भटक जाता है, पर वास्तव में जीव का स्वभाव ऊर्ध्वगमन या ऊपर जाना ही है।

इस प्रकार जीव की ये 9 विशेषताएँ हैं, जिनके द्वारा हम जीव को अच्छी तरह जान सकते हैं।

2. अजीव द्रव्यों का स्वरूप

जिसमें ज्ञान, दर्शन और चेतना नहीं हो, वह अजीव द्रव्य है। अजीव द्रव्य के पाँच भेद हैं—पुद्गल, धर्म, अधर्म, आकाश और काल। इनमें पुद्गल द्रव्य मूर्तिक है,

क्योंकि इसमें रूप, रस, गन्ध और स्पर्श—ये गुण होते हैं। धर्म, अधर्म, आकाश और काल द्रव्य अमूर्तिक हैं, क्योंकि इनमें ये गुण नहीं पाए जाते हैं।

1. **पुद्गल द्रव्य :** जिसमें स्पर्श, रस, गन्ध, वर्ण मुख्य रूप से पाया जाए, वह पुद्गल है। जिसको हम इन्द्रियों से जानते हैं, जिसमें पूरण-गलन होता है, जो घटता-बढ़ता हो, वह पुद्गल है। जीव में तोड़फोड़ नहीं होती। अजीव में तोड़फोड़ होती है।

पुद्गल के अनेक रूप हैं। शब्द, बन्ध, सूक्ष्म, स्थूल, आकार, टुकड़े, अन्धकार, छाया, उद्योत और आतप (ऊष्ण प्रकाश) ये दस पुद्गल की पर्यायें हैं। आज विज्ञान इन बातों पर जोर दे रहा है, पर हजार वर्ष पहले ही जैन आचार्यों ने यह वैज्ञानिक बात सिद्ध की थी कि शब्दादि को हम समझ सकते हैं, पकड़ सकते हैं, वह पुद्गल है।

2-3. **धर्मद्रव्य, अधर्मद्रव्य :** इस दुनिया में दो चीजें पाई जाती हैं—धर्म और अधर्म।

जो जीव को गमन करने में सहायता करता है, वह धर्मद्रव्य है। जैसे—मछली, जल के बिना नहीं रह सकती, मछली हजार फुट ऊपर से नीचे गिरनेवाले जल के सहारे ऊपर चढ़ सकती है एवं जल के तीव्र वेग के बीच में रुक भी सकती है। इसी तरह जब यह जीव ऊर्ध्वगमन करता है, वह जल में मछली की भाँति ऊपर को चढ़ता है। उसमें धर्मद्रव्य सहायक होता है।

जो जीव को रुकने में सहायता करता है, वह अधर्म द्रव्य है। जैसे—वृक्ष की छाया हमेशा वृक्ष के नीचे आस-पास ही रहती है। जब पथिक छाया का स्थान देखकर रुकना चाहे तो रुक सकता है। यदि रुकना न चाहे तो छाया पथिक को नीचे से निकलने पर रोकती नहीं है। जिस प्रकार छाया रुकते हुए पथिक को रोकने में सहायक है, उसी प्रकार अधर्म द्रव्य रुकते हुए जीव और पुद्गल को रोकने में सहायक है।

4. **आकाश द्रव्य :** जीवादि पाँच द्रव्यों को रहने के लिए जो अवकाश या स्थान देता है, उसे आकाश कहते हैं। आज विज्ञान भी आकाश के बारे में खोज कर रहा है। आकाश और स्पेस (जगह, स्थान) के बारे में आचार्य 1000 वर्ष पहले ही इस ग्रन्थ में लिख चुके हैं। यह बहुत बड़ी वैज्ञानिक खोज जैन आचार्य ने की है कि आकाश या स्पेस कभी खत्म नहीं होता है।

जिस प्रकार एक गिलास को पानी से पूरा भर दो। लोग समझते हैं कि अब इसमें कोई जगह या स्थान नहीं बचा है। पर अभी भी इसमें भरपूर स्थान खाली

है। इसमें राख एवं नमक डाल सकते हैं। पिन और ऑलपिन डाल सकते हैं। इस तरह स्पेस कभी खत्म नहीं होता है।

जिस प्रकार जब हम टॉर्च जलाते हैं, तो टॉर्च में आगे जो गिलास लगा हुआ है, उसमें हमें स्पेस या जगह दिखाई नहीं देती। उसमें हम हाथ नहीं डाल सकते हैं, लेकिन जैनाचार्य कहते हैं कि इसमें बीच-बीच में छेद हैं, तभी प्रकाश बाहर आ रहा है। यदि छेद या स्पेस नहीं होता तो प्रकाश बाहर कैसे आ सकता था?

इस तरह हम कह सकते हैं कि आकाश सब जगह है। सभी में व्याप्त है। यह कभी खत्म नहीं हो सकता।

5. **कालद्रव्य :** सभी द्रव्यों में जो परिवर्तन होता रहता है, उस परिवर्तन में जो कारण है, वह कालद्रव्य कहलाता है। काल के बिना दुनिया में कुछ भी नहीं होता। जैसे—कपड़ा, मकान और वस्त्रादि में निरन्तर परिवर्तन होता रहता है।

कपड़ा, मकान आदि जीर्ण हो जाते हैं। मनुष्य, स्त्री-पुरुष पचास सौ वर्ष पुराने हो जाते हैं—यह सब काल द्रव्य का ही प्रभाव है। सूर्य, चन्द्रमा, दिन और रात आदि सब काल से ही चल रहे हैं।

दाल पकने या फसल पकने के लिए उचित साधनों के साथ-साथ काल का भी होना जरूरी है। यदि उचित समय न दिया जाए तो फसल पक नहीं सकती अथवा खराब हो सकती है और दाल भी।

कालद्रव्य अनन्त प्रदेशी है। वह एक-एक प्रदेश पर टिका हुआ है। जैसे—लोकाकाश में अनन्त प्रदेश हैं। एक-एक प्रदेश पर एक-एक कालाणु टिका हुआ है।

इस प्रकार काल द्रव्य का स्वरूप बड़े ही सुन्दर और वैज्ञानिक तरीके से इस ग्रन्थ में समझाया है।

अस्तिकाय– जो द्रव्य अस्ति रूप हो एवं कायवान (बहुप्रदेशी) हो, उसे अस्तिकाय कहते हैं।

'अस्तिकाय' में दो शब्द हैं—एक 'अस्ति' और दूसरा 'काय'। जीव, पुद्गल, धर्म, अधर्म और आकाश—ये सदा रहते हैं, इसलिए इन्हें 'अस्ति' कहते हैं तथा बहुप्रदेशी हैं इसलिए 'काय' भी कहते हैं। इन्हें 'पंचास्तिकाय' कहते हैं।

'पंचास्तिकाय' जैन दर्शन की बहुत बड़ी ठोस अवधारणा है, जिसे आचार्य कुन्दकुन्द ने अपने 'पंचास्तिकाय संग्रह' ग्रन्थ में बहुत विस्तार से समझाया है।

इसके बाद छह द्रव्यों की संख्या बताई है। जीवद्रव्य अनन्त हैं। पुद्गल द्रव्य

अनन्तानन्त हैं। धर्मद्रव्य, अधर्मद्रव्य और आकाश द्रव्य एक-एक हैं। कालद्रव्य असंख्यात हैं।

इस प्रकार इस पहले अधिकार में छह द्रव्यों का स्वरूप समझाया गया है, जो बहुत महत्त्वपूर्ण हैं।

2. सप्ततत्त्व-नवपदार्थ अधिकार (11 गाथा)

दूसरा अधिकार जैन दर्शन की पूरी तत्त्व व्यवस्था को समझाता है। गाथा संख्या 28 से लेकर 38 तक मात्र 10 गाथाओं में आस्रव आदि तत्त्वों एवं पुण्य-पाप का लक्षण एवं भेद बताए हैं।

सात तत्त्व

जीव, अजीव, आस्रव, बन्ध, संवर, निर्जरा, और मोक्ष—इन सात तत्त्वों को एक बहुत सुन्दर उदाहरण से हम इस प्रकार समझ सकते हैं।

एक नगर था। नगर के पास एक नदी बहती थी। नगर में एक आदमी था। उसे रोज नदी के उस पार दूर दिव्य प्रकाश दिखाई देता था। वह रोज सुबह-शाम उस प्रकाश को देखा करता था। नदी के उस पार जाना कठिन था, पर उसके मन में उस नगर में जाने की बहुत इच्छा थी। एक दिन उसने ठान लिया कि चाहे कुछ भी हो, मैं उस नगर में जरूर जाऊँगा। उसने अपने घर का सारा सामान बेचा। कुछ रुपये और जरूरी सामान एक पेटी में डालकर वह नदी के उस पार चल दिया।

नाव में जो आदमी बैठा है, वह 'जीव तत्त्व' है। उसने जो सामान साथ लिया है, रुपये और पेटी आदि, वह 'अजीव तत्त्व' है। उसने जब नाव चलाई तो थोड़ी दूर जाने पर पता चला कि नाव में एक छेद है और उस छेद में से पानी अन्दर आ रहा है। पानी का अन्दर आना आस्रव तत्त्व है। पानी अन्दर आकर दूसरी जगह जमा हो रहा है, इकट्ठा होता जा रहा है। यह 'बन्ध तत्त्व' है। इससे नाव हिलने लगी, डूबने लगी। उसने सबसे पहले कपड़े से छेद को बन्द किया। छेद बन्द करना 'संवर तत्त्व' है। छेद बन्द होने से पानी आना बन्द हो गया, जिससे उसे राहत मिल गयी। परन्तु नाव में जो पानी था, उस पानी को उसने जल्दी ही दोनों हाथों से, कपड़े से और बर्तन से बाहर निकाला। यह 'निर्जरा तत्त्व' है। अब वह नाव से नदी पार करके उस दिव्य नगर में पहुँच गया। वहाँ पहुँचकर उसे परम शान्ति प्राप्त हुई। उसे बड़ा आनन्द आने लगा और वह वहाँ से

वापस लौटकर आया ही नहीं। यह 'मोक्ष तत्त्व' है।

ठीक इसी तरह हमारी आत्मा 'जीव' है। हमारा शरीर, धन, मकान और दुकान सब 'अजीव' हैं। हमारी आत्मा में जो शुभ-अशुभ कर्म आ रहे हैं, वह 'आस्रव' तत्त्व है। आत्मा में आ-आकर हमारी आत्मा में जम रहे हैं, चिपक रहे हैं, वह 'बन्ध' तत्त्व है। और जब जीव को होश आ जाता है कि यह क्या हो रहा है तब वह आत्मा को पवित्र करने के लिए व्रत, समिति रूप संवर धारण करता है। कर्मों का आना और रुकना यह 'संवर' तत्त्व है। फिर वह तप करता है और सारे कर्मों को खिरा देता है, नष्ट कर देता है। यह 'निर्जरा' तत्त्व है। और सारे कर्मों के खिर जाने पर, नष्ट हो जाने पर आत्मा शुद्ध-बुद्ध हो जाता है। वह आत्मतत्त्व को पा लेता है, वीतरागी हो जाता है, केवलज्ञान प्राप्त कर लेता है। यह 'मोक्ष' तत्त्व है।

इस तरह कितने सरल और संक्षिप्त तरीके से ये सात तत्त्व समझाए हैं। सात तत्त्वों की परिभाषा एवं भेद इस अध्याय में दिए गये हैं। परिभाषाएँ बहुत सरल एवं छोटी-छोटी हैं।

नौ पदार्थ

पाठक इन्हें आसानी से समझ सकते हैं। इन्हीं सात तत्त्वों में पुण्य और पाप जोड़ देने पर नौ पदार्थ हो जाते हैं। शुभ भाव होने पर पुण्य कर्म होता है। अशुभ भाव होने से पाप कर्म होता है।

इस प्रकार इस अध्याय में जैन दर्शन की चार बातों को बहुत ही सरल तरीके से समझाया है—

'द्रव्य' की अपेक्षा देखो तो 'छह द्रव्य' हैं। 'क्षेत्र' की अपेक्षा देखो तो 'पाँच अस्तिकाय' हैं। 'काल' की अपेक्षा देखो तो 'नौ पदार्थ' हैं। और 'भाव' की अपेक्षा देखो तो 'सात तत्त्व' हैं।

समग्र जैन दर्शन का सार इन चार लाइनों में ही समझा दिया है। द्रव्य, क्षेत्र, काल और भाव से समझाने की यह पद्धति जैनदर्शन की बड़ी महत्त्वपूर्ण पद्धति है।

3. मोक्षमार्ग अधिकार (20 गाथा)

तीसरे मोक्षमार्ग अधिकार में बताया है कि सम्यग्दर्शन, सम्यग्ज्ञान और सम्यक्चारित्र ही मोक्षमार्ग हैं। यह तीनों मिलकर ही एक मोक्षमार्ग है। एक बहुत खास बात इस ग्रन्थ में आई है कि वास्तव में सम्यग्दर्शन, सम्यग्ज्ञान और सम्यक्चारित्र की

आराधना नहीं करनी चाहिए, बल्कि यह तीनों जिस आत्मा में हैं, उस आत्मा की आराधना करनी चाहिए। यही मोक्षमार्ग है। आत्मा को छोड़कर रत्नत्रय की आराधना नहीं होती। आराधना तो आत्मा की होती है। यही दर्शन है। यही ज्ञान है। यही चारित्र है। रत्नत्रय सहित आत्मा ही मोक्ष का कारण होता है। आत्मा का श्रद्धान करना निश्चय सम्यग्दर्शन है। आत्मा का ज्ञान करना निश्चय सम्यग्ज्ञान है। आत्मा में लीन होना सम्यक्चारित्र है।

जीवादि सात तत्त्वों का श्रद्धान करना व्यवहार सम्यग्दर्शन है। यह सम्यग्दर्शन आत्मा का वास्तविक स्वरूप है। इस सम्यग्दर्शन के होने पर जो ज्ञान होता है, वह व्यवहार सम्यग्ज्ञान कहलाता है और वह अनेक प्रकार का होता है। सम्यक्चारित्र दो प्रकार का है—1. व्यवहार चारित्र, 2. निश्चय चारित्र।

1. अशुभ कार्यों को छोड़कर शुभ कार्यों में मन लगाना व्यवहार चारित्र है। यह चारित्र पाँच महाव्रत, पाँच समिति और तीन गुप्ति मिलाकर तेरह प्रकार का होता है।

2. संसार के कारणों को नष्ट करने के लिए ज्ञानी पुरुष बाहरी क्रियाओं को रोकते हैं, वह निश्चय सम्यक्चारित्र है।

हमें जीवन में व्यवहार चारित्र का पालन करते हुए निश्चय चारित्र पालना चाहिए। दोनों का समन्वय करना जरूरी है, अति आवश्यक है। मुनिराज दोनों ही प्रकार के चारित्र को धारण करते हैं, क्योंकि वह ध्यान करते हैं, ध्यान के द्वारा सभी विकारों को दूर कर सकते हैं।

ध्यान की सिद्धि प्राप्त करने के लिए इष्ट और अनिष्ट पदार्थों में राग और द्वेष नहीं करना चाहिए। मन को सभी विकारों से मुक्त करके मन को स्थिर करना चाहिए। णमोकार मन्त्र आदि अनेक मन्त्रों की जाप करना चाहिए, जिससे मन स्थिर हो जाए। ज्यादा न कर सको, तो सिर्फ 'ॐ' का जाप कर मन को स्थिर करना चाहिए।

ध्यान की सरलता के लिए ही इस ग्रन्थ में पाँचों परमेष्ठी के गुणों का बहुत सुन्दर चित्रण किया है। जिससे श्रावक इनके गुणों से अनुराग करके ध्यान में मन लगा सकते हैं।

अरिहन्त परमेष्ठी वे हैं, जिन्होंने चार घातिया कर्म नष्ट कर दिए हैं, जो अनन्त दर्शन, सुख और ज्ञान से युक्त है।

सिद्ध परमेष्ठी वे हैं, जो आठ कर्मों तथा पाँच शरीर से रहित हैं, जो लोक अलोक को जानने व देखनेवाले हैं, लोक के शिखर पर स्थित हैं।

आचार्य परमेष्ठी वे हैं, जो सम्यग्दर्शन और सम्यग्ज्ञान से युक्त हैं, जो स्वयं श्रेष्ठ चारित्र धारण करते हैं, बारह व्रतों का पालन करते हैं और अपने शिष्यों से भी श्रेष्ठ चारित्र एवं श्रेष्ठ तप का पालन कराते हैं।

उपाध्याय परमेष्ठी वे हैं, जो रत्नत्रय से युक्त हैं, नित्य भव्य जीवों और शिष्यों को धर्मोपदेश देते हैं। वे मुनियों में श्रेष्ठ होते हैं।

साधु परमेष्ठी निश्चय से दर्शन और ज्ञान से परिपूर्ण होते हैं और चारित्र को नित्य शुद्ध रीति से पालन करते हैं।

इस प्रकार ध्यान करते समय पाँचों परमेष्ठी का ध्यान करना चाहिए। मन, वचन और काय को पूर्ण संयमित करना चाहिए। आत्मा में स्थिर हो ध्यान करना चाहिए। क्योंकि ध्यान के बिना मोक्ष की प्राप्ति सम्भव नहीं है।

इस प्रकार ध्यान का बहुत ही सुन्दर वर्णन इस ग्रन्थ में आया है। जो बात बड़े-बड़े ग्रन्थों में ध्यान के विषय में कही जाती है, वही बात संक्षेप में और सरल तरीके से इस ग्रन्थ में समझाई है। आचार्य कहते हैं कि ध्यान करने की सबसे सरल पद्धति यह है कि तुम किसी से कुछ बोलो मत, कुछ सोचो मत, हिलो-डुलो नहीं, बस बैठ जाओ और धीरे-धीरे मन लगने पर णमोकार मन्त्र बोलो। पूरा नहीं तो एक लाइन बोलो, एक लाइन नहीं तो सिर्फ 'ॐ' बोलो। बस मन्त्र की सहायता से अपनी आत्मा को आत्मा से मिलाओ। तभी ध्यान की सिद्धि और मोक्ष प्राप्ति होगी।

इस प्रकार नेमिचन्द्र मुनि ने बहुत ही संक्षेप में जैनदर्शन के छह द्रव्यों एवं सात तत्त्वों का कथन इस द्रव्यसंग्रह ग्रन्थ में किया है। छोटी-छोटी परिभाषाओं एवं भेदों के कारण यह ग्रन्थ पाठक के अध्ययन के लिए सरल हो गया है। एकाग्रता के साथ इस ग्रन्थ का अध्ययन करने पर पाठक छह द्रव्य, सात तत्त्व, नौ पदार्थ, पाँचों परमेष्ठी एवं ध्यान—इन विषयों को गहराई के साथ आसानी से समझ सकते हैं। यह ग्रन्थ बहुत ही सुन्दर, सरल एवं संक्षिप्त है। इस छोटे से ग्रन्थ 'द्रव्यसंग्रह' ने समाज व साहित्य को महत्त्वपूर्ण योगदान दिया है। निश्चय ही यह ग्रन्थ भव्य जीवों को ध्यान एवं मोक्षमार्ग के लिए मार्गदर्शन करेगा।

तत्त्वार्थसूत्र

ग्रन्थ के नाम का अर्थ

तत्त्वार्थसूत्र के दो नाम प्रचलित हैं—1. मोक्षशास्त्र, 2. तत्त्वार्थसूत्र।

1. **मोक्षशास्त्र :** इस शास्त्र में मोक्ष एवं मोक्षमार्ग का वर्णन किया गया है इसलिए इसे मोक्षशास्त्र कहते हैं। इस शास्त्र का प्रारम्भ 'मोक्ष' शब्द से होता है, अतः इसका नाम मोक्षशास्त्र है। प्राचीन समय में अनेक ग्रन्थों के नाम पहले अक्षर के आधार पर ही होते थे। जैसे—भक्तामर स्तोत्र, कल्याणमन्दिर स्तोत्र, देवागम स्तोत्र आदि।

2. **तत्त्वार्थसूत्र :** 'तत्त्वार्थसूत्र' नाम का कारण यह है कि इसमें सात तत्त्वों का सूत्र शैली में वर्णन किया गया है। सूत्र उसे कहते हैं जिसमें कम से कम शब्दों में अधिक से अधिक बात निर्दोष रीति से कही जाती है। इस ग्रन्थ में सात तत्त्वों का वर्णन 10 अध्यायों में किया गया है।

ग्रन्थकार का परिचय

तत्त्वार्थसूत्र के रचयिता आचार्य गृद्धपिच्छ उमास्वामी हैं। इनका समय प्रथम-द्वितीय शताब्दी माना जाता है। हमें बड़े खेद के साथ लिखना पड़ रहा है कि तत्त्वार्थसूत्र के रचयिता का आज हमारे पास कोई प्रामाणिक परिचय उपलब्ध नहीं है।

ग्रन्थ का महत्त्व

1. तत्त्वार्थसूत्र जैन धर्म एवं दर्शन का सूत्रग्रन्थ है। इसकी रचना अन्य दर्शनों के सूत्र-ग्रन्थों के समान हुई है।

2. 'तत्त्वार्थसूत्र' जैन दर्शन का एक सर्वाधिक महत्त्वपूर्ण ग्रन्थ है। इसे हम जैन दर्शन के प्रायः सभी विषयों और ग्रन्थों का आधारभूत ग्रन्थ भी कह सकते हैं।
3. संस्कृत-भाषा में यह सबसे पहला सूत्रग्रन्थ है और आचार्य गृद्धपिच्छ उमास्वामी सर्वप्रथम संस्कृत सूत्रकार हैं।
4. इस ग्रन्थ की सबसे बड़ी महत्ता यह है कि यह श्वेताम्बर और दिगम्बर दोनों ही सम्प्रदायों में समान रूप से मान्य और प्रिय है।
5. अनेक महान आचार्यों ने इस पर टीकाएँ लिखी हैं। आचार्य पूज्यपाद, भट्ट अकलंक देव और आचार्य विद्यानन्द ने दार्शनिक टीकाएँ लिखकर इस ग्रन्थ का महत्त्व व्यक्त किया है।
6. 'तत्त्वार्थसूत्र' जैन धर्म का सारग्रन्थ है। इसके मात्र पाठ करने या श्रवण करने से एक उपवास का फल मिलता है।
7. 'तत्त्वार्थसूत्र' को जैन परम्परा में वही स्थान प्राप्त है, जो हिन्दू धर्म में 'भगवद्गीता' को, इस्लाम में 'कुरान' को और ईसाई धर्म में 'बाइबिल' को प्राप्त है। यह ग्रन्थ जैन दर्शन की गीता है।
8. इस ग्रन्थ में करणानुयोग, चरणानुयोग और द्रव्यानुयोग का सार समाहित है।
9. 'तत्त्वार्थसूत्र' के समान सर्वमान्य ग्रन्थ जैन दर्शन में अन्य कोई नहीं है।
10. इस ग्रन्थ में जिनागम के मूल तत्त्वों को बहुत ही संक्षेप में वर्णित किया है।
11. इस ग्रन्थ में सम्पूर्ण भूगोल का भी वर्णन किया गया है। तीन लोकों की भौगोलिक संरचना इस ग्रन्थ में वर्णित है।
12. इस ग्रन्थ पर आज तक लगभग हजारों संगोष्ठियाँ, सेमिनार और स्वाध्याय-सभाएँ आयोजित हो चुकी हैं।
13. अनेक विश्वविद्यालयों से 'तत्त्वार्थसूत्र' ग्रन्थ पर अनेक शोधकार्य एवं लघु शोधकार्य आदि हो चुके हैं।
14. इतनी सारी विशेषताओं और महत्त्व के कारण यह ग्रन्थ अपनी अलग ही पहचान बना चुका है।
15. 'तत्त्वार्थसूत्र' ग्रन्थ पर विविध भाषाओं में लगभग एक हजार टीकाएँ लिखी गयी हैं।

प्रमुख टीकाएँ

	टीकानाम	टीकाकार	काल
1.	गंधहस्ति महाभाष्य	आचार्य समंतभद्र स्वामी	ई. पहली शताब्दी
2.	सर्वार्थसिद्धि	आचार्य देवनन्दि पूज्यपाद	ई. पाँचवीं शताब्दी
3.	तत्त्वार्थवार्तिक	आचार्य अकलंक देव	ई. छठवीं शताब्दी
4.	तत्त्वार्थश्लोकवार्तिक	आचार्य विद्यानन्दी	ई. आठवीं शताब्दी
5.	तत्त्वार्थसार	आचार्य अमृतचंद्रसूरि	ई. दसवीं शताब्दी
6.	तत्त्वार्थवृत्ति	आचार्य श्रुतसागरसूरि	ई. चौदहवीं शताब्दी

ग्रन्थ का मुख्य विषय

इस ग्रन्थ में कुल दस अध्याय और 357 सूत्र हैं। दस अध्यायों में सात तत्त्वों का वर्णन किया गया है।

जीव तत्त्व का वर्णन : पहले से चतुर्थ अध्याय तक
अजीव तत्त्व का वर्णन : पंचम अध्याय में
आस्रव तत्त्व का वर्णन : छठे और सातवें अध्याय में
बन्ध तत्त्व का वर्णन : आठवें अध्याय में
संवर-निर्जरा तत्त्वों का वर्णन : नवें अध्याय में
मोक्ष तत्त्व का वर्णन : दसवें अध्याय में

मंगलाचरण

मोक्षमार्गस्य नेतारं, भेत्तारं कर्मभूभृताम्।
ज्ञातारं विश्वतत्त्वानां, वन्दे तद्गुणलब्धये।।

ग्रन्थ का प्रारम्भ इस मंगलाचरण से किया है। जैन परम्परा में इस मंगलाचरण को अत्यधिक महत्त्वपूर्ण माना जाता है, क्योंकि इसमें किसी व्यक्ति विशेष को नहीं, अपितु वीतराग-सर्वज्ञ-हितोपदेशक भगवान को प्रणाम किया गया है। आचार्य उमास्वामी किसी लौकिक आकांक्षा के बिना, मात्र उनके उत्तम गुणों को प्राप्त करने की प्रार्थना वीतराग देव से करते हैं।

इस मंगलाचरण की सबसे बड़ी विशेषता यह है कि इस श्लोक के आधार पर ही अनेक स्वतन्त्र ग्रन्थ लिखे गये हैं। जैसे—आप्तपरीक्षा, आप्तमीमांसा आदि।

अतः इस श्लोक को अच्छे से पढ़ना और समझना चाहिए।

पहला अध्याय (33 सूत्र)

इस अध्याय में कुल 33 सूत्र हैं। सबसे पहले सूत्र में मोक्षमार्ग बताते हुए कहा गया है कि सम्यग्दर्शन, सम्यग्ज्ञान और सम्यक्चारित्र—इन तीनों की एकता ही मोक्षमार्ग है।

जीव, अजीव, आस्रव, बन्ध, संवर, निर्जरा और मोक्ष—इन सात तत्त्वों का समीचीन श्रद्धान सम्यग्दर्शन है। सम्यग्दर्शन दो प्रकार से उत्पन्न होता है—(1) पूर्व के संस्कार द्वारा स्वयं ही, (2) दूसरे के उपदेश द्वारा।

सम्यग्दर्शन सम्यग्ज्ञान द्वारा ही होता है, अत: सर्वप्रथम जीवादि सात तत्त्वों का समीचीन ज्ञान प्राप्त करना चाहिए। यह समीचीन ज्ञान प्रमाण-नय-निक्षेप से होता है। प्रमाण और नय से ज्ञान-विषयक चर्चा का प्रारम्भ होता है।

तत्त्वार्थसूत्र में ज्ञान को ही प्रमाण माना है और ज्ञान के पाँच भेद बतलाए हैं—मतिज्ञान, श्रुतज्ञान, अवधिज्ञान, मन:पर्ययज्ञान और केवलज्ञान ।

प्रमाण के दो भेद हैं—प्रत्यक्ष और परोक्ष।

जो ज्ञान आत्मा से ही उत्पन्न होते हैं, वे प्रत्यक्ष ज्ञान हैं। जो ज्ञान इन्द्रिय और मन की सहायता से होते हैं, वे परोक्ष ज्ञान हैं। मतिज्ञान और श्रुतज्ञान—ये दो परोक्ष ज्ञान हैं। शेष तीन ज्ञान (अवधिज्ञान, मन:पर्ययज्ञान और केवलज्ञान) प्रत्यक्ष ज्ञान हैं।

इस अध्याय में उक्त पाँचों ज्ञानों का वर्णन विस्तार से किया है।

नय प्रमाण का ही एक अंश होता है। प्रमाण और नय में यह अन्तर है कि प्रमाण सम्पूर्ण वस्तु को जानता है और नय उसके एक-एक अंश को मुख्य रूप से और गौण रूप से जानता है।

प्रमाण और नयों के अनेक भेद-प्रभेद इस अध्याय में बताए हैं।

दूसरा अध्याय (53 सूत्र)

द्वितीय अध्याय में 53 सूत्रों में जीव तत्त्व का कथन किया है। जीव के पाँच असाधारण भाव (स्वतत्त्व) हैं—

1. औपशमिक, 2. क्षायिक, 3. मिश्र (क्षायोपशमिक)

4. औदयिक, 5. पारिणामिक

1. **औपशमिक भाव :** इनको हम उदाहरण द्वारा समझ सकते हैं। जैसे कोई गन्दा पानी होता है, मिट्टीवाला पानी होता है। उसमें मिट्टी नीचे जम जाती

है। उसी प्रकार औपशामिक भाव होते हैं। ये भी थोड़ी देर के लिए अशुभ कर्मों के दब (कम हो) जाने पर उदय में आते हैं। जैसे—हमारा क्रोध कभी-कभी शान्त हो जाता है। जो निर्मल भाव होते हैं, वे औपशमिक भाव हैं।

2. **क्षायिक भाव :** जैसे—गन्दे पानी में फिटकरी डालने से पानी पूरी तरह साफ हो जाता है, उसमें गन्दगी नहीं रहती। उसी तरह क्षायिक भाव होते हैं। इनमें कषाय पूरी तरह से नष्ट हो जाती है। जो क्षय से होते हैं वे क्षायिक भाव हैं। एक बार क्षायिक भाव (पूर्ण शुद्ध, निर्मल भाव) हो जाने पर पुनः मलिन नहीं होते हैं।

3. **मिश्र (क्षायोपशमिक भाव) :** जो भाव क्षय और उपशम दोनों से होते हैं वे मिश्र हैं। जैसे—नितारा हुआ पानी। जो साफ भी है और जिसमें थोड़ी मिट्टी गन्दगी भी है। पर इसमें गन्दगी अलग है और साफ पानी अलग है।

4. **औदयिक भाव :** ये भाव नदी के जल के समान होते हैं जिसमें थोड़ी गन्दगी भी है। जो कर्म के उदय से होते हैं वे औदयिक भाव हैं।

5. **पारिणामिक भाव :** जो पूरी तरह शुद्ध हैं, साफ पानी जैसे हैं, झरने के पानी के समान पूरी तरह निर्मल हैं, जो पूरी तरह कर्म-निरपेक्ष हैं, वे पारिणामिक भाव हैं।

इस अध्याय में आत्मा के उक्त पाँच सूक्ष्म भावों का वर्णन किया है।

आत्मा के (जीव के) सूक्ष्म भावों को वर्णन करने के पश्चात् आत्मा (जीव) का लक्षण क्या है? वह बताया है। आत्मा का लक्षण उपयोग (ज्ञान) है। क्योंकि हम आत्मा को (जीव को) आँखों से नहीं पहचान सकते हैं। उसको हम चेतना से ही जान सकते हैं। ज्ञान से ही पहचान सकते हैं। जिसमें ज्ञान (उपयोग) हो, दर्शन हो एवं चेतना हो, वह आत्मा है, वही जीव है।

जीव के भी दो प्रकार हैं—संसारी और मुक्त।

संसारी जीव के दो प्रकार हैं—स्थावर और त्रस।

स्थावर जीव के 5 प्रकार हैं—पृथ्वी, अग्नि, जल, वायु और वनस्पति। जैन दर्शन मानता है कि पृथ्वी भी जीव है, अग्नि भी जीव है, जल, वायु और वनस्पति भी जीव है। जो बात विज्ञान आज सिद्ध कर रहा है, जिस पर लाखों रिसर्च चल रहे हैं, वही बात जैनाचार्य हजारों साल पहले लिख चुके हैं, हमें बता चुके हैं।

त्रस दो-इन्द्रिय से लेकर पाँच-इन्द्रिय तक के जीवों को कहते हैं। जैसे लट, चींटी, कृमि, भौंरा, मनुष्य। हम सब त्रस जीव हैं। सब जीवों में जानने, देखने

आदि की शक्ति है।

इसके बाद पाँच इन्द्रियाँ, उनके प्रकार, मृत्यु और जन्म के बीच की स्थिति, जन्म के प्रकार, उनकी योनियाँ, जीवों में जन्मों का विभाग, शरीर के भेद, उनके स्वामी, लिंग का विभाग और जीव की आयु आदि अनेक विषयों का सरल वर्णन इस अध्याय में किया है।

तीसरा अध्याय (39 सूत्र)

तीसरे अध्याय में 39 सूत्रों में अधोलोक और मध्यलोक का वर्णन है। अधोलोक में 7 नरक हैं, जिनमें नारकी जीव बहुत लम्बे समय तक रहते हैं। इन नरकों में अशुभ शरीर और अशुभ परिणामों को सहते हुए बहुत दुख सहन करना पड़ता है। पहले नरक से ज्यादा दुख दूसरे नरक में है। दूसरे नरक से ज्यादा तीसरे में है। इस तरह क्रमशः नरकों में ज्यादा दुख सहन करने पड़ते हैं। इसी तरह पहले नरक में सबसे कम आयु होती है, बाद के नरकों में आयु क्रमशः अधिक बढ़ती जाती है। सातवें नरक में सबसे अधिक समय तक रहना पड़ता है। सबसे अधिक आयु सातवें नरक में होती है।

इस तरह इस अध्याय में सातों पृथिवियाँ, सातों नरकों की संख्या, नारकी जीवों की दशा एवं उनकी दीर्घ आयु आदि अनेक बातों का वर्णन किया है।

मध्यलोक में अनेक द्वीप-समुद्र हैं जो सभी वलयाकार हैं। इन्हीं में भरत, ऐरावत, विदेह आदि अनेक क्षेत्र हैं और गंगा, सिन्धु आदि नदियाँ भी हैं। इस तरह इस अध्याय में मध्यलोक के द्वीप, समुद्र, पर्वत, नदियों एवं क्षेत्रों का वर्णन किया है—साथ ही मनुष्य और तिर्यंचों की आयु भी बतलाई है।

चौथा अध्याय (42 सूत्र)

चौथे अध्याय में ऊर्ध्वलोक (देवलोक) का वर्णन किया है। देव चार प्रकार के हैं—भवनवासी, व्यन्तर, ज्योतिषी और वैमानिक।

1. **भवनवासी देव :** भवनवासी देव अपने भवनों में रहते हैं, इन भवनों को हम नहीं देख सकते। यह भवन पृथ्वी के नीचे भी पाए जाते हैं। भवनवासी देव के असुर कुमार, नाग कुमार, विद्युत कुमार, सुपर्ण कुमार, अग्नि कुमार, वात कुमार, स्तनित कुमार, उदधि कुमार, द्वीप कुमार और दिक् कुमार—ये दस प्रकार हैं।

2. **व्यन्तर देव :** दुनिया में भूत, प्रेत जिसे कहते हैं, वे व्यन्तर देव हैं। वे

कहीं भी होते हैं। उनको अवधिज्ञान होता है। जिससे वे मनुष्य को कभी सुख देते हैं, कभी दुख देते हैं। ये आठ प्रकार के होते हैं—किन्नर, किंपुरुष, महोरग, गन्धर्व, यक्ष, राक्षस, भूत और पिशाच।

3. **ज्योतिषी देव :** जैन धर्म के अनुसार सूर्य, चन्द्र, नक्षत्र और तारे—ये सभी ज्योतिष देव हैं। सूर्य, चन्द्र, नक्षत्र और तारे—इनके अन्दर देव रहते हैं। उन्हें ज्योतिषी देव कहते हैं।

4. **वैमानिक देव :** वैमानिक देवों को कल्पवासी देव भी कहते हैं। ये 16 प्रकार के होते हैं—सौधर्म, ईशान, आदि-आदि। ये देव आज दिखाई भी नहीं देते। ये सिर्फ भगवान एवं तीर्थंकर के पंचकल्याणकों में जाते हैं। किसी की परीक्षा लेने भी जाते हैं। सोलहवें स्वर्ग में सबसे ज्यादा सुख है, जबकि वहाँ सबसे कम परिग्रह हैं।

इस प्रकार इस अध्याय में देवों और देवलोक का विस्तृत वर्णन किया गया है।

पाँचवाँ अध्याय (42 सूत्र)

पाँचवें अध्याय में 42 सूत्र हैं। यह अध्याय दार्शनिक दृष्टि से बहुत महत्त्वपूर्ण है। इसमें अजीव तत्त्व का वर्णन किया है। इसमें जीव, पुद्गल, धर्म, अधर्म, आकाश और काल—इन छः द्रव्यों का वर्णन आया है। इसके अतिरिक्त प्रत्येक द्रव्य के प्रदेशों की संख्या, क्षेत्र, प्रत्येक द्रव्य के कार्य आदि बतलाए हैं। प्रत्येक द्रव्य का विस्तार से वर्णन किया है।

छठा अध्याय (27 सूत्र)

27 सूत्रों में आस्रवतत्त्व का स्वरूप और उसके भेद-प्रभेद आदि बतलाए हैं।

आस्रव दो प्रकार के होते हैं—(1) अशुभ आस्रव, (2) शुभ आस्रव।

मन-वचन-काय की क्रिया योग है, वही आस्रव का कारण है। यदि वह क्रिया शुभ हो तो पुण्यास्रव होता है और अशुभ हो तो पापास्रव होता है।

आस्रव दो अन्य प्रकार का भी है-साम्परायिक और ईर्यापथिक।

जो जीव क्रोध, मान, माया और लोभ चारों कषाय से युक्त होते हैं, उन्हें साम्परायिक आसत्र होता है।

जो जीव कषायरहित होते हैं, उन्हें ईर्यापथिक आस्रव होता है।

किन-किन कार्यों को करने से किस-किस कर्म का आस्रव होता है, इसका वर्णन इस अध्याय में किया गया है।

सातवाँ अध्याय (39 सूत्र)

इस अध्याय में शुभ आस्रव का वर्णन किया है। हिंसा, झूठ, चोरी, अब्रह्म और परिग्रह का त्याग करना ही व्रत है। इसका एकदेश अर्थात् गृहस्थ भी पालन कर सकते हैं और सर्वदेश अर्थात् मुनि भी पालन कर सकते हैं।

इस अध्याय में इन पाँचों व्रतों का स्वरूप, व्रतों को स्थिर करनेवाली भावनाएँ, सात शील का वर्णन किया है। इन व्रतों में प्रमादवश जो दोष लगता है उसे अतिचार कहते हैं। प्रत्येक व्रत के शील के पाँच-पाँच अतिचार बताए हैं। शुभास्रव के लिए दान का स्वरूप एवं फल का महत्त्व भी बताया है। जीवन के अन्त में सल्लेखना धारण कर मोक्ष प्राप्त करने के लिए अग्रसर होने की शिक्षा दी है।

इस प्रकार यह अध्याय श्रावकों के लिए बहुत महत्त्वपूर्ण है। इसमें चरणानुयोग की शिक्षा दी गयी है।

आठवाँ अध्याय (26 सूत्र)

इस अध्याय में बन्ध तत्त्व का वर्णन किया है। जीव कषाय और कर्मोदय के कारण जो कर्म ग्रहण करता है, वह बन्ध है। बन्ध के 5 कारण हैं—मिथ्यादर्शन (उल्टा ज्ञान), अविरति, प्रमाद (आलस्य), कषाय (क्रोध आदि), योग (मन-वचन-काय की क्रिया)।

इन बन्ध के कारणों को हमें दूर करना चाहिए। व्यक्ति मन-वचन-काय की क्रिया पर तो ध्यान दे देता है, लेकिन जो बन्ध के पहले, दूसरे मुख्य कारण हैं, उन पर ध्यान नहीं देता है। हमें सबसे पहले मिथ्यादर्शन को दूर करना होगा। फिर अविरति, प्रमाद, कषाय और योग आदि कारणों को।

जैसे—यदि किसी व्यक्ति ने किसी सेठ से 99,999 रुपये उधार लिए हों तो उसे पाँच किस्तों में उधार चुकाने के लिए सबसे पहले 90,000 रुपए देने होंगे। यदि वह चाहे कि सिर्फ 9 रुपये देकर या 99 रुपये देकर कर्ज उतार ले तो यह नहीं हो सकता। उसी तरह हमें भी बन्ध के प्रमुख कारणों पर ध्यान देकर इन्हें हटाना होगा।

इस प्रकार इस अध्याय में कर्म-बन्ध के मूल हेतु, उनके स्वरूप तथा उनके भेदों का विस्तारपूर्वक कथन किया है। प्रत्येक कर्म का स्वरूप भी बतलाया है।

नवाँ अध्याय (47 सूत्र)

नवें अध्याय में संवर और निर्जरा तत्त्वों का वर्णन है। आस्रव का निरोध संवर है। संवर 3 गुप्ति, 5 समिति, 10 धर्म, 12 अनुप्रेक्षा, 22 परिषह और 5 चारित्र से होता है। इस अध्याय में संवर का स्वरूप, संवर के हेतु, गुप्ति, समिति, दशधर्म, द्वादश अनुप्रेक्षा, बाईस परीषह और पाँच चारित्र आदि बतलाए हैं।

निर्जरा तप से होती है। तप दो प्रकार का है—बहिरंग तप और अंतरंग तप। इन दोनों के छह-छह प्रकार हैं। इस प्रकार बारह तप और उनके भेद-प्रभेद का वर्णन इस अध्याय में है। अध्याय के अन्त में ध्यान का स्वरूप, काल, ध्याता, ध्यान के भेद एवं पाँच प्रकार के निर्ग्रन्थ साधुओं का वर्णन आया है।

दसवाँ अध्याय (9 सूत्र)

इन नौ सूत्रों में मोक्षतत्त्व का वर्णन किया है। चार घातिया कर्मों के नष्ट हो जाने से केवलज्ञान उत्पन्न होता है, अरिहन्त अवस्था की प्राप्ति होती है। इसके बाद शेष कर्मों के भी नाश हो जाने से जीव पूर्ण मुक्त हो जाता है। सिद्ध हो जाता है। वह लोक के अग्रभाग तक ऊर्ध्वगमन करता हुआ स्थित हो जाता है।

इस प्रकार हम कह सकते हैं कि तत्त्वार्थसूत्र में सात तत्त्व के प्रयोजन से जैनदर्शन के अधिकांश विषय समाहित हो गये हैं और उनके अध्ययन से पाठक को जैनदर्शन की पर्याप्त जानकारी उपलब्ध हो जाती है। अत: उपवास का फल प्राप्त करने के लिए और सम्पूर्ण तत्त्वज्ञान प्राप्त करने के लिए इस ग्रन्थ का स्वाध्याय अवश्य करें। 'तत्त्वार्थसूत्र' ग्रन्थ जैन सिद्धान्त की कुंजी है।

इष्टोपदेश

ग्रन्थ के नाम का अर्थ

इस ग्रन्थ का नाम 'इष्टोपदेश' है। इष्टोपदेश का मतलब है—'इष्ट+उपदेश'। इष्ट का अर्थ है—हित, सुख या मोक्ष और उपदेश का अर्थ है उसे समझानेवाला शास्त्र। इस प्रकार इष्टोपदेश का अर्थ है—मोक्ष का उपदेश, उत्तम उपदेश, हितकारी उपदेश। इस ग्रन्थ में आत्मा के हित का उत्तम उपदेश दिया है, इसलिए इसका नाम 'इष्टोपदेश' है।

ग्रन्थकार का परिचय

'इष्टोपदेश' की रचना आज से लगभग 1500 वर्ष पूर्व आचार्य पूज्यपाद ने की थी। आचार्य पूज्यपाद बहुत ही विद्वान और अद्‌भुत प्रतिभा के धनी थे।

आचार्य पूज्यपाद का वास्तविक नाम देवनन्दि था, लेकिन वे इतने महान थे कि दुनिया उनको पूज्यपाद अर्थात् जिनके चरण पूजनीय है ऐसे पूज्य चरण (पूज्यपाद) के नाम से जानने लगी। इनका समय छठी शती के मध्यकाल का माना जाता है।

आपने मनशुद्धि, वचनशुद्धि और कायशुद्धि तीनों के लिए ग्रन्थों की रचना की थी। उन्होंने मनशुद्धि के लिए इष्टोपदेश और समाधितन्त्र जैसे आध्यात्मिक ग्रन्थ लिखे, वचनशुद्धि के लिए जैनेन्द्र व्याकरण ग्रन्थ लिखा है और कायशुद्धि लिए आयुर्वेद के ग्रन्थ लिखे हैं। तत्त्वार्थसूत्र पर इनके द्वारा लिखित 'सर्वार्थसिद्धि' टीका बहुत प्रसिद्ध है।

ग्रन्थ का महत्त्व

1. 'इष्टोपदेश' ग्रन्थ जैन धर्म का एक महान आध्यात्मिक ग्रन्थ है।

2. मात्र 51 श्लोकों में पूरे अध्यात्म का सार इसमें समाहित है। यह ग्रन्थ 'गागर में सागर' की युक्ति को चरितार्थ करता है।
3. पिछले 1500 वर्षों से इस ग्रन्थ को पढ़ा जा रहा है। विद्यालयों एवं विश्वविद्यालयों में भी इस ग्रन्थ को पढ़ाया जाता है।
4. इस ग्रन्थ पर अनेक आचार्यों ने टीकाएँ भी लिखी हैं।
5. यह ग्रन्थ संक्षिप्त, सरल और सुन्दर है।

ग्रन्थ का विषय

'इष्टोपदेश' ग्रन्थ में मात्र 51 श्लोक हैं। इन श्लोकों में अध्यात्म का परिचय है। इस ग्रन्थ को पढ़कर कोई भी व्यक्ति अध्यात्मविद्या को आसानी से समझ सकता है।

आचार्य पूज्यपाद ने मंगलाचरण में किसी भी विशेष भगवान, तीर्थंकर या आचार्य आदि को नमस्कार नहीं किया है। उन्होंने शुद्धात्मा और परमात्मा को नमस्कार किया है। वे कहते हैं कि जिस जीव ने अपने कर्मों का नाश करके अपने शुद्ध स्वरूप की प्राप्ति कर ली है, मैं उसी शुद्धात्मा, परमात्मा को नमस्कार करता हूँ। इस प्रकार इस ग्रन्थ का मंगलाचरण भी अपने आप में बड़ा ही अनूठा और आध्यात्मिक है।

इसके बाद आचार्य अध्यात्म के विषय को बहुत ही गहराई से उदाहरणों द्वारा समझाकर कहते हैं कि—

आत्मा स्वभाव से परमात्मा है, लेकिन अनादिकाल से इसमें राग-द्वेष का मैल मिला हुआ है। जिस प्रकार सोने को जब जमीन से निकाला जाता है, तब सोने के साथ-साथ उसमें मलिनता और कालिमा भी होती है। परन्तु जब सुनार उस सोने को अग्नि में तपाता है, तब उसकी मलिनता और कालिमा नष्ट हो जाती है, और वह पूर्ण शुद्ध सोना हो जाता है। इसी तरह हमारी आत्मा भी अनादिकाल से राग-द्वेष में फँसी हुई है। हमें भी अपनी आत्मा के मैल राग-द्वेष का दूर हटाकर आत्मा को पूर्ण शुद्ध करना है। तब हम परमात्मा को जान सकते हैं।

जिस तरह भिन्न-भिन्न दिशाओं और क्षेत्रों से आकर बहुत सारे पक्षी रात में अलग-अलग वृक्षों पर बैठ जाते हैं और सुबह होते ही सभी पक्षी अलग-अलग दिशाओं में उड़ जाते हैं। इसी तरह आत्मा भी अलग-अलग शरीर धारण करता है, समय आने पर एक शरीर छोड़कर दूसरे शरीर में पहुँच जाता है। इसलिए हमें पर पदार्थों (धन, पैसा और मकान) और परिवार के लोगों के प्रति

मोह भाव को छोड़ना चाहिए। क्योंकि कोई किसी के पास शाश्वत नहीं रहता है। पति, पत्नी, पुत्र और माता-पिता परिवार के सब लोग एक पेड़ पर इकट्ठे हुए पक्षी के समान हैं। सभी को समय आने पर अलग-अलग स्थान पर अलग-अलग मंजिल पर चले जाना है। परमार्थ से कोई किसी का नहीं है। यह बात हम सबको अच्छे से समझना चाहिए।

धन के प्रति मोह रखना दुख का कारण है कोई भी व्यक्ति धन, परिग्रह आदि को जोड़-जोड़कर सुखी नहीं हो सकता है। धन से व्यक्ति सुखी होता है, यह बहुत बड़ी भ्रान्ति है। परिग्रह दुख का ही कारण है। जैसे कोई व्यक्ति बुखार आने पर घी पीकर अपने को स्वस्थ मान ले तो यह उसकी गलत भ्रान्ति है, उसी तरह धन अर्जित होने पर हम सुखी होंगे—यह मान लेना बहुत बड़ी भ्रान्ति है। अत: धन, परिग्रह आदि पदार्थों के प्रति हमारा दृष्टिकोण सही होना चाहिए।

जैसे—किसी जंगल में आग लग जाने पर सारे पशु-पक्षी जल रहे हैं। उसी जंगल में पेड़ पर एक आदमी बैठा है और वह यह सब देख रहा है। लेकिन वह यह नहीं समझ रहा है, मैं भी जलनेवाला हूँ। ठीक इसी तरह जंगल में बैठे उस आदमी की तरह हम हैं। क्योंकि इस दुनिया में प्रतिदिन अनेक दुर्घटनाएँ, मृत्यु, समस्याएँ और अनेक रोग हो रहे हैं। सभी की तरह एक दिन हम भी इस दुनिया से चले जाएँगे। यह बात हम सब देखते और जानते हैं। मगर यह नहीं सोचते कि एक दिन यही स्थिति हमारे साथ भी होनेवाली है।

आचार्य पूज्यपाद वैराग्य की शिक्षा देते हुए कहते हैं कि अब तुम अध्यात्म विद्या को समझ लो, शरीर को छोड़कर आत्मा को जान लो। यदि तुम शरीर के उपकार में लगे रहे तो आत्मा का नुकसान हो जाएगा और फिर तुम आत्मा को नहीं समझ सकते। अनादिकाल से हम शरीर और परिवार को ही सम्भाल रहे हैं, अत: अब हमें शरीर से ध्यान हटाकर आत्मा को समझना चाहिए।

एक तरफ दिव्य चिन्तामणि रत्न 'आत्मा' है और दूसरी ओर खली का टुकड़ा (पर पदार्थ) है। तो बुद्धिमान व्यक्ति दिव्य चिन्तामणि रत्न अर्थात् आत्मा को ही प्राप्त करना चाहता है। इस आत्मा को ध्यान के द्वारा हम प्राप्त कर सकते हैं। हमारे जीवन की बड़ी उपलब्धि तभी होगी, जब हम आत्मा का अनुभव कर लेंगे।

आत्मा शरीर के अन्दर रहता है, पर वह शरीर नहीं है। उसे हम अनुभव से जान सकते हैं। शरीर में जो जानने-देखनेवाली चैतन्य शक्ति है, जो हमें महसूस होती है, वही आत्मा है। आत्मा को जाना जा सकता है, समझा जा सकता है।

आत्मा का अनुभव किया जा सकता है। यदि हम एकाग्रता से, गम्भीरता से उस पर ध्यान दें तो हम आत्मा को समझ सकते हैं। इसके लिए हमें प्रतिदिन थोड़ी देर ध्यान करना चाहिए। हमें चिन्तन करना चाहिए कि मैं एक हूँ, मैं निर्मम हूँ, शुद्ध हूँ, शरीर से भिन्न हूँ और ज्ञानस्वभावी हूँ, परमाणु मात्र दूसरी वस्तु मेरी नहीं है। मेरा जन्म नहीं है, मेरी मृत्यु नहीं है, मुझे रोग नहीं है, मैं बालक नहीं हूँ, मैं वृद्ध नहीं हूँ, यह सब शरीर की अवस्था है। मैं तो चैतन्य तत्त्व हूँ। अनादि और अनन्त हूँ। ऐसा ध्यान करना चाहिए।

जो जीव परपदार्थों के प्रति ममता रखता है, वह दुखी होता है और जो परपदार्थों से ममता नहीं रखता, वह अपनी आत्मा के साथ अपना सम्बन्ध स्थापित करके सुखी रहता है। क्योंकि ममता दुख का कारण है और समता सुख का कारण है। यह हमारे ऊपर है कि हम क्या चुनते हैं, दुख या सुख।

संसार में जितने भी परपदार्थ हैं, वह सब हमने पिछले जन्मों में अनेक बार भोग लिए हैं, ऐसा कोई भी पदार्थ नहीं हैं, जो हमें आज तक प्राप्त नहीं हुआ है। सारे पदार्थ हम बार-बार भोग कर छोड़ चुके हैं। फिर आज इन्हें पाकर हमें कौन सा लाभ प्राप्त होगा? परपदार्थों ने हमें पहले भी सुखी नहीं किया, आज भी सुखी नहीं कर सकते हैं।

तुम दूसरों का उपकार करना छोड़ दो। पहले अपना उपकार करने में समय लगाओ। अपनी पूरी इच्छाशक्ति से और दृढ़ता से अपना उपकार करो। जो व्यक्ति अपना उपकार छोड़कर दूसरों की भलाई में लगा रहता है, वह अज्ञानी है, मूर्ख है।

दुनिया में कोई भी व्यक्ति मूर्ख को ज्ञानी और ज्ञानी को मूर्ख नहीं बना सकता। सब निमित्त मात्र हैं। सब अपने-अपने कर्मों और निमित्त से अपना लाभ प्राप्त करते हैं। एकान्त में बैठकर अपने मन को समझाओ। उसको देखने की कोशिश करो, उसको अनुभव करने की कोशिश करो। जब हमें आत्मा का अनुभव होने लगेगा, तब हमें पाँचों इन्द्रियों के विषय सुलभ होने पर भी रुचिकर नहीं लगेंगे। आत्मा के आनन्द के सामने संसार का आनन्द दुखरूप लगेगा।

जब तुम्हें आत्मा का अनुभव होगा, तब तुम एक ऐसे वीतरागी आध्यात्मिक पुरुष बन जाओगे, जो सारे विश्व को जाल (मकड़ी के जाल) के समान देखता है, पर इस जाल में फँसता नहीं है।

वह कहीं भी अपनत्व स्थापित नहीं करता, किसी से राग-द्वेष नहीं करता। वह अपने शरीर की भी परवाह नहीं करता। वह जहाँ रहता है, वहीं उसे आनन्द

का अनुभव होने लगता है। 'पर' (दूसरे पदार्थ) से दुख प्राप्त होता है और 'स्व' (आत्मा) से सुख प्राप्त होता है, इसलिए विद्वान आत्मा को पाने के लिए प्रयत्न करते हैं।

यही असली धर्म है। सुख शान्ति का यही मूल मन्त्र है। इसलिए जिसने आत्मा को जान लिया वह ज्ञानी है। जिसने आत्मा को नहीं जाना वह अज्ञानी है।

अतः आत्म तत्त्व को जानो, ज्ञानी बनो और आत्मा का अनुभव करो, क्योंकि आत्मध्यान के द्वारा परम आनन्द की प्राप्ति होती है।

सारी जिनवाणी का सार और तत्त्व का सार इतना ही है कि 'जीव अन्य है, पुद्गल अन्य है' अर्थात् आत्मा अलग है और शरीर अलग है। जिसने यह सार समझ लिया उसने जिनवाणी और तत्त्व का सार समझ लिया।

इस तरह हम जीव को जीव समझें, पुद्गल को पुद्गल समझें। जीवन में समता भाव अपनाएँ। जो व्यक्ति इष्टोपदेश को समझ जाता है, वह घर में हो या वन में हो; वह अनासक्त, विरागी और सम्यग्दृष्टि धर्मात्मा है। वही सुख, शान्ति और मोक्ष लक्ष्मी प्राप्त करता है। जिसने इष्टोपदेश ग्रन्थ को समझ लिया, उसका जीवन आध्यात्मिक हो जाता है, अतः इस ग्रन्थ का स्वाध्याय अवश्य करें।

समाधितन्त्र

ग्रन्थ के नाम का अर्थ

इस ग्रन्थ के दो नाम प्रचलित हैं—1. समाधिशतक, 2. समाधितन्त्र।

'समाधि' शब्द का अर्थ– समाधि का अर्थ है—ध्यान करना, आत्मा में लीन होना या आत्मा में लीन होकर योग करना। जब आत्मा अपने को आधि, व्याधि और उपाधि से ऊपर उठा लेता है, उसका नाम है—समाधि।

आधि = मानसिक रोग, व्याधि = शारीरिक तकलीफ, उपाधि = बाहरी तकलीफ। जब जीव स्वयं को सभी मानसिक, शारीरिक और बाहरी तकलीफों से दूर करके आत्मा में ही लीन हो जाता है तब वह समाधि को प्राप्त करता है।

समाधि का मतलब यहाँ मरण नहीं है। समाधि अपनी आत्मा, परमात्मा को प्राप्त करने का साधन है।

1. 'समाधिशतक' नाम इसलिए प्रसिद्ध है, क्योंकि इस ग्रन्थ में समाधि के विषय को लगभग 100 (107) श्लोकों में बताया गया है। लगभग 100 श्लोक हैं, अत: इसका नाम 'समाधिशतक' है।

2. 'समाधितन्त्र' नाम इसलिए रखा, क्योंकि 'तन्त्र' का मतलब होता है मार्ग, साधन, कार्य, पद्धति या उपाय। यह ग्रन्थ समाधि का साधन बतलाता है, आत्मा से परमात्मा बनने का उपाय बतलाता है, इसलिए इसका नाम 'समाधितन्त्र' है।

ग्रन्थकार का परिचय

यह ग्रन्थ आचार्य पूज्यपाद ने लिखा है। इनका मूल नाम देवनन्दि था। इनका समय छठी शती का मध्यकाल माना जाता है। आचार्य पूज्यपाद अद्‍भुत प्रतिभा के धनी और प्रकाण्ड विद्वान थे। आप प्रसिद्ध कवि थे। इसके साथ ही आप आयुर्वेद, व्याकरण, अध्यात्म और न्याय आदि विविध विषयों के ज्ञाता थे। इन सभी विषयों

पर आपने बड़े महत्त्वपूर्ण ग्रन्थ लिखे हैं। आपको कवियों में तीर्थंकर के समान माना जाता था, क्योंकि आपने कवियों का पथ-प्रदर्शन करने के लिए लक्षण-ग्रन्थ की रचना की थी। सभी परवर्ती आचार्यों ने आपको नमस्कार किया है। कहा जाता है कि आचार्य पूज्यपाद विदेह क्षेत्र जाया करते थे।

रचनाएँ– आचार्य पूज्यपाद की निम्नलिखित रचनाएँ उपलब्ध हैं—

1. दसभक्ति
2. जन्माभिषेक
3. तत्त्वार्थवृत्ति (सर्वार्थसिद्धि)
4. समाधितन्त्र
5. इष्टोपेदेश
6. जैनेन्द्रव्याकरण
7. सिद्धिप्रिय-स्तोत्र

ग्रन्थ का महत्त्व

1. इस ग्रन्थ में अध्यात्म का सम्पूर्ण विषय मात्र 107 श्लोकों में दिया गया है।
2. यह अध्यात्मविद्या का बहुत महत्त्वपूर्ण एवं सरल ग्रन्थ है।
3. सबसे खास विशेषता है कि इसमें बहुत सारे सूत्र हैं। इन छोटे-छोटे सूत्रों और वाक्यों में बड़ी-बड़ी बातों एवं गम्भीर विषय को सरल तरीके से समझाया है। जैसे—
   - शरीर में आत्मबुद्धि ही समस्त दुखों का मूल कारण है।
   - आत्मा में आत्मबुद्धि ही दुखों से मुक्ति का सरल उपाय है।
   - बहिरात्मा शरीर के सुख के लिए धर्म करता है, तो वह धर्म अच्छा नहीं होता। सार्थक एवं फलदायी नहीं होता, आदि-आदि।
   - इस ग्रन्थ में बहिरात्मा, अन्तरात्मा और परमात्मा के स्वरूप का विस्तारपूर्वक वर्णन किया है। सरल उदाहरण देकर इन तीनों को समझाया है।
   - इस ग्रन्थ में आत्मा, शरीर, इन्द्रिय और कर्मसंयोग, इन सबका संक्षेप में बहुत ही सरल एवं हृदयस्पर्शी वर्णन किया है।
   - इस ग्रन्थ में शरीर और आत्मा के भेद को बहुत अच्छे से समझाया है।

ग्रन्थ का मुख्य विषय

आचार्य सबसे पहले मंगलाचरण में सिद्ध भगवान को नमस्कार करते हैं, क्योंकि सिद्ध भगवान ने आत्मा को ही अपना माना है, दूसरे पदार्थों को अपना नहीं माना है।

इस ग्रन्थ के माध्यम से आचार्य अपने श्रोता को बार-बार यही कहते हैं कि

सिर्फ शुद्ध आत्मा पर ही ध्यान दो। आत्मा को जानो और समझो। उसी का ध्यान करो, उसी पर विश्वास करो और उसी का आचरण करो।

उसके बाद आचार्य ने आत्मा के तीन प्रकार बताए हैं—1. बहिरात्मा, 2. अन्तरात्मा, 3. परमात्मा।

1. बहिरात्मा– बहिरात्मा वह है, जो शरीर, मकान, दुकान और परिवार आदि बाहरी पदार्थों में अपनापन मानता है, उनको अपना मानता है।

2. अन्तरात्मा– जो अपने अन्तरंग ज्ञान तत्त्व को ही अपना मानता है, वह अन्तरात्मा है।

3. परमात्मा– जो आत्मा को जानकर आत्मा में ही लीन हो जाता है, शुद्ध हो जाता है, बुद्ध हो जाता है, वह परमात्मा है। परमात्मा के अनेक नाम हैं—निर्मल, केवल, शुद्ध, प्रभु, अव्यय, परमेष्ठी, परात्मा, परमात्मा, ईश्वर और जिन आदि।

बहिरात्मा

बहिरात्मा को हम इन उदाहरणों द्वारा आसानी से समझ सकते हैं।

• बहिरात्मा अपने आत्मज्ञान से दूर होता है। वह अपने शरीर को ही आत्मा के रूप में जानता है। जैसे—बहिरात्मा मनुष्य शरीर में हो तो स्वयं को मनुष्य मानता है। स्त्री-शरीर में है तो स्वयं को स्त्री जानता है। तिर्यंच-शरीर में है तो तिर्यंच जानता है। परन्तु वास्तव में आत्मा मनुष्य, स्त्री, पुरुष और तिर्यंच नहीं है।

• बहिरात्मा, अपने शरीर के समान ही दूसरों को भी स्त्री, पुरुष, मनुष्य और तिर्यंच आदि समझता है। बहिरात्मा स्व और पर को भिन्न-भिन्न नहीं जानता। स्व को पर, पर को स्व मानता है। जैसे—स्वयं को गोरा, काला, जवान, बूढ़ा समझता है, दूसरों को गोरा और काला समझता है। उसकी सारी दृष्टि शरीर पर ही केन्द्रित होती है। शरीर के कारण ही वह पुत्र, पत्नी, पति और माता-पिता आदि को अपना मानता है।

• शरीर में आत्मबुद्धि होना संसार के दुखों का मूल कारण है। इसके कारण ही शरीर के नाश पर वह दुखी हो जाता है। संयोग में खुश और वियोग हो जाने पर दुखी हो जाता है।

• बहिरात्मा मानता है कि मैं बोल रहा हूँ, बीमार हो रहा हूँ, तरक्की कर रहा हूँ, नीचे गिर रहा हूँ आदि-आदि।

अन्तरात्मा

अन्तरात्मा का स्वरूप समझाते हुए वे कहते हैं कि जो साधक इन बाह्य विषयों को छोड़कर अपनी अन्तरात्मा में प्रवेश करता है, वह अन्तरात्मा है।

• वह सोचता है कि मैं अनादिकाल से अपने आपको पाँचों इन्द्रियों के माध्यम से विषयों में फँसा रहा हूँ। पर वास्तव में, मैं न रोगी हूँ, न मेरी मृत्यु हूँ, न मेरा जन्म है और न मेरी मृत्यु है। न स्त्री हूँ और न पुरुष हूँ। जो आत्मा में आत्मा का अनुभव करता है, वह मैं हूँ।

• एक बहुत सुन्दर उदाहरण देते हुए कहते हैं कि जैसे—ठूँठ को पुरुष समझकर यदि कोई व्यक्ति उसे खाना खिलाए, कपड़े पहनाए, प्यार से रखे, उससे हँसकर बोले तो लोग उसे मूर्ख समझते हैं, क्योंकि यह सब व्यर्थ होता है। उसी प्रकार अन्तरात्मा सोचता है कि मैंने अपने शरीर के साथ जो भी क्रिया की है, उसे सजाया-सँवारा है, वह सब व्यर्थ है।

• अन्तरात्मा सोचता है कि मैंने जब तक शरीर को अपना माना, तब तक मुझे शत्रु और मित्र दिखाई दिए; पर अब आत्मा को जानने के बाद यह जगत न मेरा शत्रु है और न मेरा मित्र है।

इस प्रकार हमें बहिरात्मभाव को छोड़कर अपनी अन्तरात्मा में लीन होना चाहिए। जैसे—यदि हम रोबॉट को प्यार करें तो क्या वह हमें प्यार करेगा? उसी प्रकार शरीर से प्यार करने में, अपना मानने में केवल दुख ही मिलता है।

क्योंकि हम समझते हैं कि ये गाड़ी, पंखे, ए.सी., घर और परिवार हमें सुख दे रहे हैं, पर वास्तव में ये केवल शरीर को ही सुख दे रहे हैं।

अब बाहर से ध्यान हटाओ। सारी इन्द्रियों को अपने आप में संयमित करो। अन्तरंग में अपने ज्ञान तत्त्व और ज्ञानधारा को जानो। अपने आपको आत्मा में लीन कर दो, यही आत्मा है। यही परमात्मा है।

बहिरात्मा परिग्रह और अन्य पर पदार्थों के साथ बड़ी इच्छा और विश्वास के साथ जीवन जीता है, पर ये पदार्थ सबसे ज्यादा हानिकारक और दुखदायी सिद्ध होते हैं। जिनको यह अपना मानता है, जिनके पास रहता है, वे दुख के साधन हैं और जिनसे दूर भागता है, डरता है वे ही सबसे ज्यादा सुख देनेवाले हैं। इसलिए हमें बाह्य पदार्थों को छोड़कर अन्तरात्मा में मन लगाना चाहिए।

अन्तरात्मा सोचता है कि जो परम आत्मा है वही मैं हूँ, और जो मैं हूँ, वही परम आत्मा है। इसलिए मेरी ही उपासना साधना मुझे ही करना है। क्योंकि बहुत मुश्किल से मैं अपने आपको इन्द्रिय-विषयों से दूर कर स्वयं में, आत्मा में स्थित

हुआ हूँ। परम आनन्द से परिपूर्ण हुआ हूँ। ज्ञानात्मा को प्राप्त हुआ हूँ।

जो आत्मा को अविनाशी और शरीर से अलग नहीं जानता है, वह उत्कृष्ट तप भी कर ले तो उसे मोक्ष प्राप्त नहीं होता। मोक्ष-प्राप्ति के लिए उसे अपनी आत्मा के स्वरूप को समझना पड़ेगा। यहाँ आत्मा को जानने का बहुत अच्छा उपाय भी बतलाया है।

जैसे—किसी बर्तन में पानी भरा हुआ है। वह हिल रहा है। उसमें हमें चेहरा दिखाई नहीं देता। लेकिन यदि पानी स्थिर और शान्त हो जाए तो हमें आसानी से चेहरा दिखाई देगा। उसी तरह हमें अपना आत्मा तब तक दिखाई नहीं देगा, जब तक हमारा चित्त राग-द्वेष रूपी लहरों से चंचल है। जब हमारा मन स्थिर हो जाएगा, शान्त हो जाएगा, तब हमें आत्म तत्त्व का दर्शन अवश्य हो जाएगा।

जो बहिरात्मा है, जो शरीर को अपना मानता है, वह समझता है कि मेरा मान हुआ, मेरा सम्मान हुआ। पर जो आत्मा को जान लेता है, उसे मान-सम्मान की चिन्ता नहीं होती है।

बहिरात्मा शरीर को ही अपना समझता है, इसलिए वह शरीर और दिव्य भोगों की आकांक्षा करता है। जबकि अन्तरात्मा तत्त्वज्ञानी पुरुष इनसे छुटकारा पाने की इच्छा करता है।

बहिरात्मा यदि धर्म भी करता है, तो उसका धर्म स्वार्थपूर्ति के लिए होता है। इसलिए वह धर्म अच्छा नहीं माना जाता। वह स्वर्ग के सुखों की इच्छा, सुन्दर शरीर, वैभव और ऐश्वर्य की इच्छा करता है।

उपर्युक्त सभी बातों को समझाकर आचार्य कहते हैं कि अब शरीर से मन को हटाकर आत्मज्ञान में लग जाओ। अधिक से अधिक समय आत्मा के ध्यान में लगाओ। वचन और शरीर को भी आत्मा से मुक्त कर दो। अर्थात् न कुछ बोलो, न कुछ करो। कुछ करना भी है, तो सिर्फ आत्मज्ञान और ध्यान के लिए ही करो। वही सोचो जिससे तुम्हारी आत्मा का हित हो। सिर्फ अपनी आत्मा में ही मन लगाओ।

जब तुम आत्मज्ञान को समझ जाओ तो दूसरों को समझाने के चक्कर में भी मत लगो। दूसरों को मत समझाओ, अपना समय नष्ट नहीं करो। समझदार अपने आप समझ जाएगा। जो नासमझ है, उसे कभी, कोई भी नहीं समझा सकता है।

इस प्रकार इस ग्रन्थ का मूल सन्देश यही है कि मन को शान्त करो और आत्मा को जानो। ज्ञान को ज्ञान में लीन करो। तब बहिरात्मा अन्तरात्मा बनता है और अन्तरात्मा परमात्मा बन जाता है।

परमात्मा

परमात्मा के स्वरूप को समझाते हुए कहते हैं कि जब तक प्राणी शरीर, वाणी और मन इन तीनों को अपना मानता है, तब तक संसार है। जब आत्मा तीनों से भिन्न (अलग) हो जाता है तब परमात्मा बन जाता है। उसे मोक्ष की प्राप्ति हो जाती है। आत्मा शुद्ध और बुद्ध हो जाता है।

शरीर और आत्मा की भिन्नता को यहाँ बहुत अच्छा उदाहरण देकर समझाते हैं—

• जिस तरह वस्त्र भिन्न होते हैं और शरीर भिन्न होता है। वस्त्र मोटा, पतला, काला, सफेद, लाल और पीला कैसा भी हो, उसके जैसा शरीर नहीं होता। उसी तरह शरीर मोटा, पतला, गोरा और काला कैसा भी हो, उसके जैसा आत्मा नहीं होता है। ज्ञानी व्यक्ति स्वयं को शरीर नहीं मानता है।

• वस्त्र के फट जाने पर या खराब हो जाने पर ज्ञानी व्यक्ति स्वयं को फटा या खराब नहीं मानता है, उसी प्रकार वह शरीर के नष्ट हो जाने पर, बीमार हो जाने पर आत्मा को बीमार या नष्ट हो गया; ऐसा नहीं मानता है।

• ज्ञानी व्यक्ति शरीर से प्रेम नहीं करता है, क्योंकि शरीर ही सभी परेशानियों की जड़ है। यदि शरीर से प्रेम नष्ट हो जाए तो धन, दौलत, दुकान, मकान और परिवार आदि के कारण जो दुख हैं, संकट और परेशानियाँ हैं सब नष्ट हो जाती हैं।

• ज्ञानी व्यक्ति लोगों की संगति से भी दूर रहता है, क्योंकि लोगों की संगति से वाणी की चंचलता होती है। जिससे मन की चंचलता भी बढ़ती है। अतः मन में शान्ति के लिए, ध्यान के लिए जन-संगति से दूर रहना चाहिए।

• आत्मज्ञानी के लिए गाँव या जंगल—ये दो स्थान होते हैं। वह कहीं भी रहे, पर वह आत्मा में ही रहता है। अतः हम कहीं भी रहें, पर आत्मा में रहें। तभी अच्छा होगा।

• आत्मा ही आत्मा का गुरु है, क्योंकि आत्मा ही आत्मा को जन्म या निर्वाण की ओर ले जाता है।

• आत्मज्ञानी मनुष्य शरीर के नाश हो जाने पर ऐसा समझता है कि एक वस्त्र को छोड़कर दूसरा वस्त्र धारण कर लिया हो।

परन्तु शरीर को ही अपना माननेवाला व्यक्ति मृत्यु को निकट जानकर या परिवार आदि के वियोग हो जाने पर भयभीत हो जाता है। दुखी हो जाता है, अतः

हमें आत्मा को ही अपना मानकर उसे ही समझना चाहिए, क्योंकि रास्ता तो एक ही अपनाना होगा। यदि व्यवहार में सोते रहें तो आत्मा को जान लेंगे और यदि आत्मा को जानने में सोते रहें तो व्यवहार को ही अपना मानेंगे।

अत: आचार्य कहते हैं कि आत्मा और शरीर का भेदविज्ञान दूसरों से तो बहुत बार सुन लेते हैं। दूसरों को भेदविज्ञान समझा भी देते हैं। परन्तु जब तक, हम भेद विज्ञान को समझकर अपनी आत्मा को नहीं जान लेते, तब तक मोक्ष प्राप्त नहीं हो सकता, इसलिए आत्मा को शरीर से अलग समझो। आत्मा में इस प्रकार खो जाओ कि सोते समय स्वप्न में भी आपको शरीर और आत्मा अलग-अलग दिखाई दे।

लिंग, वेशभूषा आदि शरीर पर आश्रित होते हैं, अत: आत्मज्ञानी मनुष्य लिंग और वेशभूषा पर आश्रित नहीं होता। यदि वह इन विकल्पों में उलझेगा तो आत्मा के परम पद को प्राप्त नहीं करेगा। जो अज्ञानी है, बहिरात्मा है, वह लिंग-जाति के विकल्प में फँसा रहता है और वह आत्मा के परम पद को प्राप्त नहीं कर सकते।

शरीर को अपना माननेवाला बहिरात्मा सम्पूर्ण शास्त्रों का ज्ञाता और जागृत हो जाने पर भी शरीर से मुक्त नहीं होता। आत्मज्ञानी मनुष्य जो आत्मा को ही अपना मानता है, वह सुप्त और उन्मत्त (पागल) होने पर भी मुक्त हो जाता है।

अत: अपनी आत्मा से भिन्न अरहंत-सिद्धरूप आत्मा की उपासना करनेवाला उपासक स्वयं अरहंत-सिद्धरूप परमात्मा बन जाता है। जैसे—दीपक से ज्योति अलग है, पर ज्योति की उपासना करते-करते वह स्वयं ज्योतिर्मय बन जाती है।

अर्थात् आत्मा, आत्मा की ही उपासना कर परमात्मा बन जाता है। अत: सदा आत्मा की ही उपासना करना चाहिए। पर में अहं बुद्धि छोड़कर आत्मा में मन लगाना चाहिए। तभी जन्म-मरण के दुख दूर कर ज्योतिर्मय सुख (मोक्ष सुख) को प्राप्त कर सकते हैं। अत: समाधि ही सुख का मार्ग है।

जो श्रावक आत्मा से परमात्मा बनने का उपाय बतलानेवाले इस 'समाधितन्त्र' ग्रन्थ को जानकर एवं समझकर आत्मतत्त्व को प्राप्त करेगा, वह जन्म-मरण से मुक्त होकर अनन्तज्ञान एवं मोक्षसुख को प्राप्त करेगा।

कार्तिकेयानुप्रेक्षा

ग्रन्थ के नाम का अर्थ

इस ग्रन्थ का नाम है कार्तिकेय + अनुप्रेक्षा। कार्तिकेय इस ग्रन्थ के रचनाकार का नाम है और अनुप्रेक्षा का अर्थ है, बारम्बार चिन्तन करना। स्वामी कार्तिकेय ने बारह भावनाओं (अनुप्रेक्षाओं) का वर्णन इस ग्रन्थ में किया है, अत: इसका नाम कार्तिकेयानुप्रेक्षा है। इसका अन्य नाम 'बारस-अणुवेक्खा' अर्थात् बारह भावना भी है।

ग्रन्थकार का परिचय

कार्तिकेयानुप्रेक्षा के रचयिता आचार्य कार्तिकेय हैं। उनका दूसरा नाम स्वामी कुमार भी है। आचार्य कार्तिकेय का समय विक्रम संवत् की दूसरी-तीसरी शती माना जाता है। शुभचन्द्र भट्टारक ने बारस-अणुवेक्खा के रचयिता का नाम कार्तिकेय बताया है, उन्होंने कहा है कि कार्तिकेय मुनि दारुण (भयानक) उपसर्ग को समताभाव से सहन कर समाधिपूर्वक मरण द्वारा देवलोक को प्राप्त हुए हैं। स्वामी कार्तिकेय प्रतिभाशाली, आगम को जाननेवाले और अपने समय के प्रसिद्ध आचार्य हैं।

इनकी एक मात्र रचना कार्तिकेयानुप्रेक्षा ही है।

ग्रन्थ का महत्त्व

1. ये बारह अनुप्रेक्षाएँ जिनागम के अनुसार कही गयी हैं।
2. जो भव्य जीव इनको पढ़ता, सुनता और भावना भाता है, उसे शाश्वत सुख प्राप्त होता है।

3. चञ्चल मन एवं विषय-वासनाओं के निरोध के लिए ये अनुप्रेक्षाएँ लिखी गयी हैं।
4. ये बारह भावनाएँ संयम की शिक्षा देनेवाली और वैराग्य जननी हैं।
5. आचार्य उमास्वामी द्वारा लिखित 'तत्त्वार्थसूत्र' ग्रन्थ के अनुसार ही इस ग्रन्थ में बारह भावनाओं का क्रम आया है। क्योंकि मूलाचार, भगवती-आराधना, आचार्य कुन्दकुन्द द्वारा रचित 'बारह-अणुवेक्खा' में बारह भावनाओं का क्रम थोड़ा भिन्न है।
6. मनोविज्ञान, अध्यात्म, वैराग्य, भूगोल आदि की शिक्षा देनेवाला यह महत्त्वपूर्ण ग्रन्थ है।
7. श्रमण (मुनि) और श्रावक दोनों ही एकाग्रता के साथ इस ग्रन्थ का अध्ययन करते हैं।

ग्रन्थ का मुख्य परिचय

कार्तिकेयानुप्रेक्षा में 489 गाथाएँ हैं। इनमें अध्रुव, अशरण आदि बारह अनुप्रेक्षाओं का विस्तारपूर्वक वर्णन किया है। साथ में प्रसंगवश जीव आदि सात तत्त्वों के स्वरूप के साथ द्वादशव्रत, पात्रों के भेद, दाता के सात गुण, दान की श्रेष्ठता, दान का महत्त्व, सल्लेखना, दश धर्म, सम्यक्त्व के आठ अंग, बारह प्रकार के तप एवं ध्यान के भेद-प्रभेदों का वर्णन किया गया है। आचार्य का स्वरूप एवं आत्मशुद्धि की प्रक्रिया इस ग्रन्थ में विस्तारपूर्वक वर्णित है।

मंगलाचरण : मंगलाचरण में सबसे पहले आचार्य देव, शास्त्र, गुरु को नमस्कार करते हैं। इसके बाद पाँचों परमेष्ठियों को नमस्कार किया है।

अनुप्रेक्षा का अर्थ : अनुप्रेक्षा का सामान्य अर्थ है बारम्बार चिन्तन करना। इन बारह भावनाओं का बार-बार चिन्तन करना ही द्वादशानुप्रेक्षा है।

1. अध्रुव अनुप्रेक्षा (गाथा 4 से 22)

अध्रुव का अर्थ है नष्ट होना। जगत में जो कुछ भी उत्पन्न हुआ है, उसका नष्ट होना निश्चित है।

जो द्रव्य, जीव और अजीव उत्पन्न होते हैं, उनका नाश भी होता है। यह पर्याय का स्वभाव है। इसमें हर्ष-विषाद (सुख-दुख) नहीं करना चाहिए। जिसका जन्म हुआ है उसका मरण निश्चित है। यौवन है तो बुढ़ापा निश्चित है। लक्ष्मी है तो विनाश निश्चित है। इस प्रकार सब वस्तुएँ अस्थिर क्षणभंगुर हैं।

अतः प्राणियों को इष्ट की प्राप्ति में हर्ष और अनिष्ट की प्राप्ति में दुख नहीं करना चाहिए, जो समान भाव से रहता है, वही ज्ञानी है।

परिवार, पुत्र, स्त्री, सुन्दरता, सगे-सम्बन्धी और गोधन इत्यादि सारी वस्तुएँ मेघ (बादल) के समान अस्थिर हैं।

प्राणी इन्द्रियों के विषय, नौकर, घोड़े, हाथी, घर, महल इनमें सुख मानता है, परन्तु ये सब क्षण-विनश्वर हैं।

जिस प्रकार मार्ग में चलते हुए कोई पथिक मिल जाता है, परन्तु क्षण में ही वह दूर हो जाता है, उसी प्रकार सगे-सम्बन्धियों का संयोग है, जिनका शीघ्र ही वियोग हो जाता है। इसलिए अपने असली स्वरूप को नहीं भूलना चाहिए। पुण्य के उदय से प्राप्त होनेवाली चक्रवर्ती की सम्पदा भी स्थिर नहीं है। वह भी नष्ट हो जाती है। यह लक्ष्मी पानी की लहर के समान चंचल है। अतः समय रहते जब तक सम्पदा है उसका दान करना चाहिए और पुण्य का बन्ध करना चाहिए।

जो पुरुष लक्ष्मी को निरन्तर जोड़ता है, न दान करता है, न भोगता है, उसकी लक्ष्मी दूसरों की लक्ष्मी के समान है।

जो पुरुष धन जमीन में गाड़ता है, उसका धन पत्थर के समान है। जो व्यक्ति अपनी धन सम्पदा को पूजा, प्रतिष्ठा, यात्रा, पात्रदान, परोपकार इत्यादि धर्मकार्यों में खर्च करता है, वही वास्तव में बुद्धिमान है, सभी उसकी प्रशंसा करते हैं।

धन, यौवन, जीवन यह सब जल के बुलबुले के समान हैं, यह नष्ट होनेवाले हैं। परन्तु प्राणी मोह के कारण इनको नित्य, स्थिर मानता है।

अतः जो प्राणी संसार, देह, भोग, लक्ष्मी इत्यादि को अस्थिर मानकर अपने मन को विषयों से छुड़ा देता है, अर्थात् इन सभी से अपना मोह नष्ट कर देता है। वह भव्यजीव सिद्धपद (मोक्ष) प्राप्त करता है।

2. अशरण-अनुप्रेक्षा (गाथा 23-31)

अशरण अर्थात् जिसका कोई भी शरण न हो, जिसकी कोई भी रक्षा नहीं कर सकता।

जिस संसार में देवों के इन्द्र का, हरि, नारायण, ब्रह्मा और विधाता आदि सभी का मरण हो जाता है, उस संसार में कोई भी किसी को नहीं बचा सकता है। तात्पर्य यह है कि इस संसार में ऐसा कोई नहीं है जिसका मरण न हो। ऐसा सोचना अशरण भावना है।

जिस प्रकार वन में सिंह हिरण के बच्चे को पैर के नीचे दबा लेता है, तब

कोई भी उसकी रक्षा नहीं कर सकता। उसी प्रकार मरते हुए जीव की कोई रक्षा नहीं कर सकता। देव, मन्त्र, तन्त्र, क्षेत्रपाल आदि सभी मृत्यु से रक्षा करने में असमर्थ हैं। रक्षा करने के लिए जितने उपाय किये जाते हैं, वे सब व्यर्थ सिद्ध होते हैं। आयु के क्षय होने पर कोई एक क्षण के लिए भी आयु दान नहीं कर सकता। देवेन्द्र भी मृत्यु से किसी की रक्षा नहीं कर सकता। केवल सम्यग्दर्शन-सम्यग्ज्ञान-सम्यक्चारित्र ही एकमात्र शरण है।

इस प्रकार अशरण रूप चिन्तन का समावेश इस अशरण-भावना में किया है।

3. संसार-अनुप्रेक्षा (गाथा 32-73)

संसार अनुप्रेक्षा में बताया गया है कि संसार-परिभ्रमण का कारण मिथ्यात्व और कषाय (क्रोध, मान, माया और लोभ) हैं। इन दोनों के निमित्त से और पाँच पापों (हिंसा, झूठ, चोरी, कुशील और परिग्रह) के कारण ही जीव चारों गतियों में भ्रमण करता है।

इस भावना में चतुर्गति के दुखों का वर्णन संक्षेप में किया है।

मनुष्यगति के दुखों का वर्णन करते हुए संसार स्वभाव का वर्णन किया है कि संसार में सुख नहीं है। इस मनुष्यगति में नाना प्रकार के दुख हैं। किसी के पुत्र का मरण हो जाता है, किसी की पत्नी का मरण हो जाता है। किसी के घर जलकी एवं कुटुम्ब लड़कर नष्ट हो जाते हैं। इस प्रकार मनुष्यगति में अनेक प्रकार के दुखों को सहन करता हुआ यह जीव धर्म की बुद्धि के अभाव के कारण कष्ट प्राप्त करता है।

मनुष्यगति की तो बात ही क्या, देवगति में भी अनेक प्रकार के दुख इस प्राणी को सहन करने पड़ते हैं।

4. एकत्वानुप्रेक्षा (गाथा 74-79)

एकत्वानुप्रेक्षा में बताया है कि जीव अकेला ही उत्पन्न होता है और अकेला ही नाना प्रकार के कष्टों को भोगता है। रोग, शोक, कष्ट अकेला ही भोगता है। पाप के कारण अकेला ही नरक जाता है, और पुण्य अर्जन कर अकेला ही स्वर्ग जाता है। अपना दुख अपने को अकेले ही भोगना पड़ता है, उसका कोई भी हिस्सेदार नहीं है। इस प्रकार जीव अकेला ही है, इस संसार में उसका अपना कोई नहीं है।

5. अन्यत्वानुप्रेक्षा (गाथा 80-82)

अन्यत्वानुप्रेक्षा में शरीर से आत्मा को भिन्न अनुभव करने का वर्णन किया है। सभी बाह्य पदार्थ आत्मस्वरूप से भिन्न हैं। आत्मा ज्ञान-दर्शन-सुखरूप है और यह संसार के समस्त पदार्थों के स्वरूप से भिन्न है।

इस प्रकार अन्यत्वानुप्रेक्षा में आत्मा के भिन्न स्वरूप के चिन्तन का वर्णन किया है।

6. अशुचित्वानुप्रेक्षा (गाथा 83-87)

अशुचित्वानुप्रेक्षा में शरीर को समस्त अपवित्र वस्तुओं का समूह मानकर विरक्त होने का सन्देश दिया गया है। शरीर अत्यन्त अपवित्र है। इसके सम्पर्क में आनेवाले चन्दन, कर्पूर, केसर आदि सुगन्धित पदार्थ भी दुर्गन्धित हो जाते हैं। अतः इसकी अशुद्धता का चिन्तन करना अशुचित्वानुप्रेक्षा है। जो भव्य प्राणी परदेह (स्त्री आदि) से विरक्त होकर अपने शरीर से अनुराग नहीं करता है, वह अपने आत्मस्वरूप में लीन रहता है। उसके लिए अशुचि भावना फलदायी है अर्थात् जो ऐसा विचार करता है उसे वैराग्य भाव प्रकट होता है।

7. आस्रवानुप्रेक्षा (गाथा 88-94)

मन, वचन, काय की क्रिया योग है, ये ही आस्रव हैं। अर्थात् मन, वचन और काय तीनों के योग से जो कर्म करते हैं, उन कर्मों के बन्ध का कारण आस्रव है। इस जीव के मोह के उदय से जो परिणाम होते हैं, वे ही आस्रव हैं।

मन्द कषाय के परिणाम से शुभास्रव होते हैं, और तीव्र कषाय के परिणाम से अशुभास्रव होते हैं। जो जीव शत्रु और मित्र में, हित और अहित वचनों में समता भाव रखता है। सब जीवों के अच्छे गुण ग्रहण करता है, उसे मन्दकषाय के कारण शुभास्रव होते हैं।

जो जीव अपनी प्रशंसा करता है, अन्य पुरुषों के भी दोष ग्रहण करने का उसका स्वभाव है और वह बहुत समय तक वैर धारण करता है तो उसे तीव्रकषाय होती है। उसे अशुभास्रव होता है।

अतः आस्रवानुप्रेक्षा का चिन्तन करना चाहिए। पहले तीव्र कषाय छोड़ना चाहिए, फिर आत्मस्वरूप का ध्यान करना चाहिए।

8. संवरानुप्रेक्षा (गाथा 95-101)

आस्रवों को रोकना संवर है। सम्यक्त्व, देवव्रत, महाव्रत तथा कषायों को जीतना तथा मन, वचन, काय की क्रिया का अभाव होना संवर है। संवरानुप्रेक्षा में संवर के स्वरूप और कारणों का विवेचन करते हुए सम्यक्त्व, व्रत, गुप्ति, समिति, अनुप्रेक्षा, परिषहजय आदि का चिन्तन करना आवश्यक माना है। इसी सन्दर्भ में आर्त्त ध्यान और रौद्र ध्यान के परिणाम को त्यागने की बात कही है।

9. निर्जरा अनुप्रेक्षा (गाथा 102-114)

अहंकार रहित होकर जो बारह प्रकार के तप करता है (निर्जरा अर्थात् कर्मों को नष्ट करना) उसके कर्मों की निर्जरा होती है तथा वैराग्यभावना से जो तप करता है उसको तप करने से निर्जरा होती है। निर्जरा दो प्रकार की है—

- **सविपाक–** जो कर्म अपनी स्थिति को पूर्ण कर, उदय में आकर नष्ट हो जाते हैं उसे सविपाक निर्जरा कहते हैं।
- **अविपाक–** तप के कारण जो कर्म स्थिति पूर्ण हुए बिना ही नष्ट हो जाते हैं, वह अविपाक निर्जरा कहलाती है। अर्थात् तप के द्वारा कर्मों को नष्ट करना अविपाक निर्जरा है। श्रेष्ठ तप करके अपने कर्मों को नष्ट करने से ही उत्कृष्ट निर्जरा होती है।

10. लोकानुप्रेक्षा (गाथा 115-283)

जहाँ जीव-अजीव आदि पदार्थ देखे जाते हैं वह लोक कहलाता है। लोक में जीव, पुद्गल, धर्म, अधर्म, आकाश और काल इन छः द्रव्यों का निवास है। इस अनुप्रेक्षा में इन छः द्रव्यों का विस्तारपूर्वक वर्णन किया गया है। लोक के स्वरूप और आकार-प्रकार का विस्तार से वर्णन है।

लोकानुप्रेक्षा में द्रव्यों के स्वभाव-गुण को बतलाते हुए, शरीर से भिन्न आत्मा की अनुभूति करने का चित्रण किया है।

11. बोधिदुर्लभानुप्रेक्षा (गाथा 284-301)

बोधि अर्थात् आत्मज्ञान। बोधिदुर्लभ भावना में आत्मज्ञान की दुर्लभता पर प्रकाश डाला गया है। आरम्भ में बतलाया गया है कि संसार में समस्त पदार्थों की प्राप्ति सुलभ है, पर आत्मज्ञान की प्राप्ति होना अत्यन्त दुष्कर है। सम्यक्त्व के बिना

आत्मज्ञान प्राप्त नहीं होता। जिसे मन्द कर्मोदय से रत्नत्रय भी प्राप्त हो गया हो, वह व्यक्ति यदि तीव्र कषाय के अधीन रहे, तो उसका रत्नत्रय नष्ट हो जाता है और वह दुर्गति का पात्र बनता है।

सबसे पहले तो मनुष्यगति की प्राप्ति ही दुर्लभ है और उसके बाद सम्यग्दर्शन होना दुर्लभ है। सम्यक्त्व के प्राप्त होने पर भी सम्यक् ज्ञान का मिलना कठिन है। इस प्रकार इस अध्याय में बोधि (सम्यक् ज्ञान) की दुर्लभता का कथन करते हुए रत्नत्रय के स्वरूप आदि पर प्रकाश डाला है।

12. धर्मानुप्रेक्षा (गाथा 302-435)

जो समस्त लोक ओर अलोक को भूत-भविष्य-वर्तमान काल को, समस्त गुण पर्यायों से संयुक्त प्रत्यक्ष रूप से जानता है वह सर्वज्ञ देव है।

धर्मानुप्रेक्षा में धर्म का यथार्थ स्वरूप इन्द्रियों के विषयों से रहित होना बतलाया है। धर्म का वास्तविक रूप सर्वज्ञता है। सर्वज्ञता के अस्तित्व में किसी प्रकार का सन्देह नहीं किया जा सकता है। सर्वज्ञदेव सब द्रव्य, क्षेत्र, काल, भावों की अवस्थाओं को जानते हैं। सर्वज्ञ के ज्ञान में सब कुछ प्रकाशित होता है। उनके ज्ञान में जिस प्रकार की पदार्थों की पर्यायें प्रतिबिम्बित होती हैं, उन्हें वैसा ही फल प्राप्त होता है। उसमें कोई किसी प्रकार से परिवर्तन नहीं कर सकता।

जिस जीव के जिस देश में, जिस काल में, जिस विधान से जन्म-मरण, दुख-सुख, रोग-दारिद्र आदि सर्वज्ञदेव के द्वारा जाने गये हैं, वे नियम से उस प्राणी को, उसी देश में, उसी काल में और उसी विधान से प्राप्त होते हैं। इन्द्र, जिनेन्द्र या अन्य कोई भी उसका निवारण नहीं कर सकते। इस प्रकार से जो जीव छः द्रव्यों और समस्त पर्यायों का श्रद्धान करता है, वह शुद्ध सम्यग्दृष्टि है।

इस प्रकार धर्मानुप्रेक्षा में व्यवहार-धर्म और निश्चय-धर्म का विस्तारपूर्वक वर्णन किया गया है। इसके साथ बारह तप, सात तत्त्व, बारह व्रत, दस धर्म, ध्यान आदि का वर्णन भी किया है।

इस प्रकार हम कह सकते हैं कि श्रावक धर्म और मुनिधर्म को संक्षेप में अवगत करने के लिए यह ग्रन्थ बहुत उपयोगी है। श्रावक गण इसका स्वाध्याय अवश्य करें, ऐसी हमारी भावना है।

भगवती आराधना

ग्रन्थ के नाम का अर्थ

इस ग्रन्थ का मूल नाम 'आराधना' है और उसके प्रति आदरभाव व्यक्त करने के लिए 'भगवती' विशेषण लगाया गया है, जैसे कि तीर्थंकरों और महान आचार्यों के नामों के साथ 'भगवान' विशेषण लगाया जाता है। ग्रन्थ के अन्त में ग्रन्थकार ने 'आराधना-भगवती' लिखकर आराधना के प्रति अपना महत् पूज्यभाव व्यक्त किया है एवं उसका नाम भगवती आराधना दिया है, अत: यह ग्रन्थ 'भगवती आराधना' के नाम से सर्वत्र प्रसिद्ध है।

ग्रन्थकार का परिचय

भगवती आराधना के रचनाकार शिवार्य हैं। भगवती आराधना के अन्त में दी हुई प्रशस्ति के अनुसार ऐसा अनुमान लगाया जाता है कि आर्य शब्द एक विशेषण है। इनका नाम शिवनन्दि, शिवगुप्त या शिवकोटि होना चाहिए।

शिवार्य विद्वान, विनीत, सहिष्णु और पूर्वाचार्यों के भक्त थे। इनका जन्म समय ई. सन् की प्रथम शताब्दी माना जाता है। इस ग्रन्थ की रचना इन्होंने पूर्वाचार्यों द्वारा निबद्ध ग्रन्थों के आधार पर की है।

ग्रन्थ का महत्त्व

1. जैन परम्परा में प्रारम्भ से ही आराधना का विशेष महत्त्व रहा है। यथार्थ में आराधनापूर्ण जीवन ही सच्चा जीवन है, आराधनापूर्वक मरण ही यथार्थ मरण है। आराधना के अभाव में न जीवन श्रेष्ठ है, न मरण श्रेष्ठ है।

2. इस ग्रन्थ में अनेक कथा-प्रसंगों का वर्णन है, जिनको संकलित करके अनेक कथाकोश रचे गये हैं। सरल शब्दों में हम कह सकते हैं कि यह ग्रन्थ

अनेक कथाकोशों का जनक (जन्म देनेवाला) है।

3. सम्यग्दर्शन-ज्ञान-चारित्र और तप के साथ आराधना का वर्णन करनेवाला यह महत्त्वपूर्ण ग्रन्थ है। इसमें सात प्रकार के मरण का विशेष वर्णन किया गया है।

4. यह ग्रन्थ इतना लोकप्रिय रहा है कि इस ग्रन्थ पर सातवीं शताब्दी से ही टीकाएँ और विवृत्तियाँ लिखी जा रही हैं। यथा—

विजयोदया टीका	—	अपराजित सूरि
मूलाराधना दर्पणटीका	—	आशाधर जी
आराधनापंजिका	—	प्रभाचन्द्र जी
भावार्थ दीपिका	—	शिवजित अरुण जी

ग्रन्थ का मुख्य विषय

भगवती आराधना में सम्यग्दर्शन, सम्यग्ज्ञान, सम्यक्चारित्र और सम्यक् तप—इन चार आराधनाओं का वर्णन किया गया है।

मंगलाचरण : ग्रन्थ की प्रथम गाथा में ग्रन्थकार ने चार प्रकार की आराधना के फल को प्राप्त सिद्धों और अर्हन्तों को नमस्कार किया है।

वस्तुतः इस ग्रन्थ में आराध्य, आराधक, आराधना और आराधना के फल का वर्णन किया है।

आराध्य : जिसकी पूजा की जाती है, वह रत्नत्रय आराध्य है।

आराधक : निर्मल परिणाम वाले भव्यजीव आराधक हैं।

आराधना : जिनसे रत्नत्रय की प्राप्ति होती है वे उपाय आराधना है।

आराधना का फल : रत्नत्रय की आराधना से मोक्ष की प्राप्ति होती है। यह आराधना का फल है।

आराधना का अर्थ : आचार्य देव ने सम्यग्दर्शन, सम्यग्ज्ञान, सम्यक्चारित्र और सम्यक् तप को आराधना कहा है।

इन चारों की आराधना उद्योतन, उद्यवन, निर्वहण, साधन और निस्तरण—इन उपायों से होती है।

उद्योतन : सम्यग्दर्शन, सम्यग्ज्ञान और सम्यक्चारित्र को अतिचारों से दूर रखना या रत्नत्रय में दोष उत्पन्न न होने देना उद्योतन है।

उद्यवन : आत्मा में बार-बार रत्नत्रय की भावना भाते रहना उद्यवन है।

निर्वहण : सभी परीषहों (22 परीषह) को जीतकर स्थिर चित्त होकर सम्यग्दर्शनादि में दृढ़ रहना, व्रतों से दूर न होना निर्वहण है।

साधन : जब रत्नत्रय से मन हटने लगे तो अन्य उपायों से पुनः मन स्थिर करना साधन है।

निस्तरण : आमरण अवस्था तक रत्नत्रय को पूर्ण शुद्ध रीति से धारण करना निस्तरण है।

सम्यग्दर्शन, सम्यग्ज्ञान, सम्यक्चारित्र और सम्यक् तप—इन चारों की उन्नति होने के लिए इन पाँचों उपायों की आवश्यकता है। इस प्रकार प्रत्येक में उद्योतन आदि इन पाँच उपाय मान लेने पर बीस भेद होते हैं। इस ग्रन्थ में इन सभी भेद-प्रभेदों का वर्णन आया है।

दर्शन-ज्ञान-चारित्र और तप का वर्णन जिनागम में अन्यत्र भी है, किन्तु वहाँ उन्हें 'आराधना' शब्द से नहीं कहा है अर्थात् इन चारों का वर्णन समाधिमरण के साथ नहीं किया है। इस ग्रन्थ में मुख्य रूप से समाधिमरण का कथन है। मरते समय तक की आराधना ही यथार्थ आराधना है। अतः जो मरते समय 'आराधक' (निर्मल परिणाम वाला भव्य जीव) होता है, यथार्थ में उसी की सम्यग्दर्शन, सम्यग्ज्ञान, सम्यक्चारित्र और सम्यक् तप की साधना को आराधना कहा है।

उक्त वर्णन करने के बाद इस विशालकाय ग्रन्थ का मुख्य विषय मरणसमाधि प्रारम्भ होता है। यद्यपि जिनागम में सत्तरह प्रकार के मरण कहे हैं, किन्तु संक्षेप से पाँच प्रकार के मरण हैं। यथा—

1. **पण्डित-पण्डित मरण :** केवलज्ञानी का जो मरण होता है उसे पण्डित-पण्डित मरण कहते हैं या निर्वाण लाभ कहते हैं।

2. **बाल-पण्डित मरण :** देशसंयमी का मरण बालपण्डित मरण है। इसमें श्रावक बारह व्रतों (पाँच अणुव्रत, तीन गुणव्रत और चार शिक्षाव्रत) का पालन करता है।

3. **बाल मरण :** अविरत सम्यग्दृष्टि का मरण बाल मरण है।

4. **बाल-बाल मरण :** मिथ्यादृष्टि (अभव्य जीव) का मरण बाल-बाल मरण है।

5. **पंडित मरण :** शास्त्रानुसार आचरण करनेवाले साधु का मरण पंडित मरण है। उसके तीन प्रकार हैं—1. भक्तप्रतिज्ञा 2. प्रायोपगमन 3. इंगिणी। इनमें से भक्तप्रतिज्ञा नामक पण्डित मरण का इस ग्रन्थ में विशेष वर्णन है।

भक्तप्रतिज्ञा या भक्तप्रत्याख्यान

प्रायः साधुओं के भक्तप्रत्याख्यान मरण ही होता है। इसके दो भेद हैं—

1. **अविचार प्रत्याख्यान :** यदि अचानक/सहसा मृत्यु होनेवाली हो तो अविचार भक्तप्रत्याख्यान होता है।

2. **सविचार प्रत्याख्यान–** साहस और बल से युक्त साधु के जिसका मरण अचानक न होनेवाला हो उसे सविचार भक्तप्रत्याख्यान होता है।

• जिसको कोई असाध्य रोग हो, मुनिधर्म को हानि पहुँचानेवाली वृद्धावस्था हो, देव, मनुष्य या तिर्यंचों द्वारा कोई शत्रु या मित्र चारित्र का विनाश करनेवाले हों, दुर्भिक्ष हो या पैरों में चलने-फिरने की शक्ति न हो, आँखों से कम दिखाई देता हो, कान से कम सुनाई देता हो, इस प्रकार के कारण उपस्थित होने पर साधु अविचार भक्त प्रत्याख्यान करता है। सहसा मरण उपस्थित होने पर मुनि कर्मों को नष्ट कर मुक्ति को प्राप्त हो जाते हैं।

• जिसका मुनिधर्म चिरकाल तक निर्दोष रूप से पालन हो सकता है, अथवा समाधिमरण कराने के लिए साधु/त्यागी व्रती साथ में हो या किसी भी तरह का कोई भय नहीं हो तब साधु भक्तप्रत्याख्यान को धारण नहीं करता है।

ग्रन्थ में भक्तप्रत्याख्यान इस विषय पर विस्तार से चर्चा की है। साधुओं के लिए यह अध्याय महत्त्वपूर्ण है।

भक्तप्रत्याख्यान का उत्कृष्ट समय बारह वर्ष कहा गया है। इसको धारण करने वाले मुनिराज बारह वर्ष तक वह उत्कृष्ट तप करते हुए शरीर की सल्लेखना करते हैं। वे प्रतिक्षण परिणामों की विशुद्धि की ओर सावधान रहते हैं। इस प्रकार से सल्लेखना करनेवाले या तो आचार्य होते हैं या सामान्य साधु होते हैं। आचार्य अपना आचार्य पद संघ के योग्य शिष्य/साधु को सौंप देते हैं, सबसे क्षमा याचना करते हैं और नये आचार्य को शिक्षा देते हैं, उसके पश्चात् संघ को शिक्षा देते हैं।

इंगिणी मरण

जो साधु इंगिणी मरण करना चाहते हैं, वे साधु संघ से अलग होकर गुफा आदि में अकेले रहते हैं। वह अपने लिए तृणशय्या बनाते हैं। उनका कोई सहायक नहीं होता। स्वयं अपनी सेवा करते हैं, स्वयं ही उपसर्ग सहन करते हैं। निरन्तर बारह भावनाओं के चिन्तन में, स्वाध्याय में लीन रहते हैं। यदि पैर में काँटा लग जाए या आँख में धूल चली जाएँ तो स्वयं दूर नहीं करते। भूख-प्यास सब कुछ सहन करते हैं।

समस्त प्रकार के आहार के विकल्प को जीवनपर्यन्त के लिए त्याग देते हैं तथा समस्त परिग्रह को त्याग देते हैं। सभी परीषहों को जीतकर धर्म ध्यान करते हैं। यदि कोई उपसर्ग हो तो उसका प्रतिकार नहीं करते हैं। उसे निर्भय होकर सहन करते हैं। वह इन्द्रियों और निद्रा पर विजय प्राप्त करते हैं। महाबली और शूरवीर होते हैं। वे जीवन से राग और मरण से द्वेष नहीं करते हैं।

वे दिन-रात के आठों पहरों में निद्रा को त्यागकर एकाग्र मन से ध्यान करते हैं। देवों या मनुष्यों के द्वारा पूछे जाने पर थोड़ा-सा धर्मोपदेश भी करते हैं।

इस तरह इंगिणी मरण की साधना करके कोई साधु समस्त क्लेशों से छूटकर मुक्त हो जाते हैं और कोई मरकर वैमानिक देव हो जाते हैं।

प्रायोपगमन

प्रायोपगमन की भी विधि इंगिणी के समान ही है। जिन साधु में अस्थि-चर्म मात्र शेष रहता है वही प्रायोपगमन करते हैं। यदि कोई उन्हें पृथ्वी जल आदि में फेंक देते हैं तो वैसे ही पड़े रहते हैं। प्रायोपगमन में साधु न स्वयं अपनी सेवा करते हैं, न दूसरों से कराते हैं। शरीर से मोह का त्याग करनेवाले प्रायोपगमन के धारी क्षपक (साधु) जिस क्षेत्र में जिस प्रकार से शरीर का कोई अंग पूर्व में रखा गया है, उसे वैसे ही पड़ा रहने देते हैं, स्वयं अपने अंग को हिलाते-डुलाते नहीं हैं। इसी विधि में तृणशय्या लेने का भी निषेध है।

भक्तप्रत्याख्यान में तो साधु अपनी सेवा स्वयं भी कर सकते हैं और दूसरों से भी करा सकते हैं। इंगिणी में अपनी सेवा स्वयं कर सकते हैं, दूसरों से नहीं करा सकते। किन्तु प्रायोपगमन में अपनी सेवा न स्वयं करते हैं और न दूसरों से कराते हैं। यही इन तीनों मरण में भेद है।

इस प्रकार इस ग्रन्थ में इन तीन मरणों पर विशेष चर्चा की गयी है। प्रसंगवश सम्यग्दर्शन, सम्यग्ज्ञान और सम्यक्चारित्र का विशेष वर्णन है।

इस ग्रन्थ में अनेक विषयों का वर्णन किया है, जैसे—मिथ्यादृष्टि, छह आवश्यक, बारह तप, बाईस परीषह, बारह व्रत, षट्द्रव्य, धर्मध्यान, योगध्यान, केवलज्ञान, सिद्धक्षेत्र का स्वरूप और उत्कृष्ट-माध्यम-जघन्य आराधना का फल आदि-आदि। परन्तु विशेष वर्णन तो आराधना (मरण, संन्यास, समाधि) का ही है, अत: इसका नाम आराधना है।

आराधना का यह अद्‍भुत, अपूर्व, विशाल और महत्त्वपूर्ण ग्रन्थ है।

इस प्रकार भगवती आराधना में मनुष्य भव को सार्थक करने के लिए सल्लेखना या समाधिमरण की सिद्धि की आवश्यकता पर विशेष बल दिया गया है। शिवार्य ने इस ग्रन्थ में प्राचीन समय की अनेक परम्पराओं को निबद्ध कर साधक जीवन की सफलता पर प्रकाश डाला है।

मूलाचार

ग्रन्थ के नाम का अर्थ

मूलाचार अर्थात् मूल आचार। इस ग्रन्थ में श्रमण (मुनि) का मूल आचार वर्णित है, अतः इस ग्रन्थ का नाम मूलाचार है।

ग्रन्थकार का परिचय

आचार्य वसुनन्दि ने मूलाचार की संस्कृत-टीका लिखी है और उस टीका की प्रशस्ति में इस ग्रन्थ के कर्त्ता को वट्टकेर, वट्टकेर्याचार्य आदि के रूप में उल्लिखित किया है। इनका समय ई. सन् की पहली शती का माना जाता है। कुछ विद्वान मानते हैं कि आचार्य कुन्दकुन्द ने यह ग्रन्थ लिखा है। कुछ विद्वान आचार्य वट्टकेर और आचार्य कुन्दकुन्द को एक ही मानते हैं। यह ग्रन्थ लगभग दो हजार वर्ष पूर्व रचा गया था।

वट्टकेर आचार्य की अन्य कृतियाँ उपलब्ध नहीं होती हैं, फलतः इनका समय एवं परिचय कुछ भी प्राप्त नहीं होता है।

ग्रन्थ का महत्त्व

1. मूलाचार ग्रन्थ दिगम्बर परम्परा का आचारांग ग्रन्थ है।
2. यह सर्वप्रथम प्राचीन ग्रन्थ है जिसमें दिगम्बर मुनियों के आचार-विचार, चारित्र-साधना और उनके मूलगुणों का क्रमबद्ध प्रामाणिक विवरण है।
3. यह ग्रन्थ संग्रह-ग्रन्थ न होकर एक स्वतन्त्र ग्रन्थ है।
4. अनेक प्रमुख ग्रन्थों जैसे—भगवती आराधना, तिलोयपण्णत्ति और विजयोदया आदि में मूलाचार ग्रन्थ का उल्लेख हुआ है, जिससे ज्ञात होता है कि यह सर्वप्रथम एवं प्रामाणिक ग्रन्थ है।

5. आचार्य वीरसेन स्वामी ने षट्खण्डागम की धवला टीका में मूलाचार के उदाहरण 'आचारांग' नाम से देकर इसका आगमिक महत्त्व बताया है।
6. मूलाचार ग्रन्थ के प्राचीन और श्रुतपरम्परा में विद्यमान होने के कारण दिगम्बर और श्वेताम्बर दोनों ही परम्पराओं में इस ग्रन्थ की गाथाएँ प्रचलित हैं।
7. इस महत्त्वपूर्ण ग्रन्थ पर श्री मेघचन्द्राचार्य ने और श्री वसुनन्दि आचार्य ने दो महत्त्वपूर्ण टीकाएँ लिखी हैं। मूलाचार ग्रन्थ पर श्री वसुनन्दि सिद्धान्तचक्रवर्ती ने बारह हजार श्लोक प्रमाण बृहत् टीका लिखी है।

ग्रन्थ का मुख्य विषय

वट्टकेर आचार्य का यही एक ग्रन्थ उपलब्ध है। यह ग्रन्थ 12 अधिकारों में विभक्त है। इसमें कुल 1252 गाथाएँ हैं।

1. मूलगुणाधिकार (गाथा 1-36)

सबसे पहले मंगलाचरण में आचार्य सिद्ध भगवान को नमस्कार करते हैं, क्योंकि सिद्ध भगवान अंतरंग और बहिरंग लक्ष्मी से विशिष्ट शुद्ध और श्रेष्ठ ज्ञान को प्राप्त हैं, सकल गुणों के भण्डार हैं।

मूलभूत जो गुण हैं, वे मूलगुण कहलाते हैं।

इस अधिकार में मुनि के 28 मूलगुणों के नाम बतलाकर पुनः प्रत्येक का लक्षण बतलाया है। इन मूलगुणों का पालन करने से क्या फल प्राप्त होता है। यह भी बताया है। इन मूलगुणों से आत्मा का शुद्ध स्वरूप प्राप्त होता है, अतः यह साध्य है और यह मूलाचार शास्त्र उसके लिए साधन है।

2. वृहत्प्रत्याख्यानाधिकार (गाथा 37-107)

प्रत्याख्यान अर्थात भविष्यकाल के दोषों की शुद्धि। मुनियों के छह काल होते हैं। उनमें आत्मसंस्कार काल, सल्लेखना काल और उत्तमार्थ काल—इन तीन कालों का वर्णन 'भगवती आराधना' में कहा गया है। शेष तीन काल दीक्षाकाल, शिक्षाकाल और गणपोषणकाल—इन तीनों का वर्णन इस अधिकार में किया है।

क्षपक (समाधि लेनेवाला) को समस्त पापों को त्यागकर मृत्यु के समय में दर्शनाराधना आदि चार आराधनाओं में स्थिर रहना है और क्षुधादि 22 परिषहों को जीतकर कषायों से (काम, क्रोध, मोह और माया) रहित होना है। यहाँ बहुत

ही सरल भाषा में आलोचना, प्रतिक्रमण निन्दा और गर्हा इन चारों को समझाया है। जीव समाधि मरण में किस प्रकार भाव रखे—इसका विस्तार से वर्णन इस अधिकार में किया है।

3. संक्षेपप्रत्याख्यानाधिकार (गाथा 108-121)

इस अधिकार में सिंह, व्याघ्र, दुर्घटना, अग्नि या रोग के द्वारा आकस्मिक मृत्यु आ जाने पर कषाय और आहार का त्याग कर, समताभाव धारण करने का निर्देश दिया है।

4. समाचाराधिकार (गाथा 122-197)

प्रात:काल से रात्रिकाल तक की साधुओं की चर्या का नाम ही समाचार चर्या है।

समाचार शब्द का अर्थ चार प्रकार से बताया है—

1. **समता समाचार :** रागद्वेष का अभाव होना समता समाचार है।
2. **सम्यक् आचार :** निरतिचार मूलगुणों का पालन करना सम्यक् आचार है।
3. **सम आचार :** पाँच महाव्रत आचारों को सम आचार कहा है।
4. **समान आचार :** सभी का समान रूप से पूज्य जो आचार है वह समान आचार है।

इस अधिकार में मुनियों को एकलविहारी होने का निषेध किया है। आर्यिकाओं की चर्या, उनका विहार, साधुओं का वंदन आदि अनेक विषयों पर भी इस अधिकार में प्रकाश डाला गया है।

5. पंचाचाराधिकार (गाथा 198-419)

दर्शन, ज्ञान, चारित्र, तप और वीर्य—इन पाँच प्रकार के आचार में कृत, कारित और अनुमोदना से जो दोष होते हैं, उन अतिचारों का विस्तार से वर्णन इस अधिकार में किया है।

दर्शनाचार : जीव, अजीव आदि सात तत्त्वों का श्रद्धान करना।

ज्ञानाचार : पाँच प्रकार के ज्ञान के निमित्त अध्ययन आदि करना।

चारित्राचार : प्राणियों के वध का त्याग और इन्द्रियों पर संयम रखना।

तपाचार : कठोर तप करना, कायक्लेश आदि तप करना।

वीर्याचार : शुभ विषय में अपनी शक्ति उत्साह रखना।

इस अधिकार में इन पाँचों आचारों के दोष (अतिचार) भी बताए हैं। स्वाध्याय-सम्बन्धी नियमों और सूत्र-ग्रन्थों के स्वरूप भी बतलाए गये हैं।

6. पिण्डशुद्धि-अधिकार (गाथा 420-501)

पिण्डशुद्धि अर्थात् भोजन-शुद्धि। मुनिराज शरीर धारण के हेतु आहार ग्रहण करते हैं। शरीर धर्म-साधना का कारण है, अत: उसका भरण-पोषण कर आत्मसाधना के मार्ग में गतिशील होना परमावश्यक है। अत: यहाँ भोजन-शुद्धि के दोष बताए हैं।

इस अधिकार में पिण्डशुद्धि के आठ प्रकार कहे हैं—

1. **उद्‌गम दोष :** दाता के दोष।
2. **उत्पादन दोष :** पात्र (बर्तन) के दोष जिनमें भोजन बनता है।
3. **अशनदोष :** परोसने में दोष।
4. **संयोजना दोष :** भोजन देते समय किसी वस्तु को मिलाने में दोष।
5. **प्रमाणदोष :** नियम का उल्लंघन करना।
6. **अंगारदोष :** अंगारों के समान दोष।
7. **धूमदोष :** धुएँ के समान दोष।
8. **कारणदोष :** कारण-निमित्त से जो होता है वह दोष।

उद्‌गम के 16 दोष, उत्पादन के 16 दोष, अशन के 10 दोष, इस प्रकार 42 दोष बताए हैं। पुन: संयोजना, प्रमाण, अंगार और धूम—इन चारों के 46 दोष बताए हैं। मुनिराज इन 46 दोषों को टालकर और 32 अन्तरायों को छोड़कर आहार लेते हैं। किन कारणों से आहार लेते हैं, किन कारणों से छोड़ते हैं, इत्यादि का वर्णन इस अधिकार में विस्तार से किया है।

7. षडावश्यकाधिकार (गाथा 502-692)

इस अधिकार में मुनिराज के छह आवश्यक—सामायिक, चतुर्विंशतिस्तव, वन्दना, प्रतिक्रमण, प्रत्याख्यान और कायोत्सर्ग बताए हैं। इन षडावश्यकों का विस्तार से वर्णन; इनके दोषों का वर्णन, छह आवश्यक करने का फल आदि महत्त्वपूर्ण बातें इस अधिकार में बताई हैं। जैसे—आवश्यक शब्द का अर्थ, सामायिक के छ: भेद, भावसामायिक और द्रव्यसामायिक की व्याख्याएँ, चतुर्विंशतिस्तवन और भावस्तवन, तीर्थ का स्वरूप, वन्दनीय साधु, कायोत्सर्ग के फल और दोष आदि का वर्णन है। साथ ही प्रतिक्रमण, प्रत्याख्यान और कायोत्सर्ग विधि को भी समझाया है।

8. द्वादशानुप्रेक्षाधिकार (गाथा 693-768)

इस अधिकार में बारह अनुप्रेक्षाओं (बारह भावनाओं) का वर्णन है, जिनका

विस्तार से वर्णन कार्तिकेयानुप्रेक्षा ग्रन्थ में लिख चुके हैं। (देखें पृष्ठ 190-195 तक) अतः यहाँ नहीं लिखा जा रहा है। इस ग्रन्थ में बारह भावनाओं का क्रम थोड़ा भिन्न है, परन्तु विषय अन्य ग्रन्थों के समान ही है।

9. अनगारभावनाधिकार (गाथा 769-893)

अनगार अर्थात् साधु, मुनि। इस अधिकार में मुनियों की उत्कृष्ट चर्या का वर्णन है। साथ ही लिंग-व्रत, वसति, विहार, भिक्षा, ज्ञान, शरीर-संस्कार, त्याग, वाक्य, तप और ध्यान सम्बन्धी दस शुद्धियों का वर्णन इस अधिकार में विस्तार से किया है।

10. समयसाराधिकार (गाथा 894-1017)

इस अधिकार में समयसार के सार का वर्णन करते हुए चारित्र को सर्वश्रेष्ठ कहा है। तप, ध्यान का वर्णन भी इसी अधिकार में किया है। आहारशुद्धि के प्रकरण में विभिन्न प्रकार की शुद्धियों का वर्णन है। यह अधिकार बहुत विस्तृत है।

11. शीलगुणाधिकार (1018-1043)

इस शीलगुणाधिकार में शीलों की उत्पत्ति का क्रम, मुनि धर्म का स्वरूप एवं विवेचन, शील का उच्चारण और गुणों की उत्पत्ति का प्रकार एवं संख्या आदि का विस्तारपूर्वक वर्णन आया है।

शील के भेद : शील के अठारह हजार भेद होते हैं।

तीन योग : मन, वचन और काय इन तीनों का अशुभ से संयोग होना करण है। इन अशुभ क्रियाओं को छोड़ना चाहिए।

चार संज्ञाएँ : आहार, भय, मैथुन और परिग्रह की अभिलाषा का नाम संज्ञा है। इन चारों का त्याग करना चाहिए।

पाँच इन्द्रियाँ : स्पर्शन, रसना, घ्राण, चक्षु और श्रोत्र—इन पाँचों इन्द्रियों के विषयों का त्याग करना चाहिए।

दस काय : काय अर्थात् सभी प्रकार के जीव। पृथिवीकाय, जलकाय, अग्निकाय, वायुकाय, प्रत्येक वनस्पतिकाय, साधारण वनस्पतिकाय, द्वीन्द्रिय, त्रीन्द्रिय, चतुरिन्द्रिय और पंचेन्द्रिय जीवों की दया पालना ये 10 काय हैं।

दस धर्म : संयमियों का आचरण विशेष धर्म है। ये दस धर्म हैं—उत्तम क्षमा, उत्तम मार्दव, उत्तम आर्जव, उत्तम सत्य, उत्तम शौच, उत्तम संयम, उत्तम तप, उत्तम त्याग, उत्तम आकिंचन्य, उत्तम ब्रह्मचर्य।

[3 × 3 × 4 × 5 × 10 × 10 = 18,000]

इन सबके परस्पर में गुणा करने से अठारह हजार शील के भेद हो जाते हैं। अर्थात् तीन योग को तीन करण से गुणा करने से नौ, नौ को चार संज्ञा से गुणा करने पर छत्तीस, छत्तीस को पाँच इन्द्रियों से गुणा करने पर एक सौ अस्सी, इन्हें पृथ्वी आदि दस काय से गुणा करने पर अठारह सौ और पुनः इन्हें दस धर्म से गुणा करने पर शील के अठारह हजार भेद हो जाते हैं।

गुण के भेद : हिंसा के 21, अतिक्रमण के 4, काय के 100, विराधना के 10, आलोचना के 101 और शुद्धि के 10 भेद होते हैं, इनका परस्पर गुणा करने पर चौरासी लाख गुण हो जाते हैं।

[21 × 4 × 100 × 10 × 10 × 10 = 84,000,00]

हिंसा : प्रमादपूर्वक प्राणियों के प्राणों का वियोग करना हिंसा है।

अतिक्रमण : विषयों की इच्छा करना अतिक्रमण है।

काय : सभी जीव समास अर्थात् सभी प्रकार के जीव।

विराधना : अब्रह्म के दश कारण।

आलोचना : पापों का प्रायश्चित करना।

शुद्धि : स्त्री साहचर्य के दोष।

इस प्रकार गुण के चौरासी लाख भेद होते हैं। शील और गुण के भेदों का विस्तार से वर्णन इस अध्याय में किया गया है।

12. पर्याप्ति अधिकार (1044–1249)

आहार आदि कारणों की सम्पूर्णता को पर्याप्ति कहते हैं।

इस पर्याप्ति अधिकार में षड्पर्याप्तियों का वर्णन आया है—आहार, शरीर, इन्द्रिय, श्वासोच्छ्वास, भाषा और मन।

पर्याप्ति के संज्ञा, लक्षण, स्वामित्व, संख्या, परिमाण, निवृत्ति और स्थितिकाल ये छः भेद हैं। इन सभी भेदों का विस्तारपूर्वक वर्णन इस अधिकार में है।

जीव की छह पर्याप्तियों को बताकर संसारी जीव (मनुष्य, तिर्यंच, देव और नारकी) के अनेक भेदों का कथन किया है, क्योंकि जीवों के नाना भेदों को जानकर ही उनकी रक्षा की जा सकती है। 'मूलाचार' ग्रन्थ के पढ़ने का फल मूलगुणों को ग्रहण करके अनेक उत्तरगुणों को भी प्राप्त करना है।

पुनः तपस्या और ध्यान विशेष के द्वारा कर्मों को नष्ट करना ही इस ग्रन्थ के स्वाध्याय का फल दिखलाया है।

इस प्रकार इस महाग्रन्थ 'मूलाचार' में मुनि के आचार का बहुत ही विस्तृत एवं सुन्दर वर्णन किया गया है। मुनिधर्म को जानने के लिए एक स्थान पर इससे अधिक सामग्री का मिलना दुष्कर है। भाषा और शैली की दृष्टि से भी यह ग्रन्थ प्राचीन प्रतीत होता है।

परमात्मप्रकाश

ग्रन्थ के नाम का अर्थ

परमात्मप्रकाश जैन अध्यात्म का उत्कृष्ट ग्रन्थ है। परमात्म अर्थात् परम आत्मा। यह ग्रन्थ परम आत्मा पर प्रकाश डालनेवाला उत्कृष्ट ग्रन्थ है। यह आत्मा को परमात्मा बनाने में सहायक है। जैन–अध्यात्म को आसानी से समझने का एक महत्त्वपूर्ण ग्रन्थ है, अत: इसका नाम 'परमात्मप्रकाश' है।

ग्रन्थकार का परिचय

परमात्मप्रकाश के रचनाकार का नाम योगीन्दु देव है। इनका समय 6वीं शती माना जाता है। योगीन्दु, योगीन्द्र या योगीचन्द्र का रूपान्तर है और इसका अपभ्रंश रूप जोइन्दु है।

परमात्मप्रकाश की रचना आज से लगभग 1300 वर्ष पूर्व मुनिराज योगीन्दु देव ने की है। मुनिराज योगीन्दु देव जैन–अध्यात्म के उत्कृष्ट ज्ञाता थे। वे अत्यन्त सरल–सुबोध ढंग से आत्मकल्याण का मार्ग समझाने में समर्थ थे। अपने शिष्य भट्ट प्रभाकर को मोक्षमार्ग समझाने के लिए इन्होंने परमात्मप्रकाश की रचना की थी। इन्होंने 'परमात्मप्रकाश' के अतिरिक्त 'योगसार' और 'अमृताशीति' नाम के श्रेष्ठ ग्रन्थों की भी रचना की है।

ग्रन्थ का महत्त्व

1. परमात्मप्रकाश की रचना अपभ्रंश भाषा में हुई है।
2. परमात्मप्रकाश की संस्कृत–टीका आज से लगभग 900 वर्ष पूर्व श्री ब्रह्मदेव सूरि ने लिखी थी।
3. परमात्मप्रकाश की हिन्दी–भाषा–वचनिका आज से लगभग 250 वर्ष पूर्व

पं. दौलतराम कासलीवाल ने लिखी।

4. परमात्मप्रकाश जैनगृहस्थों तथा मुनियों में बहुत प्रसिद्ध ग्रन्थ है।
5. इसकी लेखन शैली सरल है और भाषा सुगम अपभ्रंश है।
6. कन्नड़ और संस्कृत में इस ग्रन्थ पर अनेक प्राचीन टीकाएँ लिखी हैं।
7. अपभ्रंश-साहित्य में परमात्मप्रकाश सबसे प्राचीन अध्यात्मिक ग्रन्थ है।
8. योगीन्दु अध्यात्मवादी हैं। अपभ्रंश भाषा में शुद्ध अध्यात्मविचारों की ऐसी सशक्त अभिव्यक्ति अन्यत्र नहीं मिल सकती है।
9. इस ग्रन्थ का प्रभाव बाद में हिन्दी-सन्तों पर भी बहुत पड़ा है।

ग्रन्थ का मुख्य विषय

परमात्मप्रकाश में दो महाधिकार हैं—

1. आत्माधिकार (123 दोहे)
2. मोक्षाधिकार (214 दोहे)

पहला आत्माधिकार (1-123)

परमात्मप्रकाश ग्रन्थ में सर्वप्रथम मंगलाचरण में पाँच दोहों में सिद्ध परमेष्ठी को नमस्कार किया गया है, उसके बाद अरिहन्त परमेष्ठी को उसके बाद आचार्य-उपाध्याय-साधु परमेष्ठी को नमस्कार किया है।

ग्रन्थ के प्रारम्भ में प्रभाकर भट्ट ने भावसहित पंचपरमेष्ठी को नमस्कार करके विनयपूर्वक यह प्रश्न पूछा है कि हे स्वामी! मुझे इस संसार में परिभ्रमण करते हुए अनन्तकाल व्यतीत हो गया है, परन्तु मैंने आज तक किंचित मात्र भी सुख प्राप्त नहीं किया है। अपितु महान दुख ही प्राप्त किया है। अतः मुझे अब उस परमात्मा का स्वरूप समझाने की कृपा कीजिए, जिसको जानने पर मेरे चतुर्गति के समस्त दुखों का विनाश हो जाए।

अपने शिष्य के प्रश्न का उत्तर देते हुए आचार्य योगीन्दु उसे आत्मा के तीन भेदों का वर्णन समझाते हैं—

1. बहिरात्मा : जो शरीर को ही आत्मा मानता है वह बहिरात्मा है।

2. अन्तरात्मा : जो समाधि में स्थिर होकर ज्ञानमय परमात्मा को देखता है वह अन्तरात्मा है।

3. परमात्मा : जिसने कर्मों से मुक्त होकर ज्ञानमय आत्मा को प्राप्त कर लिया है वह परमात्मा है।

उसके बाद जीव और अजीव को समझाते हुए कहते हैं कि जीव और अजीव सदा अलग-अलग ही हैं, उनको एक नहीं किया जा सकता; तथापि अज्ञानी जीव इन दोनों को एक ही मानता है।

जीव अर्थात् आत्मा, चेतना। अजीव अर्थात् अनात्मा, अचेतन।

अजीव पाँच प्रकार का है—पुद्‌गल, धर्म, अधर्म, आकाश और काल।

अज्ञानी जीव आत्मा और शरीर को एक मानता है।

जैसे—यदि जीव यह मानता है कि मैं खा रहा हूँ, पी रहा हूँ, तो वह जीव और पुद्‌गल को एक मानता है। वह मानता है कि मैं जीव को गमन कराता हूँ, चला रहा हूँ तो वह जीव और धर्मद्रव्य को एक करता है। यदि वह मानता है कि मैं जीव को रोकता हूँ तो वह जीव और अधर्म द्रव्य को एक करता है।

'मैं जीव को जगह देता हूँ'—ऐसा मानना जीव और आकाश द्रव्य को एक करना है। 'मैं जीव को परिवर्तन कराता हूँ'—ऐसा मानना जीव और काल द्रव्य को एक करना है।

आत्मा के सम्बन्ध में अनेक मान्यताएँ प्रचलित हैं। इन मान्यताओं का अनेकान्तवाद के अनुसार समन्वय किया जा सकता है। यथा—

आत्मा केवलज्ञान से सम्पूर्ण लोकालोक को जानता है, इसलिए सर्वगत कहा जाता है। आत्मा इन्द्रियजनित ज्ञान से रहित है, इसलिए जड़ कहा जाता है। सिद्ध दशा में अन्तिम शरीर के प्रमाण रहता है, इसलिए देह प्रमाण कहा जाता है। आत्मा समस्त कर्मों व विभावों से अत्यन्त रहित हो जाता है, इसलिए शून्य भी कहा जाता है। जो आत्मा को जान लेता है, वह सब कुछ जान लेता है, क्योंकि—

1. सम्पूर्ण द्वादशांग का सार एक आत्मा ही है, अत: जिसने एक आत्मा को जाना उसने सब जान लिया।
2. जगत में दो ही प्रकार के पदार्थ हैं—स्व और पर। जो आत्मा को जानता है वह स्व और पर में कभी कोई भूल नहीं करता है; अत: यह सही है कि जिसने आत्मा को जाना उसने सब जान लिया।
3. जो आत्मा को जानता है वह ज्ञान से लोकालोक को जान लेता है।
4. जो आत्मा को जानता है वह शीघ्र ही निर्विकल्प समाधि के द्वारा केवलज्ञान को प्राप्त करके सम्पूर्ण लोकालोक को जान लेता है।
5. आत्मा ही परलोक है, क्योंकि आत्मा ही 'पर' को अर्थात् उत्कृष्ट स्वभाव को 'लोक' में देखता है।

निर्विकल्प समाधि या आत्मध्यान का महत्त्व समझाते हुए कहा है कि जिस

प्रकार अग्नि की एक कणी पर्वत के समान घास के ढेर को भस्म कर देती है, उसी प्रकार निर्विकल्प समाधि जन्म-जन्मान्तरों के संचित कर्मों को क्षणभर में नष्ट कर देती है।

इस अधिकार के अन्त में आचार्य भेदाभेद रत्नत्रय की भावना और सम्यग्दृष्टि और मिथ्यादृष्टि का स्वरूप समझाते हैं। इस प्रकार मात्र 123 दोहों में आचार्य ने अपने शिष्य को इस महत्त्वपूर्ण विषय को सरलता से समझाया है।

दूसरा मोक्षाधिकार (1-214)

इस मोक्षाधिकार का मुख्य विषय मोक्ष, मोक्ष का फल और मोक्ष का मार्ग है। सबसे पहले मोक्ष क्या है? इसका उत्तर देते हुए कहते हैं कि आत्मा की उस पूर्ण स्वाधीन दशा का नाम ही मोक्ष है, जो उत्तम सुख से परिपूर्ण है।

मोक्षमार्ग ही सर्वोत्तम है, यह बताते हुए कहते हैं कि—

1. मोक्ष सर्वोत्तम है तभी तो वह तीनलोक में सबसे ऊपर है।
2. मोक्ष प्राप्त करने के लिए बड़े-बड़े तीर्थंकर आदि धर्म, अर्थ और कामवैभव को छोड़ देते हैं।
3. मोक्ष में उत्तम सुख है तभी सिद्ध जीव अनन्तकाल तक वहीं रहते हैं, लौटकर नहीं आते हैं।
4. मोक्ष अर्थात् बन्धन से रहित दशा, स्वतन्त्रता, आजादी।
   संसार के सभी प्राणी मुक्ति चाहते हैं, पशु-पक्षी भी मुक्ति प्राप्त करना चाहते हैं। पशु-पक्षी को सोने के पिंजरे में भी कैद करो, उनकी अच्छी देखभाल भी करो, लेकिन वह हमेशा उन्मुक्त आकाश की ओर ही जाना चाहते हैं।

इसके बाद मोक्ष का फल समझते हुए कहा है कि अनन्त दर्शन, अनन्त ज्ञान, अनन्त सुख और अनन्त वीर्य का अनन्तकाल तक निरन्तर लाभ होना ही मोक्ष का फल है। अर्थात् मोक्ष प्राप्त होने पर अनन्त सुख की अवस्था प्राप्त होती है।

आचार्य ने सम्यग्दर्शन, सम्यग्ज्ञान और सम्यक्चारित्र को मोक्ष का कारण बतलाया है, इन्हें निश्चयनय और व्यवहारनय दोनों प्रकार से समझाया है।

इसके बाद षड्द्रव्यों का परिचय दिया है जिसे संक्षेप में निम्नलिखित चार्ट द्वारा आसानी से समझा जा सकता है।

जीव, पुद्गल, धर्म, अधर्म, आकाश और काल—ये षड्द्रव्य हैं—

षड्द्रव्य-परिचय

क्रम	नाम	स्वरूप	संख्या	प्रदेश	मूर्तत्व	चेतनत्व	क्रिया	अस्तिकाय	परिणमन
1.	जीव	अमूर्तिक, ज्ञानानन्दमय	अनन्त	असंख्य	अमूर्तिक	चेतन	सक्रिय	है	स्वभाव-विभाव
2.	पुद्गल	स्पर्श-रस-गंध-वर्णमय	अनन्तानन्त	संख्य, असंख्य, अनन्त	मूर्तिक	अचेतन	सक्रिय	,,	स्वभाव-विभाव
3.	धर्म	गतिहेतु	एक	असंख्य	अमूर्तिक	,,	निष्क्रिय	,,	मात्र स्वभावरूप
4.	अधर्म	स्थितिहेतु	एक	असंख्य	,,	,,	,,	,,	,,
5.	आकाश	अवगाहनहेतु	एक	अनन्त	,,	,,	,,	,,	,,
6.	काल	परिणमनहेतु	असंख्य	एक	,,	,,	,,	नहीं है	,,

1. जो जानता-देखता है वह जीव है।
2. जिसमें स्पर्श-रस-गन्ध-वर्ण आदि पाए जाएँ वह पुद्गल है।
3. जो जीव-पुद्गलों के गमन में साधन हो उसे धर्म द्रव्य कहते हैं।
4. जो जीव और पुद्गलों की स्थिति में साधन हो उसे अधर्म द्रव्य कहते हैं।
5. जो सर्वद्रव्यों को अवगाहन देता है उसे आकाश द्रव्य कहते हैं।
6. जो सर्व द्रव्यों के परिणमन में निमित्त है उसे काल द्रव्य कहते हैं।

पुद्गल के छह भेद

1. **स्थूल-स्थूल :** जो टूट कर मिलते नहीं। जैसे—पत्थर, काष्ठ आदि।
2. **स्थूल :** जो टूटकर फिर मिल जाते हैं। जैसे—जल, तेल, घी आदि।
3. **स्थूल-सूक्ष्म :** जो दिखाई तो दे, पर पकड़ने में न आए। जैसे—छाया, चाँदनी आदि।
4. **सूक्ष्म-स्थूल :** जो नेत्र से नहीं दिखाई देते, परन्तु अन्य इन्द्रियों से पकड़ में आते हैं। जैसे—रस, गन्ध आदि।
5. **सूक्ष्म :** जो मिले हुए हैं फिर भी दिखाई नहीं देते। जैसे—कर्मवर्गणा।
6. **सूक्ष्मसूक्ष्म :** जिसका दूसरा भाग नहीं होता वह परमाणु सूक्ष्मसूक्ष्म है।

इसके बाद आचार्य समताभाव की प्रशंसा करते हैं। वे कहते हैं कि जो समताभाव से रहित हैं उन दुर्जनों की संगति कभी नहीं करना चाहिए।

पुण्य और पाप की समता बताते हुए लिखा है कि जो जीव पुण्य और पाप को नहीं समझता, वह मोह के वशीभूत होकर अनन्त काल तक भटकता रहता है। देव, शास्त्र और गुरु की भक्ति से पुण्य होता है। लेकिन शुभोपयोग की जगह शुद्धोपयोग को ही प्राप्त करना चाहिए। क्योंकि शुद्धोपयोगी के ही संयम, शील और तप सम्भव होते हैं, सबसे प्रधान शुद्धोपयोग ही है। अत: शुद्धोपयोग अर्थात् आत्मा को प्राप्त करना चाहिए।

जिनदीक्षा धारण करने के बाद किंचित् भी परिग्रह नहीं रखना चाहिए, ऐसी आज्ञा आचार्य अपने शिष्य को देते हैं। आत्मनिरीक्षण और आत्म-शुद्धि सबसे पहले आवश्यक है। जिस प्रकार पानी को बहुत बिलोने पर भी हाथ चिकना तक नहीं होता, उसी प्रकार श्रेष्ठ सम्यग्दर्शन-ज्ञान-चारित्र रहित जीवों को मोक्ष प्राप्त नहीं होता है।

आगे आचार्य अपने शिष्य को समझाते हुए कहते हैं कि—

- परिवार, संघ, समाज और आहार आदि के मोह से अत्यन्त दूर रहो।
- अनित्य, अशरण आदि बारह भावनाओं का चिन्तन हमेशा करते रहो।
- प्रतिकूलता आने पर भी अपना मनोबल मत गिराओ, अपना मनोबल सदा ऊँचा ही रखो।
- किसी के निष्ठुर वचनों को भी तत्त्वचिन्तन करके सहन करो, कभी क्रोध मत करो।
- अपने मन में किसी भी प्रकार की तनिक सी भी शल्य मत रखो, अन्यथा वह अवश्य बहुत दुख देगी।
- निर्विकल्प परमसमाधि को कभी भी मत भूलना।
- पंचेन्द्रिय को अपने वश में करो, इन्द्रियों को कभी खुला मत छोड़ो।

मन को वश में करने का श्रेष्ठ उपाय यही है कि उससे शान्तिपूर्वक एकान्त में सारी बात की जाए और उसे सम्पूर्ण वस्तुस्थिति का सही-सही ज्ञान कराया जाए। उसे द्रव्य-गुण-पर्याय और कर्म सिद्धान्त आदि का भी निष्पक्ष होकर ज्ञान कराना चाहिए। उसे भली प्रकार समझा देना चाहिए कि जिसे तुम अपना घर समझ रहे हो, वह वास्तव में तुम्हारा घर नहीं है, अपितु जेलखाना है। इस शरीर की तुम कितनी ही सेवा करो, यह तुम्हारा नहीं होनेवाला है। और जब यह शरीर ही तुम्हारा अपना नहीं हो सकता तो अन्य क्या हो सकता है?

अन्त में आचार्य कहते हैं कि 'परमात्मप्रकाश' के स्वाध्याय की योग्यता उसी में है—

- जो संसार के दुखों से अत्यन्त भयभीत है।
- जिसे मात्र मोक्ष की ही अभिलाषा है।
- जिसके हृदय में परमात्मा की भक्ति भरी हुई है।
- जो पंचेन्द्रिय-विषयों में रमता नहीं है।
- जिसमें विचक्षण ज्ञान है और जो शुद्ध मनवाला है।

जो जीव भाव-सहित परमात्मप्रकाश का स्वाध्याय करते हैं, वे शीघ्र ही मोह को जीतकर परमार्थ के ज्ञाता हो जाते हैं और उनको लोकालोक को प्रकाशित करनेवाला केवलज्ञान प्राप्त हो जाता है।

नयचक्र

ग्रन्थ के नाम का अर्थ

जैन साहित्य में नयचक्र नाम के तीन-चार ग्रन्थ मिलते हैं, जिनमें सर्वाधिक प्रसिद्ध यही नयचक्र है। इस नयचक्र का पूरा नाम है—'द्रव्यस्वभाव-प्रकाशक नयचक्र'। संक्षेप में इसे नयचक्र या द्रव्यस्वभाव-प्रकाश भी कहते हैं।

चूँकि इस ग्रन्थ में द्रव्यानुयोग का कथन है और इसमें द्रव्यों के स्वभाव पर प्रकाश डाला गया है; द्रव्य, गुण, पर्याय और नय का वर्णन किया गया है, अत: इसे 'द्रव्यस्वभाव-प्रकाशक नयचक्र' कहा है।

यह ग्रन्थ मुख्य रूप से नय पर आधारित है, अत: इसे नयचक्र कहा जाता है।

ग्रन्थकार का परिचय

प्रस्तुत ग्रन्थ 'नयचक्र' आचार्य माइल्लधवल की एक श्रेष्ठ एवं अति महत्त्वपूर्ण रचना है। लेकिन हमें बड़े दुख के साथ यह कहना पड़ रहा है कि 'माइल्लधवल' आचार्य के बारे में बिलकुल भी परिचय प्राप्त नहीं होता है। इनका समय तक भी प्राप्त नहीं होता है।

ग्रन्थ का महत्त्व

1. यह कृति यद्यपि आचार्य देवसेन के नयचक्र से प्रभावित है, फिर भी एक प्रामाणिक तथा महत्त्वपूर्ण रचना होने के कारण इसकी अपनी उपयोगिता है।
2. इस ग्रन्थ का अध्ययन कर लेने पर सम्पूर्ण नय का विषय स्पष्ट हो जाता है।

3. जैनदर्शन में वर्णित विषय के स्वरूपों को समझने के लिए यह एक अनिवार्य ग्रन्थ है। क्योंकि समयसार आदि ग्रन्थों को समझने के लिए जैन धर्म में एक विशेष पद्धति है—नय। अतः दार्शनिक और आध्यात्मिक ग्रन्थों को समझने के लिए 'नयचक्र' महत्त्वपूर्ण ग्रन्थ है।
4. जैनधर्म को सम्पूर्ण रूप से समझने के लिए नय एवं प्रमाण का ज्ञान होना अनिवार्य है। ये दोनों ही विषय के स्वरूपों का निश्चय कराने के लिए मुख्य साधन हैं।
5. अनेकान्त का मूल ही नय है और जैन दर्शन अनेकान्तवादी है।
6. इस ग्रन्थ में नयों की चर्चा के साथ-साथ द्रव्य और पर्याय के अतिरिक्त आगम एवं अध्यात्म आदि विषयों का ज्ञान कराया गया है।
7. प्रस्तुत ग्रन्थ में द्रव्य, गुण तथा पर्याय को समझाने के लिए विस्तार से नयों का वर्णन किया है, जो अत्यन्त महत्त्वपूर्ण है।
8. यह एक ऐसा महान ग्रन्थ है, जिसमें स्वाध्यायोपयोगी प्रायः सभी विषय समाहित हैं, क्योंकि कुछ ग्रन्थों में द्रव्य, गुण, पर्याय तथा नयों की चर्चा है तो उसमें सप्ततत्त्व तथा रत्नत्रय की चर्चा नहीं है और कुछ ग्रन्थों में सप्ततत्त्व तथा रत्नत्रय की चर्चा है, तो नयों की विस्तृत चर्चा नहीं है।

ग्रन्थ का मुख्य विषय

इस ग्रन्थ में कुल 425 गाथाएँ हैं। सबसे पहले मंगलाचरण में आचार्य उन सिद्धों को और जिनदेव को नमस्कार करते हैं, जिन्होंने विश्वस्वरूप त्रिकालवर्ती द्रव्यों को पूर्ण रूप से देखा है।

द्रव्यों के स्वभाव का ठीक-ठीक ज्ञान नयों का ज्ञान हुए बिना नहीं हो सकता।

जैसे—धर्महीन मनुष्य सुख चाहता है और प्यासा मनुष्य पानी के बिना प्यास बुझाना चाहता है, वैसे ही मूढ़ मनुष्य नयों के बिना द्रव्यों का ज्ञान करना चाहता है। जैसे धर्म के बिना सुख नहीं हो सकता और पानी के बिना प्यास नहीं बुझ सकती, वैसे ही नयों के ज्ञान के बिना द्रव्यों के स्वरूप का बोध नहीं हो सकता। तथा द्रव्यों के स्वरूप का यथार्थ ज्ञान हुए बिना सम्यग्दृष्टि नहीं हो सकता। इसलिए ग्रन्थकार ने इसे मोक्ष का मार्ग कहा है।

जैसे—द्रव्यों के स्वभाव को समझने के लिए कुन्दकुन्दाचार्य के ग्रन्थ अनमोल हैं, वैसे ही नयों के स्वरूप को समझने के लिए नयचक्र ग्रन्थ अनमोल है।

इस ग्रन्थ में कुल 12 अधिकार (अध्याय) हैं—

1. गुण अधिकार
2. पर्याय अधिकार
3. द्रव्य अधिकार
4. पञ्चास्तिकाय अधिकार
5. सात तत्त्व अधिकार
6. नौ पदार्थ अधिकार
7. प्रमाण अधिकार
8. नय अधिकार
9. निक्षेप अधिकार
10. सम्यग्दर्शन अधिकार
11. सम्यग्ज्ञान अधिकार
12. सम्यक्चारित्र अधिकार

उक्त बारह अधिकारों में से द्रव्य, पञ्चास्तिकाय, सात तत्त्व, नौ पदार्थ, सम्यग्दर्शन, सम्यग्ज्ञान और सम्यक्चारित्र—इन सात विषयों का वर्णन हम पूर्व में कर चुके हैं। (देखें पृष्ठ द्रव्य 160–164, पञ्चास्तिकाय 163–164, सात तत्त्व 142, नौ पदार्थ 165, सम्यग्दर्शन 104–106, सम्यग्ज्ञान 107–108; 123–124, सम्यक्चारित्र 108–116) अतः यहाँ हम केवल गुण, पर्याय, प्रमाण, नय और निक्षेप इन पाँचों पर ही चर्चा करेंगे, क्योंकि पूर्व के ग्रन्थों में उक्त सातों विषयों को बहुत ही आसानी से सरलता से समझा दिया है। अब गुण, पर्याय, नय और निक्षेप को सरलता से समझाने का प्रयास करेंगे, जैसा कि इस नयचक्र ग्रन्थ में दिया गया है।

1. गुण

जो द्रव्य के साथ पाए जाते हों, जो द्रव्य के सहभावी (साथी) हों, उन्हें गुण कहते हैं।

गुणों के समुदाय को द्रव्य कहते हैं, अतः गुण द्रव्य के सहभावी होते हैं और पर्याय क्रमभावी होती हैं अर्थात् एक द्रव्य के सब गुण एक साथ रहते हैं, किन्तु पर्याय एक के बाद एक क्रम से होती हैं। जैसे—जीव एक द्रव्य है और जीव के सभी गुण एक साथ रहते हैं। उसके स्वभाव साथ रहते हैं। परन्तु पर्याय एक के बाद एक क्रम से ही होती हैं।

गुण दो प्रकार के होते हैं—1. सामान्य गुण और 2. विशेष गुण।

जो गुण सब द्रव्यों में पाये जाएँ उन्हें सामान्य गुण कहते हैं। ये दस प्रकार के होते हैं।

जो प्रत्येक द्रव्य के विशिष्ट गुण होते हैं उन्हें विशेष गुण कहते हैं। ये सोलह प्रकार के होते हैं।

सामान्य और विशेष गुण के प्रकारों का विस्तार से वर्णन इस ग्रन्थ में है।

2. पर्याय

प्रत्येक द्रव्य में जो सामान्य और विशेष गुण हैं, उनके परिवर्तन या विकार को पर्याय कहते हैं।

जैसे—दूध का दही जमना। मिट्टी का घड़ा बनना। एक पर्याय उत्पन्न होती है तो एक पर्याय नष्ट होती है, अत: पर्याय उत्पाद-विनाशशील है।

जैसे—बालक जब बड़ा हो जाता है तो वह युवक बन जाता है। फिर बूढ़ा हो जाता है। युवक बनने पर बालक की पर्याय नष्ट हो जाती है। बूढ़ा होने पर युवक की, अत: पर्याय उत्पाद-विनाशशील है।

पर्याय दो प्रकार की होती है—(1) स्वभाव पर्याय (2) विभाव पर्याय।

पर्याय

स्वभावपर्याय	विभावपर्याय
सभी द्रव्यों में होती है।	जीव और पुद्गल द्रव्य में ही होती है।

इसके बाद इस अध्याय में द्रव्य और गुणों में स्वभाव और विभाव की अपेक्षा से पर्यायों के चार भेद बताये हैं। और छ: द्रव्यों के साथ पर्यायों का सम्बन्ध बताया है।

3. प्रमाण

(1) वस्तु के सच्चे ज्ञान को प्रमाण कहते हैं।

(2) जिसके द्वारा वस्तुतत्त्व को एकदम सही रूप में (शंका से रहित होकर) जाना जाता है, पहचाना जाता है, उसे प्रमाण कहते हैं। जैसे—सीप को

सीप के रूप से और चाँदी को चाँदी के रूप से जाना जाता है। सीप में चाँदी का भ्रम होना प्रमाण नहीं है।

(3) जो ज्ञान वस्तु के यथार्थ स्वरूप को सम्यक् रूप से जानता है उसे प्रमाण कहते हैं।

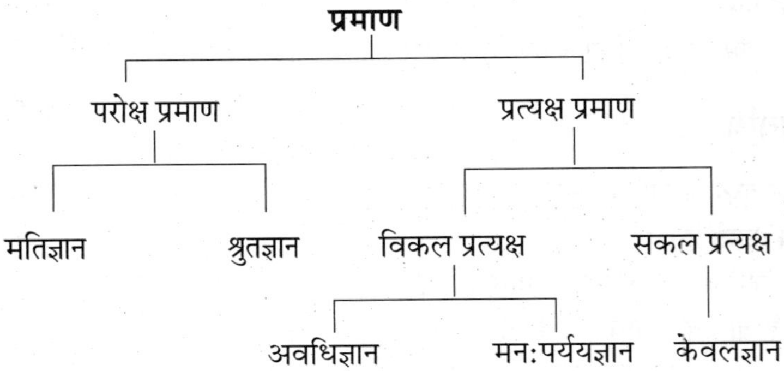

परिभाषा

1. **परोक्ष ज्ञान :** जो ज्ञान इन्द्रिय, प्रकाश एवं उपदेश आदि बाह्य निमित्तों से होता है उसे परोक्ष ज्ञान कहते हैं।
2. **प्रत्यक्ष ज्ञान :** निर्मल या स्पष्ट ज्ञान को प्रत्यक्ष ज्ञान कहते हैं। यह ज्ञान पर की सहायता के बिना मात्र आत्मा से ही होता है।
3. **विकल प्रत्यक्ष :** जो ज्ञान कुछ ही पदार्थों को जानता है, उसे विकल प्रत्यक्ष ज्ञान कहते हैं।
4. **सकल प्रत्यक्ष :** जो ज्ञान सभी द्रव्यों को सभी पर्यायों को एक साथ जानता है, उसे अनुपम सकल प्रत्यक्ष ज्ञान कहते हैं।
5. **मतिज्ञान :** मन और इन्द्रियों की सहायता से जो ज्ञान होता है, उसे मतिज्ञान कहते हैं।
6. **श्रुतज्ञान :** मतिज्ञान से जाने हुए पदार्थ में मन की सहायता से जो विशेष ज्ञान होता है, उसे श्रुतज्ञान कहते हैं।
7. **अवधिज्ञान :** इन्द्रियों की सहायता के बिना केवल आत्मा से जो पदार्थों को एकदेश (थोड़ा कम) जानता है या जो प्रत्यक्ष ज्ञान होता है, उसे अवधिज्ञान कहते हैं।

8. **मनःपर्ययज्ञान :** दूसरे के मन में स्थित अर्थ को (भाव को, विचार को) जो एकदेश प्रत्यक्ष जानता है, उसे मनःपर्ययज्ञान कहते हैं।

ये दोनों ज्ञान मूर्त्त पदार्थ को ही प्रत्यक्ष जानते हैं, उसकी सब पर्यायों को नहीं जानते, कुछ ही पर्यायों को ही जानते हैं अर्थात सामने जो द्रव्य है उसकी कुछ पर्यायों (अवस्था, गति) को जानते हैं।

9. **केवलज्ञान :** केवलज्ञान सब द्रव्यों की सब पर्यायों को एक साथ जानता है, इसीलिए उसे अनुपम ज्ञान कहा जाता है।

4. नय

परिभाषा : (1) प्रमाण द्वारा जो वस्तु ग्रहण की जाती है, उसके एक अंश को या एक भाग को जानना या कहना नय है।

(2) श्रुतज्ञान के आश्रय से ज्ञानी का जो विकल्प वस्तु के अंश को ग्रहण करता है उसे नय कहते हैं। अर्थात् श्रुतज्ञान के एक अंश को जानना नय है।

(3) नय श्रुतज्ञान का भेद है, इसलिए श्रुत के आधार से ही नय की प्रवृत्ति होती है। श्रुत प्रमाण होने के कारण सकलग्राही (सबको जाननेवाला) होता है, उसके एक अंश को ग्रहण करनेवाला नय होता है।

श्रुतज्ञान के दो नाम हैं—उनमें से एक का नाम स्याद्वाद है और दूसरे का नाम नय है।

अनेकान्त का मूल नय है।

नय का महत्त्व

(1) नय के बिना मनुष्य को स्याद्वाद का बोध नहीं हो सकता। जो धर्म का मूल सिद्धान्त अनेकान्तवाद और स्याद्वाद को जानना चाहता है, उसे नय को समझना होगा।

(2) ध्यान का अभ्यास करनेवालों को या ध्यान करनेवालों को नय और प्रमाण का स्वरूप अवश्य जानना चाहिए।

(3) सम्यग्दृष्टि बनने के लिए वस्तु स्वरूप का ज्ञान होना आवश्यक है और वस्तु स्वरूप के ज्ञान के लिए नयदृष्टि का होना आवश्यक है।

नय के भेद

जैन सिद्धान्त में वस्तु अनेक स्वभाववाली मानी गयी है। जो नित्य (स्थिर और

अटल है वही अनित्य भी है और जो अनित्य है वह नित्य भी है। द्रव्यरूप से) प्रत्येक वस्तु नित्य है, पर्यायरूप से प्रत्येक वस्तु अनित्य है। इसी कारण नय के दो प्रकार हैं :

1. द्रव्यार्थिक नय : वस्तु के द्रव्य के अंश को जाननेवाला द्रव्यार्थिक नय है। जैसे—सोना।

2. पर्यायार्थिक नय : वस्तु की पर्याय को जाननेवाला पर्यायार्थिक नय है। जैसे—सोने का कड़ा।

नयों की संख्या असंख्यात है। वे असंख्यात द्रव्यार्थिक और पर्यायार्थिक के ही भेद हैं, क्योंकि उनका सबका विषय या तो द्रव्य होता है या पर्याय।

आध्यात्मिक दृष्टि से नय के मूल भेद :

1. निश्चयनय : जो भूतार्थ है अर्थात् सत्य है, वह निश्चय नय है।

2. व्यवहारनय : जो अभूतार्थ है अर्थात् असत्य है, वह व्यवहारनय है।

इसके बाद द्रव्यार्थिक नय के दस भेद और पर्यायार्थिक नय के छह भेद बताये हैं। इनके भेद-उपभेद भी विस्तार से इस ग्रन्थ में बताए हैं।

अत: जो पाठक विस्तार से नय को जानना चाहता है, कृपया वह इस ग्रन्थ का स्वाध्याय करे, क्योंकि यहाँ विषय का विस्तार करने से विषय कठिन हो जाएगा।

नय और प्रमाण में अन्तर

नय और प्रमाण दोनों ही सम्यग्ज्ञान के रूप हैं। इस अपेक्षा से उनमें कोई अन्तर नहीं है। फिर भी प्रमाण सभी वस्तुओं को सामान्य विशेष रूप से एक साथ जानता है। और नय उसके किसी एक अंश को मुख्य रूप से जानता है। यही अन्तर है इसीलिए नय को प्रमाण का ही अंश कहते हैं।

5. निक्षेप

परिभाषा : किसी भी बात को कहने की एक विशेष शैली है निक्षेप। निक्षेप के चार भेद हैं—(1) नाम (2) स्थापना (3) द्रव्य (4) भाव।

इन चारों को हम एक उदाहरण से समझ सकते हैं।

उदाहरण : राजा चार प्रकार का है—नामराजा, स्थापनाराजा, द्रव्यराजा और भावराजा।

1. कोई भी सामान्य पुरुष जिसका नाम राजा है, वह नामराजा है।
2. काष्ठ-चित्रादि में स्थापित राजा स्थापनाराजा है।
3. कोई बालक, राजकुमार या मुनि जो राजा होगा या था वह द्रव्यराजा है।
4. वर्तमान में राज्य करनेवाला प्रतापी पुरुष भावराजा है।

अब इसको विशेष रूप से जानेंगे, जैसे—

1. किसी व्यक्ति का नाम अरिहन्त है, परन्तु उसमें अरिहन्त का गुण नहीं है, तो वह मात्र नामनिक्षेप है।
2. कृत्रिम या अकृत्रिम बिम्बों में अर्हन्त परमेष्ठी की स्थापना कर पूजा करना स्थापना निक्षेप है।
3. जो मुनि या श्रावक अरिहन्त अवस्था को प्राप्त करने के लिए प्रयत्नशील है वह द्रव्यनिक्षेप है।
4. जो मुनि या श्रावक अरिहन्त के गुणों के अनुरूप ही है, वह भावनिक्षेप है।

इस प्रकार नयचक्र ग्रन्थ में प्रमाण, नय और निक्षेप का विशेष वर्णन है। साथ में द्रव्य, पदार्थ और रत्नत्रय आदि विशेष विषयों का भी वर्णन है। अत: यह ग्रन्थ दार्शनिक दृष्टि से बहुत उपयोगी है। कृपया एकाग्र होकर इसका अध्ययन अवश्य करें। इससे श्रावक द्रव्य-गुण-पर्याय, प्रमाण, नय और निक्षेप आदि विषयों को आसानी से समझ सकते हैं।

समयसार

ग्रन्थ के नाम का अर्थ

इस ग्रन्थ का नाम समयसार है। इसे समयपाहुड भी कहते हैं।

'समयसार' का अर्थ

समयसार का अर्थ है—समय का सार। 'समय' शब्द के बहुत अर्थ होते हैं—

1. समय का एक अर्थ दर्शन है। यह पूरे दर्शन का सार है, इसलिए इसे समयसार कहते हैं।
2. समय का अर्थ द्वादशांग जिनवाणी भी होता है, इसलिए समयसार का अर्थ हुआ द्वादशांग जिनवाणी का सार।
3. समय शब्द का अर्थ पदार्थ भी होता है, द्रव्य भी होता है। सभी द्रव्यों का, सभी पदार्थों का सार इस ग्रन्थ में है, अतः इसका नाम समयसार है।
4. समय शब्द का एक अर्थ आत्मा भी होता है। इस ग्रन्थ में आत्मा का सार है, इसलिए इसका नाम समयसार है।

'समयपाहुड' का अर्थ

1. पाहुड का अर्थ है—'भेंट देना'। पाहुड शब्द प्राकृत में है। संस्कृत में इसे प्राभृत कहते हैं। प्राभृत का अर्थ होता है, उपहार देना। आचार्य कुन्दकुन्द ने भव्य जीवों को, श्रावकों को यह ग्रन्थ उपहार स्वरूप प्रदान किया है, इसलिए इस ग्रन्थ को समयपाहुड भी कहते हैं।

2. पाहुड शब्द का अन्य अर्थशास्त्रों में मिलता है कि जो परम्परा से चला आ रहा है, तीर्थंकरों की दिव्य ध्वनि से निकलकर आ रहा है, उसे पाहुड कहते हैं। यह ग्रन्थ साक्षात् तीर्थंकर की दिव्य ध्वनि से निकला है और बाद में

गणधर और अनेक आचार्यों की परम्परा से यह ग्रन्थ चला आ रहा है। इसलिए इस ग्रन्थ का नाम समयपाहुड है।

ग्रन्थकार का परिचय

आचार्यों की परम्परा में कुन्दकुन्दाचार्य का स्थान महत्त्वपूर्ण है। इनकी गणना ऐसे युगसंस्थापक आचार्य के रूप में की गयी है, जिनके नाम से उत्तरवर्ती परम्परा कुन्दकुन्द आम्नाय के नाम से प्रसिद्ध हुई है। किसी भी कार्य के प्रारम्भ में मंगलरूप में इनका स्तवन किया जाता है।

''मङ्गलं भगवान् वीरो, मङ्गलं गौतमो गणी।
मङ्गलं कुन्दकुन्दार्यो, जैनधर्मोऽस्तु मङ्गलम्।।''

अर्थात् भगवान् महावीर मंगल हैं, गौतम गणधर मंगल हैं, कुन्दकुन्द आचार्य मंगल हैं और जैनधर्म भी मंगल रूप है।

आचार्य कुन्दकुन्द का समय प्रथम शताब्दी माना जाता है। आचार्य कुन्दकुन्द अध्यात्मशास्त्र के महान प्रणेता एवं युगसंस्थापक आचार्य थे। द्रव्यानुयोग के क्षेत्र में अभी तक इन जैसा प्रतिभाशाली, अध्यात्मयोगी दूसरा आचार्य नहीं है।

बाल्यावस्था से ही कुन्दकुन्द प्रतिभाशाली थे। इनकी विलक्षण स्मरणशक्ति और कुशाग्रबुद्धि के कारण लौकिक शिक्षा में इनका अधिक समय व्यतीत नहीं हुआ। मात्र ग्यारह वर्ष की उम्र में ही मुनिराज के वचनों से विरक्त होकर दिगम्बर दीक्षा ग्रहण की और 33 वर्ष की अवस्था में इन्होंने आचार्य पद प्राप्त किया। आचार्य कुन्दकुन्द के पद्मनन्दि, कुन्दकुन्द वक्रग्रीव, एलाचार्य और गृद्धपिच्छ—ये पाँच नाम प्रचलित हैं।

आचार्य कुन्दकुन्द के जीवनवृत्त एवं व्यक्तित्व के सम्बन्ध में अनेक कथाएँ भी प्रचलित हैं, जिनसे उनके जीवन पर प्रकाश पड़ता है।

आचार्य जयसेन ने टीका के प्रारम्भ में कुन्दकुन्द के पूर्व विदेह में जाने की कथा की ओर भी संकेत करते हुए लिखा है कि इन्होंने पूर्वविदेह में वीतराग-सर्वज्ञ सीमन्धर स्वामी के दर्शन किये थे। उनके मुखकमल से निकली दिव्यध्वनि को सुनकर अध्यात्मतत्त्व का सार ग्रहण कर वे वापस लौटे। उसके बाद सीमन्धर स्वामी से प्राप्त दिव्यज्ञान का श्रमणों को उपदेश दिया था।

रचनाएँ

दिगम्बर साहित्य के महान प्रणेताओं में आचार्य कुन्दकुन्द का मूर्धन्य स्थान है।

इनकी सभी रचनाएँ शौरसेनी प्राकृत में हैं। कुछ प्रमुख रचनाओं के नाम—

1. समयसार
2. प्रवचनसार
3. पंचास्तिकाय
4. नियमसार
5. बारस-अणुवेक्खा (द्वादशानुप्रेक्षा)
6. अष्टपाहुड

ग्रन्थ का महत्त्व

1. 'समयसार' ग्रन्थ का महत्त्व बताना सूरज को दीपक दिखाने के समान है। समयसार की महिमा का वर्णन तो बड़े-बड़े आचार्य भी नहीं कर पाए हैं, अत: हम तो कैसे भी नहीं कह सकते।
2. आचार्य अमृतचन्द्रस्वामी (समयसार के टीकाकार) ने कहा है कि समयसार से महान, सर्वश्रेष्ठ तीन लोक में दूसरी कोई वस्तु नहीं है। वास्तव में यह अद्‌भुत, अपूर्व, अनमोल, सर्वश्रेष्ठ और मुकुटमणि महाग्रन्थ है। इसलिए इसे आचार्य अमृतचन्द्रस्वामी ने 'लोकत्रयैकनेत्रं' अर्थात् 'तीन लोक की इकलौती आँख कहा है। वास्तव में यह जगत का अद्वितीय अक्षय चक्षु है।
3. पण्डित आशाधरजी ने समयसार के बारे में लिखा है कि यह ग्रन्थ द्वादश अंग का सार ग्रन्थ है।
4. समयसार की महिमा अपरम्पार है। शास्त्रों में समयसार को कामधेनु और चिन्तामणि रत्न से भी बढ़कर बताया है। यह समयसार ग्रन्थ आगमों का भी आगम है, लाखों शास्त्रों का सार है। यह जैनशासन का स्तम्भ है।
5. यह ग्रन्थाधिराज अत्यन्त क्रान्तिकारी महाशास्त्र है। इस ग्रन्थ ने पिछले 2000 वर्षों में लाखों लोगों के जीवन को बदला है, उनके जीव को अध्यात्ममय बनाया है। जिनमें ब्रह्मचारी शीतलप्रसाद जी, श्रीमद् रायचन्द्र, कानजी स्वामी आदि अनेक व्यक्ति सम्मिलित हैं।
6. बम्बई में श्रीमद् रायचन्द्र जी ने 'समयसार' ग्रन्थ को सर्वश्रेष्ठ हीरा और पारसमणि कहा है। यहाँ तक कि जो व्यक्ति उनके पास समयसार ग्रन्थ लेकर आया था, उसे उन्होंने खजाने में से असंख्य हीरे दान दिए थे। यह प्रसंग बहुत प्रचलित है।
7. 'समयसार' ग्रन्थ पर आज तक विविध भाषाओं में लगभग 100 टीकाएँ

और व्याख्याएँ लिखी गयी हैं।

7. अंग्रेजी, उर्दू और जापानी आदि अनेक विदेशी भाषाओं में भी इसका अनुवाद हो गया है।
8. देशों, प्रदेशों में ही नहीं, अपितु विदेशों में भी इस ग्रन्थ को बहुत अधिक पढ़ा और पढ़ाया जाता है।
10. विद्यालय, महाविद्यालय और विश्वविद्यालयों के पाठ्यक्रम में यह ग्रन्थ सम्मिलित है।
11. यह ग्रन्थ बहुत सरल और सुबोध भाषा में लिखा गया है। इसमें गाथा जैसा मधुर छन्द है। उस समय जब इस ग्रन्थ की रचना हुई थी, तब इसकी गाथा को ग्वाले, बालक भी गाया करते थे। समयसार लिखने का मुख्य उद्देश्य यही था कि इस ग्रन्थ को हर भारतीय आसानी से समझ सके।
12. भेदविज्ञान को जानने और समझने के लिए यह ग्रन्थ बहुत उपयोगी है।

हम कह सकते हैं कि वास्तव में 'समयसार' ग्रन्थ सर्वोत्कृष्ट आध्यात्मिक ग्रन्थ है। शुद्ध आत्मा का इतना सुन्दर वर्णन अन्यत्र दुर्लभ है।

जैसे—जीवन में एक बार तीर्थराज शिखरजी अवश्य जाना चाहिए, वैसे ही श्रावकों को जीवन में एक बार इस ग्रन्थराज का स्वाध्याय अवश्य करना चाहिए।

ग्रन्थ का मुख्य विषय

समयसार ग्रन्थ में आचार्य अमृतचन्द्र की टीका के अनुसार 415 गाथाएँ और जयसेनाचार्य की टीका के अनुसार 439 गाथाएँ हैं। यह ग्रन्थ दस अधिकारों में विभक्त है।

1. पूर्वरंग अधिकार (गाथा 1-38 तक)

समयसार को टीकाकारों ने नाटक का रूप दिया है, इसलिए इस अधिकार का नाम पूर्वरंग है। पूर्वरंग अर्थात् नाटक के पहले की प्रस्तावना।

इस अधिकार में सबसे पहले मंगलाचरण किया है। मंगलाचरण में आचार्य कुन्दकुन्द ने कहा है कि मैं ध्रुव, अचल और अनुपम गति को प्राप्त सिद्धों को नमस्कार करके केवली और श्रुतकेवली ने जो समझाया है, वह समयसार कहता हूँ।

जो जीव सम्यग्दर्शन-ज्ञान-चारित्र में स्थित हैं, उन्हें स्वसमय कहते हैं। जो जीव पुद्गल में स्थित हैं, उन्हें परसमय कहते हैं। अर्थात् जो जीव आत्मा में स्थित है, वह 'स्वसमय' हैं, और जो शरीर में लगे रहते हैं वह 'परसमय' हैं। तीन लोक

में सबसे सुन्दर अपनी आत्मा है, जब इस आत्मा के साथ शरीर और अन्य सम्बन्ध जुड़ता है, तब सारे दुख शुरू हो जाते हैं, सारी कर्म-कहानी शुरू हो जाती है। सभी ने काम-भोग बन्ध के बारे में बहुत सुना है। इनका परिचय भी प्राप्त किया है, अनुभव भी किया है, लेकिन इस शुद्धात्मा की बात कभी नहीं सुनी है। न इसका परिचय प्राप्त किया है और न अनुभव किया है, इसलिए यह बात इसे कठिन लगती है।

यह आत्मा ज्ञायक है। इसमें कोई भेद नहीं करना चाहिए। आत्मा के ज्ञान-दर्शन-चारित्र हैं, यह बात व्यवहार से कही जाती है। निश्चय नय से आत्मा के ज्ञान भी नहीं है, दर्शन भी नहीं है, चारित्र भी नहीं है। आत्मा ज्ञान-दर्शन-चारित्र का एक अखण्ड पिण्ड है और एक शुद्ध स्वरूप है।

जिस प्रकार म्लेच्छ व्यक्ति को म्लेच्छ भाषा के बिना कोई भी बात समझाई नहीं जा सकती है। उसी प्रकार व्यवहार के बिना संसारी जीवों को परमागम (शास्त्रों) का उपदेश नहीं समझाया जा सकता। इसलिए शास्त्रों में व्यवहार का उपदेश दिया है, लेकिन समझदार लोगों को उसमें से उत्तम अर्थ को ग्रहण करना चाहिए।

शास्त्रों में जीव, अजीव, आस्रव, बन्ध, संवर, निर्जरा और मोक्ष आदि सात तत्त्व और पुण्य-पाप मिलाकर नौ पदार्थ बताए हैं। इनको ठीक तरह से जो जानता है और जो अपनी आत्मा को शुद्ध जानता है, वही शुद्ध सम्यग्दृष्टि है। वही सारे शास्त्रों का ज्ञाता है। जो जीव आत्मा के शुद्ध स्वरूप को नहीं जानता वह अज्ञानी है।

शास्त्रों में कहा गया है कि जो साधु पुरुष हैं, उन्हें सम्यग्दर्शन-ज्ञान-चारित्र का हमेशा सेवन करना चाहिए, इनका पालन करना चाहिए। पर वास्तव में इसका अर्थ है कि आत्मा की आराधना करना चाहिए। आत्मा की आराधना से ही सम्यग्दर्शन-ज्ञान-चारित्र तीनों की आराधना हो जाती है। इस आराधना का नाम ही सम्यग्दर्शन-ज्ञान-चारित्र है।

जिस प्रकार कोई व्यक्ति अधिक धन पाने के लिए पूरी लगन निष्ठा से राजा की सेवा करता है, उस पर श्रद्धा करता है और उसकी आज्ञा का पालन करता है। उसी प्रकार मोक्ष प्राप्त करने के लिए व्यक्ति को जीवरूपी आत्मा (राजा) को जानना चाहिए, फिर उस पर श्रद्धा करना चाहिए। उसके बाद उसी का अनुसरण करना चाहिए अर्थात् अनुभव के द्वारा उसमें तन्मय हो जाना चाहिए। सिर्फ आत्मा का ही ध्यान करना चाहिए।

जब तक हम अपने से भिन्न परपदार्थों में स्त्री, पुरुष, मकान, दुकान, पुत्र-पुत्री और ग्राम-नगर इनको अपना मानते रहेंगे; यह मेरे हैं, मैं इनका हूँ, मैं इनका कर्त्ता हूँ, यह मेरे कर्त्ता हैं, इन्होंने मुझे बनाया है, मैं इनको बनाता हूँ, इत्यादि भावना करते रहेंगे, तब तक हम अज्ञानी ही हैं। जब हम इस तरह की भावना को छोड़ देंगे तब हम ज्ञानी बनेंगे।

व्यवहार में कहा जाता है कि जीव और शरीर एक है। वास्तव में जीव और शरीर एक नहीं हो सकते। दोनों अलग-अलग हैं। समझदार व्यक्ति इनमें भेदविज्ञान करता है।

जैसे—जब हम भगवान की स्तुति करते हैं, पूजा करते हैं तो हम उनके शरीर की पूजा नहीं करते अपितु हम उनके गुणों की पूजा, स्तुति करते हैं। उनकी वीतरागता एवं सर्वज्ञता आदि गुणों की स्तुति करते हैं।

आचार्य कहते हैं कि प्रतिदिन एकान्त में बैठकर थोड़ी देर चिन्तन करो कि मैं एक हूँ, शुद्ध हूँ, दर्शन-ज्ञानमय हूँ, परद्रव्य परभावों से बिलकुल रहित हूँ। दर्शन-ज्ञान स्वभावी हूँ और अणुमात्र भी पदार्थ मेरा नहीं है।

2 जीवाजीवाधिकार (गाथा 39 से 68 तक)

इस अधिकार में कहा है कि जीव और अजीव को अलग-अलग समझो। इनको एक मत समझो। जीव को अजीव के साथ, अजीव को जीव के साथ मत मिलाओ। जैसे—मैं काला हूँ, मैं सुन्दर हूँ। पर जीव (आत्मा) काला और सुन्दर नहीं होता। अजीव, पुद्गल, शरीर, रूप यह सब काला और सुन्दर होता है। इस तरह हमने जीव (आत्मा) और अजीव (शरीर) को मिला दिया है।

जीव का कर्त्ता, कर्म एवं अधिकरण सब अलग हैं। अजीव का कर्त्ता, कर्म अधिकरण सब अलग हैं। जीव के वर्ण, रस, गंध, स्पर्श, शरीर, मोह, राग और द्वेष नहीं हैं। यद्यपि ये दूध और पानी की तरह एक साथ रहते हैं, लेकिन जिस तरह दूध और पानी अलग हैं, उसी तरह आत्मा और शरीर अलग-अलग हैं।

इसी प्रकार व्यक्ति के कर्मों और वर्णों को देखकर व्यवहार से कहा जाता है कि यह वर्ण जीव का है। वर्ण के साथ-साथ गन्ध, रस, स्पर्श, रूप और देह आदि के बारे में भी समझना चाहिए कि ये सब विचार व्यवहार से जीव के हैं। निश्चय से जीव के ये विचार नहीं होते।

शास्त्रों में जो एकेन्द्रिय, द्वीन्द्रिय, त्रीन्द्रिय, चतुरिन्द्रय, पंचेन्द्रिय और सूक्ष्म आदि जो जीव कहे गए हैं, वे सब नामकर्म की प्रकृतियाँ हैं। इनको पढ़ते-जानते

समय ध्यान रखना और अच्छी तरह से समझना, ये जीव नहीं हैं। ये बात इस अधिकार में समझाई है।

शास्त्रों में जो देव, मनुष्य और तिर्यंच गति आदि बताई है, वह शरीर के होती हैं। अजीव के होती हैं। जीव के ये गति नहीं होती। जीव सिर्फ चेतनामय (प्राणवाला) है। अजीव में चेतना नहीं है। इसलिए जीव को जीव और अजीव को अजीव समझना चाहिए। इन दोनों को मिलाना नहीं है। अलग-अलग जानना चाहिए। व्यवहार के कथन द्वारा ही देह को जीव मान लिया गया है। पर देह पुद्‌गल है। अजीव के, पुद्‌गल के, इन्द्रिय, रंग और जाति होती है। जीव के इन्द्रिय, रंग और जाति कुछ नहीं होती हैं।

3. कर्त्ताकर्माधिकार (गाथा 69-144 तक)

पहले जीवाजीवाधिकार में स्व और पर (दूसरे) की भिन्नता स्पष्ट कर दी। परन्तु जब तक यह आत्मा स्वयं को पर का कर्त्ता-भोक्ता मानता रहता है, तब तक वास्तविक भेदविज्ञान प्रकट नहीं होता है।

बहुत लोग जीव और अजीव दोनों द्रव्यों को अलग-अलग मानने के बाद भी एक-दूसरे को कर्त्ता-कर्म मानते हैं, इसलिए इस भ्रम को तोड़ने के लिए यह कर्त्ताकर्म अधिकार लिखा है।

1. जीव, जीव का कर्त्ता होता है, अजीव का नहीं और अजीव, अजीव का कर्त्ता होता है, जीव का नहीं।

यदि आत्मा को अजीव का कर्ता मान लें तो, आत्मा न तो स्वतन्त्र हो सकता है, न उसमें स्वावलम्बन का भाव जागृत हो सकता है।

2. यदि एक द्रव्य को दूसरे द्रव्य के कार्यों का कर्त्ता-भोक्ता मान लिया जाता है, तो प्रत्येक द्रव्य की स्वतन्त्रता का कोई अर्थ नहीं रह जाता है। इसी बात को कर्त्ता-कर्म अधिकार में बड़ी ही स्पष्टता से समझाया गया है।

3. पर के लक्ष्य से आत्मा में उत्पन्न होनेवाले मोह-राग-द्वेष आदि विकारी भावों का कर्त्ता भी ज्ञानी नहीं होता, वह तो उन्हें मात्र जानता है।

4. आत्मा में उत्पन्न होनेवाले मोह-राग-द्वेष के भाव आस्रव भाव हैं। इस अधिकार का आरम्भ भी आत्मा और आस्रवों के बीच भेदविज्ञान से होता है। जैसे—जब आत्मा अलग है, शुभाशुभ भाव अलग है, तो शुभाशुभ भावों का कर्त्ता-भोक्ता आत्मा कैसे हो सकता है?

5. आत्मा ज्ञानस्वरूप है, स्वयं ज्ञान ही है, अत: आत्मा को ज्ञान के

अतिरिक्त दूसरों का कर्त्ता मानना अज्ञान है। यह व्यवहारी जीवों का मोह है कि आत्मा को दूसरों का कर्त्ता-भोक्ता मानते हैं।

जैसे—युद्ध, योद्धाओं द्वारा ही किया जाता है, तथापि व्यवहार में यही कहा जाता है कि युद्ध राजा ने किया है।

6. जिस प्रकार प्रजा के दोष-गुणों का उत्पादक राजा को कहा जाता है, उसी प्रकार शरीर के परिवर्तन का कर्त्ता जीव को कहा जाता है।

इस प्रकार अनेक उदाहरणों द्वारा आचार्य कुन्दकुन्द स्पष्ट करते हैं कि आत्मा का परद्रव्य (शरीर, पुद्‌गल और आस्त्रव आदि) के साथ कोई भी सम्बन्ध नहीं है।

इस प्रकार हम कह सकते हैं कि पहले अधिकार में दूसरों से एकत्व और ममत्व और दूसरे अधिकार में दूसरों के कर्त्ता और भोक्ता—इन दो बातों का निषेध कर भेदविज्ञान स्पष्ट किया है। ये दोनों ही अधिकार भेदविज्ञान के लिए समर्पित अधिकार हैं।

4. पुण्यपापाधिकार (गाथा 145 से 163 तक)

इस अधिकार में कहा है कि शुभ भाव एवं शुभकर्मों को पुण्य और अशुभ भाव एवं अशुभ कर्मों को पाप कहा जाता है। ये शुभ-अशुभ, पुण्य और पाप दोनों ही कर्म हैं, कर्मबंध के कारण हैं, आत्मा को बन्धन में डालनेवाले हैं।

अशुभ कर्म कुशील (बुरे) हैं और शुभकर्म सुशील (अच्छे) हैं—ऐसा सब जानते हैं, परन्तु जो कर्म जीवों को संसार में प्रवेश कराते हैं, वे कर्म सुशील कैसे हो सकते हैं?

जिस प्रकार लोहे की बेड़ी पुरुष को बाँधती है, उसी प्रकार सोने की बेड़ी भी पुरुष को बाँधती है। अर्थात् दोनों बेड़ियाँ बाँधने का काम करती हैं, दोनों ही अच्छी नहीं हैं। उसी प्रकार शुभ और अशुभ कर्म (पाप और पुण्य) दोनों ही जीव को बाँधते हैं, बन्धन में डालने के कारण ये पुण्य-पाप दोनों ही कर्म समान ही हैं। पुण्य-पाप के अन्तर को समझना, यही इस अधिकार का मूल प्रयोजन है।

5. आस्त्रवाधिकार (गाथा 164-180 तक)

जिन पुण्य-पाप की चर्चा पुण्यपापाधिकार में की थी, वे पुण्य-पाप के विचार ही आस्त्रव हैं।

मोह-राग-द्वेष और पुण्य-पाप के परिणामों (विचारों) को ही भावास्त्रव कहते हैं। इन परिणामों के कारण जो पुद्गल कर्मों का आस्त्रव होता है, वे द्रव्यास्त्रव हैं।

इस आस्त्रव अधिकार में सम्यग्दृष्टि ज्ञानी धर्मात्मा को निरास्त्रव (आस्त्रव से रहित) सिद्ध किया है। क्योंकि जो अपनी आत्मा को जानता है, वह पुण्य-पाप, राग-द्वेष से भी दूर हो जाता है, इसलिए वह आस्त्रवों से भी दूर हो जाता है।

इसलिए हमें आस्त्रवों को दूर हटाने की कोशिश नहीं करनी चाहिए। हमें तो बस अपनी 'आत्मा' को जानना चाहिए। यदि हम आत्मा को जानेंगे, तो आस्त्रव अपने आप हट जाएँगे।

जो आत्मा को नहीं जानता है, जो मिथ्यादृष्टि है, उसके पास ही सारे आस्त्रव होते हैं।

जिस प्रकार किसी व्यक्ति को अपच हो या पेट में कोई तकलीफ हो, तो उसके द्वारा खाया हुआ अन्न भी पच नहीं पाता, उसे उससे और अधिक तकलीफ होती है। इसी तरह जो जीव मिथ्यादृष्टि है, जिसके पास राग-द्वेष-मोह और पुण्य-पाप आदि आस्त्रव हैं, वही अनेक प्रकार के कर्म बाँधता है।

अत: हमें आत्मा को जानना चाहिए। शुद्ध सम्यग्दृष्टि आत्मा को जानता है, इसलिए उसे निरास्त्रव कहा गया है।

6. संवराधिकार (गाथा 181 से 192 तक)

संवर अधिकार भेदविज्ञान करना सिखाता है। आस्त्रवों का निरोध करना (रोकना) संवर है। संवर से संसार का नाश होता है और मोक्षमार्ग का आरम्भ होता है, अत: संवर साक्षात् धर्मस्वरूप ही है।

हमारी आत्मा में ज्ञानधारा भी है और रागधारा भी है। ज्ञानधारा आत्मा की अपनी है। ज्ञानी जन या सम्यग्दृष्टि जीव अनेक कर्मोदय (शुभ-अशुभ, अच्छा-बुरा समय) आने पर भी अपनी ज्ञानधारा को नहीं छोड़ते हैं। जैसे—सोना आग में तपने पर भी अपने सुवर्णत्व को नहीं छोड़ता है।

दूसरी तरफ रागधारा पुद्गल की है, कर्मों की है, इसलिए इसे पुद्गल जानना चाहिए, परन्तु अज्ञानी जन मोह के कारण आत्मा को, स्वभाव को नहीं जानते हैं, और राग को, पुद्गल को ही आत्मा मानते हैं।

जो आत्मा को शुद्ध जानता है, उसको शुद्धात्मा की प्राप्ति होती है और जो आत्मा को अशुद्ध मानता है, उसे अशुद्ध आत्मा की प्राप्ति होती है।

यह अध्याय भेदविज्ञान की बहुत अच्छी शिक्षा देता है। आज तक जितने भी पुरुष सिद्ध हुए हैं, वे सब भेदविज्ञान से ही सिद्ध हुए हैं और जो कोई कर्मबन्धनों में बँधे हैं, वे सब भेदविज्ञान को न जानने के कारण ही कर्मबन्धनों में बँधे हैं।

7. निर्जराधिकार (गाथा 193 से 236 तक)

निर्जरा अर्थात् कर्मों का झड़ना, कर्मों का खिर जाना या शुभाशुभ कर्म नष्ट होना है। सम्यग्दृष्टि किसी भी परपदार्थ को अपना नहीं मानता इसलिए उसको हमेशा निर्जरा होती है।

जिस प्रकार कोई वैद्य या डॉक्टर विष भी खा ले तो योग्य औषधि के बल से उसकी मृत्यु नहीं होती है, उसी प्रकार ज्ञानी पुरुष पुद्गलकर्म के कारण भोगों को भोगता भी है, तब भी उन भोगों में बँधता नहीं है।

जिस प्रकार एक आदमी (जैसे नौकर) बहुत काम करते हुए भी कुछ कर नहीं पाता अर्थात् वह मालिक नहीं बन पाता। उसी प्रकार सम्यग्दृष्टि जीव सब कुछ करते हुए भी कुछ नहीं करता है, क्योंकि उसकी उसमें रुचि नहीं होती है। इसलिए वह कर्मों से बँधता नहीं है। सम्यग्दृष्टि जीव किसी भी पर-पदार्थ में अपनत्व बुद्धि और सुख बुद्धि नहीं रखता है, इसलिए उसे हमेशा निर्जरा होती है। इसके विपरीत जो मिथ्यादृष्टि हैं, वे परपदार्थ (घर, नौकर, गाड़ी और मकान) में अपनत्व बुद्धि रखते हैं, उन्हें अपना मानते हैं इसलिए उनके कर्मों की निर्जरा नहीं होती है अर्थात् उनको शुभ-अशुभ कर्मों का बन्ध होता रहता है।

सम्यग्दृष्टि सदा सम्यग्दर्शन के आठ अंगों (निःशंका, निकांक्षा, निर्विचिकित्सा, अमूढ़दृष्टि, उपगूहन, स्थितीकरण, वात्सल्य और प्रभावना) का धारी होता है अर्थात् वह इनको हमेशा धारण करता है। इसलिए वह शुद्ध सम्यग्दृष्टि होता है।

सम्यग्दृष्टि ज्ञानी धर्मात्मा को कार्य करते हुए एवं उसका फल भोगते हुए भी कर्मबन्ध नहीं होता है और निर्जरा होती है, क्योंकि वह आत्मा को जान लेता है। उसमें विद्यमान ज्ञान और वैराग्य को धारण कर लेता है। इस बात को ही विस्तार से इस निर्जरा अधिकार में समझाया गया है।

8. बंधाधिकार (गाथा 237 से 287 तक)

जिस प्रकार धूल भरे स्थान में तेल लगाकर कोई व्यक्ति व्यायाम करे और कुल्हाड़ी आदि के द्वारा केले आदि वृक्षों को काटे तो उसके शरीर पर जो धूल चिपक जाती है, उसका कारण तेल की चिकनाहट ही है, धूल और शरीर की

क्रियाएँ नहीं। उसी प्रकार हिंसादि पापों में लगे रहनेवाले मिथ्यादृष्टि जीव को पाप बन्ध का कारण राग-द्वेष आदि भाव होते हैं, उसकी चेष्टाएँ या कर्म नहीं होते हैं।

जो यह मानता है कि मैं स्वयं दूसरे जीवों को सुखी-दुखी करता हूँ, वह अज्ञानी है, मूर्ख है। ज्ञानी ऐसा नहीं मानता। वह मानता है कि जीव कर्म के उदय से सुखी-दुखी होते हैं।

हिंसा की तरह ही जीव झूठ, चोरी, कुशील और परिग्रह आदि पाप अपने-अपने कर्मोदय से ही करता है। कोई किसी को पुण्य-पाप नहीं कराता है।

अभव्य जीव, मिथ्यादृष्टि या अज्ञानी जीव व्रत और तप करता है, श्रद्धा से रहित होकर शास्त्र पढ़ता है, तो उसे कोई लाभ प्राप्त नहीं होता। उसे मोक्ष भी प्राप्त नहीं होता।

9. मोक्षाधिकार (गाथा 288 से 307 तक)

मोक्षाधिकार में सभी शास्त्रों के मर्म को समझाया है।

जैसे—कोई व्यक्ति बन्धनों (जेल, पिंजरा आदि) में जकड़ा हुआ है, यदि वह बन्धनों से मुक्त होने का सिर्फ सोचे तो वह बन्धन-मुक्त नहीं हो सकता, उसके लिए उसे प्रयास करना पड़ेगा, तभी वह बन्धन-मुक्त होगा। ठीक उसी तरह व्यक्ति कर्म-बन्धनों में बँधा हुआ है। यदि वह कर्म-बन्धनों से मुक्त होने का सोचे तो वह मुक्त नहीं हो सकता, उसके लिए उसे जीव और बन्ध दोनों को पहचानकर ज्ञानरूपी छैनी से दोनों को अलग-अलग करना पड़ेगा। शुद्ध आत्मा को ग्रहण करना पड़ेगा। तभी वह जीव मुक्त होगा।

जिस प्रकार जिसने कभी कोई अपराध नहीं किया है, वह व्यक्ति बिना डरे नि:शंक होकर घूमता रहता है, उसी तरह जो व्यक्ति आत्मा को जान लेते हैं, समझ लेते है, उन्हें कर्मबन्धनों का कोई डर नहीं होता है। वह बिना डरे संसार में रहते हैं।

अत: मोक्षाधिकार में यही सन्देश देते हैं कि जो आत्मा को अच्छी तरह से जान लेता है, वास्तव में वही ज्ञान और तप आदि क्रियाओं को जान लेता है। यही मोक्षमार्ग है।

10. सर्वविशुद्धज्ञान अधिकार (गाथा 308 से 415 तक)

जिस प्रकार आँख दूसरे पदार्थों को मात्र देखती ही है, इसके अलावा अन्य कोई काम नहीं करती। न कर्म करती है, न भोगती है। मात्र देखती रहती है। इसी प्रकार

आत्मा का काम जानना और देखना है। इसलिए हमें आत्मा को जानना, देखना और समझना होगा। आत्मा को समझने के लिए हमें पहले ज्ञान को समझना होगा। ज्ञान पुण्य-पाप रूप अनेक कर्मों को, उनके फल को और निर्जरा-मोक्ष को जानता है। ज्ञान कुछ करता नहीं है। अज्ञानी आत्मा को कर्म करनेवाला मानता है। जैसे—दुनिया समझती है कि समस्त पृथ्वी को ब्रह्मा, विष्णु और महेश आदि देवता चला रहे हैं। परन्तु यह मिथ्यात्व है। क्योंकि जीव कुछ नहीं करता, जीव का क्रिया से कोई सम्बन्ध नहीं है।

जैसे हम कहते है कि दीवार हरी हो गयी, पर वास्तव में दीवार तो वही है, हरा तो रंग है।

सबको लगता है कि शास्त्र ज्ञान देते हैं। आचार्य कहते हैं कि शास्त्र तो अचेतन हैं। ज्ञान तो आत्मा में से स्वयं निकलता है।

शास्त्र में ज्ञान नहीं है, क्योंकि शास्त्र कुछ जानते नहीं हैं, इसलिए शास्त्र अलग हैं और ज्ञान अलग है।

इसी प्रकार शब्द, रूप, गन्ध, रस, स्पर्श, कर्म, धर्मद्रव्य, अधर्मद्रव्य, काल और आकाश में भी ज्ञान नहीं है, क्योंकि ये सब कुछ जानते नहीं हैं, अतः ज्ञान अलग है और ये सब अलग हैं।

इस प्रकार सभी परपदार्थों से आत्मा और ज्ञान को अलग-अलग करना, यही भेदविज्ञान इस अधिकार में समझाया है।

इसलिए अपने आत्मा को आत्मा की आराधना में लगाओ। सम्यग्दर्शन-ज्ञान-चारित्रमय मोक्षमार्ग में लगाओ। अपने चित्त को अन्यत्र मत भटकाओ।

इस प्रकार महान ग्रन्थ समयसार में नवतत्त्वों के माध्यम से मुख्य उद्देश्य एक शुद्ध आत्मा को जानने-समझने की बात कही है। इसको जानने और समझने पर ही निश्चय सम्यग्दर्शन-ज्ञान-चारित्ररूप मोक्षमार्ग प्राप्त हो सकता है। अतः प्रत्येक व्यक्ति को मन लगाकर इस ग्रन्थ का स्वाध्याय अवश्य करना चाहिए।

प्रवचनसार

ग्रन्थ के नाम का अर्थ

प्रवचन अर्थात् उत्कृष्ट वचन। तीर्थंकरों की दिव्यध्वनि ही उत्कृष्ट वचन है। अतः प्रवचनसार अर्थात् उत्कृष्ट वचनों का सार, दिव्यध्वनि का सार। प्रवचनसार में दिव्यध्वनि का सार निहित है।

ग्रन्थकार का परिचय

प्रवचनसार आचार्य कुन्दकुन्द का अत्यन्त शिरोमणि ग्रन्थ है। समयसार की भाँति प्रवचनसार भी बहुत अधिक प्रसिद्ध है। आचार्य कुन्दकुन्द का परिचय हम समयसार ग्रन्थ के परिचय में दे चुके हैं। (देखें पृष्ठ 229)

ग्रन्थ का महत्त्व

1. 'प्रवचनसार' एक दार्शनिक ग्रन्थ है। यह प्रसिद्ध आगम-ग्रन्थ है।
2. इस ग्रन्थ की सबसे बड़ी विशेषता यह है कि 'प्रवचनसार' ग्रन्थ में केवलज्ञान का स्वरूप बहुत सुन्दर बताया है। केवलज्ञान क्या है, इसकी महिमा क्या है, इसे कैसे प्राप्त कर सकते हैं—इन विषयों का इतना सुन्दर वर्णन किसी भी अन्य ग्रन्थ में उपलब्ध नहीं है।
3. भारतीय दर्शन के ग्रन्थों में प्रमाण और प्रमेय मीमांसा का वर्णन अलग-अलग ग्रन्थों में किया है। जबकि 'प्रवचनसार' में एक ही ग्रन्थ में प्रमाण और प्रमेय मीमांसा का बहुत सुन्दर वर्णन किया है।
3. केवलज्ञान, सर्वज्ञता के स्वरूप का वर्णन अपने आप में अनुपम है, अद्वितीय है। कृपया पाठक इसे अवश्य पढ़ें।
4. विश्वविद्यालय के पाठ्यक्रम में समयसार से अधिक प्रवचनसार ने अपना

स्थान बनाया है। इस ग्रन्थ को बहुत अधिक पढ़ाया जाता है, क्योंकि यह एक दार्शनिक ग्रन्थ है।

5. विदेशों में भी इस ग्रन्थ को लोग बहुत पसन्द करते हैं। इस विषय पर बहुत रुचि के साथ अध्ययन एवं व्याख्यान किए जाते हैं।
6. इस ग्रन्थ पर अनेक टीकाएँ लिखी गयी हैं।
7. भाषा-शैली बहुत सरल है। यह प्राकृत भाषा (लोक भाषा) में लिखा गया ग्रन्थ है। इसकी गाथाएँ संगीत प्रधान हैं।

ग्रन्थ का मुख्य विषय

प्रवचनसार ग्रन्थ में कुल तीन अध्याय (अधिकार) हैं—

1. ज्ञानतत्त्वप्रज्ञापन अधिकार या सम्यग्ज्ञानाधिकार
2. ज्ञेयतत्त्वप्रज्ञापन अधिकार या सम्यग्दर्शनाधिकार
3. चरणानुयोग-सूचक-चूलिका या सम्यक्चारित्राधिकार

सबसे पहले आचार्य ने मंगलाचरण में धर्म तीर्थ के कर्त्ता वर्धमान स्वामी को नमस्कार किया है, क्योंकि वे शासन-नायक हैं। इसके बाद अन्य 23 तीर्थंकरों को नमस्कार किया है। उनके बाद आचार्यों, उपाध्यायों, गणधरों, साधुओं और पंचपरमेष्ठियों को नमस्कार किया है। प्रारम्भ की 5 गाथाओं में मंगलाचरण किया गया है।

1. ज्ञानतत्त्वप्रज्ञापन या सम्यग्ज्ञानाधिकार (गाथा 1-92 तक)

इस अधिकार को चार अवान्तर अधिकारों (उपअधिकारों) में विभाजित किया गया है, जो इस प्रकार हैं—

1. शुद्धोपयोगाधिकार 2. ज्ञानाधिकार

3. सुखाधिकार 4. शुभपरिणामाधिकार

ग्रन्थ के आरम्भ में सबसे पहले चारित्र को धर्म कहा है। 'चारित्तं खलु धम्मो' निश्चय से चारित्र ही धर्म है और यह चारित्र साम्यभाव (समताभाव) का नाम है। अर्थात् मोह-राग द्वेष रहित आत्मा के परिणाम को साम्यभाव कहते हैं। चारित्र मात्र बाह्य क्रिया का नाम नहीं है, आत्मा के शुद्ध भाव और शुद्ध परिणाम का नाम चारित्र है।

वास्तव में शुद्धोपयोग का नाम ही धर्म है। उसी से निर्वाण सुख की प्राप्ति होती है। शुभोपयोग से सुख प्राप्त होता है, मोक्ष नहीं। शुभोपयोग संसार का

कारण है। इससे केवल स्वर्ग की प्राप्ति होती है। मोक्ष की प्राप्ति तो शुद्धोपयोग से ही होती है।

ज्ञान के साथ-साथ आनन्द और सुख—इन दोनों को जोड़ा गया है। ये दोनों आत्मा के मुख्य गुण हैं। इसलिए इन दोनों को जोड़कर ही आत्मा की बात की गयी है।

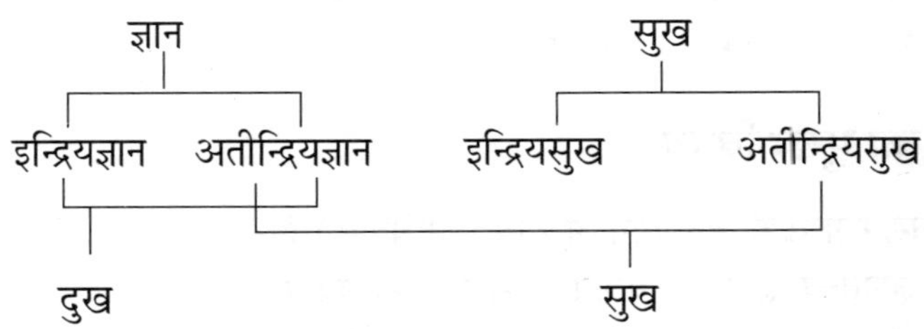

इन्द्रियज्ञान और इन्द्रिय सुख—ये दोनों दुख हैं, क्योंकि ये आत्मा के स्वभाव नहीं हैं। वास्तव में ये सुख नहीं अपितु दुख देनेवाले हैं।

अतीन्द्रिय ज्ञान और अतीन्द्रिय सुख ये वास्तव में सुख हैं। ज्ञान का सुख के साथ परस्पर अभिन्न भाव सम्बन्ध है। ज्ञान वही है, जो सुखद हो।

आचार्य शुभोपयोग (इन्द्रिय सुख, इन्द्रिय ज्ञान) और शुद्धोपयोग (अतीन्द्रिय सुख, अतीन्द्रिय ज्ञान) का अन्तर स्पष्ट करते हुए कहते हैं कि वास्तव में शुद्धोपोग ही एकमात्र सुख देनेवाला है। अन्य कोई नहीं। उदाहरण—

1. शुभोपयोग के कारण स्वर्ग की प्राप्ति होती है। स्वर्ग में देवों के पास विषयभोग की सामग्री अधिक होती है, देवगण लम्बे समय तक विषयभोगों में रमण करते रहते हैं, जिससे यह सिद्ध होता है कि वे दुखी हैं। यदि दुखी न होते तो विषयभोगों की इच्छा नहीं करते। इन्द्रिय सुखों की इच्छा करना ही दुख का कारण है।

शुद्धोपयोग का सुख ही सच्चा सुख है। सुख उसे कहते हैं जो स्वाधीन हो, स्वतन्त्र हो, अनुपम हो और अनन्त हो। शुद्धोपयोग से उत्पन्न सुख ही वास्तव में सुख है, क्योंकि वह स्वाधीन है, स्वतन्त्र है, अनुपम है और अनन्त है।

2. शुभोपयोग के द्वारा आत्मा मोक्ष प्राप्त नहीं कर सकता। अतीन्द्रिय सुख और अतीन्द्रिय ज्ञान को प्राप्त नहीं कर सकता है।

शुद्धोपयोग के ही द्वारा आत्मा मोक्ष प्राप्त कर सकता है। अतीन्द्रियज्ञान और अतीन्द्रिय सुख को प्राप्त कर सकता है। केवलज्ञान को प्राप्त कर सकता है।

जिसको अतीन्द्रिय ज्ञान, केवलज्ञान, अनन्तज्ञान और अतीन्द्रिय सुख प्राप्त हो जाता है, उसको सांसारिक और शारीरिक सुख-दुख नहीं होते हैं। वह तो केवलज्ञान को प्राप्त कर उत्तम सुख को प्राप्त कर लेता है। जब आत्मा स्वयं शुद्ध रूप में परिवर्तित हो जाता है, स्वयं ज्ञानवान हो जाता है, वही सच्चा ज्ञान है, वही सच्चा सुख है।

केवलज्ञान का स्वरूप

केवलज्ञान मतलब शुद्ध ज्ञान। केवलज्ञान शुद्धोपयोग से ही प्रगट होता है। अरहन्तों का जो ज्ञान होता है, वह केवलज्ञान होता है। केवलज्ञान ही अतीन्द्रियज्ञान, क्षायिकज्ञान और अतीन्द्रियसुख है। ये सब नाम पर्यायवाची शब्द हैं।

1. प्रवचनसार ग्रन्थ का सबसे बड़ा योगदान यह है कि इसमें केवलज्ञान का स्वरूप बहुत अच्छे से बताया है। इतना सुन्दर स्वरूप अन्यत्र दिखाई नहीं देता है।

2. केवलज्ञान ही सबसे बड़ा प्रमाण है।

3. तीन लोक, तीन काल के सभी द्रव्य, गुण और सभी पर्यायों को एक साथ एक ही समय में प्रत्यक्ष जान लेना ही केवलज्ञान है।

समस्त विश्व के पदार्थ केवलज्ञान में प्रत्यक्ष युगपत प्रतिबिम्बित होते हैं। अर्थात् केवलज्ञानी को समस्त विश्व दर्पण के समान एक साथ दिखाई देता है। जैसे—दर्पण में हमारी आकृति जैसी है, वैसी ही दिखाई देती है, वैसे ही केवलज्ञानी को विश्व के समस्त पदार्थ एक साथ दिखाई देते हैं।

4. केवलज्ञानी समस्त विश्व के पदार्थों को इन्द्रियों से नहीं जानते, क्रम से भी नहीं जानते। अपितु जैसा है वैसा ही स्पष्ट एक साथ जानते हैं।

5. केवलज्ञान समस्त ज्ञान को बिना परिवर्तन के जान लेता है। भूत और भविष्य की सभी पर्यायों को केवलज्ञान वर्तमान के समान साफ-साफ जानता है। यदि केवलज्ञान भूत और भविष्य को वर्तमान में नहीं जाने तो केवलज्ञान को दिव्यज्ञान कैसे कहेंगे ? अर्थात् तीनकाल की पर्यायों को बिना क्रम से स्पष्ट जानने के कारण ही केवलज्ञान 'दिव्यज्ञान' कहलाता है।

ज्ञान पदार्थों को आँखों की तरह जानता है। जैसे—हमारी आँखें पदार्थों को मात्र देखती हैं, उनके पास नहीं जाती हैं, पदार्थों को बुलाती भी नहीं है, उनमें कोई परिवर्तन भी नहीं करती हैं, जैसे पदार्थ हैं, उन्हें वैसा ही जानती-देखती हैं। आँखें पदार्थों को बिना छुए ग्रहण करती हैं। उसी प्रकार ज्ञान बाहर से नहीं आता, आत्मा में ही रहता है। ज्ञान आत्मा का स्वभाव है। ज्ञान पदार्थों में न प्रवेश करता है, न

बुलाता है, न कोई परिवर्तन करता है।

अरहन्त भगवान ज्ञान से ही सब जानते हैं। इसके अलावा उनका उठना, बैठना, चलना सब सहज होता है। वे कुछ करते नहीं हैं। सब अपने आप होता है। वे तो केवल सब जानते हैं।

त्रिकाल के सभी पदार्थों को जो एक साथ जानता है, वह ज्ञान केवलज्ञान है। केवलज्ञान में एक साथ सैकड़ों लोक भी आ जाए तो भी वह सबको एक साथ दर्पण के समान जान लेते हैं।

केवलज्ञान लोकालोक में व्याप्त है, लेकिन वह किसी को इष्ट और अनिष्ट नहीं समझता।

केवलज्ञान का स्वरूप भव्य जीवों को ही समझ आता है। जो जीव केवलज्ञान पर श्रद्धा करते हैं, वही जीव भव्य है, जो श्रद्धा नहीं करते वह अभव्य हैं।

इस अधिकार के अन्त में कहा गया है कि पापभाव के कारण जो समस्याएँ, प्रतिकूलताएँ आती हैं, वे तो दुख ही हैं, लेकिन पुण्य भाव (शुभ परिणामों) से हमें जो लौकिक सुख, अनुकूलता और भोग सामग्री मिलती है, उसका उपयोग करना भी दुख ही है।

देव-शास्त्र-गुरु की पूजा, दान और तप करने से शुभ परिणाम होते हैं, इसमें स्वर्ग की प्राप्ति होती है। शुभोपयोग से मनुष्यगति और देव गति मिलती है, परन्तु इन गतियों के जो सुख है, वह वास्तव में दुख ही है। तृष्णा के कारण विषय दुख देते हैं। इन्द्रियों का सुख 5 कारणों से दुख है—

(i) इन्द्रिय सुख दूसरों के आधीन (पराधीन) है।

(ii) इन्द्रिय सुख नष्ट हो सकता है।

(iii) इन्द्रिय सुख विषम है। एक जैसा नहीं रहता है, बदलता रहता है।

(iv) उसमें बाधाएँ आती हैं।

(vi) वह बन्ध का कारण है।

अरहन्त भगवान की सिर्फ पूजा करने से काम नहीं चलेगा, उनको द्रव्य, गुण, पर्याय से जानना होगा। जो जीव अरहन्त भगवान को उनके गुणों से जानता है, उसका ही मोह नष्ट होता है।

मोह नष्ट करने के लिए प्रमुख दो ही उपाय हैं—

(1) अरहन्त भगवान को द्रव्य, गुण, पर्याय से ठीक-ठीक जानना।

(2) शास्त्रों का अध्ययन, चिन्तन और मनन गहराई से करना।

अत: अपनी आत्मा को शुद्धोपयोगी बनाओ। अरहन्त भगवान को जानो और अपनी आत्मा का अनुभव करो।

2. ज्ञेयतत्त्वप्रज्ञापन या सम्यग्दर्शनाधिकार (गाथा 93-200)

इस महाधिकार में तीन अवान्तर अधिकार हैं—1. द्रव्यसामान्याधिकार, 2. द्रव्यविशेषाधिकार, 3. ज्ञान-ज्ञेय विभागाधिकार।

यह दूसरा अधिकार द्रव्यमीमांसा है, जगत मीमांसा है। अर्थात् इस अध्याय में द्रव्य के सामान्य और विशेष गुण और स्वरूप बताए हैं।

ज्ञेय तत्त्व का स्वरूप बताते हुए कहते हैं—ज्ञेय अर्थात् पूरा जगत। जैनदर्शन के अनुसार यह विश्व अनन्तानन्त द्रव्यों के समूह का ही दूसरा नाम है, अत: इस विश्व को जानने के लिए द्रव्य का स्वरूप जानना अत्यन्त आवश्यक है।

द्रव्य का लक्षण : 'सत् द्रव्यलक्षणम्'

अर्थात् सत् ही द्रव्य का लक्षण है। जो सत् है वही द्रव्य है।

सत् क्या है ? जो उत्पाद-व्यय-ध्रौव्य से युक्त हो वही सत् है। इस विश्व में जितने भी चेतनाचेतन पदार्थ हैं, वे सभी उत्पाद-व्यय-ध्रौव्य से युक्त हैं, अत: द्रव्य हैं।

उत्पाद : पदार्थ में नवीन अवस्था का आना, जैसे—दही का बनना।

व्यय : पूर्ण अवस्था का त्याग, जैसे—दूध का दही बनना।

ध्रौव्य : वस्तु के स्वभाव की स्थिरता, जैसे—गोरस

उत्पाद के बिना व्यय नहीं होता, व्यय के बिना उत्पाद नहीं होता। तीनों एक समय में एक साथ होते हैं। एक ही समय में तीनों एक साथ पाए जाते हैं। जैसे—सोना ध्रौव्य है और सोने से अँगूठी का उत्पाद हुआ और अँगूठी से व्यय होकर कुण्डल बना।

इस विश्व में द्रव्य (मूल द्रव्य) जितने हैं, उतने ही हैं, न कभी एक नया द्रव्य उत्पन्न होता है और न ही कभी कोई पुराना नष्ट होता है। सभी द्रव्य सनातन हैं, शाश्वत हैं, अनादिकाल से हैं और अनन्तकाल तक रहेंगे।

सभी द्रव्य सदा परिवर्तन करते रहते हैं, कोई भी द्रव्य किसी भी समय बिना परिवर्तन के नहीं रहता है, परिवर्तन उसका स्वभाव ही है, परन्तु यह परिवर्तन प्रत्येक द्रव्य सदैव अपनी सीमा में ही करते हैं, कोई भी द्रव्य अपना मूल स्वभाव कभी नहीं छोड़ता। जैसे—बालक में भी परिवर्तन होता है और बालिका में भी। ये दोनों अपने-अपने स्वभाव में परिवर्तन करते हैं, अपने को छोड़कर दूसरों के पास

नहीं जाते। बालक, बालिका नहीं बनता। बालिका, बालक नहीं बनती। परन्तु परिवर्तन निरन्तर चलता रहता है। उसी प्रकार एक द्रव्य दूसरे द्रव्य में प्रवेश नहीं करता—जीव, जीव ही रहता है, अजीव, अजीव ही रहता है।

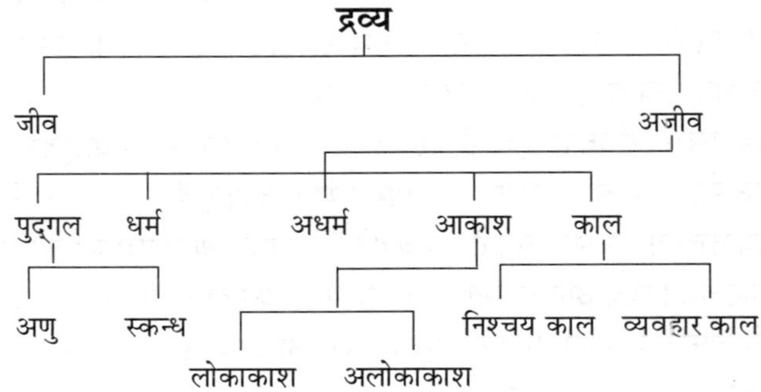

प्रत्येक द्रव्य अपना-अपना काम करने के लिए स्वतन्त्र है। परिपूर्ण है। सभी द्रव्य अपने-अपने स्वामी हैं। दूसरे द्रव्यों के साथ केवल निमित्त-नैमित्तिक सम्बन्ध हो सकता है। कर्त्ता-कर्म का सम्बन्ध मानना गलत है।

आचार्य कुन्दकुन्द कहते हैं कि 'ये सभी द्रव्य परस्पर प्रवेश करते हैं, एक-दूसरे को जगह देते हैं, बार-बार मिलते भी हैं, परन्तु कभी भी अपने स्वभाव को नहीं छोड़ते हैं।'

यह अधिकार अध्यात्म का अधिकार है। इसमें भेदज्ञान की शिक्षा मिलती है। इसमें ज्ञानतत्त्व और ज्ञेयतत्त्व का निरूपण इस प्रकार किया गया है जिससे भेदविज्ञान की उत्पत्ति हो। देह क्या है, आत्मा क्या है, इन दोनों का सम्बन्ध कब से है, कैसे है? आदि बातों को विस्तार से समझाते हुए अन्त में कहते हैं कि ज्ञानी तो ऐसा विचारता है कि—

'न मैं देह हूँ, न मन हूँ और न वाणी हूँ; मैं इनका कारण भी नहीं हूँ, कर्त्ता भी नहीं हूँ और करानेवाला भी नहीं हूँ। शरीर, मन और वाणी पुद्गल द्रव्य हैं। ये पुद्गलद्रव्य परमाणुओं के पिण्ड हैं। अतः मैं देह (शरीर) नहीं हूँ तथा देह का कर्त्ता भी नहीं हूँ।

आचार्य कुन्दकुन्द के सभी ग्रन्थों में पाई जानेवाली सबसे महत्त्वपूर्ण गाथा भी इस अधिकार में हैं, जिसमें कहा गया है—आत्मा (जीव) में न रस है, न रूप है, न गन्ध है, न स्पर्श है और न शब्द है, अतः यह आत्मा इन्द्रियों के द्वारा ग्रहण

करने योग्य नहीं है। रूप, रस, गन्ध, स्पर्श और शब्द पुद्गल द्रव्य में पाए जानेवाले गुण-पर्याय हैं और जीव उनसे भिन्न हैं; अत: ये जीव में होना सम्भव नहीं है। आत्मा भिन्न है, पुद्गल भिन्न है। आत्मा को राग-द्वेष-मोह-माया से मुक्त करके शुद्धोपयोगी बनाना है।

3. चरणानुयोगसूचकचूलिका या सम्यक्‌चारित्र अधिकार (गाथा 200 से 275 तक)

इस अधिकार में चूलिका शब्द आया है। चूलिका शब्द का अर्थ है—'विशेष का व्याख्यान' या उक्त-अनुक्त अर्थ का संक्षिप्त व्याख्यान।

चारित्र के धनी आचार्य कुन्दकुन्द सम्यग्दर्शन-सम्यग्ज्ञान समझाने के बाद अपने शिष्यों को चारित्र धारण करने की प्रेरणा देने के लिए इस अधिकार की रचना करते हैं। इस अधिकार के प्रारम्भ में ही मंगलाचरण में वे कहते हैं कि यदि दुखों से मुक्त होना चाहते हो तो सिद्धों को नमस्कार कर शीघ्र ही श्रमणपना (मुनिधर्म) धारण कर लो।

इस चरणानुयोग सूचक चूलिका में चार अधिकार हैं—

(1) आचरण अधिकार (2) मोक्षमार्ग अधिकार

(3) शुभोपयोग अधिकार (4) पंचरत्न अधिकार

इन अधिकारों में आचार्य कहते हैं कि मुनि बनो, पर सच्चे मुनि बनो। जीवन में बिलकुल मत भटको। मुनि बनने का जो मुख्य उद्देश्य है, उसे समझो। नग्न दिगम्बर मुनि बने बिना कोई मोक्ष नहीं जा सकता।

दिगम्बर मुनि वही है, जो विधिपूर्वक घरवालों से आज्ञा लेकर यथाजात (जैसा जन्म हुआ था, वैसा ही पूर्ण नग्न दिगम्बर) होकर सभी परिग्रह को त्यागकर मुनि बनता है।

आचार्य बार-बार एक ही बात समझाते हुए कहते हैं कि जिसके पास परिग्रह है, वह मुनि नहीं है। जिसके पास तृण मात्र भी परिग्रह है, वस्त्र और पात्र हैं, वह मुनि नहीं है। जैसे—चावल के ऊपर जो छिलका (धान) होता है, जब तक वह छिलका नहीं निकलेगा, तब तक वह चावल की चमक, उज्ज्वलता नहीं दिखाई देगी। चावल की चमक और उज्ज्वलता देखने के लिए धान को हटाना ही होगा। उसी तरह आत्मा को जानने के लिए वस्त्र और पात्र आदि परिग्रह छोड़ने ही होंगे क्योंकि इनमें राग-द्वेष रहने से पापबन्ध होता है।

मुनि के पास सिर्फ पीछी, कमण्डल और शास्त्र होना चाहिए। शास्त्र भी

मात्र स्वाध्याय के लिए होना चाहिए। मुनि को शरीर से किंचित् भी राग नहीं होना चाहिए। मुनि को निरन्तर गुणों का पालन करते हुए तपों में लगा रहना चाहिए।

यदि तुम मुनि बने हो तो विशुद्ध आत्म कल्याण करो। विशुद्ध भावना धारण करो, यदि मन हट जाए तो फिर विशुद्ध भाव धारण करने की कोशिश करो। जो शुभोपयोग में लग जाते हैं, वे मुनि नहीं हैं, मात्र मुनियों जैसे हैं। उन्हें चतुर्गति में भ्रमण करना पड़ता है। अतः शुद्धोपयोगी बनो।

आचार्य ने स्त्री-मुक्ति का भी निषेध किया है, क्योंकि स्त्रियाँ स्वभाव से चंचल होती हैं, उनके मन में मोह-राग-द्वेष ज्यादा होते हैं। शारीरिक एवं मानसिक अक्षमता के कारण और सवस्त्र होने के कारण स्त्री की मुक्ति सम्भव नहीं है।

एकाग्रता के बिना मुनि नहीं होता और एकाग्रता उसे होती है जिसने आगम के अभ्यास द्वारा पदार्थों को जाना है। अतः आगम का अभ्यास ही मुनि का सर्वप्रथम कर्तव्य है। 'साधु को आगमचक्षु' कहा गया है। आगम ही साधु के नेत्र हैं। सभी लोग आँखों से देखते हैं, पर साधु आगम की आँखों से देखता है। आगमरूपी चक्षु के उपयोग बिना स्व-पर-भेदविज्ञान सम्भव नहीं है। आगम से ही द्रव्य, गुण और पर्याय जाने जाते हैं। आगम से ही पुरुष संयमी होते हैं, अतः आगम का ज्ञान करना आवश्यक है।

आगम की महिमा बताते हुए आचार्य कहते हैं कि जो कर्म अज्ञानीजन करोड़ों वर्ष तक तप करके नष्ट करते हैं वह कर्म ज्ञानी जन मन-वचन-काय की चंचलता रोककर एक क्षण में ही नष्ट कर सकते हैं।

इस अधिकार में आगमज्ञान की अद्‌भुत महिमा बताई है, परन्तु आत्मज्ञान-शून्य आगमज्ञान को निरर्थक भी बताया है। जिस व्यक्ति को शरीर के प्रति थोड़ा भी मोह है, वह सर्वागम का धारी हो तो भी सिद्धि को प्राप्त नहीं होता। आत्मज्ञान और आगमज्ञान दोनों का होना परमावश्यक है।

सच्चा श्रमण वही है जिसके लिए शत्रु और मित्र समान हो, सुख और दुख समान हो, प्रशंसा और निन्दा समान हो, मिट्‌टी और सोना समान हो और जीवन-मरण भी समान हो।

शुभोपयोग अधिकार के अन्त में बताया है कि भावलिंगी मुनिराजों को किस प्रकार का शुभपरिणाम सम्भव है और किस प्रकार का शुभ परिणाम सम्भव नहीं है। मुनिधर्म का सच्चा स्वरूप समझने के लिए इस अध्याय का अध्ययन बहुत गहराई से करना चाहिए।

वास्तविक धर्म तो शुद्धोपयोग रूप मुनिधर्म ही है। आचार्य कुन्दकुन्द

श्रमणों के लिए लौकिक जनों के सम्पर्क में नहीं रहने का उपदेश देते हैं कि जो जिनसूत्रों के मर्म को जानता है, जिसकी कषायें नष्ट हो गयी हैं, जो तप में भी श्रेष्ठ है, वह यदि लौकिक जनों के संसर्ग को नहीं छोड़ता है तो वह संयमी नहीं है।

ग्रन्थ की अन्तिम पाँच गाथाएँ पंचरत्न के नाम से प्रसिद्ध हैं। इनमें मुनिराजों को ही मोक्षतत्त्व और मोक्ष का साधन तत्त्व कहा है। जो मुनिराज वस्तु स्वरूप के यथार्थ ज्ञाता हैं और आत्मानुभवी हैं, वे शुद्धोपयोगी मुनि ही मोक्षतत्त्व हैं, वे ही मोक्ष के साधन हैं।

अन्त में आचार्य कहते हैं कि 'जो व्यक्ति इस प्रवचनसार ग्रन्थ का भली-भाँति अध्ययन करेगा, वह प्रवचन के सार शुद्धात्मा को अवश्य प्राप्त करेगा।'

इस प्रकार प्रवचनसार ग्रन्थ बहुत ही अद्वितीय है। यह मात्र विद्वानों के अध्ययन की वस्तु नहीं है, अपितु इसका गहराई से अध्ययन करना प्रत्येक आत्मार्थी का प्राथमिक कर्तव्य है।

नियमसार

ग्रन्थ के नाम का अर्थ

नियमसार का अर्थ है—नियम से करने योग्य कार्य अर्थात् सम्यग्दर्शन-ज्ञान-चारित्र। 'नियम' का अर्थ यहाँ 'दर्शन-ज्ञान-चारित्र' लिया है। 'सार' अर्थात् सम्यक्, सही। इस प्रकार 'नियमसार' का अर्थ हुआ 'सम्यग्दर्शन-ज्ञान-चारित्र'।

ग्रन्थकार का परिचय

आचार्य कुन्दकुन्द के द्वारा रचित महत्त्वपूर्ण ग्रन्थों में से एक ग्रन्थ 'नियमसार' भी है। आचार्य कुन्दकुन्द का परिचय हम पूर्व में दे चुके हैं। (देखें पृष्ठ 229)

ग्रन्थ का महत्त्व

1. इस ग्रन्थ की सबसे बड़ी विशेषता यह है कि यह ग्रन्थ किसी अन्य के लिए नहीं लिखा गया है, अपितु इसे आचार्य कुन्दकुन्द ने स्वयं अपने लिए लिखा है।
2. इस ग्रन्थ में जहाँ एक ओर परम वीतरागी सन्त की पावन भावना का प्रवाह है, वहीं दूसरी ओर पुरुषार्थ का प्रबल वेग भी है। यह एक अनुपम बेजोड़ कृति है।
3. यह ग्रन्थ वीतरागी सन्त आचार्य कुन्दकुन्द की महान आध्यात्मिक कृति है। इसमें कुन्दकुन्द का अन्तरंग व्यक्त हुआ है। नियमसार ग्रन्थ आचार्य कुन्दकुन्द का हृदय है।
4. इस ग्रन्थ के टीकाकार श्री पद्मप्रभुमलूधारिदेव' इसे 'भगवतशास्त्र' कहते हैं तथा इसके अध्ययन का फल शाश्वत सुख की प्राप्ति है—ऐसा कहते हैं।
5. यह नियमसार ग्रन्थ समस्त आगम के अर्थसमूह का प्रतिपादन करने में

समर्थ है अर्थात् समस्त आगम का ज्ञान देने में समर्थ है।

6. इस महनीय ग्रन्थ में पंचास्तिकाय, षड्द्रव्य, साततत्त्व, नौ पदार्थ के विषय विवेचन के साथ-साथ दर्शनाचार, ज्ञानाचार, चारित्राचार, तपाचार और वीर्याचार—इन पाँच आचारों का विस्तृत विवेचन है।
7. यह पूर्ण आध्यात्मिक ग्रन्थ है। ग्रन्थ के अधिकारों के नाम से ही इस ग्रन्थ का आध्यात्मिक विषय झलक रहा है। जैसे—निश्चय प्रतिक्रमण, निश्चय प्रत्याख्यान, निश्चय प्रायश्चित्त, परम आलोचना, परम-भक्ति और परम-समाधि आदि। प्राय: किसी भी ग्रन्थ में इस प्रकार के अधिकार नहीं मिलते हैं। अधिकारों के नाम देखकर ही भव्य जीव एक बार इसका स्वाध्याय करने के लिए अवश्य पुरुषार्थ करेंगे।
8. जिस प्रकार कोई महापराक्रमी पुरुष वन में जाकर सिंहनी का दूध दुह लाता है, उसी प्रकार आत्मपराक्रमी आचार्य कुन्दकुन्द ने वन में रहकर सिद्ध भगवन्तों से बातें की हैं और अनन्त सिद्ध भगवन्त किस प्रकार सिद्धि को प्राप्त हुए हैं, उनका इतिहास इस ग्रन्थ में भर दिया है।
9. वास्तव में परमार्थ सत्य का प्रतिपादक यह ग्रन्थ नियमसार परमागम ही है।

ग्रन्थ का मुख्य विषय

नियमसार ग्रन्थ शौरसेनी प्राकृत भाषा का उच्चकोटि का महान ग्रन्थ है। इसमें 12 अध्याय हैं और 187 गाथाएँ हैं। आध्यात्मिक दृष्टि से यह ग्रन्थ बहुत महत्त्वपूर्ण है।

चूँकि ग्रन्थ का मूल विषय सम्यग्दर्शन, सम्यग्ज्ञान और सम्यक्चारित्र है और इन विषयों का वर्णन पूर्व में विस्तार से कर चुके हैं, अत: यहाँ संक्षेप में ग्रन्थ-परिचय दिया जा रहा है।

1. जीव अधिकार (गाथा 1-19 तक)

सबसे पहले मंगलाचरण में अनन्त चतुष्टय सहित भगवान महावीर को नमस्कार किया गया है। उसके बाद केवली तथा श्रुतकेवलियों ने जो नियमसार कहा है, आचार्य उसे कहने की प्रतिज्ञा करते हैं।

आचार्य ने इस अधिकार में मोक्षमार्ग और मोक्षमार्ग का फल बताया है। उसके बाद जीव की स्वभाव पर्याय, विभाव पर्याय, जीव की चार गतियाँ, जीव के कर्तृत्व-भोक्तृत्व के प्रकार का कथन किया है। संसारी जीव का वर्णन करते हुए जीव के शुद्ध रूप—मुक्त जीव का कथन किया है।

रत्नत्रय का भेद, कारण तथा लक्षण सम्बन्धी कथन, अठारह दोषों का स्वरूप और तीर्थंकर परमदेव का स्वरूप आदि बताया है। छह द्रव्य, पंचास्तिकाय, सात तत्त्व और नौ पदार्थ का भी वर्णन है।

नियमसार ग्रन्थ के विषय-विभाजन और उसके बारह अधिकारों के नाम का सरल चार्ट (नक्शा)

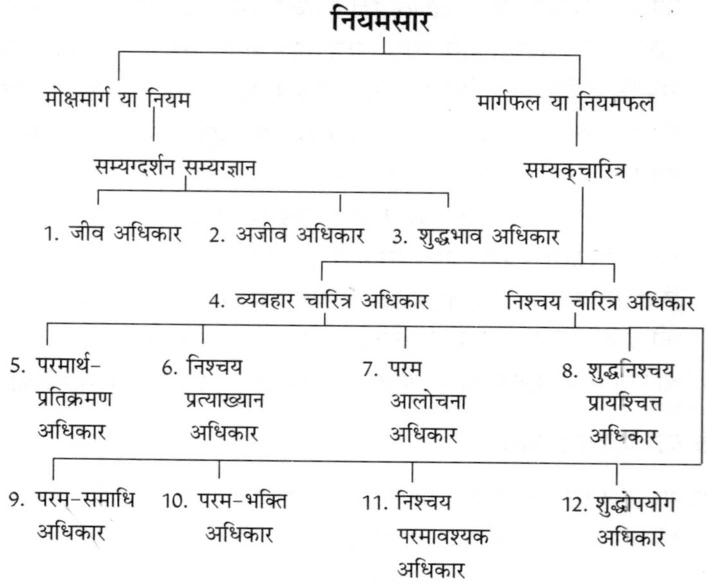

2. अजीव अधिकार (गाथा 20-37 तक)

इस अधिकार में पुद्‌गल के भेदों का वर्णन है।

यहाँ पुद्‌गल के दोनों भेदों का और उनके उपभेदों का वर्णन सरलता से समझाया है।

परमाणु : कार्य और कारण परमाणु को समझाते हुए कहते हैं कि जिस परमाणु से मिलकर यह स्कन्ध बना है वह कारण परमाणु है, लेकिन स्कन्ध को तोड़-तोड़कर जो सबसे छोटा परमाणु रह जाता है वह कार्य परमाणु है।

स्कन्ध में से जो परमाणु बनाया वह कार्य परमाणु है और परमाणु से जो स्कन्ध बना वह कारण परमाणु है।

स्कन्ध : स्कन्ध छह प्रकार के हैं—

(1) पृथ्वी, लकड़ी और पाषाण आदि जो स्कन्ध तोड़े जाने पर स्वयमेव

नहीं जुड़ सकते वे स्कन्ध अतिस्थूल-स्थूल हैं।

(2) दूध, जल आदि जो टूटकर फिर मिल जाते हैं, वे स्कन्ध स्थूल हैं।

(3) धूप, छाया और चाँदनी जो दिखाई तो देते हैं, पर हाथ से पकड़ने में नहीं आते। वे स्कन्ध स्थूल-सूक्ष्म है।

(4) नेत्र को छोड़कर जो शेष चार इन्द्रियों से ग्रहण किए जाते हैं, वे स्कन्ध सूक्ष्म-स्थूल हैं। जैसे—रस, गन्ध आदि।

(5) जो कर्म वर्गणा हमें मिली हुई हैं, पर कथमपि दिखाई नहीं देती, वह सूक्ष्म--स्कन्ध हैं।

(6) जिसका दूसरा भाग नहीं होता, जो टूटते नहीं हैं, वे परमाणु सूक्ष्म-सूक्ष्म हैं।

पुद्‌गल के वर्णन के बाद धर्म, अधर्म, आकाश और काल का वर्णन किया है।

3. शुद्धभाव अधिकार (गाथा 38 से 55 तक)

जीव वास्तव में शुद्ध भाववाला है। कोई भी अशुद्ध भाव वास्तव में जीव में नहीं पाए जाते हैं। आस्रव, बन्ध, संवर, निर्जरा और मोक्ष—ये सब पराधीन और परसापेक्ष भाव हैं, इसलिए अशुद्ध भाव हैं। शुद्ध भाव तो पारिणामिक भाव है, निष्क्रिय भाव है, यही शुद्धभाव है। इस अध्याय में शुद्धभाव का वर्णन है। शुद्धभाव का मतलब यहाँ क्षायिकभाव नहीं, पारिणामिक भाव है। इस विषय का विस्तार से वर्णन इस अध्याय में मिलता है।

4. व्यवहारचारित्र अधिकार (गाथा 56-76)

इस अधिकार में पाँच अणुव्रत, षट् आवश्यक, तीन गुप्ति और पंच परमेष्ठियों के स्वरूप का वर्णन है। जिसे हम पूर्व में विस्तार से लिख चुके हैं। (देखें पृष्ठ 27, 28, 130, 131, 167)

5. परमार्थ-प्रतिक्रमण अधिकार (गाथा 77-94)

भूतकाल के दोषों को दूर करने के लिए जो प्रायश्चित्त किया जाता है वह प्रतिक्रमण है। इस अधिकार में निश्चय प्रतिक्रमण की बात कही है। परमार्थ प्रतिक्रमण की बात है। जो जीव अपने आत्मा की आराधना करता है, वही प्रतिक्रमण है। वही आत्मा बन्धनमुक्त है। अर्थात् सच्चा जो शुद्ध आत्मा का सेवन करता है वही वास्तव में परमार्थ-प्रतिक्रमण करता है। ध्यान में लीन साधु सब

दोषों का परित्याग करते हैं, इसलिए ध्यान ही वास्तव में सभी अतिचारों का प्रतिक्रमण है। इसके बाद इस अध्याय में ध्यान के भेद का वर्णन किया है। अन्त में कहा है कि शुद्ध सम्यग्दृष्टि अर्थात् सम्यग्दर्शन-ज्ञान-चारित्र को सम्पूर्ण स्वीकार करनेवाले जीव को ही निश्चय (परमार्थ) प्रतिक्रमण होता है।

प्रतिक्रमण : भूतकाल के दोषों की शुद्धि करना।

प्रत्याख्यान : भविष्यकाल के दोषों की शुद्धि करना।

आलोचना : वर्तमान काल के दोषों की शुद्धि करना।

6. निश्चय प्रत्याख्यान अधिकार (गाथा 95-106)

प्रत्याख्यान अर्थात् भविष्यकाल के दोषों की शुद्धि करना।

व्यवहार प्रत्याख्यान में काल/समय की मर्यादा लेकर अन्न, पान, खाद्य और लेह्य चारों प्रकार के अन्न का यथासम्भव त्याग करते हैं।

शुद्धज्ञान की भावना के लिए निश्चय प्रत्याख्यान में समस्त शुभाशुभ कर्मों का त्याग किया जाता है।

मेरे अतिरिक्त सभी पदार्थ पर हैं, ऐसा जानकर त्याग करना प्रत्याख्यान है। अर्थात् अपने ज्ञान में त्यागरूप अवस्था ही प्रत्याख्यान है।

इस अध्याय में अपने विभाव अर्थात् क्रोध, मान, माया और लोभ आदि कषायों और राग-द्वेष का त्याग करने को प्रत्याख्यान कहा है। मात्र बाहर से ही नहीं अपितु आन्तरिक एवं आध्यात्मिक त्याग का ही नाम निश्चय प्रत्याख्यान है।

7. परम आलोचना अधिकार (गाथा 107-113)

नोकर्म और द्रव्य कर्म से रहित आत्मा को जो ध्याता है, उस जीव को शुद्ध आलोचना होती है। इसे निश्चय आलोचना भी कहते हैं।

आलोचना चार प्रकार की होती है। चारों ही एक आत्मा का रूप है।

1. **आलोचना :** जो जीव समता भाव के परिणाम रखकर अपनी आत्मा को देखता है (जानता है) वह आलोचना है।
2. **आलुंछन :** कर्मरूपी वृक्ष का मूल छेदने में समर्थ-आत्मा का जो समता भाव है, वही आलुंछन है अर्थात् समस्त कर्मों को समता भाव से नष्ट करना और आत्मतत्त्व को प्राप्त करना आलुंछन है।
3. **अविकृतिकरण :** जो मध्यस्थ भावना में कर्म से भिन्न आत्मा का निवास है उसी का नाम अविकृतिकरण है अर्थात् आत्मा को कर्म से

भिन्न जानना अविकृतिकरण है।

4. **भावशुद्धि :** क्रोध, मान, माया और लोभ से रहित भाव ही भावशुद्धि है।

8. शुद्ध निश्चय प्रायश्चित्त अधिकार (गाथा 113-121)

इस अधिकार में आत्मध्यान को ही शुद्धनिश्चय प्रायश्चित्त कहा गया है।

अनेक कर्मों के क्षय का हेतु और मुनियों द्वारा किया गया तपश्चरण ही प्रायश्चित्त है। ध्यान सर्वोत्कृष्ट तप है, ध्यान को ही शुद्धनिश्चय प्रायश्चित्त कहा गया है। इसके बाद आगे कहते हैं—

क्षमा धारण करने से क्रोध का प्रायश्चित्त होता है।

मार्दव धारण करने से मान का प्रायश्चित्त होता है।

आर्जव धारण करने से माया का प्रायश्चित्त होता है।

संतोष धारण करने से लोभ का प्रायश्चित्त होता है।

इस प्रकार चारों कषायों पर विजय प्राप्त करना ही निश्चय प्रायश्चित्त है।

निश्चय प्रायश्चित्त समस्त आचरणों में परम आचरण है। उत्कृष्ट ज्ञान का ही नाम निश्चय प्रायश्चित्त है।

9. परमसमाधि अधिकार (गाथा 122-133)

जो वचनोच्चारण की क्रिया त्यागकर वीतराग भाव से अपनी आत्मा को ध्याता है, उसे परम समाधि होती है।

जो संयम, नियम और तप से तथा धर्मध्यान और शुक्लध्यान से आत्मा को ध्याता है उसे परमसमाधि प्राप्त होती है। जो साधु वनवास, कायक्लेश रूप अनेक प्रकार के उपवास, अध्ययन, मौन आदि कार्य समताभावपूर्वक करते हैं उन्हें ही लाभ प्राप्त होता है। क्योंकि समता से रहित साधु को मोक्ष प्राप्त नहीं हो सकता है।

जिसमें सभी स्थावर और त्रस जीवों के प्रति समताभाव हो वही सामायिक है। मन में सभी जीवों के प्रति समताभाव रखना ही स्थायी सामायिक है।

इस प्रकार इस अधिकार में परमसमाधि और स्थायी सामायिक का स्वरूप और महत्त्व बताया है। सामायिक के बारे में बाहर की चर्या की नहीं अपितु आन्तरिक सामायिक की बात कही है। इस अधिकार में बहुत ही सुन्दर एवं सरल शब्दों में सामायिक को समझाया है।

10. परमभक्ति अधिकार (गाथा 134-140)

परमभक्ति का स्वरूप स्पष्ट करते हुए आचार्य कहते हैं कि जो मुनि आत्मा को आत्मा के साथ निरन्तर जोड़ता है वह निश्चय से योगभक्ति वाला मुनि है।

श्रावक या श्रमण जो सम्यग्दर्शन-ज्ञान-चारित्र की भक्ति करता है, वही वास्तव में निर्वाणभक्ति या जिनभक्ति है। जो जीव मोक्षमार्गी जीवों के गुणभेद जानकर उनकी भक्ति करता है वही व्यवहार भक्ति है।

अतः जो जीव मोक्षमार्ग में आत्मा को सम्यक् प्रकार से स्थापित करके निर्वाण (मोक्ष) की भक्ति करता है, रत्नत्रय धर्म की भक्ति करता है, वास्तव में वही आत्मा को प्राप्त करता है।

11. निश्चयपरमावश्यक अधिकार (गाथा 141-150)

आवश्यक अर्थात् जो जीव दूसरों के वश में नहीं है उसके आवश्यक कर्म।

निरन्तर अपने वश में रहनेवाले (आत्मा को जाननेवाले) जीव को ही निश्चय-आवश्यक-कर्म होता है।

जो अन्य के वश नहीं है, वह 'अवश' है और अवश का कर्म 'आवश्यक' है। शुभाशुभ भाव में रहनेवाला व द्रव्य-गुण-पर्याय के चिन्तन में मग्न आत्मा भी निश्चय से अन्यवश है, आत्मस्वरूप में संलग्न आत्मा ही स्ववश है।

आगे कहते हैं कि जो जीव अन्यवश है वह भले ही मुनि हो, तथापि संसारी है। नित्य दुख भोगनेवाला है। जो जीव स्ववश है वह जीवन्मुक्त है। वह जिनेश्वर से किंचित् ही न्यून है, अतः सदा अपने वश में रहो, स्ववश रहो और आत्मा को जानो समझो।

जगत में जीव, उनके कर्म और उनकी लब्धियाँ आदि अनेक प्रकार के हैं; इसलिए सभी जीव समान विचारों के हों—ऐसा होना सम्भव नहीं है, इसलिए किसी से भी विवाद मत करो। हमेशा अपनी आत्मा का समझो। हमेशा मौनव्रत धारण करो। योग-ध्यान की साधना करो। ज्ञानी वही है जो मौन रहकर आत्मकार्य करता है। आज तक जितने भी तीर्थंकर एवं पुराण पुरुष हुए हैं सभी ने मौन रहकर ही आवश्यक प्रतिक्रमण किया है।

12. शुद्धोपयोगाधिकार (गाथा 151-187)

जिसमें कोई शुभ भी नहीं है, अशुभ भी नहीं है, वह है शुद्धोपयोग।

व्यवहारनय से केवली भगवान तीन लोक को देखते हैं, जानते हैं, पर वास्तव में वह अपनी आत्मा में लीन रहते हैं। निश्चय नय से केवलज्ञानी सिर्फ आत्मा को ही जानते देखते हैं।

अन्त में निर्वाण अर्थात् सिद्धदशा का विस्तृत वर्णन किया है। सांसारिक विकारसमूह के अभाव का कारण 'निर्वाण' है। अन्त में एक महत्त्वपूर्ण चेतावनी दी गयी है, जो उन्हीं के शब्दों में इस प्रकार है—

यदि कोई ईर्ष्याभाव से इस सुन्दर मार्ग की निन्दा करे तो उसके वचन सुनकर इस जिनमार्ग में अश्रद्धा एवं अभक्ति मत करना।

इस प्रकार हम देखते हैं कि सम्पूर्ण नियमसार में एक ही बात कही है कि निज शुद्धात्मा की आराधना में ही समस्त धर्म समाहित हैं। इसके अतिरिक्त जो भी शुभाशुभ विकल्प एवं शुभाशुभ क्रियाएँ हैं, उन्हें धर्म कहना मात्र उपचार है। अत: प्रत्येक आत्मार्थी का एकमात्र कर्तव्य निजशुद्धात्मतत्त्व की आराधना में लगे रहना ही है।

निजशुद्धात्मतत्त्व का ज्ञान, श्रद्धान एवं आचरण ही निश्चय रत्नत्रय है, यही रत्नत्रय का सार है। यही नियमसार है।

इस प्रकार जो श्रावक इस नियमसार ग्रन्थ का एकाग्रचित्त होकर स्वाध्याय करेगा, वह शीघ्र ही मोक्ष-सम्पदा को प्राप्त कर सकेगा।

ज्ञानार्णव

ग्रन्थ के नाम का अर्थ

इस ग्रन्थ का नाम है—ज्ञानार्णव। इसके अन्य नाम 'ध्यानशास्त्र' और 'योगप्रदीपाधिकार' भी हैं।

1. 'ज्ञानार्णव' शब्द का अर्थ है—ज्ञान का समुद्र। इस ग्रन्थ में ज्ञान-ध्यान के अनेक विषयों का वर्णन किया गया है, इस ग्रन्थ के अध्ययन से पाठक को अनेक विषयों का ज्ञान प्राप्त हो सकता है, अतः ज्ञानार्णव को ज्ञान का समुद्र कहा गया है।

2. ध्यानशास्त्र—इस ग्रन्थ को ध्यानशास्त्र भी कहते हैं, क्योंकि इस ग्रन्थ में प्रमुखता से ध्यान का वर्णन किया गया है। इस ग्रन्थ को आधार बनाकर ही ध्यान-योग पर अनेक ग्रन्थ लिखे गये हैं।

3. योगप्रदीपाधिकार—योग और ध्यान—ये दोनों समानार्थक शब्द हैं, इसलिए इसे योगप्रदीपाधिकार भी कहा जाता है।

ग्रन्थकार का परिचय

इस महत्त्वपूर्ण ग्रन्थ की रचना आचार्य शुभचन्द्र ने की है। इनका समय विक्रम की 11वीं शती का माना जाता है। ग्रन्थ में कहीं भी आचार्य शुभचन्द्र का परिचय नहीं मिलता है। इस ग्रन्थ के अध्ययन से ज्ञात होता है कि आचार्य शुभचन्द्र बहुश्रुत विद्वान एवं प्रतिभा-सम्पन्न कवि भी रहे हैं। किंवदन्ती है कि उन्होंने अपने भाई भर्तृहरि को मुनिमार्ग में दृढ़ करने और सच्चे योग का ज्ञान कराने के लिए इस ग्रन्थ की रचना की है।

ग्रन्थ का महत्त्व

1. 42 अधिकारों में विभक्त यह ग्रन्थ वास्तव में ज्ञान का समुद्र ही है। इस ग्रन्थ में ज्ञान, ध्यान, आचार, सिद्धान्त, अध्यात्म और वैराग्य आदि अनेक विषयों का वर्णन किया गया है।
2. यह ग्रन्थ सांसारिक यात्रा से आध्यात्मिक यात्रा की ओर ले जानेवाला ग्रन्थ है। योग द्वारा शरीर-शुद्धि, प्राणायाम द्वारा मनशुद्धि और शुक्लध्यान द्वारा पूर्ण मुक्ति अर्थात् मोक्ष का मार्ग बताया है।
3. यह ग्रन्थ महाकाव्य के समान है। महाकाव्य के गुणों को समाहित करनेवाला यह ग्रन्थ है।
4. यह ग्रन्थ ध्यान एवं योग विषय पर आधारित सैकड़ों ग्रन्थों का आधार है। इस ग्रन्थ में ध्यान एवं योग आदि का बहुत विस्तार से वर्णन किया है।
5. यह ध्यान के ग्रन्थों में सबसे ज्यादा लोकप्रिय और प्रचलित ग्रन्थ है।
6. इस ग्रन्थ की भाषा सरल एवं सुबोध है। कविता मधुर व आकर्षक है।
7. ग्रन्थ में ध्यान के भेदों का वर्णन इस प्रकार है—

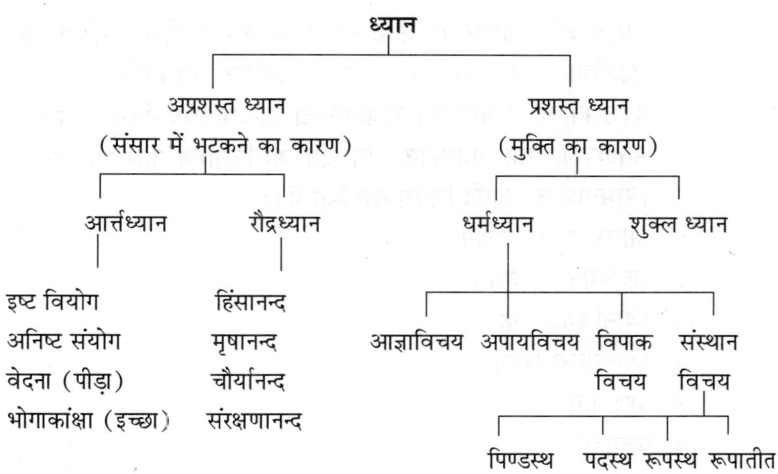

8. आज से लगभग 400-500 साल पहले भी इस ग्रन्थ की अनेक गद्य-पद्य टीकाएँ मिलती थीं। यथा—
   - *तत्त्वत्रय प्रकाशिनी :* आचार्य श्रुतसागर सूरि

- *ज्ञानार्णव संस्कृत टीका :* पंडित नयविलास
- *हिन्दी पद्यमय टीका :* लब्धिविनय गणि
- *हिन्दी वचनिका :* पंडित जयचन्द्रजी छाबड़ा
- *हिन्दी वचनिका का रूपान्तर :* पंडित पन्नालाल जी बाकलीवाल

ग्रन्थ का मुख्य विषय

'ज्ञानार्णव' ग्रन्थ महाकाव्य के समान 42 सर्गों (अध्यायों) में विभक्त है। इसकी विषयवस्तु इस प्रकार है—

1. मंगलाचरण
2. बारह भावना
3. ध्यान का लक्षण
4. ध्याता के गुण-दोष
5. ध्याता की प्रशंसा
6. सम्यग्दर्शन का वर्णन
7. सम्यग्ज्ञान का वर्णन
8. सम्यक्चारित्र के वर्णन में

   (पाँच व्रत, ब्रह्मचर्यव्रत के अन्तर्गत स्त्रीस्वरूप, मैथुन, संसर्ग और वृद्धसेवा आदि विषय हैं, परिग्रह के अन्तर्गत विषय इच्छा का त्याग है। उसके बाद पंचसमिति, कषायनिन्दा, इन्द्रियविषय-निरोध, त्रितत्त्व, मनोव्यापार का प्रतिपादन, राग-द्वेष का निवारण और साम्यवैभव (समताभाव) आदि विषय समाहित हैं।)
9. आर्त्तध्यान का वर्णन
10. रौद्रध्यान का वर्णन
11. ध्यानविरुद्ध स्थान
12. ध्यानयोग्य स्थान
13. प्राणायाम
14. प्रत्याहार
15. सवीर्य (सबल) ध्यान
16. शुद्धोपयोग-विचार
17. धर्मध्यान का वर्णन

    (आज्ञा, अपाय, विपाक, संस्थान—पिण्डस्थ, पदस्थ, रूपस्थ, रूपातीत)

18. धर्मध्यान का फल
19. शुक्लध्यान का फल

1. मंगलाचरण

सबसे पहले मंगलाचरण में 24 तीर्थंकरों को नमस्कार किया गया है। ध्यान की सिद्धि के लिए गौतम गणधर को नमस्कार करते हुए ज्ञानार्णव ग्रन्थ लिखने की प्रतिज्ञा की गयी है। पश्चात् समन्तभद्र, पूज्यपाद एवं जिनसेन आदि कवियों की प्रशंसा की गयी है। इसके बाद आचार्य शुभचन्द्र ने भावना प्रकट की है कि बिना किसी ख्यातिलाभ की इच्छा से और कवित्व के अभिमान से रहित होकर मैं इस ग्रन्थ की रचना कर रहा हूँ।

2. बारह भावना

इस अध्याय में 195 पद्य हैं। अनित्य, अशरण आदि बारह भावनाओं का चिन्तन इस अध्याय में किया है। इनके निरन्तर चिन्तन से प्राणी चेतन और अचेतन आदि की भिन्नता को जान लेता है। वैराग्य और संसार की नश्वरता को जानकर राग-द्वेष न करता हुआ समताभाव प्राप्त करता है। इस अध्याय में इन वैराग्यजननी बारह भावनाओं का बहुत ही सुन्दर वर्णन है।

3. ध्यान का लक्षण

इस अध्याय में 36 पद्य हैं। इसमें बताया है कि इस संसार में मनुष्य पर्याय का प्राप्त होना कठिन है। उससे भी दुर्लभ है धर्म, अर्थ, काम और मोक्ष—इन चारों पुरुषार्थों को प्राप्त करना। जो मनुष्य मोक्षमार्ग में अग्रसर है, वही आत्मा को प्राप्त कर सकता है। सम्यग्दर्शन, सम्यग्ज्ञान और सम्यक्चारित्र ही मुक्ति के कारण हैं और ध्यान रत्नत्रय की सिद्धि का हेतु है। कर्मों का क्षय ध्यान के बिना सम्भव नहीं है। चित्त की चंचलता ध्यान के द्वारा ही दूर की जा सकती है और उपयोग को स्थिर किया जा सकता है। काम-भोगों की आसक्ति को दूर करने का साधन भी आत्मध्यान ही है। इस प्रकार इस अध्याय में ध्यान का लक्षण समझाया है।

4. ध्याता के गुण-दोष

इस अध्याय में ध्यान के स्वरूप का वर्णन आया है। इसमें 62 पद्य हैं। ध्यान के चार भेद बतलाए हैं—आर्त्त, रौद्र, धर्म और शुक्ल ध्यान। इसमें ध्यान करनेवाला

ध्याता, ध्यान के दर्शन-ज्ञान-चारित्र सहित समस्त अंग, ध्याता तथा ध्येय के गुण-दोष, ध्यान के नाम, ध्यान का समय और ध्यान के फल का वर्णन किया गया है।

ध्याता के स्वरूप का वर्णन करते हुए कहा है कि जो जितेन्द्रिय है, अप्रमादी है, कष्टसहिष्णु (कष्ट सहन करनेवाला) है, संसार से विरक्त है और शान्त है वही व्यक्ति ध्याता हो सकता है और जो मिथ्यादृष्टि है और जो संसार के विषयों में आसक्त है वह ध्याता नहीं हो सकता है।

ध्यान का आशय मन को एकाग्र करना है, चित्त की चंचलता को रोकना है।

5. ध्याता की प्रशंसा

इस अध्याय में 29 पद्य हैं। इसमें ध्यान करनेवाले योगीश्वरों की प्रशंसा करते हुए कहा है कि जो व्यक्ति कामभोगों से विरक्त होकर शरीर से ममताभाव छोड़ चुका है, जिसका चित्त स्थिर हो चुका है और जो प्राण जाने पर भी संयम को नहीं छोड़ता है, वस्तुतः वही ध्याता प्रशंसा के योग्य है। वह 'ध्यान-धनेश्वर' है। पवित्र आचार का पालन करनेवाले मुनिजन ही ध्यानसिद्धि के पात्र हैं।

6. सम्यग्दर्शन

इस अध्याय में 49 पद्य हैं और इसमें सम्यग्दर्शन का वर्णन आया है। सम्यग्दर्शन पापरूपी वृक्ष को काटने के लिए कुठार है और पवित्र तीर्थों में यही प्रधान है। इसमें साततत्त्व, षट्द्रव्य, नवपदार्थ और पंचास्तिकाय आदि का वर्णन आया है। यहाँ सम्यग्दर्शन की महिमा को प्रकट करते हुए कहा है कि मोक्ष लक्ष्मी की प्राप्ति सम्यग्दर्शन, सम्यग्ज्ञान और सम्यक्चारित्र के आश्रय से ही होती है।

7. सम्यग्ज्ञान

इस अध्याय में 23 पद्य हैं और सम्यग्ज्ञान का वर्णन किया है। ज्ञान के स्वरूप को बताते हुए कहा गया है कि जिसमें तीनों कालों के समस्त द्रव्य-गुण-पर्याय और सभी पदार्थ एक साथ दिखाई देते हैं, उसे ही यथार्थ ज्ञान कहते हैं। सम्यग्ज्ञान के लक्षण एवं ज्ञान के भेदों का वर्णन करते हुए केवलज्ञान के स्वरूप को प्रकट किया है। केवलज्ञान का महत्त्व भी बताया है।

8. अहिंसाव्रत

इसमें 49 पद्य हैं और सम्यक्चारित्र का वर्णन किया है। पंच महाव्रत, पंच समिति

और तीन गुप्ति—इस प्रकार तेरह प्रकार के चारित्र का वर्णन इस अध्याय में है।

9. सत्यव्रत

इसमें 42 पद्य हैं और सत्य महाव्रत का वर्णन किया है। असत्य वचन अहितकर और सत्य वचन हितकर होते हैं। अत: सदा सत्य की प्रशंसा और असत्य वचन की निन्दा होती है। असत्य बोलने से गूँगापन, बुद्धि की हीनता, मूर्खता, बहिरापन और मुख के रोग होते हैं, अत: सत्य ही बोलना चाहिए। जो व्यक्ति सत्य बोलता है, उसे वचनसिद्धि हो जाती है अर्थात् वह जो कह देता है, वही घटित हो जाता है।

10. चौर्यपरिहार

चौर्यपरिहार अर्थात् चोरी करने का त्याग करना। दशम अध्याय में 20 पद्य हैं और अस्तेय महाव्रत का स्वरूप बताया है।

इसमें कहा गया है कि चोरी करने से सम्पदा नहीं आती है। लोगों को गलत धारणा है कि चोरी करने से सम्पत्ति बढ़ती है। यदि ऐसा होता तो चोरों के नाम पर नगर बन जाते। चोरी करने से पाप और अपयश ही बढ़ता है। इस अध्याय में चोरी के कर्म को अनेक प्रकार से अनर्थकर सिद्ध किया है।

11. कामप्रकोप

ग्यारहवें अध्याय में 48 पद्य हैं। इसमें ब्रह्मचर्य महाव्रत का विस्तारपूर्वक वर्णन किया है। इसमें शरीर-संस्कार, रससेवन, गीत, नृत्य, स्त्रीसंसर्ग, स्त्रीसंकल्प, स्त्री-अंग-निरीक्षण आदि दस प्रकार के मैथुनों के त्याग का भी वर्णन आया है। ब्रह्मचर्य का पालन करके मुनिराज परम ब्रह्म परमात्मा को प्राप्त करते हैं, दुर्बल प्राणी इस व्रत का पालन करने में समर्थ नहीं हैं। कामवासना की निन्दा करते हुए कहा है कि कामवासना कालकूट महाविष की अपेक्षा अधिक भयानक है। कालकूट विष का तो उपाय है, किन्तु कामवासना नामक महाविष का कोई उपाय नहीं है। कामवेग से प्रभावित मनुष्य पुत्रवधू, सास, पुत्री, बहिन, बालिका और तिर्यंचनी तक के सेवन की इच्छा करता है। वर्तमान में प्रतिदिन इसके उदाहरण दिखाई दे रहे हैं। अत: ब्रह्मचर्यव्रत ग्रहण कर धर्म में अग्रसर होना चाहिए। इस महाविष से बचने का एकमात्र सहारा संयम ही है।

12. स्त्रीस्वरूप

इस अध्याय में 49 पद्य हैं और ब्रह्मचर्य महाव्रत के सन्दर्भ में स्त्रीस्वरूप का विश्लेषण किया है। स्त्रियों के स्वभाव के दोष—निर्दयता, दुष्टता, चपलता, धोखादेही और कुशीलता बताए हैं।

13. मैथुन

इस अध्याय में 25 पद्य हैं। इसमें स्त्रीसंसर्ग का निषेध किया है। कामाग्नि से पीड़ित पुरुष उसका उपाय मैथुन से करना चाहता है, किन्तु यह उपाय घी से अग्नि को शान्त करने जैसा है। जिस प्रकार कोढ़ी मनुष्य की खुजली खुजलाने से और अधिक बढ़ती जाती है। उसी प्रकार मैथुन क्रिया से कामाग्नि और अधिक बढ़ती जाती है। मैथुन से मनुष्य को मूर्च्छा, परिश्रम और क्षयरोगादि का सामना करना पड़ता है। यह प्राणिहिंसा का कारण है। मैथुन को अतिशय घृणित और कष्टकर कहा गया है।

14. संसर्ग

इस अध्याय में 44 पद्यों द्वारा कहा गया है कि स्त्री का संसर्ग मनुष्य को संयम से दूर कर देता है। तपस्वी और जितेन्द्रिय साधु भी स्त्री के सम्पर्क में आकर संयम को क्षणभर में नष्ट कर देता है। अत: स्त्रीसंसर्ग और स्त्री के संसर्ग में रहनेवाले दुराचारी जनों से भी दूर रहने की प्रेरणा इस अध्याय में दी है।

15. वृद्ध-सेवा

इस अध्याय में 42 पद्यों में परिणामों में निर्मलता, विद्या और विनय की वृद्धि और विशुद्धि के लिए वृद्धसेवा को आवश्यक बतलाया है। वृद्ध से यहाँ तात्पर्य उनसे है, जो साधक तप, स्वाध्याय, ध्यान, विवेक, यम और संयम से बढ़े हैं। जो प्राणी सदाचारी हैं, वे आयु से कम होते हुए भी वृद्ध माने गये हैं। इन सदाचारी मनुष्यों के साथ रहने से आदर्श जीवन व सदुपदेश की प्रेरणा पाकर मार्गभ्रष्ट जीव भी सन्मार्ग में लग सकता है। इस अध्याय में वृद्धसेवा, सत्समागम से प्राप्त होनेवाले अनेक गुणों को प्रकट किया है।

16. परिग्रह-दोष-विचार

इसमें 42 पद्य हैं। इसमें परिग्रहत्याग महाव्रत का वर्णन आया है। जिस प्रकार नौका में अधिक भार रखने से नौका नदी में डूब जाती है, उसी प्रकार अधिक परिग्रह रखने से संयमी पुरुष भी संसार-समुद्र में डूब जाता है। परिग्रह के दो प्रकार बताए हैं—बाह्य और अभ्यन्तर। दोनों प्रकार के परिग्रह को त्याग कर ही मनुष्य संयमी बन सकता है।

17. इच्छा का त्याग

इस अध्याय में 21 पद्यों द्वारा आशा (इच्छा) त्यागने की बात कही है। जब तक शरीर और धन आदि के विषय में आशा बनी रहती है तब तक परिग्रहत्याग महाव्रत सम्भव नहीं है, इसलिए सबसे पहले आशा को छोड़ने की बात इस अध्याय में कही है।

18. पंचसमिति

इस अध्याय में 39 पद्यों में पंचसमितियों का वर्णन आया है। ईर्या, भाषा, एषणा, आदान निक्षेपण और प्रतिष्ठापन—इन पाँच समितियों का पालन साधु करते हैं।

19. कषायनिन्दा

इस अध्याय में 77 पद्यों द्वारा कषाय की निन्दा की गयी है। क्रोध, मान, माया और लोभ—ये चारों कषाय रत्नत्रयगुण को विकृत करती हैं। ये प्राणी को शान्त नहीं रहने देती हैं।

20. इन्द्रियविषय-निरोध

इसमें 38 पद्य हैं और इनमें इन्द्रियों के विषयों का वर्णन किया है। प्राणियों की इन्द्रियाँ जैसे-जैसे अपने वश में होती हैं, वैसे-वैसे उनके हृदय में विशिष्ट ज्ञानरूप सूर्य अतिशय प्रकाशित होता है। जीव एक-एक इन्द्रियों के वशीभूत होकर भी मृत्यु को प्राप्त हो जाता है। जो जीव पंच-इन्द्रियों के विषयों में नहीं फँसे हैं, उन्हें सद्गति प्राप्त हो सकती है। यहाँ पर इन्द्रियों को वश में करने की प्रशंसा की गयी है, क्योंकि इन्द्रियों को जीते बिना कषायों पर विजय प्राप्त नहीं की जा सकती है। अतएव क्रोधादि कषायों को जीतने के लिए इन्द्रिय-विजय आवश्यक है।

21. त्रितत्त्व

इस अध्याय में 27 पद्य हैं। इसमें पृथ्वी, जल, अग्नितत्त्व तथा वायुतत्त्व का विस्तारपूर्वक वर्णन आया है।

22. मनोव्यापार-प्रतिपादन

इसमें 35 पद्य हैं। इसमें मन के व्यापार को रोकने के लिए यम, नियम, आसन, प्राणायाम, प्रत्याहार, धारणा, ध्यान और समाधि– इन आठ योग के अंगों का कथन किया है। जो जीव मन को स्थिर कर आत्मस्वरूप में स्थिर हो सकता है वही ध्यान एवं समाधि में लीन हो सकता है।

23. रागादि-निवारण (राग-द्वेष आदि)

इस अध्याय में 38 पद्य हैं। इसमें राग-द्वेष को रोकने की बात कही है। पूर्व प्रकरण में ध्यान की सिद्धि के लिए मन की स्थिरता को अनिवार्य बतलाया है। पर मन की स्थिरता तब तक सम्भव नहीं है जब तक कि अन्तःकरण से राग आदि नहीं हट जाते। योगी चित्त को आत्मस्वरूप में स्थिर करना चाहता है। रागादि के प्रकट होने पर ही मन को आत्मतत्त्व की प्राप्ति हो सकती है।

24. साम्यवैभव

इस अध्याय में 33 पद्य हैं और इनमें साम्यभाव (समताभाव) का निरूपण किया है। राग-द्वेष-मोह के अभाव से समताभाव उत्पन्न होता है। इष्ट और अनिष्ट प्रतीत होनेवाले पदार्थों में जब समताभाव उत्पन्न हो जाता है तब योगी को इस चराचर विश्व में न तो कुछ हेय रहता है और न कुछ उपादेय (उत्पन्न करने योग्य) रहता है। योगी व्यक्ति दूसरों के द्वारा की गयी स्तुति और निन्दा में समताभाव रखता है।

25. आर्त्तध्यान

जो प्राणी पीड़ा में ध्यान करता है, उन भावों को आर्त्तभाव कहा जाता है। यहाँ पर आर्त्तध्यान के 4 प्रकारों का वर्णन है। अनिष्ट पदार्थों के संयोग, इष्ट पदार्थों के वियोग, वेदना और भोगाकांक्षा से जो संक्लेशपूर्ण चिन्तन होता है वह आर्त्तध्यान कहलाता है। इस सर्ग में 44 पद्यों में आर्त्तध्यान का विस्तारपूर्वक वर्णन है। ध्यान

और समताभाव का परस्पर सम्बन्ध है। समताभाव के बिना ध्यान सम्भव नहीं है, ध्यान के बिना समताभाव सम्भव नहीं है।

26. रौद्रध्यान

इसमें 44 पद्य हैं और रौद्रध्यान का निरूपण किया गया है। हिंसा में आनन्द मानने से, असत्य भाषण में आनन्द मानने से, चोरी के अभिप्राय से तथा विषयों के संरक्षण से प्राणियों के निरन्तर चार प्रकार का रौद्रध्यान उत्पन्न होता है।

27. ध्यान-विरुद्ध स्थान

इस अध्याय में 34 पद्यों में ध्यान के विरुद्ध स्थान का चित्रण किया गया है। ध्यान को बढ़ानेवाली मैत्री, करुणा, प्रमोद और मध्यस्थ- इन चारों भावनाओं का निरूपण किया है तथा ध्यान में बाधा डालनेवाले स्थानों का भी वर्णन किया है।

28. ध्यान योग्य स्थान

इस अध्याय में 40 पद्यों में आसन का विधान किया है। ध्यान की सिद्धि किसी सिद्धक्षेत्र में, उत्तम तीर्थ में और अतिशय क्षेत्र में होती है। ध्याता (योगी) को ध्यान के लिए किसी ऐसे पवित्र स्थान को देखना चाहिए जहाँ से कोई भव्य जीव मुक्ति को प्राप्त हुआ हो। ध्यान के योग्य आसनों में पर्यंकासन, अर्द्धपर्यंक आसन, वज्रासन, वीरासन, सुखासन, कमलासन एवं कायोत्सर्ग आसन बताए हैं।

29. प्राणायाम

इस अध्याय में 102 पद्यों में प्राणायाम का वर्णन है। प्राणायाम से जगत के शुभाशुभ और भूत-भविष्य का ज्ञान किया जाता है। मन को वशीभूत करने से विषय-वासनाएँ नष्ट हो जाती हैं और आत्मशक्ति बढ़ जाती है। जिससे समस्त वस्तुओं का ज्ञान प्राप्त किया जा सकता है। श्वास और प्रश्वासरूप वायु की गति को रोकने का नाम प्राणायाम है। प्राणायाम को पूर्व आचार्यों ने लक्षण की विशेषता से तीन प्रकार का माना है।

जिन मुनिराज ने इन्द्रियों को जीत लिया है, वे मुनिराज प्राणायाम से सैकड़ों भवों का संचित पाप दो मुहूर्त मात्र में ही नष्ट कर देते हैं। इस अध्याय में प्राणायाम और स्वरविज्ञान का वर्णन अनेक बिन्दुओं के साथ विस्तार से किया है।

30. प्रत्याहार

इस अध्याय में 14 पद्यों में प्रत्याहार का वर्णन है। प्रत्याहार के स्वरूप को प्रकट करते हुए कहा है कि मन को इन्द्रियों के साथ सभी विषयों से (सब जगह) खींचकर उसे इच्छानुसार जहाँ धारण किया जाता है उसका नाम प्रत्याहार है। समाधि प्राप्त करने के लिए प्रत्याहार करना अत्यन्त आवश्यक है।

31. सवीर्य ध्यान

इस अध्याय में 42 पद्य हैं। इसमें सवीर्य ध्यान का वर्णन है। योगी जब निरन्तर परमात्मा का स्मरण करता है, तब वह स्वयं तन्मय हो जाता है। इसे ही यहाँ सवीर्यध्यान कहा गया है। इसमें परमात्मा के स्वरूप का भी चित्रण है और साथ ही परमात्मा के दो भेदों– साकार और निराकार का भी निरूपण है।

32. शुद्धोपयोग-विचार

इस अध्याय में 104 पद्य हैं। इसमें कहा है कि जो योगी अपने आत्मस्वरूप को नहीं जानता है वह परम पुरुष या परमात्मा को नहीं जान सकता है। इसलिए इस सर्ग में बहिरात्मा, अन्तरात्मा और परमात्मा का वर्णन विस्तार से किया है और समस्त कर्मों का नाश कर स्वयं परमात्मा बनने की प्रेरणा दी है।

33. आज्ञा-विचय

इस अध्याय में 22 पद्य हैं और आज्ञाविचय धर्मध्यान का स्वरूप बतलाया है।

चित्त को आत्मस्वरूप में स्थिर करने के लिए धर्मध्यान के आज्ञा, अपाय, विपाक और संस्थान विचय– इन चार भेदों का निर्देश किया है। सबसे पहले आज्ञाविचय धर्मध्यान बतलाया है। जिस ध्यान में सर्वज्ञ की आज्ञा के अनुसार आगमसिद्ध वस्तुस्वरूप का विचार किया जाता है वह आज्ञाविचय कहलाता है।

34. अपाय-विचय

इस अध्याय में 17 पद्य हैं और अपायविचय धर्मध्यान का वर्णन है।

अपाय का अर्थ है विनाश, जिस ध्यान में कर्मों के विनाश और उसके उपाय का विचार किया जाता है वह अपाय विचय धर्मध्यान कहलाता है। इस ध्यान में

साधु विचार करता है कि मैं क्या हूँ? मुक्ति क्या है? मुक्ति को प्राप्त जीव का स्वरूप कैसा है? इत्यादि।

35. विपाक-विचय

इस अध्याय में 31 पद्यों द्वारा विपाकविचय धर्मध्यान का स्वरूप बतलाया है।

पूर्व के कर्म उदय में आकर जो फल देते हैं, उनका नाम विपाक है। वह कर्म द्रव्य, क्षेत्र, काल और भाव– इन चार के अनुसार प्राणियों को अनेक प्रकार के फल दिया करता है। उनको पृथक्-पृथक् उदाहरणों द्वारा यहाँ स्पष्ट किया गया है।

36. संस्थान-विचय

इस अध्याय में 186 पद्य हैं और संस्थान-विचय धर्मध्यान का वर्णन किया है।

संस्थान का अर्थ आकार है। अनन्तानन्त आकाश के बीच में चेतन-अचेतन द्रव्यों से व्याप्त लोक है। यह लोक अधोलोक, मध्यलोक और ऊर्ध्वलोक तीन भागों में विभक्त है। अधोलोक का आकार बेंत के आसन जैसा, मध्यलोक का झालर जैसा तथा ऊर्ध्वलोक का आकार मृदंग जैसा है। इस प्रकार इस अध्याय में लोक के विभागों के आकार और वहाँ रहनेवाले प्राणियों (नारकियों देवों) के दुख, सुख और आयु आदि का विस्तार से वर्णन किया है।

37. पिण्डस्थ ध्यान

इस अध्याय में 33 पद्यों द्वारा पिण्डस्थध्यान का वर्णन किया है। यहाँ ध्यान के चार भेदों पिण्डस्थ, पदस्थ, रूपस्थ और रूपातीत का निर्देश किया गया है। पिण्डस्थ ध्यान में पृथ्वी, अग्नि, वायु, जल और अग्नि आदि की कल्पना किस प्रकार करना चाहिए, इसका वर्णन किया गया है।

38. पदस्थ ध्यान

इस अध्याय में 116 पद्यों द्वारा पदस्थध्यान का वर्णन किया है। योगी जब पवित्र पदों (मन्त्रों) का आलम्बन लेकर जो चिन्तन करते है वह पदस्थ ध्यान कहलाता है।

इस अध्याय में मन्त्रपदों के अभ्यास का भी कथन किया है। मन्त्रों का ध्यान करने से मोक्ष प्राप्त होता है। इस ध्यान द्वारा अणिमा-महिमा आदि ऋद्धियाँ भी प्राप्त होती हैं।

39. रूपस्थ ध्यान

इस अध्याय में 46 पद्यों द्वारा रूपस्थध्यान का वर्णन आया है। रूपस्थध्यान में अर्हन्त भगवान का ध्यान होता है। इस सन्दर्भ में अर्हन्त के अतिशय और जन्म-मरण के 18 दोषों का अभाव बताया है, ये विषय आचार्य ने आगम द्वारा सिद्ध करके बताए हैं।

40. रूपातीत ध्यान

इस अध्याय में 31 पद्यों द्वारा रूपातीत ध्यान का वर्णन किया है।

जिस ध्यान में चिन्दानन्दस्वरूप, निर्मल, अमूर्त व अविनाशी आत्मा का स्मरण किया जाता है वह रूपातीत ध्यान कहलाता है। जब योगी एवं ध्यानी, सिद्धपरमेष्ठी के ध्यान का अभ्यास करके शक्ति की अपेक्षा से अपने आपको भी उन्हीं के समान जानकर अपने को उनके समान बनाने के लिए उनमें लीन हो जाता है, उस समय कर्म का नाश होकर सिद्धपद की प्राप्ति होती है।

41. धर्मध्यान का फल

इस अध्याय में 27 पद्य हैं। इसमें धर्मध्यान के फल का वर्णन किया है।

जो मुनि चित्त (मन) को स्थिर करना चाहते हैं, पर उनका चित्त विषयों से व्याकुल होकर स्थिर नहीं हो पाता है, इसलिए वह शुक्लध्यान के अधिकारी नहीं बन पाते हैं, उन मुनिराज के लिए कहा है कि पहले राग और द्वेष को नष्ट करके मन को स्थिर करना चाहिए। सदा बारह भावनाओं का चिन्तवन करना चाहिए। जिस प्रकार दीपक अन्धकार को शीघ्र ही दूर कर देता है, उसी प्रकार मुनि का स्थिर ध्यान शीघ्र ही कर्मरूप कलंक को नष्ट कर देता है।

धर्मध्यान के फल से वे भव्य जीव ग्रैवेयक विमानों, अनुत्तर विमानों एवं सर्वार्थसिद्धि जैसे पवित्र स्थान में उत्पन्न होते हैं स्वर्गीय दिव्य सुखों को भोगकर पृथ्वी पर उत्तम कुल में जन्म लेते हैं और तीर्थंकरों की विभूति को प्राप्त करके निरन्तर विवेक का आश्रय लेते हैं। रत्नत्रय की प्राप्ति के लिए घोर तपस्या करते हैं और अपनी शक्ति के अनुसार धर्मध्यान व शुक्लध्यान को स्वीकार करके घातिया कर्मों को नष्ट करते हुए मोक्ष पद प्राप्त करते हैं।

42. शुक्ल ध्यान का फल

इस अध्याय में 88 पद्य हैं, इसमें शुक्ल ध्यान का फल बताया है।

जो मुनि मन की क्रिया से रहित, इन्द्रियों के विषयों से रहित और ध्यान धारणा से विहीन होकर अन्तर्मुख हो जाता है, समस्त संकल्प-विकल्पों से रहित होकर आत्मस्वरूप में लीन हो जाता है, उसे शुक्लध्यान प्राप्त हो जाता है। यह ध्यान निर्मलता तथा कषायों के नष्ट हो जाने के कारण होता है, यह वैडूर्य मणि (सर्वश्रेष्ठ मणि) के समान अतिशय निर्मल व स्थिर होता है; इसलिए इसे शुक्लध्यान कहा जाता है। यह शुक्ल ध्यान 11 अंग और 14 पूर्वों के ज्ञाता को, शुद्ध चरित्रवाले को तथा वज्रवृषभनाराचसंहनन (जो सबसे मजबूत हो, जिसको काटा न जा सके) वाले भव्य को ही प्राप्त होता है। इस प्रकार शुक्लध्यान और शुक्लध्यान के चार भेदों का विस्तार से वर्णन इस अध्याय में किया है।

अन्त में ग्रन्थकार कहते हैं कि मैंने अपनी बुद्धि से जिनागम से कुछ सार को ग्रहण करके ध्यानशास्त्र की रचना की है, पूर्णरूप से तो इसका वर्णन करने में वीरप्रभु ही समर्थ हैं। जब तक सुमेरु, इन्द्र और चन्द्र हैं, तब तक यह शास्त्र अपने वैभव के लिए इस पृथिवी पर अमर रहेगा।

इस प्रकार 42 अधिकारों में निबद्ध यह महाग्रन्थ वास्तव में ध्यान, योग एवं समाधि का उत्कृष्ट महनीय ग्रन्थ है। एक बार जो भव्य प्राणी चित्त को एकाग्र कर इस ग्रन्थ का अध्ययन करेगा, वह ध्यान और ध्याता के उत्तम गुणों को पालन करता हुआ, धर्मध्यान और शुक्ल ध्यान के प्रति अवश्य ही अग्रसर होगा। उसे शीघ्र ही मोक्ष-सम्पदा प्राप्त होगी।

परिशिष्ट

सरल-शब्दावली

अगृहीत मिथ्यात्व	: अनादिकाल से चला आ रहा विपरीत श्रद्धान।
अचक्षुदर्शन	: बिना आँखों के देखना।
अधःकरण-अपूर्वकरण	
अनिवृत्तिकरण	: जब आत्मा शुद्ध अवस्था की ओर तेजी से बढ़ती है तब उसके भावों में जो धीरे-धीरे शुद्धि बढ़ती जाती है, उसे ही शास्त्रों की भाषा में अधःकरण-अपूर्वकरण-अनिवृत्तिकरण कहते हैं।
अनन्त	: जिसका कोई अन्त न हो।
अनन्तदर्शन-ज्ञान-	
वीर्य-सुख	: जब आत्मा चार घातिया कर्मों से रहित हो जाती है तब उसमें ये चार महान गुण प्रकट होते हैं, जिन्हें अनन्त दर्शन, अनन्त ज्ञान, अनन्तवीर्य और अनन्तसुख कहते हैं।
अणुव्रत	: हिंसादि पाँच पापों का अल्प त्याग।
अतिचार	: व्रतों में दोष लगना।
अतीन्द्रिय	: इन्द्रियों के विषयों से रहित।
अतीन्द्रियज्ञान	: बिना इन्द्रियों की सहायता से होनेवाला ज्ञान।
अधिकरण	: आधार।
अनायतन	: अनुचित स्थान।
अनासक्त	: आसक्त न होना, गृह में विरागी रहना, राग-द्वेष में लिप्त न होना। जैसे- कीचड़ में रहकर कमल खिलता है।
अनुप्रेक्षा	: बार-बार चिन्तन करना।

अनुयोगद्वार	: अधिकार विभाजन या अध्याय।
अन्तराय	: मुनि को आहारादि के समय कोई विघ्न या बाधा आना।
अन्तरात्मा	: जो शरीरादि को अपना नहीं मानता और अपने अन्तरंग ज्ञानतत्त्व को ही अपना मानता है।
अन्तराधिकार	: अधिकार या अध्याय के अन्दर छोटे-छोटे अन्य अधिकार या अध्याय होना।
अपरिमित	: जिसको नापा न जा सके।
अमूर्तिक	: जिसमें स्पर्श, रस, गन्ध और वर्ण न पाया जाए।
अवगाहन	: जगह या स्थान।
अवधिज्ञान	: इन्द्रियों की सहायता के बिना आत्मा से रूपी पदार्थों का ज्ञान होना।
अवसर्पिणीकाल	: ऐसा समय जिसमें जीवों का शरीर, बल, ज्ञान, आयु आदि धीरे-धीरे कम होता जाता है।
अविरति	: व्रत धारण नहीं करना।
अविरत सम्यग्दृष्टि	: जिसे सम्यग्दर्शन है, पर व्रत धारण नहीं किये।
अशुचिता	: अपवित्र, गन्दा।
असि	: शस्त्रकला।
आगम	: वीतराग-सर्वज्ञ तीर्थंकर की वाणी।
आतप	: गरम प्रकाश, जैसे– सूर्य का प्रकाश।
आत्मघात	: अपने को पीड़ा देना। अपनी हिंसा करना।
आत्मा के प्रदेश	: आत्मा का आकार।
आयुबन्धक भाव	: आयु बन्ध के भाव।
आर्त्तध्यान	: दुखमय होने वाले ध्यान।
आरम्भ	: प्राणियों को पीड़ा देनेवाले कार्य।
आराधक	: निर्मल परिणामवाले भव्यजीव।
आराधना	: मरण, संन्यास या समाधि।
आराध्य	: जिसकी आराधना की जाती है।
आलोचना	: वर्तमानकाल के दोषों की शुद्धि।
इन्द्रियसुख	: इन्द्रियों से प्राप्त सुख।
इन्द्रियज्ञान	: इन्द्रियों से प्राप्त ज्ञान।

उत्पाद	: द्रव्य में नवीन पर्याय की उत्पत्ति होना।
उत्सर्पिणीकाल	: ऐसा समय जिसमें शरीर, बल, ज्ञान, आयु आदि बढ़ते जाते हैं।
उद्योत	: शीतल प्रकाश।
उपपाद जन्म	: देव और नरक गति के जीवों की जन्म प्रक्रिया।
उपयोग	: आत्मा का स्वभाव या आत्मा से निकट सम्बन्ध।
उपशम	: शान्त होना।
उपशम सम्यक्त्व	: वह सम्यग्दर्शन जो निश्चित रूप से नष्ट होनेवाला है।
उपसर्ग	: कष्ट, संकट, मुसीबत।
ऊर्ध्वगति	: ऊपर की ओर जाना।
एकत्व	: परपदार्थों के साथ एकता स्थापित करना।
कषाय	: आत्मा को दुख देनेवाले भाव।
कायोत्सर्ग	: शरीर के प्रति मोह छोड़कर परमात्मा का ध्यान करना।
केवलज्ञान	: समस्त द्रव्य, गुण पर्यायों को एक साथ प्रत्यक्ष जानना।
केवली	: सर्व पदार्थों के ज्ञाता।
क्रमभावी	: एक के बाद एक क्रम से होना। जैसे– पर्याय।
क्षणभंगुर	: एक क्षण में ही नष्ट होनेवाला।
क्षयोपशम	: वह सम्यग्दर्शन जो नष्ट हो सकता है।
क्षायिक सम्यक्त्व	: वह सम्यग्दर्शन जो कभी भी नष्ट नहीं होगा।
गुणव्रत	: मूलगुणों को ग्रहण करने के बाद गुणव्रत ग्रहण किए जाते हैं, क्योंकि इन व्रतों के कारण मूलगुणों में श्रेष्ठता आती है।
गुणस्थान	: मोह एवं योग के आधार पर जीवों का वर्गीकरण।
गुप्ति	: स्थिरता, एकाग्रता।
गर्हा	: अपने दोषों की विशेष निन्दा करना।
गृहीत मिथ्यात्व	: कुगुरु, कुदेव एवं कुधर्म का श्रद्धान करना।
घातिया कर्म	: वे कर्म जो आत्मा के गुणों को नुकसान पहुँचाते हैं।
चक्षुदर्शन	: आँखों से देखना।
चार गतियाँ	: जीव की संसार अवस्था में चार दशाएँ होती हैं– नरक, तिर्यंच, मनुष्य एवं देवगति। इन्हें चार गतियाँ कहते हैं।

चेतना	: प्राण।
चौदहपूर्वों का ज्ञान	: ऐसा ज्ञान जो प्राचीन परम्परा से चला आ रहा है।
च्युत होना	: त्याग करना।
छेदोपस्थापना	: पतित अवस्था को छोड़कर पुनः शुद्ध अवस्था में स्वयं को स्थापित करना।
जीवसमास	: जीवों का वर्गीकरण।
टीकाकार	: टीका के लेखक।
तत्त्व	: वस्तु।
तांडवनृत्य	: देवों द्वारा किया गया एक विशेष प्रकार का नृत्य।
तिर्यग्लोक	: मध्यलोक
त्रस जीव	: दो इन्द्रियों से पाँच इन्द्रियों वाले जीव।
द्रव्य	: वस्तु।
द्रव्यकर्म	: आत्मा पर चिपकनेवाले सूक्ष्म पुद्गल कर्म।
द्रव्यार्थिक नय	: द्रव्य अंश को जानना द्रव्यार्थिक नय है।
द्वादश अनुप्रेक्षा	: बारह भावना।
द्वादशांग	: जैन आगम के बारह अंग।
दारुण उपसर्ग	: भयानक आपत्ति आना।
दिग्विजय	: छह खण्ड पर विजय प्राप्त करना।
धर्म	: आत्मा का निर्मल भाव।
धर्मध्यान	: धर्म से युक्त ध्यान करना।
ध्याता	: ध्यान करनेवाला।
ध्यान	: मन को एकाग्र करना।
ध्येय	: जिसका ध्यान किया जाए।
ध्रौव्य	: द्रव्य की नित्यता, स्थिरता।
नय	: वस्तु के एक अंश को जाननेवाला ज्ञान।
नामकर्म	: वह कर्म जो शरीरादि का निर्माण करनेवाला है।
निगोद	: संसारी जीव की ऐसी दशा जहाँ वह अनन्त जीवों के साथ रहकर एक साथ आहार एवं जन्म-मरणादि करता है।
निजात्मा	: अपनी आत्मा।
निर्जरा	: कर्मों का आंशिक नाश होना।

निन्दा करना	: अपने दोषों की निन्दा करना।
निबद्ध करना	: बाँधना, जोड़ना।
निमित्त-नैमित्तिक-संबंध	: जब भी कोई कार्य होता है तो उसमें एक वस्तु तो स्वयं कार्य करती है और दूसरी उसमें सहायक होती है। इन दोनों के सम्बन्ध को निमित्त-नैमित्तिक-सम्बन्ध कहते हैं।
निर्विकल्प समाधि	: आत्मानुभूति होना, जिसमें राग-द्वेष का भाव नहीं होता है।
निश्चय नय	: वस्तु के शुद्ध स्वरूप को जानना, कहना।
निश्चय मोक्षमार्ग	: आत्मा का ज्ञान, श्रद्धान एवं आचरण करना।
नैष्ठिक श्रावक	: जो धर्म का निष्ठापूर्वक निर्वाह करता है।
नोकर्म	: स्त्री, पुत्र, मकान आदि बाह्य पदार्थ जिनको ये जीव अपना मानता है।
पंच इन्द्रिय	: स्पर्शन, रसना, घ्राण, चक्षु और श्रोत्र। अर्थात् त्वचा, जीभ, नाक, आँख और कान।
पर्याय	: वह अवस्था जिसका निरन्तर परिवर्तन होता रहता है।
पर्यंकासन	: पद्मासन।
पर्यायार्थिक नय	: पर्याय के अंश को जानना पर्यायार्थिक नय है।
परद्रव्य	: दूसरे द्रव्य। जैसे– शरीर, मकान, दूसरे जीव आदि।
परपदार्थ	: दूसरे पदार्थ।
परभाव	: दूसरे का स्वभाव।
परिणमन	: परिवर्तन।
परिग्रह	: परपदार्थों का संचय करना।
परीषह	: कष्ट सहन करना।
पारणा	: उपवास के बाद दूसरे दिन शुद्ध भोजन करना।
पाक्षिक श्रावक	: जो अभ्यास द्वारा श्रावक धर्म का पालन करता है।
पुरुषार्थ	: प्रयत्न।
पूरण-गलन	: मिलना-बिछुड़ना।
प्रकृतियाँ	: स्वभाव।
प्रत्याहार	: ध्यान की प्रारम्भिक अवस्था।
प्रत्याख्यान	: भविष्यकाल के दोषों की शुद्धि।

प्रतिक्रमण	: भूतकाल के दोषों की शुद्धि करना।
प्रदेश	: आकार।
प्रमेय	: पदार्थ या प्रमाण का विषय। दुनिया के सभी पदार्थ प्रमेय हैं, क्योंकि वह प्रमाण के द्वारा जाने जाते हैं।
प्रमाण	: सम्यग्ज्ञान।
प्ररूपणा	: वर्णन करने की शैली।
प्रातिहार्य	: प्रतिष्ठा के प्रतीक चिह्न।
प्रायश्चित्त	: मन शुद्ध करने की क्रिया। अपराधों से दूषित हुए मन को शुद्ध करने का उपाय।
प्रासुक	: सर्वदा जीव रहित।
बहिरात्मा	: शरीर, मकान एवं परिवार आदि परपदार्थों को अपना माननेवाला।
बहुमान	: सम्मान।
बीजाक्षर	: संक्षिप्त गूढ़ अक्षर।
बोधिदुर्लभ	: आत्मज्ञान प्राप्ति मुश्किल है।
भव्यप्राणी	: वे प्राणी जिन्हें शीघ्र ही सम्यग्दर्शन प्राप्त होनेवाला है।
भावना	: बार-बार चिन्तन करना।
भेदविज्ञान	: दो विभिन्न पदार्थों को भिन्न-भिन्न जानना एवं समझना।
मनःपर्ययज्ञान	: दूसरों के मन में स्थित पदार्थों का प्रत्यक्ष ज्ञान।
ममत्व	: परपदार्थों के साथ मोह या अपनापन रखना।
मतिज्ञान	: इन्द्रियों और मन से होनेवाला ज्ञान।
मसि	: लेखनकला।
मार्गणास्थान	: वे चीजें जिनमें जीवों को खोजा जाए।
मिथ्याचारित्र	: मोक्षमार्ग एवं नैतिकता के विपरीत आचरण।
मिथ्यात्व	: उल्टा ज्ञान-श्रद्धान।
मिथ्यादर्शन	: जीव आदि पदार्थों के बारे में गलत मान्यता।
मिथ्याज्ञान	: वस्तु के स्वरूप को गलत जानना।
मूर्तिक	: जिसमें स्पर्श, रस, गन्ध और वर्ण पाया जाए।
युक्ति	: प्रामाणिक बात।
योग	: ध्यान, मन, वचन, काय की एकाग्रता।

रत्नत्रय	: मोक्ष प्राप्त करने के लिए धर्म के तीन विशेष रत्न—सम्यग्दर्शन, सम्यग्ज्ञान एवं सम्यक्चारित्र।
रौद्रध्यान	: निर्दय, क्रूर परिणामों में लगा हुआ मन।
रूपस्थ ध्यान	: किसी मूर्ति या आकार का ध्यान करना।
रूपातीत ध्यान	: किसी आकार से रहित ध्यान करना।
लक्षणग्रन्थ	: ऐसे ग्रन्थ जिनमें परिभाषाएँ होती हैं।
लेश्या	: कषायों के स्तर। कषायों के शुभ और अशुभ वर्गीकरण।
व्यय	: द्रव्य में पूर्व पर्याय का नाश होना।
व्यवहारनय	: वस्तु के अशुद्ध स्वरूप का ज्ञान।
वस्तु स्वरूप	: द्रव्य, पदार्थ या तत्त्व का सही-सही स्वभाव।
विचय	: मीमांसा करना, विचार करना।
विपर्यय	: विपरीत ज्ञान।
विभावपर्याय	: अशुद्ध अवस्था।
विमोह	: ज्ञान नहीं होना।
वीतरागता	: राग-द्वेष से रहित अवस्था।
वीतरागी	: राग-द्वेष से रहित।
वेदक सम्यक्त्व	: ऐसा सम्यग्दर्शन जो नष्ट भी हो सकता है और नहीं भी।
व्रत लेना	: पापों का त्याग करना।
श्लाका पुरुष	: विशेष महापुरुष।
शिक्षाव्रत	: श्रावक को मुनि बनने की शिक्षा देनेवाले व्रत।
शुक्ल ध्यान	: अरिहंत परमेष्ठी का शुद्ध ध्यान।
सकल संयम	: जब कोई साधक पाँच पापों का पूर्णरूप से त्याग कर देता है, और अपनी आत्मा में लीन हो जाता है, वह अवस्था सकल संयम होती है।
सम्प्रदाय	: पन्थ, मत।
सम्यक्त्व	: सम्यग्दर्शन प्राप्त होना।
सम्यक्चारित्र	: हिंसादि पाँच पापों से दूर रहना।
सम्यग्दर्शन	: सच्चे देव-शास्त्र-गुरु पर श्रद्धान करना।
सम्यग्ज्ञान	: वस्तु के स्वरूप का सही ज्ञान।
समिति	: सम्यक् प्रकृति या अच्छा आचरण।

समीचीन धर्म	: सच्चा धर्म, वीतरागी धर्म।
समुद्घात	: आत्मा के प्रदेशों का मूल शरीर को छोड़े बिना थोड़ी देर के लिए बाहर निकल जाना।
सल्लेखना	: शरीर एवं कषायों को कम करना।
सर्वसावद्ययोग	: सभी पाप की क्रिया।
सहभावी	: साथ में रहनेवाले। जैसे—स्वभाव, गुण।
सहस्रनाम	: एक हजार नाम।
साकार परमात्मा	: अर्हन्त परमेष्ठी।
साधक श्रावक	: जो श्रावक व्रत ग्रहण करता है।
सावद्ययोग	: पाप की क्रिया।
संरक्षण	: रक्षा करना।
संशयज्ञान	: सन्देहयुक्त ज्ञान।
संयम	: नियन्त्रण।
सम्मूर्छन जीव	: वे जीव जो अपने आप ही वातावरण में जन्म ले लेते हैं। जैसे—मक्खी, मच्छर।
स्वभावपर्याय	: शुद्ध पर्याय।
स्थावर जीव	: एक इन्द्रियवाले जीव।
स्याद्वाद	: जैन दर्शन का महत्त्वपूर्ण सिद्धान्त है जो कहता है कि हमें किसी भी बात को एक अपेक्षा से समझना नहीं चाहिए।
स्वाधीनदशा	: आध्यात्मिक दृष्टि से स्वतन्त्र दशा।
श्रुत	: शास्त्र।
श्रुतकेवली	: समस्त शास्त्रों का ज्ञाता।
श्रुतपरम्परा	: शास्त्रों की परम्परा।
श्रुतज्ञान	: शास्त्रों का ज्ञान।
शृंखला	: क्रम, कड़ी।
हृदयस्पर्शी	: हृदय को छूनेवाला या हृदय को अच्छा लगनेवाला।

❑❑❑

णाणं पयासयं

वीर नि.सं. 2470

ई.सन् 1944

भारतीय ज्ञानपीठ